Baedeker

Allianz ⑪ Reiseführer

W0195111

Sardinien

www.baedeker.com

Verlag Karl Baedeker

TOP-REISEZIELE ★ ★

Sardinien ist ein Kontinent im Kleinen mit unzähligen, teilweise uralten Sehenswürdigkeiten. Ob Städte, Dörfer, Berge und Täler, Schluchten oder Ruinen – wir haben die Highlights für Sie zusammengestellt.

1 Capo Testa
2 Costa Smeralda
3 Gigantengräber
Lago di Liscia
4 Monte d'Accodi
5 S. Trinità di Saccargia
Lago del Coghinas
6 Dolmen Sa Coveccada
Lago di Posada
7 Nuraghe Santu Antine
9 Brunnenheiligtum von Santa Cristina
Lago di Gùsana
8 Gola su Gorroppu
Stagno Cábras
Lago Omodeo
Lago Alto del Flumendosa
10 Tharros
12 Nuraghisches Heiligtum von Santa Vittoria
11 Su Nuraxi
Lago di Flumendosa
13 Nuraghe Arrubiu
14 Nuraghendorf Genna Maria
15 Nekropole Pranu Mutteddu
16 Tempio di Antas
©Baedeker
17 Cagliari
18 Nora

1 ★★ Capo Testa
Eines der schönsten Naturschauspiele, das aus gewaltigen Granitfelsen modelliert wurde. ▶ Seite 291

2 ★★ Costa Smeralda
Die Smaragdküste ist ein luxuriöses Urlaubsparadies. ▶ Seite 181

3 ★★ Coddu Vecchiu und Li Lolghi
Geheimnisvollen Spuren folgen mit den Gigantengräbern aus der nuraghischen Zeit. ▶ Seite 143/144

4 ★★ Monte d'Accodi
Rätselhafter Altarberg mit Funden aus der Ozieri-Kultur ▶ Seite 270

DIE BESTEN BAEDEKER-TIPPS

Von allen Baedeker-Tipps in diesem Buch haben wir hier die interessantesten für Sie zusammengestellt! Erleben und genießen Sie Sardinien von seiner schönsten Seite.

🔳 Mare Nostrum Aquarium
Haie, Piranhas und andere bunte Fischvölker ▸ **Seite 132**

🔳 Ein Weingut mit Tradition
Der gute Tropfen kann hier vor dem Kauf getestet werden. ▸ **Seite 135**

🔳 Bei den Barbaren
Eine »barbarische« Gegend mit alter Tradition und kulinarischen Köstlichkeiten. ▸ **Seite 140**

🔳 Murales
Malerischer Protest an den Hauswänden ▸ **Seite 52**

🔳 Geschichte der Türme
Abschreckungsmanöver für fremde Eroberer und Seeräuber ▸ **Seite 166**

🔳 Die Goldene Wabe
800 fleißige Bienenvölker arbeiten für eine herrliche Flüssigkeit hochprozentiger Art. ▸ **Seite 90**

Ein guter Tropfen...
sollte langsam reifen.

! Südseeimpressionen
Lagunen-Feeling in Nähe der Insel-
Hauptstadt ▶ Seite 179

! Blumenrausch im Frühjahr
Ein rosafarbenes Blütenmeer gleich hinter
einem der schönsten Sandstrände der
Insel. ▶ Seite 210

! Neun-Loch-Anlage
Golfen in hinreißender landschaftlicher
Umgebung ▶ Seite 239

! Furcht erregende Masken
Traditionell und expressiv – die Karnevalsmasken von Mamoida ▶ Seite 244

! Sartiglia
Farbenprächtig sind Ross und Reiter, die
dem »Glück« in Oristano hinterherjagen.
▶ Seite 249

! Im versteinerten Wald
Interessante Zeugnisse von vor Millionen
Jahren ▶ Seite 266

! Auf den Supramonte
Wandern in einer weitläufigen und wilden
Landschaft ▶ Seite 284

Die Nuraghe Santa Sabina ist etwa 3000 Jahre alt, dicht daneben steht die Kirche gleichen Namens aus dem 11. Jahrhundert.
▸ **Seite 216**

HINTERGRUND

Preiskategorien

▶ **Hotels**
Luxus: ab 130 €
Komfortabel: 65 – 130 €
Günstig: unter 65 €
Für eine Übernachtung im Doppelzimmer

▶ **Restaurants**
Fein & teuer: ab 25 €
Erschwinglich: 15 – 25 €
Preiswert: bis 15 €
Für ein Hauptgericht
(Secondo piatto)

PRAKTISCHE INFORMATIONEN VON A bis Z

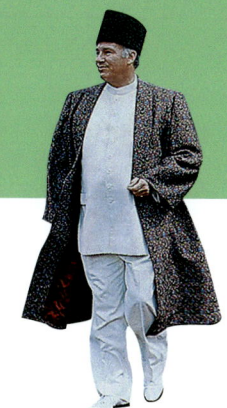

Die visionäre Idee des Aga Khan bescherte uns die Costa Smeralda.

TOUREN

Die steilen Kalksteinwände des Capo Caccia bei Alghero ragen 168 m über dem Meer auf.
▶ **Seite 134**

REISEZIELE VON A bis Z

Auch Olbia hat einen Vespa-Treffpunkt: die Piazza Margherita.

Faszinierende Felslandschaft am Capo Testa
► **Seite 291**

Hintergrund

WIE ENTSTAND SARDINIEN UND WANN WURDE
DIE INSEL ALS FERIENDOMIZIL BEKANNT? WER
WAR DAS VOLK, DASS DIE UNZÄH-
LIGEN TÜRME ERBAUTE? HIER
FINDEN SIE HINTERGRUND-
INFORMATIONEN RUND UM DIE
EHEMALS »VERGESSENE INSEL«.

TRAUMINSEL MIT GESCHICHTE

Kristallklares Meer, traumhafte Strandbuchten, landschaftliche Vielfalt, die archaische Hirtenkultur oder die Zeugen der uralten Nuraghenbesiedlung, Feengrotten und seltsame Steinformationen – dies alles macht Sardinien zu einem kleinen Kontinent für Entdeckungsreisende.

Sardinien ist eine Insel wie aus dem Bilderbuch, die voller landschaftlicher Gegensätze steckt: Sie bietet traumhafte Sandstrände, Meeresbuchten, deren Wasser so türkis leuchtet, dass man sich in der Karibik wähnt und zerklüftete Felsformationen, die ihr bizarres Aussehen dem Ausgesetztsein von Wind und Wetter verdanken. Im Landesinneren zeigt sich ein anderes Bild: Hier dominieren Steineichenwälder und Macchiagestrüpp. Wanderer zieht es in den Nationalpark Genargentu: Die Gola su Gorroppu ist mit 500 m eine der tiefsten Schluchten Europas. Am Monte Tiscali findet man die Überreste eines Nuraghendorfes und auf dem Weg an den Golfo di Orosei bahnt man sich seinen Weg durch die unterschiedlichsten Naturlandschaften, die im Inneren der Insel noch längst nicht alle touristisch erschlossen sind.

Ein Natur-
schauspiel
sind die roten
Porphyrklippen
bei Arbatax.

Steinerne Zeugen

Wahrzeichen Sardiniens sind die vielen hundert Nuraghentürme, deren Erbauer 1800 v. Chr. auf die Insel kamen. Ihre zahlreichen Stammesfürsten lagen untereinander ständig im Streit, und so hatten die Türme und meterdicken Mauerringe wohl Wehrfunktion. Dennoch birgt ihre Geschichte noch immer Rätsel. Der sardische Archäologe Giovanni Lilliu hat mit der Entdeckung des Nuraghendorfes bei Barumini in den 1950er-Jahren ein großes Puzzlestück hinzugefügt – Su Naraxi gehört heute zum Weltkulturerbe.

Traditionelle Feste

Auf der Insel der Hirten und Schäfer ist die Tradition durch zahlreiche Bräuche, Riten, volkstümliche Überlieferungen und Feste zu erleben. Sardiniens Reichtum an Volksfesten ist einzigartig, denn

Beschauliche Ferienorte
wie Arbatax findet man z. B. an der Ostküste.

Luxusjachten
*reihen sich im Sommer in Porto Cervos
modernem Jachthafen aneinander.*

Unentdeckte Paradiese
*An der Costa Verde findet man kilometerlange,
einsame Sandstrände.*

Dämonische Masken
Ungegerbte, dunkle Schafsfelle und schwarze Holzmasken tragen die Mauthones bei ihren Karnevalsumzügen.

Eindrucksvolles aus der Frühzeit
Su Naraxi ist der bedeutendste Nuraghenkomplex der Insel.

Trachtenpracht
Mensch und Tier sind reich geschmückt bei der Prozession zu Ehren des heiligen Efisius, Schutzpatron der Stadt Cagliari.

selbst in den kleinsten Dörfern feiert man seinen Heiligen mit geschmückten Plätzen, Musik, schönen Trachten und natürlich der sardischen Küche. Andere Feste sind auf der ganzen Insel anzutreffen, so z.B. in der Karnevalszeit, die mit großen Holzfeuern am Vorabend des 17. Januars beginnt und am Faschingsdienstag mit diversen Feiern endet. Auch die Maskenfeste mit ihren düsteren Gestalten, den sogenannten »mamuthones« sind berühmt. Beliebt sind die Reiterfeste wie z.B. in Santu Lussurgiu und Osritano, bei denen die Teilnehmer in einer Art akrobatischem Pferderennen wetteifern. Ernster geht es dagegen bei den zahlreichen Büßerzügen zu Ostern zu.

Europas Edel-Ressort

Die Costa Smeralda ist seit 40 Jahren ein Ferienparadies für den Jetset, enstanden nach einer Idee des Aga Khan: Nach strengen Vorgaben schuf man an der Smaragdküste Villen, Hotels und Sportanlagen im sardischen Stil. Ein internationales Team aus Architekten und Landschafterplanern bebaute die 55 km² Fläche naturnah und organisch. Als Vorbild galten mediterrane Fischerdörfer und Bauernhäuser, jedoch schaffte man weder sklavische Nachahmungen noch folkloristischen Kitsch. Auf Massentourismus und Bettenburgen wurde übrigens auf ganz Sardinien verzichtet.

Costa Smeralda
Die Ferienvillen wurden hier in die Natur passgenau eingesetzt.

Der Fußabdruck Gottes

Die Insel konnte sich also ihre Vielfältigtkeit und Schönheit bewahren, die – der Legende nach – einst zu ihrer Entstehung führte: Gott betrachtete am siebten Tag das Werk seiner Schöpfung und blickte auf sein Lieblingsland Italien: Aus einem übrig gebliebenen Haufen Geröll und Gestrüpp formte er eine Kugel, warf sie ins Meer und trat fest mit seiner Sandale drauf. Jedoch wirkte die Insel etwas kahl, so dass er sich entschloss, von allen bisher geschaffenen Ländern etwas wegzunehmen, um es Sardinien hinzuzufügen. Er nahm sich von den Alpen, vom bewaldeten Mittelgebirge, aber auch von den Traumstränden der Südsee und Sandkörner aus der Sahara. So entstand als letztes Werk der Schöpfung und als »Meisterwerk« diese Insel im Mittelmeer. Interessant sind in diesem Zusammenhang auch altgriechische Seekarten mit der Bezeichnung »Ichnousa« für Sardinien, was sich von dem Wort »Schuhsohle« ableitet.

Fakten

Was verbindet Sardinien mit Korsika? Welche Tiere finden sich nur auf dieser Insel und wieso trifft man eine Spezies häufiger an als einem lieb ist? Woher rührt die starke Zweiteilung in der sardischen Bevölkerung und welche Wirtschaftszweige haben sich daraus etabliert?

Naturraum

Geologischer Überblick

Das Landschaftsbild der Insel hängt eng mit ihrer wechselvollen geologischen Geschichte zusammen. Zusammen mit der Nachbarinsel Korsika bildete Sardinien ursprünglich ein Randgebiet des europäischen Urkontinentes. Der sardisch-korsische Festlandsblock (die so genannte Tyrrhenische Landmasse) wurde erst im Tertiär von der europäischen Platte abgespalten und aus dem Golfe du Lyon in seine heutige Position verschoben. Im Unterschied zum erdgeschichtlich jungen italienischen Festland begann die Entstehung der Inseln Sardinien und Korsika bereits **vor einer halben Milliarde Jahren** – ein selbst in geologischen Dimensionen beachtlicher Zeitraum.

? WUSSTEN SIE SCHON …?

- Die kürzeste Entfernung von Sardinien zum Festland besteht nicht – wie man glauben könnte – zu der italienischen Halbinsel, sondern vielmehr zu Tunesien, nämlich zum 178 km von der sardischen Küste entfernten Cap Serrat.

Fast drei Viertel der Oberfläche Sardiniens bestehen aus Gesteinen des Paläozoikums. Die ältesten Gesteine stammen aus dem Kambrium und kommen z. B. im Iglesiente und Sulcis vor. Im Karbon konnte glutflüssige Gesteinsschmelze in die Erdkruste eindringen, wo das erstarrende Magma einen mächtigen, vorwiegend aus Graniten aufgebauten Tiefengesteinskörper entstehen ließ. Dieser so genannte sardisch-korsische Batholith bildet heute das Fundament der beiden Inseln. Alle bisherigen Gesteinsschichten wurden dabei unter Druck und Hitze gefaltet, teilweise in kristallinen Schiefer umgewandelt und über den Meeresspiegel angehoben. Es entstand ein Faltengebirge aus Gneisen, Phylliten und Glimmerschiefern. Wo diese Gesteinsschichten in späteren Erdzeitaltern abgetragen wurden, treten die einst unter ihnen verborgenen Granite heute weitflächig zu Tage. **Granitlandschaften** sind vor allem in Ostsardinien verbreitet, so in der Gallura, der nördlichen Barbagia und dem Sarrabus. Die Böden sind meist nährstoffarm und für den Ackerbau kaum geeignet. Daher findet hier meist extensive Weidewirtschaft statt; lichte Korkeichenwälder sind weit verbreitet.

Erdaltertum (vor 570 – 225 Mio. Jahren)

Während des Erdmittelalters wurde das heutige Sardinien teilweise von einem Flachmeer überflutet, wodurch sich mächtige Flachwassersedimente aus Kalken und Dolomiten ablagerten. Die Gesteine aus diesen Zeiten sind heute nur noch in kleinen Restvorkommen aufzufinden, da sie im Tertiär größtenteils abgetragen wurden. Zu

Erdmittelalter (vor 225 bis 65 Mio. Jahren)

← *Granit wird auf Sardinien im großen Stil abgebaut, besteht doch die Insel vorwiegend aus diesem Tiefengestein.*

ihnen gehören der Supramonte, die südliche Barbagia, der Sarcidano und die Nurra. In diesen Kalkstein- und Dolomitgebirgen liegen die meisten der **berühmten Tropfsteinhöhlen** Sardiniens.

Erdneuzeit (vor 60 Mio. Jahren)

Vor etwa 65 Mio. Jahren gelangte Sardinien in die Mühlen der Plattentektonik: Der korsisch-sardische Block wurde von der europäischen Platte getrennt und rotierte um ca. 60° gegen den Uhrzeigersinn in seine heutige Lage. Dabei kollidierte er mit keinem anderen Festland, weshalb Sardinien heute markante Gebirge fehlen. Stattdessen wurde die Insel gezerrt und gedehnt, wodurch der größte Grabenbruch des Campidano im Südwesten, der Nurragraben im Nordwesten sowie viele Bruchschollen entstanden. Gleichzeitig bekam die Erdkruste dabei Risse, so dass sich in zwei Phasen (Oligozän bis mittleres Miozän und Pliozän) riesige Mengen von dünnflüssiger Lava (vor allem Trachyt und Basalt) über die Westhälfte der Insel ergossen.

Es bildeten sich aber kaum typische Vulkankegel – das Monte-Arci-Massiv bei Oristano und der Monte Ferru sind solche Ausnahmen von alten Vulkanen –, die Lava floss dagegen meist entlang von Spalten aus und bildete flache Deckenergüsse. Heute findet man diese als **Hochplateaus** (= altipiani, z. B. Altopiano di Campeda) und Tafelberge wieder. Im Laufe der letzten zwei Mio. Jahre (im Quartär) wurden dann die Grabenbrüche mit mächtigen Sedimenten (Kies, Sand usw.) zu den eigentlichen Ebenen aufgefüllt.

Bodenschätze und Bergbau

Überwiegend die Gesteinsschichten aus dem Erdaltertum bilden die Grundlage für den Reichtum der Insel an Bodenschätzen. Bereits in der Antike, besonders unter den Römern, begann mit dem Abbau von Silber und Blei eine rege Bergbautätigkeit. Im Jahre 1872 wurde in Iglesias sogar eine eigene Bergbauschule gegründet (▶ Reiseziele von A bis Z, Iglesias). Heute sind jedoch alle diese Bergwerke wegen mangelnder Rentabilität außer Betrieb, auch wenn Sardinien **einst das bedeutendste Bergbaugebiet Italiens** war. Die während des 19. und 20. Jh.s wichtigsten Lagerstätten waren die Blei-Zink-Minen im Sulcis und im Iglesiente im Südwesten Sardiniens. Ähnliche Lagerstätten im Sarrabus im Südosten der Insel lieferten auch Silber. Der Mineraliensammler kann hier noch fündig werden: Für ihn bleibt Sardinien weiterhin ein wahres Eldorado.

Wegen mangelnder Rentabilität stillgelegt: Silberbergwerk in Argentiera

Landschaftsräume

Verglichen mit der Nachbarinsel Korsika wirkt Sardinien mit einer durchschnittlichen Höhe von 334 m recht flach. Bei genauerer Betrachtung entpuppt es sich als **Land der Hügel**, denn 68% der Inselfläche werden zum Hügelland gerechnet. Das Gebirge nimmt nur 18% der Oberfläche ein, der höchste Gipfel ist die Punta La Marmora (1834 m) im Gennargentugebirge. Die Ebenen sind mit 14% Flächenanteil kleiner als die Gebirgsregionen, jedoch als Siedlungsraum und für die landwirtschaftliche Nutzung von Bedeutung.

Gebirge

Das größte Bergmassiv Sardiniens liegt im Zentrum der Insel, das **Gennargentugebirge**, dessen Gipfel jedoch unter 2000 m bleiben. Im Norden schließt sich der aus schroffen Kalkfelsen bestehende Supramonte an. Die wilde und unzugängliche Landschaft des Supramonte mit ihren tiefen Schluchten, Spalten und Höhlen war traditioneller Rückzugsort der »Banditen« im Inselinneren. Das Monte-Albo-Massiv im Osten der Insel erstreckt sich von Siniscola bis nach Lula und wird wegen seiner weißen Dolomitfelsen gern als »sardische Dolomiten« bezeichnet. Weitere Gebirgszüge im Nordosten sind die Monti di Ala und der Monte Limbara, beide aus Granitgestein mit **interessanten Felsformationen** und einer einmaligen Vegetation. Im Südosten der Insel liegt die Berggruppe der Sette Fratelli und südwestlich erheben sich die Berge des Iglesiente und Sulcis.
Höchster Gipfel ist hier der Monte Linas (1236 m) bei Villacidro. Besonders erwähnt werden müssen die Tafelberge Sardiniens, die durch ihre Form – ebene Hochflächen und steile Abbruchkanten – auffallen. Beispiele sind die Giara di Gesturi und die Giara di Serri. Weitere Landschaftsformen auf Sardinien sind die Hochflächen (»altipiani«), die vor allem in Nordsardinien vorzufinden sind (Altopiano di Budduso, di Campeda, di Abbasanta).

Ebenen

Größte Tiefebene der Insel und schon in der Antike als Kornkammer geschätzt ist der Campidano, bis heute **der wichtigste Agrarraum der Insel**. Er erstreckt sich mit mehr als 1200 km² Fläche zwischen den Städten Cagliari und Oristano. Die übrigen flachen Gebiete, die im Sardischen »piane« oder »campi« heißen, sind viel kleiner, etwa der Cixerrigraben im Südwesten, die Ebene von Ottana im Zentrum der Insel, die von Posada an der mittleren Ostküste, die Ebene der Nurra im äußersten Nordwesten sowie die »campi« von Giave und Chilivani im zentralen Teil von Nordsardinien.

Flüsse und Seen

Sardinien ist eine wasserarme und oft großer Trockenheit ausgesetzte Insel. Um dem **Wassermangel** zu begegnen, wurden seit Anfang des 20. Jh.s künstliche Stauseen angelegt, die sich entlang der größten Flüsse Sardiniens (stets Fiume genannt), des Tirso, Coghinas, Flumendosa und Temo, befinden. Der zwischen 1918 und 1924 am Tirso aufgestaute Lago Omodeo war seinerzeit mit einem Fassungsvermögen von 402 Mio. m³ der größte Stausee Europas. Die Fluss-systeme Sardiniens haben gemeinsam, dass ihre Flussläufe nicht sehr lang sind und dass sie – mit Ausnahme des Unterlaufs des Tirso – nicht schiffbar sind. Die kleineren Flüsse Sardiniens bezeichnet man als Riu. Es sind meist so genannte Torrenten, d. h. periodisch Wasser führende Flüsse. Sie trocknen im Sommer für mehrere Monate aus, können jedoch in den Wintermonaten nach heftigen Regenfällen beträchtliche Wassermengen mit sich führen.

Feuchtgebiete Nur noch 15 000 ha sind von den ehemals landschaftsbestimmenden Feuchtgebieten übrig geblieben. Durch Maßnahmen zur Malaria-bekämpfung und Trockenlegung großer Flächen für die Land-wirtschaft wurden die ehemals großen Flächen in der ersten Hälfte des 20. Jh.s drastisch verkleinert.

Die »stagni« genannten Feuchtgebiete sind Lagunen, durch einen Strandriegel (Haff) vom Meer abgetrennte Wasserflächen, die durch ihre Mischung aus Süß- und Salzwasser **Lebensgrundlage für viele Pflanzen und Tiere** bilden, vor allem für Wasser- und Zugvögel. Die großen Feuchtzonen befinden sich am Golf von Oristano und in der Umgebung von Cagliari.

Abendstimmung am Coghinas: Einer von mehreren Stauseen, angelegt zu Beginn des 20. Jahrhunderts.

Die Küstenlinie Sardiniens besitzt eine Länge von 1849 km – fast ein Viertel des gesamten Küstenverlaufs Italiens. Diese **außerordentliche Länge** ist bedingt durch die starke Gliederung der zerklüfteten sardischen Gestade mit kleinen Stränden und Buchten zwischen kurzen Abschnitten mit Steilküste. Küsten

Pflanzen und Tiere

Die Vegetation Sardiniens kann, verglichen mit dem umliegenden Festland, als relativ artenarm bezeichnet werden, doch kommen – bedingt durch die isolierte Insellage – viele Pflanzen nur auf Sardinien und teilweise auf Korsika vor, sind also **endemisch**. Sardinien zählt zur immergrünen mediterranen Vegetationszone, allerdings sind von dieser ursprünglichen Pflanzenbedeckung, wie auch im übrigen Mittelmeerraum, nur noch spärliche Reste vorhanden.

Weite Teile der Insel sind heute nur mit Macchia (niederem Buschwald) bewachsen. Im Inselinneren nehmen Weideflächen große Gebiete ein. Diese künstlich geschaffenen Kulturflächen sind häufig durch Überweidung gefährdet; Pflanzen wie Affodill und dornige Kugelbüsche zeigen dies an. Die Art der Pflanzendecke ist von Klima, Landschaftsform und Höhenlage abhängig, so dass man hier, was die Verteilung der Vegetation betrifft, nach den vier Landschaftsräumen Küste, Ebene, Hügelland und Gebirge unterscheiden kann. Macchia

Die Küstenlandschaft ist von der Macchia geprägt, die Folgevegetation der ehemaligen mediterranen Wälder. Diese Niedrigwald- und Buschvegetation setzt sich aus Kräutern, Sträuchern und, eher seltener, Bäumen zusammen. Typische Vertreter der Macchia sind Mastixstrauch, Erdbeerbaum, Phönizischer Wacholder, Stechwinde, Zistrose, Myrte, Ginsterarten, Baumheide, Zwergpalme und Kräuter wie Lavendel, Thymian und Rosmarin. Im Frühjahr steht die Macchia in **farbenprächtiger Blüte** und verströmt im Sommer und bis in den Herbst hinein **intensive Düfte**. Die niedrigere Variante der Macchia mit Büschen bis zu einem Meter wird als Garrigue bezeichnet. Typische Pflanzen sind verschiedene Wolfsmilchgewächse, Ginster, Kräuter sowie Knollen- und Zwiebelgewächse. Die Flächen der Macchia und Garigue werden zunehmend zu stark beweidet, wodurch immer mehr Pflanzenarten verschwinden. Küste

Die Ebenen Sardiniens werden heute von verschiedenen Nutzpflanzen eingenommen. Neben Getreide, Obst und Wein werden Sonderkulturen wie Tomaten und Artischocken kultiviert. Daneben spielen **Ölbäume** für die Produktion von Olivenöl eine große Rolle. Ebenen

Das Hügelland prägt vor allem die Landschaft Nordost- und Ostsardiniens. Häufig sind hier noch Eichenwälder verbreitet. Die drei wichtigsten Arten sind die Steineiche und in Lagen oberhalb 800 m Hügelland die Korkeiche und die Flaumeiche. Die Nutzung und Verarbeitung der Rinde der **Korkeiche** ist in dieser Region ein wichtiger Wirtschaftszweig.

Gebirge Ursprünglich waren die Berge von ausgedehnten Eichenwäldern bedeckt, von denen aber nur noch Restbestände erhalten sind. Verstreute Kastanienhaine liefern Esskastanien. Eine Besonderheit ist das Vorkommen von **Eibenhainen**, die als Bestandteil der ursprünglichen Wälder überdauert haben. Sie befinden sich im Gebiet von Badde Salighes (bei Bolotana) und am Monte Ferru (bei Santu Lussurgiu). Viele Wälder wurden im späten 19. Jh. durch Abholzungen zur Holzkohlegewinnung zerstört, heute gehen große Flächen durch die häufigen sommerlichen Waldbrände verloren.

Mufflon, Wildschwein In den Bergen des Inselinneren leben zwei Tierarten, die besonders typisch für Sardinien sind: Das Mufflon, das sardische Wildschaf, ist streng geschützt, aber nur noch in wenigen abgelegenen Bergregionen vertreten, nämlich in Teilen des Gennargentu und beim Monte Albo. Das zweite wichtige sardische Tier ist das Wildschwein, das in der Macchia und im Wald lebt. Besondere Aufmerksamkeit widmet man heute dem äußerst seltenen **sardischen Hirsch**, der nur noch in wenigen geschützten Staatsforsten und einem Naturreservat des World Wildlife Fund vorkommt.

? WUSSTEN SIE SCHON …?

■ Seltene Tierwelt: Einmalig sind die nur auf der Giara di Gesturi vertretenen halbwilden Pferde. Und auf der Insel Asinara lebt eine besondere Eselrasse, die nach der Insel benannt ist. Die kleinen weißen Tiere haben blaue Augen und sind nur 80 bis 100 cm groß.

Vogelwelt Auf Sardinien sind viele in Europa selten gewordene Vogelarten heimisch, die entlang der Küsten noch ungestörte Nistplätze finden. Die wenigen Exemplare der Greifvögel wie **Gänsegeier und Goldadler** wird man nur mit Glück einmal zu Gesicht bekommen. Mönchsgeier und Lämmergeier wurden erfolgreich wieder ausgewildert. An der Küste des Sulcis nistet der Eleonorenfalke, der nach der sardischen Richterin Eleonora d'Arborea (▶ Berühmte Persönlichkeiten) benannt ist. Sie ließ die Falken der Insel unter Schutz stellen. Dieser rasante und wendige Flieger ist für seine Jagdtechnik berühmt. Die Seevögel, die entlang der Küsten beobachtet werden können, sind zahlreich. Es kommen hier neben Königsmöwen auch Korallenmöwen (eine sehr seltene, einheimische Möwenart), Seemöwen, Schwarzkopfmöwen, See- und Zwergschwalben, diese aber mit stark rückgängigen Zahlen, vor. Eine weitere Besonderheit sind die **schwarzen Kormorane**, die auf Sardinien nisten, ihre einzige bekannte Zufluchtsstätte im Mittelmeer. Gern gesehene Gäste sind die Flamingos. Auf sardisch heißen sie wegen der Farbe ihres Gefieders »sa genti arrubia«, das rote Volk. In großer Anzahl bevölkern sie in der Zeit des Vogelzuges die Strandseen bei Oristano und Cagliari.

Auch das Meer, so sehr dieser Lebensraum verarmt ist, bewahrt noch **Meerestiere** einen Teil der typischen Fauna des Mittelmeers. Ausgestorben ist die Mönchsrobbe, die einst in den Grotten an der Küste von Dorgali und Tavolara lebte. **Fast ausgerottet ist auch der Tunfisch**, auf dessen Fang einst eine blühende Industrie beruhte. Reste der »tonnare«, der mit besonderen Netzen ausgerüsteten Tunfischfangstellen, sind noch in Stintino an der Nordwestküste und in Portoscuso an der Südwestküste zu

> ## ? WUSSTEN SIE SCHON …?
>
> - Einige Schmuckläden auf Sardinien bieten echte Korallen zum Kauf an. Die schönen Unterwasserbewohner sind jedoch auf Sardinien geschützt und die Einfuhr nach Deutschland ist durch ein Artenschutzabkommen verboten.

sehen. In den Küstenbereichen gibt es Langusten, die in handgearbeiteten Reusen gefangen werden. Fischreich sind zum Teil die Strandseen, besonders Meeräschen und Aale kommen hier vor.

Zahlreiche Amphibien, Reptilien und Insekten sind auf Sardinien **Weitere Tiere** vertreten. Zwei einheimische Schlangenarten, die Hufeisennatter sowie die Vipernatter, beide ungiftig, zählen zu den wenigen Schlangenarten auf der Insel. An der Westküste Sardiniens, aber auch in der Gallura leben einige **geschützte Schildkröten**. Regional auf sehr kleine, isolierte Räume beschränkt, existieren Wildpferde und Esel.

Die gesamte Tierwelt Sardiniens steht unter Naturschutz, insbesondere die einheimischen Arten der Insel. Viele sardische Tiere sind auf der Liste der gefährdeten oder vom Aussterben bedrohten Arten verzeichnet. **Naturschutz**

Bevölkerung · Politik · Wirtschaft

Sardinien zählt zu den dünn besiedelten Regionen Italiens. Häufige **Bevölkerung** **Auswanderungswellen** zum italienischen Festland, nach Europa und Übersee aus wirtschaftlicher Not haben immer wieder zu einer Verringerung der Bevölkerung geführt. Erst im letzten Jahrhundert nahm die Bevölkerung Sardiniens wieder stetig zu.
Bis heute besteht eine Zweiteilung der sardischen Bevölkerung, deren ◀ Hirten Wurzeln weit in die Vergangenheit zurückreichen. Die Eigenschaften und Bauern des Bodens haben im Laufe der Jahrhunderte die Ausrichtung und

Zahlen und Fakten *Sardinien*

Verwaltung
▸ Autonome Region Italiens
▸ Hauptstadt und Regierungssitz: Cagliari
▸ Acht Provinzen: Cagliari, Carbonia Iglesias, Medio Campidano, Nuoro, Ogliastra, Olbia Tempio, Oristano, Sassari

Geografische Daten
▸ Nach Sizilien die zweitgrößte Insel im Mittelmeer
▸ Im Zentrum des westlichen Mittelmeers; zwischen 38,8° und 41,2° nördlicher Breite
▸ Fläche: 24 089 km², einschließlich der kleinen Nachbarinseln
▸ Ausdehnung: In Ost-Westrichtung 145 km, in Nord-Süd-Richtung 270 km
▸ Küstenlinie: 1849 km
▸ Kürzeste Entfernung zum italienischen Festland: 188 km von Olbia nach Monte Argentario, Toskana
▸ Höchste Erhebung: 1834 m Punta La Marmara

Flugverkehr
▸ Drei große Flughäfen bei Cagliari, Alghero und Olbia
▸ Billigfluganbieter: HLX von Hannover, Köln/Bonn und Stuttgart nach Olbia und Ryanair von Frankfurt/Hahn nach Alghero

Bevölkerung
▸ Einwohnerzahl: 1,6 Mio.,
davon 30% im Ballungsraum Cagliari
▸ Bevölkerungsdichte: 68 Einwohner pro km²

Sprache
▸ Italienisch, Sardisch

Wirtschaft
▸ 14% der Berufstätigen sind in der Landwirtschaft, 23% in der Industrie, 63% im tertiären Sektor beschäftigt.

Sardinien

© Baedeker

Differenzierung der Wirtschaftszweige bestimmt. Der sardische Boden ist im Allgemeinen sehr karg, vor allem im Gebirge, wo die Weidewirtschaft als beinahe einzige Nutzungsform vorherrscht, insbesondere die Schafzucht. Die Landwirtschaft hat sich vor allem in den niedrigen Hügellagen und in der Ebene entwickelt. Besondere Bedeutung kamen dem Anbau von Getreide (das Campidano war fünf bis sechs Jahrhunderte lang eine der Kornkammern des Römischen Reiches) und in den Hügellagen der Produktion von

Oliven und Mandeln zu. Die unterschiedlichen Wirtschaftsformen führten im Laufe der Zeit zu einer klaren Trennung zwischen der **Gebirgsbevölkerung**, die hauptsächlich aus Hirten bestand, und den **Bewohnern der Ebene**, die in erster Linie Bauern waren.

Viele sardische Landschaftsbezeichnungen, die die Insel in kleinräumige Einheiten unterteilen, **existieren heute neben den offiziellen Verwaltungsbezeichnungen**: Ganz im Nordwesten liegt die Landschaft Nurra (zwischen Alghero, Sassari und Porto Torres), im Norden schließt sich die Anglona, das Turritano (oder Sassarese um Sassari) und die Gallura im gebirgigen Nordosten an. Im mittleren Teil von Nordsardinien folgen von Westen nach Osten Planargia, Goceano, Montacuto und die Baronie aufeinander. Im Westen liegt am Meer Monte Ferru, in östlicher Richtung befinden sich das Nuorese und die Barbagia, das Herz des zentralen Sardinien. Sarcidano, Marmilla und Trexenta verbinden die Bergregion des Inselinneren mit den südlichen Ebenen, den Campidani (Campidano di Oristano, di Sanluri, di Cagliari). Gebirgig sind dagegen wiederum die Landschaften, die die großen Ebenen begrenzen, Sulcis und Iglesiente im Südwesten, Gerrei, Ogliastra und Sarrabus im Südosten der Insel.

Historische Landschaftsnamen

Im Jahre 1952 wurde der kurz zuvor gegründeten Region Sardinien gestattet, ein offizielles Wappen zu führen. Man übernahm das Emblem, das schon seit Jahrhunderten Symbol der Insel war: ein rotes Kreuz auf weißem Grund, umgeben von den Köpfen von »vier Mohren« mit verbundenen Augen. Nach einer **katalanischen Legende** geht es auf den Krieg Peters I. von Aragonien gegen die Mauren im Jahr 1096 zurück. Damals sei in der Schlacht von Alcoraz ein geheimnisvoller, weiß gekleideter Ritter mit einem großen, roten Kreuz auf der Brust erschienen und habe die Mauren vernichtend geschlagen. Nach dem Ende des Kampfes habe man auf dem Schlachtfeld vier abgeschlagene, mit Kronen und Edelsteinen geschmückte Häupter von Mauren gefunden. Zum Andenken an das wunderbare Ereignis habe König Peter die vier Mauren und das rote Kreuz in sein Wappen aufgenommen. Tatsächlich wurde das Wappen aber von den Aragoniern auf die Insel gebracht: Die vier Mohren schmückten das Siegel von verschiedenen Urkunden, die der Stadt Cagliari eine Reihe von Privilegien verliehen. Seitdem war das Wappen den aragonischen, dann den spanischen Königen der Insel Sardinien vorbehalten.

Wappen der autonomen Region Sardinien

? WUSSTEN SIE SCHON …?

- Die Verlagerung der Binde von der Stirn auf die Augen der Mohren ist auf den Irrtum eines zerstreuten Kopisten oder eiligen Stempelherstellers zurückzuführen, der im letzten Jahrhundert das Emblem falsch interpretierte und die Binde über die Augen der vier Mauren rutschen ließ.

Wirtschaft

Obwohl die Insel große Anstrengungen zur Industrialisierung unternahm, hat die Region Sardinien nach wie vor **eines der niedrigsten Pro-Kopf-Einkommen Italiens**, und auch die Zahl der Arbeitslosen bleibt uneingeschränkt hoch. Immer noch leben mehrere hunderttausend Sarden als Arbeitsemigranten im Ausland.

Landwirtschaft Die Landwirtschaft war bis in die 1960er-Jahre der traditionelle Erwerbszweig für etwa die Hälfte der sardischen Bevölkerung, heute bietet sie mit weiter sinkender Tendenz gerade noch 14% der Beschäftigten eine Einkommensquelle. Erfolg versprechende Agrarproduktionen sind die intensiven Kulturen in den Ebenen und Ameliorationsgebieten, den trockengelegten Flächen der ehemaligen Sumpfgebiete. Dazu zählen **Gemüseanbau** (Frühgemüse, Tomaten und Artischocken) sowie **Weinproduktion und Baumkulturen** (Agrumen). Zur Römerzeit war Sardinien als Kornkammer des Römischen Reiches bekannt. Getreide wird jetzt aber nur noch in geringer Menge angebaut. Es liefert den Hartweizengrieß für die sardischen Nudeln, die »malloreddus«. Doch Sardinien besteht hauptsächlich aus Hügelland und Bergen, so dass nur geringe Flächen für den Ackerbau zur Verfügung stehen. Im Hügelland dominieren, gekoppelt mit der Weidewirtschaft, Baumkulturen (Oliven, Mandeln) und der Weinanbau. In der Gallura liegt der wirtschaftliche Schwerpunkt bei der Korkproduktion aus der Rinde der Korkeiche. Bis in die heutigen Tage stellt die Weidewirtschaft, der wohl älteste Erwerbszweig der Insel, weiterhin eine der Grundlagen der sardischen Wirtschaft dar. Doch auch das Hirtenleben, das sich durch die Jahrhunderte als traditionsreiche Kultur im Inselinneren behaupten konnte, veränderte sich in den vergangenen Jahrzehnten grundlegend. Obwohl die Produktion von Käse und der Verkauf von Lammfleisch lukrativ und Arbeitserleichterungen (z. B. neue Straßen zu den Weideplätzen) selbstverständlich geworden sind, führen die Hirten nach wie vor ein entbehrungsreiches und arbeitsames Leben. Den Verdienst schmälern die Pachtgelder, die im Winter für die Weideflächen in den Ebenen aufgebracht werden müssen. Ein

Aus der Schafsmilch stellen die Hirten den Pecorino-Käse her.

weiteres Problem sind die großen Viehbestände – es gibt allein etwa 4 Mio. Schafe –, die zunehmend den Druck auf die vorhandenen Weidegebiete erhöhen. In den Bergregionen kommt es dadurch immer mehr zu Interessenkonflikten zwischen Hirten und Naturschützern, denn durch Überweidung und Verbiss verarmen ökologisch wertvolle Berggebiete zusehends.

Industrie

Die Großindustrie Sardiniens, die durch die wirtschaftlichen Fördermaßnahmen der 1960er- und 1970er-Jahre auf Sardinien entstand, konnte die Probleme der Insel nicht lösen. Die petrochemischen Industrieanlagen von Sarroch und Porto Torres blieben ökonomisch instabil und mussten eine große Anzahl von Arbeitsplätzen abbauen. Das zunächst viel versprechende Kunstfaserwerk in Ottana im Inselinneren zählt mittlerweile zu den modernen Industrieruinen. Auch die Papierfabrik in Arbatax produziert nur noch in eingeschränktem Maße. In dem ehemaligen Bergbaugebiet des Iglesiente, das durch die Schließung der Bergwerke im 19. Jh. schwere wirtschaftliche Krisen durchmachte, konnte sich in Portovesme ein neuer Industriestandort mit einem Aluminiumwerk etablieren. Viele Arbeitsplätze bot in den letzten Jahrzehnten die Bauindustrie, die dank der touristischen Entwicklung einen Aufschwung zu verzeichnen hatte. Die rege Bautätigkeit ließ aber durch die zunehmende Verschlechterung der wirtschaftlichen Gesamtsituation wieder nach. Vom Aufschwung der Bauindustrie profitierten auch die Steinbrüche (Granit) und Zementwerke Sardiniens.

Tourismus

Hoffnungsträger der sardischen Wirtschaft ist der Tourismus, der dank seiner erst spät einsetzenden Entwicklung heute noch Gestaltungsmöglichkeiten hat. Touristisch entdeckt wurde Sardinien Anfang der 1960er-Jahre durch den Ausbau des nordöstlichen Küstenstreifens der Costa Smeralda durch Aga Khan und sein Konsortium (► Baedeker-Special S. 100). Mit dem zugkräftigen Namen begann die touristische Erschließung sowohl der angrenzenden Küstenstreifen als auch anderer Teile der Insel. Heute kann Sardinien auf ein ausreichendes Bettenkontingent zurückgreifen und es sollen keine weiteren Hotelprojekte mehr gefördert, sondern die Auslastung der vorhandenen Kapazitäten angestrebt werden. Der touristischen Fremdbestimmung durch auswärtige Investoren (Aga Khan und der Mailänder Medienmagnat und Ministerpräsident Silvio Berlusconi) versucht man möglichst entgegenzutreten. Die Verabschiedung des **Gesetzes zum Schutz der Küsten** (1989), das eine Bebauung des 500 m breiten Küstenstreifens mit Privat- und Ferienhäusern unterbindet (für Hotels gilt die Ausnahmeregelung von 150 m), lässt hoffen, dass die malerischen Küsten und Landschaften zukünftig in ihrer Schönheit erhalten werden können.

Geschichte

Frühe sardische Kulturen, dann Jahrhunderte andauernde Kolonisierung, schließlich freier Teil eines freien Staates. Wer waren die Eroberer, Könige, Richter und Feudalherren, wer strebte nach Autonomie?

Vorgeschichte

3300–2480 v. Chr	Die Kultur von Ozieri verbreitet sich als früheste Zivilisation auf der Insel.
1855–238 v. Chr.	Nuraghenkultur

Die ältesten menschlichen Spuren auf Sardinien wurden bei Perfugas gefunden. Steinwerkzeuge bezeugen, dass bereits im Paläolithikum (Altsteinzeit, 200 000–150 000 v. Chr.) Menschen auf der Insel lebten, die während der Riss-Eiszeit, vor mehr als 150 000 Jahren, vermutlich über eine Landbrücke eingewandert waren.
In der Grotta Corbeddu bei Oliena wurden **bearbeitete Hirsch-knochen** und ein Teil eines menschlichen Unterkiefers aus der Zeit zwischen 20 000 und 15 000 v. Chr. entdeckt.

Altsteinzeit

Nach dem sardischen Archäologen Giovanni Lilliu wird das Neolithi-kum (Jungsteinzeit, 6000–2500 v. Chr.) in drei Perioden gegliedert und als Epoche der geschliffenen Steingeräte bezeichnet. Aus dem frühen Neolithikum (6000–3730 v. Chr.) stammen Funde von Kera-miken mit eingeritztem Muster und Tongefäße aus der Höhle von Filiestru bei Mara. Das mittlere Neolithikum (3730–3300 v. Chr.) hat die Kultur von Bonu Ighinu (bei Mara) hervorgebracht, von der Zeugnisse hochwertiger Keramik-kunst – rundleibige, weibliche Idole (Dea-Madre-Figuren) – er-halten geblieben sind. Zum späten Neolithikum (3300–2480 v. Chr.) zählt die Kultur von Ozieri oder San Michele, die nach der Grotta

Jungsteinzeit

Das Gigantengrab S'Ena'e Thomas ist eines der bedeutendsten Grabdenkmäler.

di San Michele bei Ozieri benannt wurde, wo die ersten Zeugnisse entdeckt wurden: kunstvoll verzierte Keramiken, weibliche Idole in kykladischer Form, Gefäße aus Stein und Steinbeile. Es handelt sich um **die früheste Zivilisation**, deren Spuren fast auf der gesamten In-sel verbreitet sind. Im gleichen Zeitraum erscheint in der Gallura die Kultur von Arzachena, deren Kennzeichen runde Steinkreisgräber sind, die man auch als Gigantengräber bezeichnet.

In diesen Epochen (2480–1855 v. Chr.) entwickelten sich **drei Kulturen** beinahe parallel: die Kultur von Abealzu-Filigosa (bei Osilo und Macomer), von Monte Claro (Cagliari) und die Glockenbecher-

Kupferzeit, Eisenzeit

← *Die Nuraghe Santa Sabina entspricht dem Typus des Einzelturms.*

Einer von vielen hunderten Nuraghentürmen: Nuraghe Orolo

kultur. Sie stellen den Übergang zur größten und am weitesten verbreiteten Zivilisation der Insel dar, der Nuraghenkultur.

Der Zeitraum der **Nuraghenkultur** (1855 – 238 v. Chr.) ist nach dem altsardischen Ausdruck »nuraghe« oder »nurake« benannt (von »nur«, was vermutlich »Feuer« bedeutet, aber auch »Höhle« und »hoher Steinhaufen«). Als Nuraghen bezeichnet man die **in Form von Kegelstümpfen gebauten Türme**, die aus ringförmigen Reihen ohne Mörtel aufgeschichteter Steinblöcke errichtet wurden. Es gibt etwa 7000 Nuraghen auf Sardinien, die als Wahrzeichen einer Kultur gelten, die Sardinien nachhaltig geprägt hat. Man kann diese Epoche in vier Perioden untergliedern: archaische Nuraghenzeit (Periode der Protonuraghen, 1855 bis 1490 v. Chr.), die mittlere Epoche (1400 – 900 v. Chr.), die späte Nuraghenzeit (900 – 500 v. Chr.) und die Endphase (500 – 238 v. Chr.). Nur drei Jahrhunderte, von 1200 bis 900 v. Chr., dauerte die Blütezeit an. In dieser Periode brachte die nuraghische Zivilisation ihre höchsten Leistungen hervor (Gräber, Geräte, Bronzeskulp- turen und eindrucksvolle Bauwerke). Wie die Geschichtsdaten erkennen lassen, lebte die Nuraghenkultur auch nach dem Erscheinen der Phönizier und später der Karthager auf der Insel weiter (► Kunst und Kultur, Nuraghenkultur).

Phönizier, Punier und Römer

ab 1000 v. Chr.	Phönizier besiedeln Sardinien
520 – 510 v. Chr.	Karthager erobern die Insel
177 v. Chr.	Sardinien wird römische Provinz.

Phönizier Auf die Zeit zwischen 1100 und 1000 v. Chr. gehen die frühesten Spuren der Anwesenheit von Phöniziern auf Sardinien zurück – in Nora und im Gebiet von Alghero. In der phönizischen Inschrift der Norastele (► Reiseziele von A bis Z, Cagliari, Archäolog. Museum) aus der Zeit zwischen 900 und 800 v. Chr. erscheint der Ausdruck »Shrdn«, der als die erste Erwähnung des Namens Sardinien gilt. Die ersten großen phönizischen **Handelshäfen**, die sich später zu richtigen Städten entwickeln, werden 900 – 700 v. Chr. vor allem im Süden Sardiniens gegründet: es sind Tharros, Sulci, Nora und Karales.

Die Karthager erobern 520–510 v. Chr. Sardinien. In verschiedenen Verträgen, die zwischen 509 und 278 v. Chr. geschlossen werden, erkennen die Römer die Herrschaft der Karthager über Sardinien zunächst an. Beim Friedensschluss am Ende des Ersten Punischen Kriegs (264–241 v. Chr.) müssen die besiegten Karthager Sizilien und die umliegenden Inseln verlassen, Sardinien bleibt ihnen zunächst noch. Im Jahr 238 v. Chr. nimmt dann der römische Konsul Titus Sempronius Gracchus einen Aufstand karthagischer Söldner in Nordafrika zum Anlass, auch Sardinien zu annektieren. Die Punier müssen der **römischen Herrschaft über Sardinien** zustimmen.

Punier (Karthager)

? WUSSTEN SIE SCHON …?

■ Die heutige Landschaft Barbagia leitet sich von dem römischen Wort »barbaria« ab, dem Land, in dem – nach Ansicht der Römer – die Barbaren hausten.

In der Folgezeit lehnen sich die Sarden, vor allem die Gebirgsbevölkerung, gegen die Römer auf. Während sechs aufeinander folgender Jahre triumphieren die Konsuln über die Rebellen, doch die Unruhen dauern in Form von Kleinkriegen bis in die Kaiserzeit an. Ein sardischer Fürst und Großgrundbesitzer, Hampsicora, stellt im Jahr 215 v. Chr. ein Heer auf, dessen Kerntruppe die aus den gebirgigen Regionen der Insel stammenden »Fell-Sarden« (sardi pelliti) sind. Die Bezeichnung bezieht sich auf ihre Kleidung, die Mastruca, eine große Jacke aus Schafsfell. Er verbündet sich mit den Karthagern, doch in der Schlacht von Cornus in der Nähe des heutigen Bosa unterliegen sie den Römern.

Sardinien wird 177 v. Chr. römische Provinz. Es kommt zu erneuten Aufständen vonseiten der Gebirgsstämme der Iliensi und der Balari. Sie werden besiegt und verlieren nach römischen Quellen 12 000 Mann. In den Jahren 49–46 v. Chr. tobt der Krieg zwischen Cäsar und Pompejus. Auf Sardinien stellt sich Karales (Cagliari) auf die Seite Cäsars, Sulci auf die des Pompejus. Im Frühling des Jahres 46 verleiht der siegreiche Cäsar der Stadt Karales das römische Bürgerrecht, während Sulci durch eine Steuererhöhung bestraft wird. Unter Augustus wird Sardinien 27 v. Chr. senatorische Provinz, die ein Prokonsul verwaltet. Nachdem es 7 n. Chr. erneut zu Unruhen kommt, wird sie der Aufsicht von Kaiser Augustus unterstellt. Außerdem entsendet Rom Truppen gegen die **sardischen »Banditen«.** Am Ende des 1. Jh. n. Chr. wird die Ortschaft Aquae Hypsitanae als Forum Traia-

Römer

215 v. Chr. von den Römern eingenommen: Cornus

ni (das heutige Fordongianus) die wichtigste Garnison gegen die Stämme der Barbaria, einer Gebirgsregion. Wie alle anderen Einwohner des Reichs erhalten im Jahr 212 auch die Sarden von Caracalla das römische Bürgerrecht.

Allgegenwärtiger Schutzpatron

Der **hl. Ephisius** erleidet der Überlieferung nach am 1. Mai 303 das Martyrium und wird Schutzpatron von Cagliari. Im folgenden Jahr sterben als Märtyrer in Olbia der hl. Simplicius, im Forum Traiani der hl. Lussorius, in Turris (dem heutigen Porto Torres) die drei Märtyrer Gavinus, Protus und Januarius, die später Schutzpatrone von Sassari werden, sowie in Karales der hl. Saturnus und in Sulci der hl. Antiochus. In der Schlacht an der Milvischen Brücke (312) steht Sardinien auf der Seite des römischen Kaisers Konstantin. Auch er wird später **als Heiliger auf der Insel besonders verehrt.** Die bedeutenden sardischen Bischöfe Eusebius und Luciferus nehmen 354 am Konzil von Arles und später am Konzil von Mailand teil; sie werden von Kaiser Konstantin II. verbannt.

Vandalenherrschaft und byzantinische Zeit

440	Vandalen greifen Sardinien an.
534	Befreiung durch Byzanz

Vandalen Die Vandalen, die Nordafrika besetzt haben, beginnen 440 Sardinien anzugreifen. Sie besetzen die Insel und bleiben etwa 80 Jahre lang.

Byzanz Byzanz befreit Sardinien 534 von den Vandalen. Die Insel gehört nun zum Oströmischen Reich und bildet gemeinsam mit den Balearen und Korsika eine der sieben Provinzen der Diözese Afrika. Die Araber, die sich nach der Eroberung Karthagos (698) dauerhaft in Nordafrika niedergelassen haben, beginnen im 8. Jh. ihre Überfälle auf Sardinien. Diese Piratenüberfälle setzen sich bis ins 19. Jh. fort.

Judikate und Richterzeit

um 900	Es bilden sich die vier Judikate Cagliari, Arborea, Torres und Gallura.
1016	Genua und Pisa befreien auf Veranlassung des Papstes Sardinien von den Arabern.

Die Loslösung von Byzanz, die auch durch die Vorherrschaft der Araber im Mittelmeer bedingt ist, beginnt etwa um 815, als sardische Gesandte den Frankenkönig Ludwig den Frommen um Hilfe bitten. Im Machtvakuum entstehen in Form kleiner Staaten die vier Teile der Insel, die von sardischen Adligen regiert werden, die vermutlich von zivilen und militärischen byzantinischen Statthaltern abstammen. Man bezeichnet diese Patrizier als »Richter« (»judices«, sardisch »iudikes«) und die vier Territorien als Judikate, die die Insel in **vier fast gleich große Teile** gliedern: Logudoro oder Torres im Nordwesten, Gallura im Nordosten, Arborea im Südwesten und Cagliari im Süden und Südosten. Die ersten Urkunden, die die Existenz der Judikate belegen, gehen auf die Zeit zwischen 900 und 1000 zurück.

Beginn der Richterzeit im 9./10. Jh.

Die Seerepubliken Genua und Pisa senden 1016 auf Veranlassung des Papstes eine Flotte gegen die Araber aus, deren Anführer, Mugahid ibn Abd Allah al Amiri, mit schweren Verlusten unterliegt. Pisa und Genua beginnen daraufhin, ihre wirtschaftlichen und politischen Hegemonieansprüche auf Sardinien auszudehnen.

Genua und Pisa im 11. Jh.

Der Richter von Torres bittet 1063 den Abt von Montecassino, Mönche nach Sardinien zu entsenden, um die Landwirtschaft im Judikat Torres zu entwickeln. So beginnt das Wirken von besonders **tatkräftigen Orden** auf der Insel, u. a. der Viktoriner, die dem Benediktinerorden angehören, der Kamaldulenser und später der Zisterzienser. Die Mönche machen das Land urbar und errichten die großen mittelalterlichen Kirchen, die heute noch einige Landschaften Sardiniens beherrschen.

Tätigkeiten der Orden (ab 1063)

Durch die Heirat (1157) des Richters von Arborea, Barisone, mit der katalanischen Adligen Agalbursa von Bas aus dem Grafengeschlecht von Barcelona werden **Handelskontakte im westlichen Mittelmeer** aufgebaut. Sardinien gerät ins Blickfeld der expandierenden katalanisch-aragonischen Macht. Barisone ersucht 1164 Kaiser Friedrich I. (Barbarossa), ihn mit Unterstützung Genuas zum König von Sardinien zu ernennen. Die Krönung findet im selben Jahr in Pavia statt. Auf Sardinien bekämpfen sich die verschiedenen Judikate in lokalen Kriegen. Pisa und Genua streiten um den Besitz der Insel und wenden sich 1175 an Kaiser Friedrich I., der Sardinien in zwei Teile aufteilt. Logudoro und Campidano erhält Genua, die Gallura

Rivalitäten zwischen Genua und Pisa im 12./13. Jh.

fällt an Pisa. Die Zeit der vom Festland stammenden Richter beginnt mit dem Pisaner Guglielmo Oberlenghi di Massa, der 1187 seinem Großvater Costantino als Herrscher über das Judikat Cagliari folgt. Die pisanische Familie Visconti regiert in Gallura und Torres, das Geschlecht der Della Gherardesca in Cagliari. Adelasia di Torres, die Witwe des Ubaldo Visconti, heiratet 1238 Enzio, den Sohn Friedrichs II., der später den Titel »König von Sardinien« trägt. Im Jahr 1249 wird er im Kampf von den Bolognesen gefangen genommen; 1272 stirbt er in der Haft in Bologna. Die Judikate Cagliari und Torres erlöschen in den Jahren 1257 – 1259, da sie unter mächtigen pisanischen Familien (im Süden) und genuesischen Familien (im Norden) aufgeteilt werden. Das Judikat Gallura endet 1298 mit dem Tod von Nino Visconti, eines Freundes von Dante Alighieri. Die Stadt Sassari, die seit mehr als 60 Jahren nicht mehr von den Richtern von Torres beherrscht wird, unterzeichnet 1294 ein Abkommen, das sie unter den Schutz Genuas stellt.

Spanisch-aragonische Herrschaft

1297	Der Papst belehnt das spanische Königshaus Aragón mit der Herrschaft über Sardinien und Korsika; es folgen Unruhen.
1395	Die Richterin des Judikats Arborea, Eleonora d'Arborea erlässt ein Zivil- und Strafgesetzbuch.
1409	Das Judikat von Arborea erlischt, das arboreische Heer unterliegt den Spaniern.

Eroberung Sardiniens durch die Aragonier

Am 4. April 1297 belehnt Papst Bonifaz VIII. König Jakob von Aragonien mit dem Regnum Sardiniae et Corsicae. Der Infant Alfons von Aragonien landet am 12. April 1323 im Golf von Palmas. Er befehligt ein großes Heer, das Sardinien zu erobern beginnt. 1326 wird der Friedensschluss zwischen Aragonien und Pisa besiegelt. Doch in verschiedenen Teilen Sardiniens kommt es bereits zu Aufständen und Unruhen, die lange währen und unter der Führung der Richter von Arborea den Charakter eines »Nationalkrieges« annehmen. Die zweite Erhebung der im Vorjahr von den Aragoniern eroberten Stadt Alghero findet 1354 statt. König Peter IV. greift persönlich mit einer Flotte von beinahe 100 Schiffen ein, belagert Alghero, bezwingt es und entvölkert die Stadt, deren Einwohner er durch Siedler aus seinem Reich ersetzt. Im Jahr darauf entsteht durch Erlasse Peters IV. **das sardische Parlament**. Es setzt sich aus drei Ständen, den »istamentos«, zusammen, die Adel, Klerus und die sechs größten Städte vertreten. Sardinien wird zwischen mächtigen aragonischen Familien aufgeteilt. Dieses System der Feudalherrschaft besteht auf der Insel fast bis in die Mitte des 19. Jahrhunderts.

Am Ausgang des 14. Jh.s (1392) erlässt die Richterin des Judikats Arborea, Eleonora d'Arborea (▶ Berühmte Persönlichkeiten), die »Carta De Logu«, ein Zivil- und Strafgesetzbuch, dessen Gültigkeit 1421 auf das gesamte Gebiet der Insel (mit Ausnahme der Städte) ausgedehnt wird und bis ins 19. Jh. bestehen bleibt.

Gesetzgebung

Das Judikat von Arborea erlischt 1409 durch die Schlacht von Sanluri, bei der das Heer von Arborea unterliegt. Im folgenden Friedensschluss von San Martino (1410) wird das Judikat Markgrafschaft von Oristano; die Macht der Aragonier erstreckt sich nun auf die ganze Insel. Leonardo Alagon, der Markgraf von Oristano, ein Nachfahre der berühmten Familie Arborea, nimmt den Kampf gegen Aragonien wieder auf. Nachdem er im Jahr 1470 in Uras siegreich war, unterliegt er in der Feldschlacht von Macomer (1478) und stirbt in spanischer Gefangenschaft. Mit der Thronbesteigung (1479) Ferdinands II. von Aragonien, des Gemahls der Isabella von Kastilien, beginnt auch auf Sardinien die Zeit der spanischen Herrschaft, die bis zum Beginn des 18. Jh.s dauert. In dieser Epoche wird die **Landbevölkerung Sardiniens zu Leibeigenen** der Feudalherren degradiert und verarmt immer mehr.

Spanische Herrschaft

An allen Küsten der Insel kommt es zwischen 1509 und 1520 wiederholt zu Überfällen nordafrikanischer Seeräuber. Aus Siniscola werden viele Bewohner deportiert und als Sklaven verkauft. Bei verheerenden Überfällen unter der Führung des berühmten Piraten Khayr ad Din »Barbarossa« werden zwischen 1546 und 1553 die Ortschaften Cabras, Orosei und Terranova (das heutige Olbia) zerstört.

Piraterie im 16. Jh.

Die Sarazenentürme, die man seit dem 16. Jh. überall entlang der Küste vorfindet, sollten gegen Piratenüberfälle schützen.

16. – 18. Jh.:
Kriege, Pest,
erste Universität

Im Krieg zwischen Kaiser Karl V. und Franz I. von Frankreich wird Sassari 1527 durch ein von Andrea Doria befehligtes Heer besetzt und geplündert. Unter der Regierung Philipps II., des Nachfolgers Karls V., beginnt 1587 die **Errichtung der Sarazenentürme** entlang der Küsten. Diese Wehrtürme sollen die Insel gegen Überfälle schützen. Eine Urkunde Philipps II. genehmigt 1620 die Gründung der Universität Cagliari. (Die Jesuiten hatten 1562 in Sassari eine Schule gegründet, die den ältesten Kern der späteren Universität bildete.) 1637 wird Oristano von der französischen Flotte bombardiert. Die Soldaten gehen an Land, um die Stadt zu plündern, doch werden sie bald zum Rückzug gezwungen. Das Ende der großen Pestepidemien in Alghero, Sassari und Logudaro (ab 1652) fällt in das Jahr 1657. Die Bürger von Cagliari beschließen, den 1. Mai als großes Fest des Schutzpatrons der Stadt, des hl. Ephisius, zu begehen. Seine Fürsprache, so glauben sie, hat die Seuche beendet. 1668 kommt es zwischen dem sardischen Parlament und dem Vizekönig, dem Markgrafen Manuel de los Cobos de Camarasa, zu Spannungen. Die Sarden verlangen den Zugang zur Prälatenwürde und zu den hohen Ämtern, die den Spaniern vorbehalten sind. Dieses Zugeständnis soll als Gegenleistung für die Erhöhung des »donativo«, einer Steuer, die alle Einwohner der Insel an den spanischen Staat entrichten müssen, gewährleistet werden. Durch den Frieden von Utrecht (1714) fällt Sardinien an Österreich.

Königreich der Savoyer

1820	Erlass über die Landeinfriedungen, damit verbunden Aufstände im Landesinneren
1817 – 1861	Dynastie der Savoyer

Entstehung des
Königreichs
Sardinien

Der Londoner Vertrag (1718) teilt das inzwischen wieder von den Spaniern besetzte Sardinien dem Herzog von Savoyen, Viktor Amadeus II., zu. Das sardisch-piemontesische Königreich Sardinien unter der Dynastie der Savoyer entsteht und bleibt bis 1861 erhalten. Am 20. Mai 1720 wird Filippo Guglielmo Pallavicino, Baron von Saint-Remy, erster savoyischer Vizekönig von Sardinien. Die Abtretungsurkunde wird in Cagliari am 8. August unterzeichnet. Die piemontesische Regierung entwickelt 1726 ein **Programm zur Einführung und Verbreitung der italienischen Sprache auf Sardinien**, wo bis in die ersten Jahre des folgenden Jahrhunderts auch in amtlichen Urkunden das Kastilische und das Katalanische gebräuchlich sind. 1738 folgt eine Gruppe aus Ligurien stammender Fischer der Einladung, von Tabarka an der tunesischen Küste auf die Insel San Pietro überzusiedeln. Sie gründen ein Dorf, das zu Ehren des Königs Karl Emanuel II. Carloforte genannt wird.

Besonders im Norden Sardiniens breitet sich das Banditenwesen Mitte des 18. Jh.s aus. Nach der Schlacht bei Chiaramonti (1749) sind einige hundert Banditen aus den Bergen von Su Sassu gezwungen, nach Korsika zu fliehen; viele lassen bei diesen Kämpfen ihr Leben. Eine große Getreideknappheit (1780) in Nordsardinien ist der Auslöser für einen Aufstand in Sassari, bei dem die Menge den Stadtpalast stürmt und die Dokumente des städtischen Archivs verbrennt. Im Jahr der Französischen Revolution (1789) lehnt sich auf Sardinien die Bevölkerung vieler »ville« (Dörfer) gegen die Habgier der Lehensherren und deren Tributforderungen auf. Im Krieg zwischen der Republik Frankreich und dem Königreich Sardinien wird Cagliari 1793 von einer französischen Flotte bombardiert, doch die Sarden drängen den Truppenverband, kaum dass er am nahen Strand von Quartu gelandet ist, aufs Meer zurück. Auch auf La Maddalena wird ein kleines französisches Kontingent besiegt (einer der Offiziere ist der junge Napoleon Bonaparte). Die Stände präsentieren dem König die »cinque domande«. Diese fordern für die

Aufstände gegen Feudalherren und Fremdherrschaft

Orgosolo wird heute noch gern als »Banditendorf« bezeichnet, obwohl es hier wie anderswo keine mehr gibt.

Sarden mehr politischen Einfluss, eine Beteiligung an den Regierungsgeschäften und allgemein eine größere Aufmerksamkeit gegenüber den Problemen der Sarden von Seiten des Staates. Doch die »cinque domande« werden abgelehnt, und die gespannte Atmosphäre, die auf der Insel herrscht, löst in Cagliari am 28. April 1794 einen **Aufstand gegen die piemontesische Fremdherrschaft** aus. Der Vizekönig und Anhänger Piemonts werden von der Insel vertrieben. In Cagliari herrscht auch im folgenden Jahr eine Stimmung der offenen Revolution. Man beschuldigt den höchsten Verwaltungsbeamten und den Oberbefehlshaber der Streitkräfte des Komplotts gegen das Parlament; sie werden zunächst verhaftet und dann vom wütenden Volk getötet. Am Ende des Jahres nimmt ein Bauernheer Sassari ein und besetzt es. Der Richter von Cagliari und höchste Beamte von Sardinien, Giovanni Maria Angioy (▶ Berühmte Persönlichkeiten), zieht 1796 an der Spitze eines antifeudalistischen Heers gegen die Hauptstadt, wird aber bei Oristano besiegt und ist gezwungen, ins Exil zu gehen. Diese Ereignisse werden als die **»Sardische Revolution«** bezeichnet. Seeräuber überfallen 1789 Carloforte, nehmen etwa 800 Bürger als Sklaven gefangen, plündern und morden.

Verhängnisvolle Bodenreform und Ende des Feudalismus

1799 ergibt sich der savoyische König Karl Emanuel IV. den Franzosen, verlässt Piemont und flieht mit Familie und Hofstaat in die andere Hälfte seines Königreichs, nach Sardinien (Cagliari). In Cagliari wird 1812 eine »bürgerliche« Verschwörung gegen die Piemontesen aufgedeckt. Der »Erlass zur Einfriedung« (Editto delle Chiudende vom 6. Oktober 1820) legt neue Vorschriften zur **Privatisierung in der Landwirtschaft** fest. Bisher wurden Weiden und Äcker gemeinschaftlich genutzt; nun erhält jeder das Land, das er einzäunt. Von dieser Bodenreform, welche die Streitigkeiten zwischen Hirten und Ackerbauern lösen sollte, profitieren hauptsächlich die »prinzipales«, die reichen Bauern. Die nun entstehenden »tancas« (eingezäunte Grundstücke mit Steinmauern oder Kakteenhecken) prägen heute noch das Landschaftsbild weiter Teile Sardiniens. König Carlo Alberto erlässt 1835 die ersten Gesetze, durch die der Feudalismus auf Sardinien abgeschafft werden soll. Die Gemeinden müssen jedoch große Ablösesummen für die Lehensherren aufbringen. Viele Sarden verarmen und müssen emigrieren.

> **! Baedeker TIPP**
>
> **Die »vergessene Insel«**
>
> 1828 erscheint in Paris die erste Ausgabe des Buchs »Voyage en Sardaigne« des Piemontesen Alberto della Marmora. Es trägt dazu bei, die »vergessene Insel«, über die in ganz Europa kaum Kenntnisse vorhanden sind, einer breiten Öffentlichkeit nahe zu bringen.

Ab 1820 durfte per Gesetz jeder das Land, das er bewirtschaftet und abgesteckt hatte, behalten. So entstand das Netz niedriger Mauern – tancas – auf der Insel.

Sardiniens »Risorgimento«

1871–1883	Bau einer Eisenbahnlinie
1861	Sardinien wird Teil des italienischen Einheitsstaates.

Mehrere Demonstrationen finden 1847 in Cagliari und Sassari statt. Die wirtschaftliche Lage Sardiniens ist so aussichtslos, dass eine sardische Abordnung dem König den Verzicht der Sarden auf die Autonomie anbietet (die ihnen beim Übergang der Insel von Spanien an die Savoyer zuerkannt worden war). Der König stimmt dem vollständigen Zusammenschluss mit Piemont am 30. November 1847 zu. Der italienische Freiheitskämpfer **Giuseppe Garibaldi** (▶ Berühmte Persönlichkeiten) erwirbt 1855 einen Teil der Insel Caprera und lässt sich 1856 dort nieder. Vorübergehend ist er Abgeordneter von Ozieri im italienischen Parlament. Am 2. Juni 1882 stirbt der Freiheitskämpfer auf Caprera. Sardinien wird 1861 unter piemontesischer Herrschaft Teil des italienischen Einheitsstaates. Vittorio Emanuele II. erklärt sich zum König von Italien. Das Ende des »Königreichs Sardinien« ist gekommen; die Insel ist verarmt und unterentwickelt.

Ende des Königreichs Sardinien

Der erste kurze Abschnitt der Bahnlinie wird 1871 in Betrieb genommen. Fertig gestellt (1883) verbindet sie Cagliari mit Sassari, Porto Torres und Golfo Aranci, dem Fährhafen.

Eisenbahnbau

Um gegen die Zunahme des Banditenwesens im Gebiet von Nuoro einzuschreiten, entsendet die Regierung 1899 ein Infanteriekorps. Es kommt zu Verhaftungen und Feuergefechten mit den »Räubern«.

Banditen

Sardinien im 20. und 21. Jh.

1921	Gründung der Sardischen Aktionspartei, welche die Unabhängigkeitsbestrebungen Sardiniens unterstützt
1926	Die aus Nuoro stammende Literatin Grazia Deledda erhält den Nobelpreis für Literatur.
1948	Sardinien wird autonome Region
1952	Schaffung der touristischen Siedlung Costa Smeralda
1997	Die Bergwerke Sardiniens werden UNESCO Kulturdenkmal.

Im Ersten Weltkrieg wird eine fast ausschließlich aus Sarden bestehende Truppenabteilung, die »Brigata Sassari«, wegen ihres Helden-

Erster Weltkrieg und Zwischenkriegszeit

mutes ausgezeichnet. Unter dem Einfluss der Bewegung der ehemaligen Kämpfer wird 1921 die Sardische Aktionspartei (Partito Sardo d'Azione, PSdA) gegründet, die für die Unabhängigkeit Sardiniens und seine wirtschaftliche und soziale »Wiedergeburt« eintritt.

König Vittorio Emanuele II. weiht 1924 die Staumauer des Tirso ein. Sie bildet den Omodeo-Stausee, der zu diesem Zeitpunkt der größte Europas ist.

Faschismus und Zweiter Weltkrieg

Im Zentrum des großen, trockengelegten Gebietes in der Umgebung von Oristano entsteht 1930 das Dorf Mussolinia di Sardegna (heute Arborea). Während des Faschismus in Italien werden auch auf Sardinien weitere »neue Städte« geschaffen: Fertilia (1936) am Golf von Alghero und Carbonia (1938) im Kohlerevier von Sulcis. Von Februar bis Mai 1943 ist Cagliari Ziel verheerender US-amerikanischer Luftangriffe. Auch andere sardische Ortschaften werden bombardiert (Alghero, Olbia und Gonnosfanadiga).

Autonomie Sardiniens und wirtschaftliche Anstrengungen

Am 31. Januar 1948 ratifiziert die verfassunggebende Nationalversammlung das Sonderstatut für die Insel. Sardinien ist Autonome Region der zwei Jahre vorher konstituierten Republik Italien. Im Jahr 1946 wird die Cassa per il Mezzogiorno gegründet. Dieser staatliche Hilfsfond soll die wirtschaftliche Unterentwicklung im Süden Italiens mit Hilfe von hohen finanziellen Zuschüssen abbauen. Das italieni-

Während des Faschismus entstanden auf Sardinien neue Städte, deren Kennzeichen geometrisch angelegte Strukturen waren: z. B. Arborea.

sche Parlament billigt 1952 einen außerordentlichen Zwölfjahresplan wirtschaftlicher und sozialer Maßnahmen (Piano di Rinascita). In der Folgezeit fließen große Geldsummen zur Industrialisierung nach Sardinien, sie können die strukturellen Probleme der Region jedoch nicht lösen. Ebenfalls 1952 gründet eine internationale Finanzgruppe unter dem Vorsitz des Aga Khan das Konsortium Costa Smeralda, das Kapital in die Schaffung einer großen touristischen Siedlung an der Nordostküste der Gallura, zwischen Olbia und dem Golf von Arzachena, investiert (► Baedeker-Special, S. 100). In den Jahren 1962 – 1974 vollzieht sich der Aufschwung und Niedergang der Petrochemie auf Sardinien (Porto Torres und Cagliari). Die 1960er- und 1970er-Jahre sind die Zeit der Industrialisierung Sardiniens, die durch die Maßnahmen des Piano di Rinascita und der Cassa per il Mezzogiorno gefördert wird. In Olbia, Macomer, Ottana, Oristano, Villacidro, Sarroch und Cagliari entstehen Industriebetriebe. Die Bevölkerung von Orgosolo besetzt 1969 ihre Weiden auf der Hochebene von Pratobello. Die Entstehung eines NATO-Truppenübungsplatzes wird dadurch verhindert.

Küstenschutz für die Costa Smeralda, Entwicklung bis ins neue Jahrtausend

Das sardische Regionalparlament verabschiedet 1989 ein Gesetz, das den ausufernden touristischen Ausbau, der in den letzten Jahrzehnten entlang der Küsten eingesetzt hat, eindämmen soll. Von nun an dürfen auf dem 500 m breiten Küstenstreifen der Costa Smeralda keine Privathäuser oder Feriensiedlungen mehr gebaut werden. Nachdem der Milliardär Karim Aga Khan, Oberhaupt der Ismailiten, Erbauer der exklusiven Feriensiedlungen an der Costa Smeralda, 1994 erneut ein Veto von der Regionalregierung bezüglich eines weiteren, großräumigen Bauvorhabens erhalten hat, verkauft er den Großteil seines Besitzes an der Smaragdküste an die italienische Hotelkette Ciga. 1995 kauft Sheraton den Besitz, möbelt die Hotels auf und vermarktet sie als »Luxury Collection«, zu der 48 feinste Hotels rund um die Welt zählen. Im Jahr 1998 übernimmt Starwood, Hotelgigant mit 650 Häusern, den Sheraton Konzern und wird Hausherr über die gesamte Costa Smeralda mit ihren Hotels, Ferienanlagen und einem extravaganten Golfplatz. 2003 erwarb wiederum der kalifornische Milliardär libanesischer Herkunft Tom Barrack die Hälfte des Landes mit Golfplatz, Marina und Luxushotels.
1997 werden die aufgelassenen Bergwerke Sardiniens zum UNESCO Kulturdenkmal und weltweit ersten Geopark erklärt. Im Jahr 1998 wird der La-Maddalena-Archipel im Norden Sardiniens erster Nationalpark. Ihm folgt 2002 die ehemalige Gefängnisinsel Asinara vor der Nordwestspitze Sardiniens.

Kunst und Kultur

Fennhäuser, Menhire, Dolmen und vor allem die Nuraghentürme bestimmen noch heute das Landschaftsbild der Insel. Doch auch zahlreiche Fremdkulturen wie Phönizier und Römer haben ihre kulturellen Spuren hinterlassen.

Prähistorische Stätten

Kultur von Ozieri

Mehrere tausend Felskammergräber, die häufig große Nekropolen (Gräberfelder) bilden, gibt es auf Sardinien. Der sardische Ausdruck Domus de janas bedeutet nach gängiger Deutung **»Feenhaus«** (sard. **Domus de janas**

domu = »Haus«; Giana oder sard. jàna soll eine Fee sein, abgeleitet von der römischen Jagdgöttin Diana). Wahrscheinlich ist aber »Haus des Übergangs« (vom Diesseits ins Jenseits) gemeint, hergeleitet von sard. jànna = »Pass, Durchgang« (nach Janus, dem altrömischen Gott mit Doppelantlitz). Mit primitiven Steinhacken wurden die Kammergräber in den Fels getrieben. Der Form und Größe nach sind diese Felsgräber Nachbildungen von Wohnhäusern in verkleinertem Maßstab. Dementsprechend wurden sie mit Säulen, Pfeilern und Wandmalereien ausgeschmückt und Dachformen nachgeahmt. Stilisierte Stierhörner als Zeichen des Stiergotts sind die symbolischen Wächter der Fels-

Die Kammergräber der Nekropole von Sant'Andrea Priu sind Nachbildungen von Wohnhäusern.

kammergräber. Interessante Beispiele sind die Nekropolen von Sant'Andrea Priu bei Bonorva und Anghelu Ruiu bei Alghero.

Die sardische Landschaft weist viele Spuren von Kulturen auf, die **Menhire** der nuraghischen Epoche vorausgehen. Die letzte und zugleich bedeutendste jungsteinzeitliche Kultur Sardiniens, deren Zeugnisse auf der ganzen Insel zu finden sind, wurde nach einem ihrer ersten Fundorte, der Grotta di San Michele bei Ozieri, benannt. Ihre charakteristischen Zeugnisse sind die Domus de janas und Menhire der Ozierikultur (3300 – 2480 v. Chr.). Unter dem Einfluss der westlichen Megalithkulturen entstanden Monumente wie Menhire und Dolmen. Menhir ist ein bretonisches, aus »men« (= Stein) und »hir« (= lang) zusammengesetztes Wort; der Begriff (und das aus dem Griechischen stammende Synonym »baitylos«, Plural »baityloi«) wurde übernommen, um die großen aufgerichteten Monolithen mit religiöser Bedeutung zu bezeichnen. Im Sardischen heißen sie

← *Die Franziskanermönche in San Francesco in Alghero sind auch für weltliche Dinge offen; sie betreiben dort ein Hotel.*

»perdas fittas« oder »perdas longas« (»in den Boden gerammte Steine« bzw. »lange Steine«).

Einige Menhire wurden durch den Menschen plastisch gestaltet und weisen Symbole für das männliche und das weibliche Geschlecht auf (sie zeigen z. B. Wölbungen in Form von Brüsten) oder Symbole, die in Verbindung zum Totenkult stehen. **Auf der Insel zählt man etwa 260 Menhire.** Die interessantesten sind die von Pranu Mutteddu bei Goni in der Landschaft Gerrei (Provinz Cagliari), wo man in jüngerer Zeit 60 Menhire ausgegraben und in ihrer ursprünglichen Anordnung aufgestellt hat.

Dolmen Der Begriff »Dolmen« (Tisch) stammt aus dem Keltischen und bezeichnet eine große, **gemeinschaftlich genutzte Grabkammer** aus Steinplatten mit steinerner Deckplatte. Ihre Form erinnert an einen Tisch; einfachere Varianten aus vier seitlichen Steinplatten und einer Deckplatte bilden die so genannten Steinkistengräber (z. B. Li Muri bei Arzachena). Ein anschauliches Beispiel eines Dolmen ist Sa Coveccada bei Mores.

Nuraghenkultur

Nuraghen Die Nuraghen, Wahrzeichen der Insel, beherrschen das Landschaftsbild Sardiniens. Sie wurden in einer Epoche errichtet, die nach ihnen benannt wurde: die Nuraghenkultur (1855 – 238 v. Chr.). Die klassische Nuraghe ist ein **großer Turm in Form eines Kegelstumpfs**, der aus reihenweise mörtellos aufgeschichteten Steinblöcken gebaut ist. Der Innenraum wird von einem falschen Gewölbe überdeckt, das aus übereinander gelegten, vorkragenden Mauerringen besteht, die eine so genannte Kragkuppel bilden. Größere Nuraghen besitzen zwei, gelegentlich sogar drei Stockwerke. Nicht selten wurden die

? WUSSTEN SIE SCHON …?

■ Die Nuragher verehrten vor allem die Natur und deren Kräfte als Gottheiten. Es wird vermutet, dass wegen der Wasserknappheit auf Sardinien dem Wasser und dabei vor allem dem Quellwasser eine besondere Rolle zukam.

Nuraghen im Laufe der Zeit zu komplexen Festungsanlagen ausgebaut, indem der bereits bestehende Hauptturm von einer Ringmauer mit Seitentürmen umgeben wurde. Besonders großartige Nuraghenburgen sind Santu Antine bei Torralba, Su Nuraxi bei Barumini (als Weltkulturerbe der UNESCO klassifiziert) und Arrubiu bei Orroli.

Nuraghische Dörfer Die Nuraghenkultur kannte keine größeren Städte, doch sind Reste von Dörfern erhalten. Sie lagen teils bei den Nuraghen, teils frei in der Landschaft und auch um die Kultstätten herum, die von den Bewohnern der nahen und fernen Umgebung aufgesucht wurden. Das berühmteste nuraghische Dorf ist das von Serra Orrios bei Dorgali mit seinen beiden Megarontempeln sowie das Dorf um Su Nuraxi herum.

Auf Sardinien sind über 50 Brunnenheiligtümer bekannt. Die Bauweise folgt jeweils einem einheitlichen Schema. Von einem Vorplatz führt eine Treppe zum eigentlichen Heiligtum, dem Brunnenraum, in dem die Quelle gefasst ist. Je nachdem, wo die Quelle entspringt, kann der Brunnenraum unterirdisch oder ebenerdig sein. Das Bauwerk ist nach außen oft mit einer Mauer begrenzt. Besonders eindrucksvolle Brunnentempel sind Santa Cristina bei Paulilatino, der durch seine exakt behauenen Steine auffällt, und Su Tempiesu bei Orune, ein oberirdisch angelegter Tempel.

Brunnen-heiligtümer

Weitere typische Zeugnisse der nuraghischen Kultur sind die unter dem volkstümlichen Namen Gigantengräber (Tombe dei giganti) bekannten Grabstätten. In ihnen wurden nicht etwa besonders großen Menschen beerdigt, sondern sie stellen **Massengräber** dar. Vermutlich wurden bis zu 200 Personen in einem Gigantengrab bestattet. Das eigentliche Grab besteht aus einer länglichen Kammer aus Steinblöcken. An der Stirnseite befindet sich ein halbrunder Vorplatz, der von hochkant in den Boden gerammten Steinen begrenzt wird. In der Mitte der Steinreihe erhebt sich eine große, in Form eines Rundbogenportals aufgestellte Stele. Die kleine Öffnung in Bodennähe diente als Zugang zur ansonsten geschlossenen Grabkammer, die manchmal auch von einem Grabhügel (Tumulus) überdeckt und von Menhiren, gleichsam steinernen Wächtern, beschützt wurde. Die Gigantengräber entwickelten sich aus Dolmen (s. o.) und Galeriegräbern. Zu den schönsten Gigantengräbern, von denen über 500 bekannt sind, gehören Li Lolghi und Coddu Vecchiu bei Arzachena sowie S' Ena 'e Thomes bei Dorgali.

Gigantengräber

Su Naraxi bei Barumini ist von der UNESCO als Weltkulturerbe klassifiziert und gehört zu den schönsten Nuraghen auf der Insel.

DIE WELT DER NURAGHEN

Riesen mit übermenschlichen Kräften, so will es die Überlieferung, sollen tausende von Rundtürmen erbaut haben, die bis heute überall auf Sardinien zu sehen sind. Lange Zeit rätselten die Forscher, wer diese Bauwerke wirklich errichtet hatte und welchem Zweck sie gedient haben mochten.

Ihr Mauerwerk besteht aus großen, meist etwas unregelmäßigen Natursteinblöcken, die mörtellos zusammengeschichtet wurden.

Inzwischen weiß man, dass die »Nuraghen« genannten Steinbauten, was vom Sardischen »nurra« abgeleitet wahrscheinlich soviel wie **»Steinhaufen«** oder auch **»Höhle«** bedeutet, von der bronzezeitlichen Kultur Sardiniens wohl in erster Linie zu Verteidigungs- und Schutzzwecken zwischen 1500 und 500 v. Chr. errichtet wurden.

Kriegerisches Volk

Damals lebten die Menschen von Ackerbau und Viehzucht; sie wohnten in eng bebauten **Rundhüttendörfern** und bestatteten ihre Toten in großen **Gemeinschaftsgräbern**, den später so genannten Gigantengräbern (tombe dei giganti). Nicht zuletzt aufgrund der besseren Metallverarbeitung entwickelte sich eine Gesellschaftsform, in der Bauern und Hirten zunehmend durch die Krieger ins soziale Abseits gedrängt wurden. Denn Waffenbesitz war nunmehr der sichtbare Ausdruck

der Überlegenheit der neuen Kriegerschicht, die rasch an Ansehen gewann, politische Privilegien und wirtschaftlichen Reichtum genoss. Andererseits waren Stammesfehden an der Tagesordnung und Machtinteressen wurden mit brutaler Gewalt durchgesetzt. In diesem Zusammenhang kam es auch zum Bau der wehrhaften Nuraghen, die vermutlich anfänglich befestigte Sitze einzelner Sippen waren, später jedoch zum Mittelpunkt größerer Siedlungen wurden und dann als **Häuptlingssitze** und Fluchtburgen dienten.

Wehrhafte Burgen

In Gemeinschaftsarbeit entstanden die ersten Nuraghen aus grob behauenen Steinblöcken als einstöckige, an einen Kegelstumpf erinnernde Rundbauten von bis zu 10 m Höhe mit einem einzigen finsteren Innenraum, der von einer aus vorkragenden Steinreihen mit Deckplatte gebildeten, unechten Kuppel abgeschlossen wurde. In der mehrere Meter mächtigen Außenmauer stieg eine spiralig angelegte Rampe oder Wendeltreppe

Diese Goldfiligranarbeit zeugt von den hohen technischen Fähigkeiten des Nuraghenvolkes.

zur Dachterrasse an. Während der Blütezeit der Nuraghenkultur (13. bis 9. Jh. v. Chr.) wuchsen aus den einräumigen Kegelstümpfen teilweise **Haupttürme** bis zu zwanzig Metern Höhe empor. Diese besaßen mehrere übereinander gelagerte Stockwerke, die von Holzdecken auf Gesimslagern oder Kraggewölben unterteilt wurden. In Verbindung mit weiteren Neben- und Ecktürmen, Terrassen, Höfen, Korridoren, Pforten und Außenwällen bildeten sie eine raffinierte Verteidigungsanlage, die letzlich wohl nur durch Aushungern zu bezwingen war. Im Schutz der gewaltigen Wehrbauten mit ihren zwischen 5 und 15 m dicken Umwallungen lagen **Brunnen, Zisternen, Magazine,** ja sogar Schmiedewerkstätten und Schmelzöfen. Ihre Bauweise wurde auch in den Rundhütten der Siedlungen nachgeahmt, die meist aus einem einzigen Raum von bis zu 9 m Durchmesser mit einem angeschlossenen Pferch für das Vieh bestanden. Wandnischen, steinerne Bänke und eine runde oder viereckige Herdstelle gehörten zur Grundausstattung.

Bronzekunst der Nuragher

Beeindrucken die Nuraghen durch ihre Größe, so faszinieren die Gebrauchsgegenstände und zahlreichen **Votivfiguren** (Opfergaben bzw. Weihegeschenke) aus Bronze durch ihre Formschönheit und Ausdruckskraft. Da Kupfer in reichem Maße auf Sardinien vorhanden war, musste nur Zinn importiert werden, um in den Schmelzöfen aus feuerfestem Lehm Bronze herzustellen. Der Guss der Bronzestatuetten geschah nach dem **Prinzip der verlorenen Form** (Wachsausschmelzverfahren). Die Figur wird dabei zunächst in Wachs modelliert; anschließend wird das Wachsmodell in Ton eingeschlämmt und gebrannt. Das ausfließende Wachs hinterlässt eine Hohlform aus Ton, in die nun die flüssige Bronze gegossen wird. Nach dem Erkalten wird die Tonform zerschlagen und ein Unikat aus Bronze ist entstanden. Waffen und Werkzeuge hingegen wurden in einer Art **Serienproduktion** unter Verwendung entsprechend behauener Steatitblöcke, die als Gussformen dienten, hergestellt. Neben Äxten, Beilen, Spitzhacken, Sägen, Sicheln, Scheren und Gefäßen gab es

Die skurrilen winzigen Bronzefigürchen sind oft schwer zu deuten. Diese Kriegerfigur mit vier Augen, vier Armen, zwei Rundschildern und zwei Schwertern stammt aus dem Archäologischen Nationalmuseum in Cagliari.

natürlich auch eine große Vielfalt an **Bronzewaffen**, darunter fünf verschiedene Degen- und Schwerttypen, außerdem Lanzen, Wurfspieße, Hellebarden, fein gearbeitete Votivdegen sowie Dolche, wohl als Rangabzeichen für Häuptlinge und Priester.

Zierliche Statuetten

Richtig lebendig wird die Welt der Nuraghenerbauer aber erst in den über 500 bronzenen Votivfiguren, vom ehrerbietigen Hirten und Bauern bis zum stolzen Stammeshäuptling, vom grimmigen Krieger über die lebensfrohe Wasserträgerin bis zur feierlich gewandeten Priesterin. Die von wenigen Zentimetern bis zu 39 cm Größe variierenden Statuetten wurden als persönlicher Dank oder Fürbitte in den **Sanktuarien** (Heiligtümern) aufgestellt und bildeten

gleichsam eine Versammlung des Volkes vor seinen Göttern. Zahlreiche Figuren von Jagdtieren können als Dankspenden wie auch als Beschwörung des Jagdglücks gedeutet werden. Jagdzauber oder Kampfmagie lag wohl auch den Votivdegen zugrunde, die häufig aufgespießt eine doppelköpfige Hirsch- oder Stierfigur trugen. Votivboote mit Bugformen in stilisierten Hirsch- oder Rinderköpfen könnten auf die Reise eines Verstorbenen ins Jenseits verweisen, aber auch als mögliche Weihegeschenke von Seefahrern gelten.

Wasser als Ursubstanz

Die rund 50 bekannten **Brunnenheiligtümer** auf Sardinien (fast alle überlieferten Kultstätten aus der Nuraghenzeit), zeugen davon, dass das Wasser als Ursubstanz, als Lebenselement und als Heilquelle in den damaligen Glaubensvorstellungen eine sehr wichtige Rolle spielte, auch im Zusammenhang mit den zahlreichen Mineralquellen auf der vulkanischen Insel.

Dass der Zauber des Nuraghenvolkes noch nicht ganz erloschen ist, beweist der uralte Brunnentempel von Sardara unter dem Kirchlein der Heiligen Anastasia, zu dem die Bevölkerung auch heute noch pilgert, um das heilkräftige Mineralwasser daraus zu schöpfen.

Kunstgeschichte

Vor- und Frühgeschichte

Die ältesten Zeugnisse künstlerischen Schaffens auf Sardinien, Gräber und Kultstätten, datieren aus der Jungsteinzeit. Zu den ersten plastischen Bildwerken gehören die Menhire der Ozierikultur und kleine figürliche Darstellungen einer **Muttergottheit** (Dea Madre).

Ozierikultur

Die Plastik der nuraghischen Epoche bringt ihre Meisterwerke nach 1000 v. Chr. hervor. Etwa 500 Bronzefigürchen wurden auf Sardinien gefunden, zumeist als **Votivgaben an den Brunnentempeln**. Die sorgfältige Verarbeitung der Statuetten lässt auf einen hohen Entwicklungsstand des nuraghischen Bronzehandwerks schließen und zeigt große Kunstfertigkeit. Man findet unterschiedliche Personen der nuraghischen Gesellschaft (Hirtenfürsten, Krieger, Priester und Frauen) ebenso wie Tiere, häusliche Gerätschaften, Waffen und für den Export nach Etrurien bestimmte Votivschiffchen, die wohl als Öllämpchen dienten. Zu den berühmtesten, häufig dargestellten Motiven gehört eine Mutter, die ihren gefallenen oder schwer kranken Sohn auf dem Schoß hält und ergreifend an eine Pietà erinnert. Die bedeutendste Sammlung nuraghischer bronzetti findet sich im Archäologischen Nationalmuseum von ►Cagliari.

Nuraghische Bronzestatuetten

Sardinien in der Antike

Seit der Eroberung durch die Karthager (um 500 v. Chr.) sind in der Kunst Einflüsse von fremden Kulturen wahrzunehmen. Besonders interessante Zeugnisse der punischen Epoche sind – außer den Städten Tharros, Nora, Sulci und der Festung des Monte Sirai – die spezifischen Äußerungen der phönizisch-punischen Religion: der **phönizisch-punische Tempel** (von besonderem Interesse ist der Tempel von Antas) und das Tophet. Das Wort Tophet stammt aus dem Hebräischen und bedeutet »Brandstätte«. Die Archäologen bezeichnen mit diesem Ausdruck die Brandopferstätten (etwa in Tharros, Nora und Sulci), auf deren Gelände kleine Terrakotta-Urnen verteilt waren, die Asche und Reste von Menschenknochen enthielten. Die Annahme, es handle sich um die Überreste erstgeborener Kinder, die der Göttin Tanit geopfert worden seien, um sie gnädig zu stimmen und ihren Schutz zu erhalten, ist nach neuesten Erkenntnissen nicht mehr wahrscheinlich. Heute geht man davon aus, dass die Kinder eines natürlichen Todes und nicht als Opfer blutiger Rituale starben. Von den Heiligtümern aus phönizisch-punischer Zeit sind außerdem Tausende von kleinen Kultgefäßen mit Darstellungen von Opfer darbringenden Figuren, Gottheiten und deren Symbolen erhalten. Die Plastik dieser Epoche bringt darüber hinaus eine große Zahl von Stelen (frei stehende

Phönizisch-punische Kunst

Platten oder Pfeiler aus Stein) hervor, die Figuren der vielfältigen Götterwelt darstellen. Man verehrte auf Sardinien etwa 40 phönizisch-punische Gottheiten, die auf kleinen und großen Stelen identifizierbar sind. Im Übrigen hinterlässt diese Kultur ein reiches Erbe an Schmuck und kostbarem Gerät.

Römische Kunst Die punische Kultur durchdringt das künstlerische Schaffen Sardiniens so stark, dass sie noch nach Jahrhunderten der römischen Herrschaft prägend ist. Erst gegen Ende des 2. Jh.s n. Chr. zeigt die Architektur der Insel einen wirklich römischen Stil, nachdem noch über Jahrhunderte die römische Rahmenbauweise (opus africanum) angewandt wurde. Zu diesem Zeitpunkt sind die Römer seit fast einem halben Jahrtausend Herren Sardiniens. Die bedeutendsten Zeugnisse römischer Kultur auf Sardinien finden sich in den von ihnen besiedelten Städten, vor allem in Turris Libyssonis, dem heutigen Porto Torres, und Karales (Cagliari). In der sardischen Hauptstadt wurden die **Reste von großen vornehmen Wohnvierteln und Tempeln** freigelegt. Besonders interessant ist in Cagliari das **Amphitheater** (Ende 2. Jh. n. Chr.). Es ist großenteils direkt in den Kalkstein des die Stadt beherrschenden Hügels hineingeschlagen worden und zählt zu den größten Amphitheatern des Mittelmeerraums. Auch Nora besitzt ein kleines, schönes römisches Theater, das noch heute für Aufführungen genutzt wird.

Das römische Theater in Nora ist erhalten geblieben.

Das Mittelalter

Romanische Kunst (11. Jh.) Gleichzeitig mit der Beruhigung der politischen Situation (die Niederlage des Mauren Mugahid fällt in das Jahr 1016) entstehen in der Architektur und Plastik Ende des 11. Jh.s herausragende Werke. Der Bau einer der schönsten Basiliken Sardiniens, San Gavino in Porto Torres, beginnt. In dieser Epoche werden die Grundsteine der Sakralbauten San Pietro in Bosa und San Michele in Plaiano (Sassari) gelegt. Skulpturen schmücken diese Kirchen; als Beispiele seien in Oristano die Chorschranken des Doms und die Löwen der Fassade von Santa Giusta erwähnt. Die zwei Jahrhunderte vor der Eroberung durch Aragonien zeichnet eine außergewöhnliche Bauaktivität aus, die durch den **Einfluss von Genua und Pisa** sowie durch die sich auf der Insel verbreitenden Mönchsorden bedingt ist. Auf diese Zeit gehen die großen romanischen Kirchen zurück, deren häufig einsame, aber schöne Lage, oft auch am Rande kleiner Ortschaften, einen besonderen Reiz ausüben.

In den Jahren 1135 bis 1145 errichten Künstler vom italienischen Festland die Kathedrale Santa Giusta in der Nähe des heutigen Oristano. Sie zeigt lombardische Einflüsse. Nach diesem Vorbild entstehen in der Folgezeit die schönsten romanischen Kirchen auf Sardinien: Sant'Antioco di Bisarcio in der Ebene von Chilivani, San Nicola in Ottana und Santa Maria in Bonarcado. Im Norden der Insel werden wahre Meisterwerke gebaut wie die Kirche Santissima Trinità di Saccargia. Im Inneren befindet sich **der einzige Freskenzyklus Sardiniens** aus dem 13. Jahrhundert. Ende des 13. Jh.s entstehen große Sakralbauten wie die Kirche San Pantaleo in Dolianova, in der sich romanische und gotische Elemente mischen (1289), die 1291 von dem Baumeister Anselm von Como geschaffene Kirche San Pietro di Zuri und Santa Maria di Betlem außerhalb der Stadtmauer Sassaris. Zudem werden die Errichtung und Verstärkung von Bastionen, Mauern, Befestigungsanlagen und Türmen intensiv vorangetrieben, so in Castelsardo, Bosa, Alghero und Oristano (Torre di San Cristoforo, 1294). In Cagliari ragen noch heute die Torre San Pancrazio und der Elefantenturm auf dem Castello-Hügel auf, die der einheimische Baumeister Giovanni Capula zwischen 1305 und 1307 erbaute.

Romanische Kunst (12./13. Jh.)

Die Eroberung Sardiniens durch Aragonien und die folgenden Aufstände, die sich fast ein Jahrhundert lang hinziehen, lassen die rege Bautätigkeit der vorangegangenen Epoche unvermittelt abbrechen. Bedeutendere Bauwerke bringt erst das nächste Jahrhundert hervor, aus denen die 1432 begonnene Kirche San Francesco in Iglesias, San Giacomo (1438) und San Domenico (im Zweiten Weltkrieg zerstört) in Cagliari, die neue, großartige Anlage des Doms (1441) und die Umgestaltung von Santa Maria (1465) in Sassari sowie San Giorgio in Perfugas (Ende des 15. Jh.s) herausragen.

Katalanische Einflüsse (14./15. Jh.)

Im 15. Jh. dehnt sich der katalanische Einfluss auch auf Malerei und Plastik aus. Von den Skulpturen dieser Zeit sind das Nikodemus-Kruzifix der Kirche San Francesco in Oristano, ein **»Meisterwerk der gotischen Plastik Europas«** (R. Delogu) aus farbig gefasstem Holz,

Die Fassade des Doms von Sassari (15. Jh.) wurde im 17. und 18. Jh. im spanischen Kolonialbarock umgestaltet.

und die Madonna di Bonaria, die Arbeit eines vermutlich in Neapel wirkenden Künstlers, zu nennen.

In der **Malerei** ist das »Retablo di San Bernardino« von Juan Figuera und Raphael Thomas das älteste vollständig erhaltene Beispiel katalanischer Malerei Sardiniens (heute befindet es sich ebenso wie Dutzende von anderen großartigen Werken aus der 1875 zerstörten Kirche San Francesco von Stampace in der Pinacoteca Nazionale in Cagliari).

Renaissance und Barock

16. Jahrhundert   Das an Baudenkmälern so arme 16. Jh. bringt in der Malerei überaus reiche Werke hervor, die z. T. noch an ihren ursprünglichen Bestimmungsorten in den kleinen und großen Kirchen, größtenteils aber in der Pinacoteca Nazionale in Cagliari aufbewahrt werden. Die **Künstlerfamilie Cavaro aus Cagliari**, von der drei Generationen eine eigene Malschule, die »Schule von Stampace«, begründen, ist nach dem Viertel von Cagliari benannt, in dem die Cavaros arbeiteten und besteht eineinhalb Jahrhunderte lang, von 1450 bis 1600. Lorenzo, der Maler des »Retablo di San Paolo in Gonnostramatza« (Cagliari), ist weniger bedeutend; sein Sohn Pietro (▶ Berühmte Persönlichkeiten) erreicht den größten Ruhm. Pietros Sohn Michele setzt das Werk des Vaters in der zweiten Hälfte des Jh.s fort. Ein weiterer sardischer Maler der zweiten Hälfte des 16. Jh.s ist Antioco Mainas, der zwischen 1537 und 1571 tätig ist und sich durch einen eklektizistischen Stil auszeichnet, mit dem er bedeutende Erfolge erlangt. Er malt verschiedene Retabel für Kirchen in Iglesias, Lunamatrona, Gergei und Oristano sowie ein kleines Gemälde der Grablegung Christi (Universität Cagliari), das als sein Meisterwerk gilt. Zur selben Zeit wirkt auch der so genannte Meister von Ozieri, der in Nordsardinien das große »Retablo della Vergine di Loreto« in der Kathedrale von Ozieri und einige Tafeln des »Retablo di Sant' Elena« hinterlässt, das heute in Sassari aufbewahrt wird.

17. Jahrhundert   In der Architektur triumphiert der Barock mit einer stärker römisch geprägten Stilrichtung (Umgestaltung der Kathedrale von Cagliari, Errichtung der Kathedrale von Ales durch den genuesischen Architekten Domenico Spotorno). An der Küste Sardiniens entstehen im 17. Jh. unzählige **Wachttürme**, die Spanien seit der Herrschaft Philipps II. zum Schutz vor den Mauren errichten lässt. Die großen Malerwerkstätten des 16. Jh.s sind im Barockzeitalter nicht mehr nachgewiesen.

18. Jahrhundert   Das 18. Jh. bringt im Gefolge der Savoyer piemontesische Architekten nach Sardinien, z. B. Saverio Belgrano aus Famolasco (Universität, Priesterseminar und Theater von Cagliari), Giuseppe Viana (Rokokobau der Chiesa del Carmine in Oristano) und Valino (Palazzo Ducale in Sassari). Die Rezeption dieser Architektur durch sardische Baumeister wird an der schönen Fassade der Kirche von Bonu Ighinu bei Mara anschaulich. Gemälde für Kirchen schaffen im Gebiet von Cagliari Sebastiano Scaleta und Francesco Massa, um Sassari der Neapolitaner Gerolamo Rufino und der Genuese Bartolomeo Augusto. In der **Holzschnitzerei** wetteifern Sarden und Spanier miteinander: Die Kirchen füllen sich mit geschnitzten, farbig gefassten und vergoldeten Barockaltären, die den spanischen Einfluss widerspiegeln (Santa Maria di Betlem in Sassari besitzt mehrere solche Altäre, in Castelsardo gestaltet Jaume Camilla 1765 den Chor aus). In der Zeit des Rokoko sind Andachtsfiguren sehr verbreitet; berühmt sind diejenigen von Giuseppe A. Lonis.

Die Moderne

Im 19. Jh. entstehen in den Städten große öffentliche Gebäude: die aus Holz gebauten Theater in Cagliari, Sassari und Alghero (nur hier ist es noch erhalten), der Palazzo della Provincia und der Palazzo Giordano in Sassari (beide Ende des Jh.s) und der 1899 eingeweihte Palazzo Municipale in Cagliari. Um die Mitte des Jahrhunderts gestaltet **Gaetano Cima, der größte Architekt seiner Zeit**, das neue Bild der sardischen Hauptstadt, das die ehemalige Festung in eine moderne Stadt verwandelt. Die Architektur der Zeit von König Umberto I. prägt viele Städte, darunter die beiden größten Städte Cagliari und Sassari und in geringerem Maße Ozieri, Tempio, Bosa und La Maddalena.

19. Jahrhundert
◄ *Architektur*

In der Malerei ist Giovanni Marghinotti (1798 – 1865) aus Cagliari zu nennen. Seine Porträts von König Carlo Alberto waren bei den Stadträten der größeren sardischen Ortschaften sehr beliebt. Cesare Vacca und Pietro Bosio, die vom italienischen Festland stammen, dekorieren das Querschiff des Doms von Sassari (1830 – 1834).

◄ *Malerei*

Büsten und Denkmäler erinnern an Persönlichkeiten der sardischen Geschichte und Freunde der Insel. Auf Caprera befindet sich eine **Büste Garibaldis von Leonardo Bistolfi** (1883); in Cagliari erschafft Vincenzo Vela 1858 das Bildnis des Alberto La Marmora, und Giuseppe Sartorio gestaltete das Denkmal des Giovanni Spano in Cagliari. Auch die Büste von Quintino Sella in Iglesias und das Standbild von König Vittorio Emanuele II. stammen von Sartorio. Das **Denkmal der Eleonora d'Arborea** in Oristano ist das Werk von Ulisse Cambi.

◄ *Skulptur*

20. Jahrhundert

Die Architektur charakterisieren in der ersten Hälfte des Jahrhunderts die monumentalen Bauten der

Denkmal für die Richterin Eleonora d'Arborea

Architektur ▶ faschistischen Städtegründungen (Mussolinia-Arborea sowie Fertilia bei Alghero und Carbonia bei Iglesias).

In der Nachkriegszeit entstehen in den großen und kleinen Städten zahlreiche Wohnsiedlungen aus mehrstöckigen Häusern und **gewaltige touristische Komplexe** in »neonuraghischem« oder »pseudomediterranem« Stil. Doch können in Cagliari die Anlage der Cittadella dei Musei (1962, Architekten Cecchini und Gazzola) und das Gebäude des Credito Industriale Sardo von **Renzo Piano** als zukunftsweisend für die sardische Architektur gelten.

Malerei ▶ Im 20. Jh. ist die Malerei die dominierende Kunstrichtung. Mit Giuseppe Biasi (1885–1945) aus Sassari, einem Anhänger der Bewegung der römischen Sezession und Bewunderer von Gustav Klimt, entsteht die »sardische« Kunst. Es beginnt eine Zeit der intensiven Erforschung der traditionsgebundenen inneren Regionen Sardiniens.

! **Baedeker TIPP**

Murales
Die interessantesten Wandmalereien sind in Orgosolo zu sehen, doch auch in vielen anderen Orten kann man diese Kunstform entdecken.

In den 1970er-Jahren taucht in vielen sardischen Dörfern eine neue Kunstrichtung auf, die **Wandmalereien oder »Murales«**. Sie müssen als Ausdrucksform einer politischen Protestbewegung gesehen werden, die Missstände auf Sardinien anprangert und Zusammenhänge aufdeckt. Die Hauswände dienen als »Leinwände« der meist in Gemeinschaftsarbeit entstehenden Kunstwerke. Pinuccio Sciola, ein Freund und Anhänger der mexikanischen Muralisten, hatte diese Kunstform nach Sardinien gebracht.

Murales und Dolce far niente im Bauerndorf Villamar

Die als »sardismo artistico« bezeichnete Stilrichtung tritt fast gleichzeitig auch in der Plastik hervor. Der 24-jährige Francesco Ciusa aus Nuoro beeindruckt 1907 bei der Biennale in Venedig mit seiner »Trauernden Mutter des Gefallenen«; zwei Jahre später debütiert Biasi mit der »Prozession in der Barbagia«. Nach dem Zweiten Weltkrieg lebt diese Kunstströmung in veränderter Form wieder auf und widmet sich nun **Themen der regionalen Autonomie und sozialen Problemen**. Der Muralist Sciola hat sich auch als Bildhauer einen Namen gemacht. In San Sperate und anderen Ortschaften der Insel beeindrucken seine großen, kraftvollen Skulpturen.

◀ Skulptur

Feste und Folklore

Sardinien besitzt einen einzigartigen Reichtum an volkstümlichen Überlieferungen und Traditionen. Die großen sardischen Volksfeste, die mehrheitlich religiöse Feste sind, bieten eine gute Gelegenheit, Kultur und Brauchtum der Sarden näher kennen zu lernen.

Sardische Feste

Die Kirchweihfeste von Cagliari und Nuoro gleichen einander. Es handelt sich um religiöse **Prozessionen zu Ehren bestimmter Heiliger** (des hl. Ephisius, des Schutzpatrons von Cagliari, am 1. Mai, und des Erlösers in Nuoro, am 29. August), an denen Gruppen aus vielen

Kirchweihfeste

Beim Kirchweihfest von Cagliari werden die schönsten Trachten getragen.

Orten der Insel in einem Trachtenumzug teilnehmen. Die jeweils ortstypischen Trachten stammen aus den Dörfern sämtlicher Provinzen. In Nuoro ist die Prozession vom Trachtenzug getrennt, der nun nicht mehr am 29. August, sondern am vorletzten Sonntag des Monats stattfindet.

Cavalcata Sarda, I Candelieri (in Sassari)

In Sassari feiert man zwei große Volksfeste. Das beliebte **Reiterfest**, die »Cavalcata Sarda«, findet am vorletzten Maisonntag statt. Sie ist eine rein touristische Veranstaltung, die ins Leben gerufen wurde, um die traditionellen Trachten fast ganz Sardiniens in einem Trachtenzug zu versammeln (an dem Umzug nehmen durchschnittlich 3000 Personen mit 600 Pferden teil). Das religiöse Fest »I Candelieri« geht auf das 16. Jh. zurück und ist **das wichtigste Volksfest** von Sassari. Die Feierlichkeiten werden von den Mitgliedern der »gremi« durchgeführt, der Zünfte, in denen im Mittelalter wie auch heute noch die Handwerker und Arbeiter von Sassari zusammengeschlossen sind. Zur Erinnerung an das plötzliche Ende der Pest (ob es sich um die Epidemie von 1580 oder um die von 1682 handelt, ist ungewiss) tragen die in ihre spanische Tracht gekleideten Mitglieder der Gremi in dem Prozessionszug vom Palazzo di Città zur Kirche Santa Maria di Betlem neun große, bemalte und dekorierte Kerzen aus Holz auf ihren Schultern. Das Fest wird am Nachmittag des 14. August gefeiert.

Faschingsfeste

In verschiedenen Teilen der Insel feiert man große, ausgelassene Faschingsfeste. Sie beginnen am Vorabend des 17. Januar (Fest des hl. Antonius) mit **großen Holzfeuern**, die in etwa 70 Ortschaften ent-

Furcht erregend wirken sie schon, die schwarzen Masken der Mamuthones.

zündet werden, und enden am Faschingsdienstag mit Feiern unterschiedlicher Art. Bekannt sind die Maskenfeste einiger Ortschaften der Barbagia, deren düstere Gestalten mit den Masken der »mamuthones« und »issocadores« in Mamoiada, der »boes« und »merdules« in Ottana und der »thurpos« in Orotelli archaisch erscheinen.

In Oristano zieht am letzten Faschingssonntag und am Faschingsdienstag die »Sartiglia« durch die Stadt. Dieser Name ist vermutlich spanischen Ursprungs und soll auf das spanische Wort »sortija« zurückgehen, das vom lateinischen »sorticula« (Ring) abzuleiten ist. Die Sartiglia entspricht im Wesentlichen dem Typus des in anderen italienischen Regionen verbreiteten und als »corsa dell'anello« (Ringlauf) bezeichneten Pferderennens. Die Reiter versuchen, vom galoppierenden Pferd aus einen Stern mit einem Loch in der Mitte, der über der Rennbahn aufgespannt ist, zu durchbohren. In Oristano sind die Reiter maskiert, und das Ankleiden der Hauptfigur »Su compoidori« ist **eine eigene, von magischen Elementen geprägte Zeremonie**. Sie geht auf vorchristliche Sühneriten zurück, die im Frühling abgehalten wurden, um eine gute Ernte zu sichern.

◄ Sartiglia (in Oristano)

Einige Faschingsveranstaltungen bestehen aus **akrobatischen Pferderennen**, bei denen die Teilnehmer paarweise reitend um Geschicklichkeit wetteifern (Pariglias) oder auf dem Pferderücken stehend ihre Künste darbieten (z. B. in Santu Lussurgiu und Oristano). Das größte Reiterfest ist die »S'Ardia« in Sedilo. Das Wort »ardia« bedeutet soviel wie »Wache«, und da das Fest zu Ehren von Kaiser Konstantin gefeiert wird, den man auf Sardinien besonders verehrt, verweist dieses Reiterfest vermutlich auf die berittene Wache des Kaisers. Zwei Gruppen von Reitern, die um die Kirche San Costantino galoppieren, kämpfen um die Fahne, die eine der beiden konkurrierenden Parteien schwingt. Die S'Ardia von Sedilo am Ufer des Lago Omodeo, der fast in der geografischen Mitte Sardiniens liegt, ist das bekannteste Reiterfest und findet am 6. und 7. Juli statt.

Reiterfeste

> ! **Baedeker** TIPP
>
> **Festkalender**
> Eine gute Übersicht über die jeweils aktuellen Feste und Prozessionen findet man - wie auch sonst allerlei Nützliches – im Veranstaltungskalender auf der Internetseite www.sardinien.com.

Etwa 40 Wallfahrtskirchen in den ländlichen Gebieten Sardiniens sind von »cumbessias« oder »muristenes« genannten Bauten umgeben, in denen die Gläubigen während der Novenen wohnen, den **neuntägigen Andachten** vor den großen Festen. Man tauscht kleine Geschenke aus und feiert den Abschluss der Novene mit einem üppigen, gemeinsamen Festmahl. In vielen Ortschaften Sardiniens finden außerdem ein- bis zweimal im Jahr in der Umgebung von Kirchen, die meist auf dem Lande liegen und in der Regel nur zu

Feste ländlicher Wallfahrtskirchen

Auf Sardinien fehlt bei Prozessionen auch die Jugend nicht.

diesen Anlässen geöffnet und besucht werden, große Feste statt, die einen oder zwei Tage dauern.

Osterfeste Das Brauchtum der Osterzeit ist reich an religiösen Veranstaltungen. Zu diesen gehören die Prozessionen der Bruderschaften (in Cagliari und Sassari sowie in Alghero, wo sie spanisch beeinflusst sind), das **Passionsspiel** »S'Iscravamentu« (»die Entfernung der Nägel«), mit dem man am Karfreitag die Kreuzabnahme Jesu begeht, und die Zeremonie »S'Incontru« (»die Begegnung«), in der zwei Prozessionen einander auf verschiedenen Wegen entgegengehen, bis sie auf dem Dorfplatz die Statuen der Muttergottes und des Auferstandenen zusammentreffen lassen. Regionale Bedeutung hat der Lunissanti (»heiliger Montag«), den man in der Gegend von Castelsardo und Tergu am Montag der Karwoche feiert. Während der Prozession der Bruderschaften (confraternitate) werden von Chören mittelalterliche Gesänge vorgetragen.

Hirtenfeste Die Hirten Innersardiniens, die schon immer nach ihren eigenen Gesetzen und Traditionen lebten, haben ihre speziellen Feste, die an die wichtigen Ereignisse des Hirtenlebens gebunden sind. An erster Stelle steht die **Schafschur** »Su tusolzu«. Nachdem die Arbeit beendet ist, halten die Hirten und ihre Gäste ein großes Festmahl ab, in dessen Mittelpunkt die für die Küche der Hirten typischen Gerichte stehen, besonders gekochtes Lammfleisch mit Kartoffeln.

Folklore

Die sardische Kultur ist reich an Sitten und Traditionen, die allerdings durch die gesellschaftliche Anpassung der Sarden an einen
modernen Lebensstil vielfach verloren gingen. Trotz des Niedergangs
dieser Sitten konservativer Hirtenkultur konnten Bräuche wie »Sa
paratura« (in der Landschaft Gallura »punitura«) lebendig erhalten
werden. Dieser Brauch half Hirten, **Notsituationen durch gemein-
schaftliche Hilfe zu überstehen**. Wenn ein Hirte durch einen
Unglücksfall (Diebstahl, Krankheit oder Haft) seine Herde verlor,
wurde er von den anderen Hirten entschädigt, indem ihm jeder ein
Schaf schenkte und dadurch die Herde so zum Teil wieder aufgebaut
wurde. Immer seltener wird der Brauch »S'attittu« (oder »attitidu«)
praktiziert. S'attittu ist die Totenklage, die von Klageweibern gehalten
wurde. Die Frauen waren entweder mit dem Verstorbenen verwandt
oder wurden als Klageweiber angestellt. Alle wichtigen Ereignisse im
Leben, besonders Geburt, Heirat und Tod, sind in der traditionellen
sardischen Gesellschaft mit rituellen Handlungen und Feiern verbunden. Am häufigsten werden wohl noch Hochzeiten nach den
traditionellen Bräuchen der jeweiligen Ortschaft in den schönen
alten Trachten gefeiert.

Sitten und Bräuche

Eine vermutlich weit zurückgehende Tradition hat der **»National-
tanz« der Sarden**, der »ballu tundu«. Bei diesem Gruppentanz bilden
die Tänzer und Tänzerinnen lange Ketten, die sich zu Kreisen
schließen. Zu dem sardischen Rundtanz spielen oft die »launeddas«
auf, die dreirohrigen sardischen Hirtenflöten, die ein Indiz für das
Alter dieses Tanzes sind.

»ballu tundu«

Eine andere traditionelle Ausdrucksform der Hirten sind die »canti a
tenores«, **improvisierte Sprechgesänge**, die oft aktuelle Ereignisse
zum Inhalt haben. Es werden regelrechte Wettkämpfe ausgetragen;
vier Männer singen den Refrain, der fünfte, der Tenor, übernimmt
jeweils im Wechsel die Rolle des Vorsängers. Diese Liedform folgt
streng festgelegten überlieferten Gesangsmustern.

Gesang

Berühmte Persönlichkeiten

Zwei Frauen waren wichtig für Sardinien, die eine prägte die Politik und die andere das Bild von der Insel. Ein italienischer Freiheitskämpfer verbrachte hier seinen Lebensabend und einige Doppelbegabte erforschten die Welt und waren gleichzeitig Literaten.

Giovanni Maria Angioy (1751 – 1808)

Giovanni Maria Angioy, den man als den Helden der »Sardischen Revolution« bezeichnet, war der unglückliche Anführer der sardischen Bewegung gegen das Feudalsystem Ende des 18. Jahrhunderts. Er war Professor der Rechtswissenschaften und später Beamter der Reale Udienza, der höchsten Behörde der Insel. In Cagliari stand er an der Spitze des Aufstandes gegen die Piemonteser und die Lehensherren (1794/1795). 1796 wurde er als »alternos« (Stellvertreter mit sämtlichen Machtbefugnissen) des Vizekönigs nach Sassari entsandt, um die Stadt, die eine Hochburg des Widerstandes der Adligen war, zu befrieden. Doch als er mit einem Volksheer nach Cagliari zurückkehren wollte, wurde er in Oristano von den Truppen des Vizekönigs und seines Parlaments geschlagen und musste nach Paris ins Exil.

Revolutionsführer

Eleonora d'Arborea (1340 – 1402/04)

Eleonora d'Arborea stammte aus der Familie Bas-Serra, den Herrschern über Arborea. Sie war die Tochter des Richters Marianus IV. und seiner Gemahlin Timbora di Roccaberti. Als ihr Bruder Ugone II. 1383 bei einem Volksaufstand ums Leben kam, wurde sie de facto Richterin und übernahm im Namen ihres Sohnes Marianus die Regierung des Judikats (1388). Eleonora nahm den Kampf gegen Aragonien wieder auf, den ihr Vater lange Zeit geführt hatte, und konnte zwanzig Jahre lang den Widerstand gegen die verhassten Fremdherrscher aufrechterhalten. Im Jahre 1392 erließ sie die »Carta De Logu«, ein damals sehr fortschrittliches Zivil- und Strafgesetzbuch, dessen Gültigkeit die Aragonier später auf ganz Sardinien ausdehnten; es blieb bis 1827 in Kraft. Die Richterin starb vermutlich 1402 oder 1404 an der grassierenden Pest. Auf Sardinien bewahrt man ihr Andenken als das einer energischen Frau mit großer politischer Begabung.

Richterin

Ihr Denkmal in Oristano

Pietro Cavaro (? – 1537)

Pietro Cavaro entstammt der Künstlerfamilie Cavaro; sein Vater, Lorenzo, wirkte schon gegen Ende des 15. Jh.s als Maler in Cagliari. In den Jahren seiner intensivsten Schaffensphase (1535 – 1537) stand er im Mittelpunkt der »Schule von Stampace«, deren Sitz im gleichnamigen Stadtviertel von Cagliari war. 1518 signierte er sein erstes Werk, das Retabel der Pfarrkirche von Villamar. Zu seinen herausragenden Spätwerken gehören das »Ratsherrenretabel« im Rathaus von Cagliari und der »Retablo della Crocifissione« im Dom. In seiner Malerei sind niederländische Einflüsse erkennbar, doch entwickelte er seinen Stil weiter zum Manierismus der Spätrenaissance.

Maler

← *Die in Nuoro geborene Schriftstellerin Grazia Deledda ist Nobelpreisträgerin für Literatur.*

Grazia Deledda (1871–1936)

Schriftstellerin

Die Schriftstellerin Grazia Deledda sandte ihre ersten Werke aus dem abgelegenen Nuoro des späten 19. Jh.s an Zeitschriften und Buchverlage des italienischen Festlandes. Sie selbst berichtet von ihrem Debüt in dem autobiografischen Roman »Cosima«, den sie in den letzten Jahren ihres Lebens schrieb. Er wurde posthum veröffentlicht und stellt vielleicht ihr schönstes Buch dar. Im Jahre 1900 siedelte sie nach Rom um, doch blieb sie in ihren Werken thematisch der Darstellung des Lebens Innersardiniens treu.

Im Mittelpunkt fast aller ihrer Romane und Novellen steht die archaische Kultur der Barbagia, die von einer starken Religiosität und dem Empfinden des Lebens als Geheimnis und Schuld geprägt ist. Zu ihren bekanntesten Büchern gehören die Titel »Elias Portolu«, das erste Meisterwerk Grazia Deleddas (1903), »Cenere« (1904, nach der Vorlage dieses Romans entstand später ein Film mit Eleonora Duse), »L'edera« (1908, »Efeu«), »Colombi e sparvieri« (1912) und »Marianna Sirca« (1915). Im Jahre 1926 wurde die Schriftstellerin wegen ihrer von einem hohen Ideal getragenen Ausdruckskraft, die in plastischen Formen das Leben ihrer abgelegenen Insel schildert und mit Tiefe und Wärme Themen von allgemeinem menschlichen Interesse behandelt, mit dem Nobelpreis für Literatur ausgezeichnet.

Giuseppe Garibaldi (1807–1882)

Freiheitskämpfer

Der italienische Freiheitskämpfer Garibaldi, der seinen Lebensabend auf der Insel Caprera verbrachte, war zunächst Marineoffizier, kämpfte 1848/1849 in der Lombardei gegen die Österreicher und setzte sich seit 1853 für die Einigung Italiens unter Vittorio Emanuele II., dem König von Sardinien, ein. Nach weiteren Kämpfen gegen die Österreicher (1859) unternahm er mit Unterstützung Cavours mit seinen Rothemden den legendären »Zug der Tausend«: Nachdem er am 11. Mai 1860 bei Marsala auf Sizilien gelandet war, zwang er die königlich-neapolitanischen Truppen in Palermo zur Kapitulation und übernahm im Namen Vittorio Emanueles die Diktatur. Dann setzte er auf das Festland über, nahm Reggio und belagerte Neapel. Indem er gemeinsam mit Vittorio Emanuele II. in Neapel,

Der «Löwe von Caprera» wurde Garibaldi gerne genannt.

der Hauptstadt der Bourbonen, einzog, waren die Grundlagen für die Schaffung eines Königreichs Italien gegeben. 1862 unternahm Garibaldi mit einem Freikorps von Palermo aus einen Zug zur Befreiung Roms von der päpstlichen Herrschaft, der jedoch erfolglos blieb. Es wurde immer deutlicher, dass sein Revolutionsgeist im Widerspruch zur italienischen Regierung stand, und so zog er sich 1865, enttäuscht von der politischen Entwicklung des jungen Nationalstaates, auf die Insel Caprera zurück, die Sardinien vorgelagert ist, und verbrachte dort seinen Lebensabend.

Antonio Gramsci (1891 – 1937)

Politiker

Trotz der Armut seiner Familie besuchte Antonio Gramsci auf Sardinien die Schule bis zum Abitur. Danach setzte er seine Ausbildung als Stipendiat des Collegio della Provincia in Turin fort. Er studierte Philosophie und Geschichte, doch bald widmete er sich vollständig der Politik. Der Sozialistischen Partei verlieh er eine entschieden linksgerichtete Tendenz. Ab 1919 gab er die Zeitschrift »L'Ordine Nuovo« heraus. Gramsci gehörte zu den Gründern der Kommunistischen Partei Italiens (1921) und wurde ihr Generalsekretär. 1924 wählte man ihn zum Abgeordneten. Am 8. November 1926 verhafteten ihn die Faschisten, gegen die er ein Bündnis mit den bürgerlichen Parteien eingegangen war. Zwei Jahre später verurteilte ihn ein Sondergericht zu über 20 Jahren Haft. 1933 entließ man Gramsci aus dem Gefängnis von Turin, um ihn zunächst in Formia, dann in Rom ins Krankenhaus einzuweisen, wo er, von Krankheit und Gefangenschaft gezeichnet, starb. Neben den zahlreichen Artikeln, die er vor der Zeit des Faschismus und in den Jahren bis 1926 verfasst hatte, hinterließ Gramsci in den »Quaderni del carcere« (die erst 1975 ungekürzt herausgegeben wurden) die Ergebnisse seines politisch-philosophischen Denkens, außerdem einige hundert Briefe aus dem Gefängnis, die »Lettere dal carcere«. Er übte posthum mit seinen Schriften einen großen Einfluss auf die italienische Linke aus.

Gavino Ledda (geb. 1938)

Schriftsteller

Als Sohn einer armen Hirtenfamilie lebte Gavino Ledda in Siligo und musste auf Anweisung seines Vaters bereits mit sechs Jahren in den Bergen Logudoro und Meilogu allein Schafe hüten und unter freiem Himmel leben. Dieses entbehrungsreiche Leben, das er bis ins Alter von 20 Jahren führt, immer bedingungslos Gehorsam seinem Vater gegenüber, beschreibt er nach seiner Flucht aufs Festland in seiner Autobiografie »Padre Padrone – Mein Vater, mein Herr«. Sein Erstlingswerk war unerwartet erfolgreich und wurde in zahlreiche Sprachen übersetzt. Die Brüder Taviani verfilmten es und gewannen damit 1977 die Golden Palme bei den Filmfestspielen in Cannes. Weniger erfreut war die Einwohner seiner Heimatstadt Siligo, sie nahmen ihm seine Offenheit und die Anklage wohl übel. Inzwischen lebt Ledda aber wieder in Siligo und ist Dozent für Sprachwissenschaft an der Universität von Cagliari.

Emilio Lussu (1890 – 1975)

Politiker und Schriftsteller

Emilio Lussu wuchs als Sohn eines Hirten in der rauen Landschaft Gerrei auf und studierte später auf Sardinien und in Rom. Wenige Monate vor dem Eintritt Italiens in den Ersten Weltkrieg promovierte er in den Rechtswissenschaften. Lussu gehörte der politischen Strömung des »demokratischen Interventionismus« an und nahm in den Reihen der Brigata Sassari, einer fast ausschließlich aus sardischen Soldaten bestehenden Truppenabteilung, am Ersten Weltkrieg teil. Von seinen Erlebnissen im Krieg erzählt Lussu in seinem bekanntesten Buch »Un anno sull'altopiano« (1938). Nach Ende des Kriegs war er unter den Gründern der Sardischen Aktionspartei (Partito Sardo d'Azione, 1921), welche die Freiheitsbestrebungen der ehemaligen Soldaten vertrat. Auch wegen des Mutes, den er im Kampf bewiesen hatte, wurde er sogleich charismatischer Führer dieser Partei. 1926 verhaftete man ihn, weil er einen Faschisten, der ihn angegriffen hatte, getötet hatte. Lussu wurde auf die Insel Lipari verbannt, von der er auf abenteuerliche Weise fliehen konnte. 1948 verließ er den Partito Sardo d'Azione und gründete den Partito Sardo d'Azione Socialista. Die Partei ging später in der Sozialistischen Partei Italiens auf, aus der er im Jahre 1964 austrat, um gegen die Beteiligung seiner Partei an einer Mitte-Links-Regierung zu protestieren. Der politische Redner war auch ein begabter Schriftsteller. Seine bedeutendsten Werke sind: »Marcia su Roma e dintorni« (1934) und »Teoria dell'insurrezione (1936)«.

? WUSSTEN SIE SCHON …?

■ Im Bergdorf Tiana bei Nuoro verstarb im Januar 2002 der älteste uns bekannte Mensch mit fast 113 Jahren friedlich an Altersschwäche. Der ehemalige Hirte Antonio Todde war bis 2004 offizieller Guinessbuch-Rekordhalter. Derzeit ist es ein 113 Jahre alter Spanier von Menorca.

Costantino Nivola (1911 – 1988)

Bildender Künstler

Der Autodidakt stellte sein Können zuerst als Assistent des Malers Mario Delitala für die Dekorationen der großen Aula der Universität Sassari unter Beweis (1927). In Mailand begann er eine fruchtbare Zusammenarbeit mit zwei weiteren sardischen Künstlern, Salvatore Fancello und Giovanni Pintori, doch 1938 musste er Italien verlassen, um seine Frau vor der Judenverfolgung zu schützen. Der Künstler ließ sich in New York nieder und schuf zahlreiche Denkmäler in verschiedenen Städten der USA. Häufig kehrte er nach Sardinien zurück. Der Sebastiano Satta gewidmete Platz in Nuoro ist sein Werk. Weitere Arbeiten Nivolas befinden sich im Hof des neuen Palazzo del Consiglio Regionale in Cagliari an der Via Roma.

Antonio Pigliaru (1922 – 1969)

Pigliaru war Professor für Staatslehre an der Universität Sassari, **Wissenschaftler** Philosoph und bedeutender Kulturschaffender. Bekanntheit erlangte er mit der Gründung der demokratischen, der sardischen Autonomie gewidmeten Zeitschrift »Ichnusa«, die er von 1949 bis 1969 leitete. Aufsehen erregte sein Buch »La vendetta barbaricina come ordinamento giuridico« (1959; eine Neuauflage trägt den Titel »Il banditismo in Sardegna«). Dieses Werk beleuchtet die Hintergründe des Banditenwesens und nimmt eine originelle wissenschaftliche Untersuchung der Regeln vor, die das Leben der Hirtengemein-schaften auf der Insel bestimmten. Er forderte die politischen und kulturellen Kreise Italiens auf, ihre Vorurteile gegenüber dem sardischen Hirtenleben zu revidieren und mehr Aufmerksamkeit und Verständnis den Problemen der Insel Sardinien und deren Bewohnern entgegenzubringen.

Salvatore Satta (1902 – 1975)

Salvatore Satta war Professor für Zivilrecht an den Universitäten **Wissenschaftler** Padua, Genua und Rom. Aufgrund seines monumentalen Werkes **und Schriftsteller** »Commentario al codice di procedura civile« gilt er als einer der größten Experten des Zivilrechts. Auch als Autor belletristischer Literatur erlangte er einige Berühmtheit. Aus dem Nachlass wurden zuerst der Roman »Il giorno del giudizio« (1977), den Satta in seinen letzten Lebensjahren geschrieben hatte, und »La veranda« (1979) aus der Zeit von 1928 bis 1930 veröffentlicht. Vor allem sein erstes Werk machte Satta zum geschätzten Schriftsteller. Bewundert wurde seine beinahe wilde Kraft, mit der er seine Figuren – besonders das städt-ische Bürgertum – und das Leben der Stadt Nuoro am Anfang des Jahrhunderts schildert. Originell und faszinierend erscheint auch sei-ne kleine moralische Schrift »De profundis«, die Satta während des Krieges verfasste und bereits 1948 veröffentlichte.

Sebastiano Satta (1867 – 1914)

Der demokratisch gesinnte Intellektuelle und berühmte Rechtsanwalt **Rechtsanwalt** gilt neben Grazia Deledda als einer der bedeutendsten Dichter **und Dichter** Sardiniens. Sein Debüt hatte Satta in Sassari, wo er die Universität besuchte und in fortschrittlichen, kulturellen Kreisen der Stadt ver-kehrte. Dort veröffentlichte er 1893 die Bände »Nella terra dei nurag-hes« (gemeinsam mit seinen Freunden Popeo Calvia und Luigi Falchi) und die »Versi ribelli«. Erst 1910, als ihn schon die Lähmung befallen hatte, die sein Leben vorzeitig beenden sollte, folgte der Gedichtband »Canti barbaricini«. Im Jahre 1924, zum zehnten Todestag des Dichters, erschienen die »Canti del salto e della tanca«. 1955 brachte ein Mailänder Verlagshaus den Band »Canti« heraus, eine Gesamtausgabe seiner beiden Gedichtbände.

Praktische Informationen

WO GIBT ES EIN SCHÖNES ZIMMER?
UND WIE HEISST DAS EIGENTLICH
AUF ITALIENISCH? ANTWORTEN
DARAUF UND NÜTZLICHE
HINWEISE FÜR IHRE URLAUBS-
PLANUNG VOR UND WÄHREND
DER REISE FINDEN SIE HIER.

Anreise · Vor der Reise

Anreisemöglichkeiten

Mit dem Flugzeug Sardinien besitzt drei große Flughäfen, in **Cagliari** (Elmas, 8 km nordwestlich), **Alghero** (Fertilia, 10 km nördlich) und **Olbia** (Olbia-Costa Smeralda, 3 km südlich). Vor einigen Jahren wurde auch in Tortoli in der Provinz Nuoro ein Flughafen erbaut. Neben den Linienflügen verbinden in den Urlaubszeiten einige Charterflüge die sardischen Flughäfen mit Städten des italienischen Festlands und anderen europäischen Ländern. Ohne Zwischenlandung werden die Flughäfen in Cagliari und Olbia von München, Frankfurt, Genf und Zürich aus im Sommerhalbjahr angeflogen (Meridiana und Lufthansa). Im Winter bestehen tägliche Verbindungen über Mailand, Rom und weitere italienische Städte (Lufthansa). Im Sommer kommen Verbindungen nach Alghero hinzu, hier bietet Rheintalflug Flüge von Friedrichshafen, Wien und St. Gallen (Altenrhein) an. Billiganbieter wie z. B. HLX fliegen von Köln/Bonn und Stuttgart nach Oblia, und Ryanair von Frankfurt/Hahn nach Alghero.

Mit dem Schiff Die wichtigsten Häfen der Insel sind durch Fährschiffe mit verschiedenen Häfen der Küsten Italiens und anderer Mittelmeerländer verbunden. Bedeutende Fährhäfen sind in **Cagliari, Olbia und Porto Torres**. Außerdem werden von Fährschiffen die Häfen von Arbatax, Golfo Aranci und Santa Teresa di Gallura angefahren. Die meisten Linien betreibt die Schifffahrtsgesellschaft Tirrenia, die wie Moby Lines auch im Winter, im Gegensatz zu den meisten anderen Schiffen, täglich verkehrt.
Bei Nachtfahrten sollte man rechtzeitig Kabinenplätze buchen, um nicht auf die wenig komfortablen Liegesessel angewiesen zu sein. Da der Konkurrenzkampf zwischen den einzelnen Linien recht groß ist, gibt es ein kaum zu überschauendes Angebot an Sondertarifen, deren Vergleich lohnt.

> ! *Baedeker* TIPP
>
> **Rechtzeitig buchen!**
> Obwohl die Zahl der Schiffe, die täglich zwischen der Insel und dem Festland verkehren, ziemlich groß ist, muss man die Überfahrt unbedingt frühzeitig buchen, vor allem im Sommer. Buchungen sind von jedem Reisebüro in Deutschland möglich. Ebenso kann man dort aktuelle Fahrpläne und Preislisten erhalten. Unter www.ocean24.de kann man bei diversen Reedereien direkt im Netz buchen.

Mit der Bahn Zugverbindungen zu den Fährhäfen (Genua, Livorno, Civitavecchia) bestehen von allen wichtigen Städten Deutschlands, Österreichs und der Schweiz. In Civitavecchia wird der Zug auf die Fähre verladen, so dass man – auf Sardinien angekommen – gleich weiter Richtung Olbia, Sassari oder Cagliari fahren kann. Näheres über die Zugverbindungen der Deutschen Bahn findet man unter www.bahn.de.

Die Anreise mit dem Auto zu den Fährhäfen nach Sardinien emp- **Mit dem Auto**
fiehlt sich über den **Brenner** (mautpflichtig) oder durch die Schweiz
(Vignette) bis nach Genua, von hier muss man dann aber die längste
(und teuerste) Strecke mit der
Fähre zurücklegen. Wer auch Fest-
landitalien besichtigen will, kann
bis Livorno oder Civitavecchia
weiterfahren oder – verbunden mit
einer Sizilien- und Süditalienreise –
von Neapel, Trapani oder Palermo
anreisen. Auch eine Überfahrt von
der Insel Korsika (Bonifacio) oder
direkt von der französischen
Mittelmeerküste (nur im Sommer
von Toulon) ist möglich.

> ! **Baedeker** TIPP
>
> **Drahtesel im Gepäck?**
> Für die Mitnahme eines Fahrrades im Zug muss
> bereits in Deutschland eine Internationale
> Fahrradkarte für 12,30 € gebucht werden. Die
> Radfahrerhotline der Deutschen Bahn AG gibt
> nähere Auskünfte unter Tel. 01 805 15 14 15 .

Die Benutzung der italienischen Autobahnen ist gebührenpflichtig.
Mit der **Viacard**, die an wichtigen Maut-, Tankstellen und Raststätten
in den Automobilclubs erhältlich ist, kann man an den Mautstellen
bargeldlos bezahlen.

Ein- und Ausreisebestimmungen

Auch als EU-Bürger sollte man nicht ohne Personalpapiere nach   **Personalpapiere**
Italien reisen, zumal **an Flughäfen Ausweispflicht** besteht. Für
Deutsche, Österreicher und Schweizer genügt der Personalausweis.
Kinder unter 16 Jahren müssen einen Kinderausweis besitzen oder
im Elternpass eingetragen sein.

Fähre verpasst? Etwas Fernweh beschleicht einen hier schon.

INFORMATIONEN ANREISE

BAHN

▶ **In Deutschland**
Der Reiseservice der Deutschen
Bahn erteilt auch Auskünfte
über inneritalienische
Bahnverbindungen
Tel. 0 18 05 / 19 41
www.bahn.de

▶ **In Italien**
Tel. 89 20 21
(gebührenfrei)
www.trenitalia.com

▶ **Autoreisezüge**
DB Auto Zug GmbH
Tel. 0 18 05 / 24 12 24
www.dbautozug.de

FLUGGESELLSCHAFTEN

▶ **Alitalia**
Tel. 01 80 507 47 47
www.alitalia.it

▶ **Lufthansa**
Tel. 01 80 380 38 03
www.lufthansa.com

▶ **HLX**
Tel. 01 80 50 93 509 (aus Dtl.)
www.hlx.com

▶ **Ryanair**
Te. 01 90 17 01 00 (aus Dtl.)

SCHIFFFAHRTS-GESELLSCHAFTEN

▶ **Tirrenia**
Agentur für Deutschland
Armando Farina GmbH
Postfach 73 03 09
Schwarzwaldstraße 82
D-60505 Frankfurt am Main
Tel. 0 69 6 66 84 91
Fax 0 69 6 66 84 77
www.tirrenia.it

Die wichtigsten Verbindungen der
Gesellschaft Tirrenia sind:
Genua – Cagliari, Porto Torres,
Olbia, Arbatax
Civitavecchia – Cagliari, Olbia
Fiumicino – Arbatax, Golfo Aranci

▶ **Mobylines**
Wilhelmstraße 36 – 38
D-65183 Wiesbaden
Tel. 06 11 1 40 20
Fax 06 11 1 40 22 44
E-Mail: info@mobylines.de
www.mobylines.de
Von Livorno, Genua und
Civitavecchia geht es nach Olbia.
In der Hauptsaison gibt es zu-
sätzlich auch Expresstouren,
außerdem Spezialangebote für
Camper und Ermäßigungen bei
Buchungen von Hin- und
Rückreise gleichzeitig (Moby-Pex-,
Super-Pex-Tarif).

▶ **Sardinia Ferries**
Corsica Sardinia Ferries GmbH
Georgenstraße 38
D-80799 München
Tel. 0 89 3 89 99 10

▶ **Tourship AG**
Wehntalerstr. 102
CH-8057 Zürich
Tel. 01 3 64 16 00
Fax 3 64 16 06
www.sardiniaferries.com
Verbindungen vom Festland nach
Sardinien: Livorno und
Civitavecchia – Golfo Aranci
Civitavecchia – Cagliari
Bucht man die Express-Fähre,
erreicht man den Golfo Anranci
von Civitavecchia schon in
dreieinhalb Stunden.
Jackpot und Jackpot-Express
bieten Sonderpreise.

▶ **TURISARDA**
Richardstraße 28
D-40231 Düsseldorf
Tel. 02 11 22 94 00 15
Fax 02 11 22 94 90 29
E-Mail: turisarda@t-online.de
www.turisarda.com
Fährt von Piombino und Livorno nach Olbia, von Livorno nach Cagliari. Auch hier gibt es Ermäßigungstarife und besondere Angebote für Camper.

▶ **Grandi Navi Veloci**
www.gnv.it
Die Fähren von Grandi Navi Veloci verkehren von Genua nach Porto Torres und nach Olbia.

Wenn die Papiere gestohlen wurden, helfen die jeweiligen Vertretungen im Ausland. Erste Anlaufstelle ist aber die Polizei, denn ohne eine Kopie der Diebstahlsmeldung geht gar nichts. **Ersatzpapiere** bekommt man von der Botschaft (s.u.) viel leichter, wenn man die Kopien der jeweiligen Dokumente vorweisen oder diese von einem elektronischen Postfach abrufen kann.
Verlust der Papiere

Mitzuführen sind der Führerschein, der Kraftfahrzeugschein und die Internationale Grüne Versicherungskarte. Kraftfahrzeuge müssen das ovale Nationalitätskennzeichen tragen, sofern sie kein EU-Kennzeichen tragen.
Fahrzeugpapiere

Wer Haustiere (Hund, Katze) nach Italien mitnehmen will, benötigt seit dem 1. Oktober 2004 einen EU-Heimtierausweis, der vom Tierarzt ausgestellt wird (mit dem Nachweis einer Tollwutimpfung). Maulkorb und Leine sind mitzuführen.
Haustiere

Innerhalb der Europäischen Union ist der Warenverkehr für private Zwecke weitgehend zollfrei. Es gelten lediglich gewisse Höchstmengen (z. B. für Reisende über 17 Jahren 800 Zigaretten, 10 l Spirituosen und 90 l Wein). Für Reisende aus Nicht-EU-Ländern wie der Schweiz gelten folgende Freigrenzen: 200 Zigaretten oder 100 Zigarillos oder 50 Zigarren oder 250 g Tabak, ferner bei 2 l Wein od. andere Getränke bis 22 % Alkoholgehalt sowie 1 l Spirituosen mit mehr als 22 % Alkoholgehalt. Zollfrei sind außerdem Geschenke bis zu einem Wert von 170 €.
Zoll-bestimmungen

Reiseversicherungen

Versicherte der deutschen Krankenkassen haben im Krankheitsfall in Italien Anspruch auf eine Behandlung nach den in Italien gültigen Vorschriften.
Der Auslandskrankenschein ist abgeschafft, dafür gibt es seit dem 1.1.2005 die **europäische Krankenversicherungskarte**. Auch mit dieser Karte muss in den meisten Fällen ein Teil der Kosten für ärztliche Behandlung und verordnete Arzneimittel selbst bezahlt werden.
Kranken-versicherung

Gegen Vorlage der Quittungen übernimmt die Krankenkasse zu Hause dann die Kosten – allerdings nicht für jede Behandlung. Schweizer müssen die ärztliche Behandlung und Medikamente selbst bezahlen. Privat Versicherte legen zur Kostenerstattung bei ihrer Versicherung die Rechnung vor.

Private Reise-versicherung Da die Kosten für ärztliche Behandlung und Medikamente in der Regel teilweise vom Patienten zu tragen sind und die Kosten eines evtl. notwendigen Rücktransports von den Krankenkassen nicht übernommen werden, empfiehlt sich der Abschluss einer zusätzlichen Reise-Krankenversicherung.

Auskunft

▶ WICHTIGE ADRESSEN

AUSKUNFT ZU HAUSE

▶ **Staatliches Italienisches Fremdenverkehrsamt ENIT**
(Ente Nazionale Italiano per il Turismo)
Zentrale:
Kaiserstr. 65
D-60329 Frankfurt am Main
Tel. 0 69 23 74 34
Fax 0 69 23 28 94

▶ **Weitere Büros**
Lenbachplatz 2
D-80336 München
Tel. 0 89 53 13 17
Fax 0 89 53 45 27

Kontorhaus Mitte
Friedrichstr. 187
D-10117 Berlin
Tel. 0 30 247 83 98
Fax 0 30 247 83 99

Reiseunterlagen-Service
(gebührenfrei):
Tel. 008 00 00 48 25 42

▶ **ENIT in Österreich**
Kärntner Ring 4
A-1010 Wien
Tel. 01 505 16 39
Fax 01 505 02 48

▶ **ENIT in der Schweiz**
Uraniastr. 32
CH-8001 Zürich
Tel. (0)43 466 40 40
Fax (0)43 466 40 41

AUSKUNFT AUF SARDINIEN

▶ **Sardische Fremdenverkehrszentrale**
E.S.I.T.
Via Mameli 97
I-09124 Cagliari
Tel. 07 06 02 31
(von Deutschland aus)
Tel. 8 00 01 31 53
(gebührenfrei von Italien aus)
Fax 0 70 66 46 36
E-Mail: esitourismo@tiscalinet.it
www.esit.net

▶ **Autonome Region Sardiniens Organizzazione Turistica Regionale Assessorato del Turismo**
Viale Trieste 105
I-09124 Cagliari
Tel. 0 70 60 61
Fax 0 70 6 06 72 55
www.regione.sardegna.it

DIPLOMATISCHE VERTRETUNGEN

▶ **Deutsches Honorarkonsulat**
Via Raffa Garzia 9
I-09126 Cagliari
Tel. 070 30 72 29
E-Mail: rom-ob@bmaa.gv.at
www.austria.it

▶ **Schweizer Konsulat**
Via XX Septembre 16
I-09125 Cagliari
Tel. 0 70 66 36 61,
Fax 0 70 66 80 42
E-Mail: avespa@tiscalinet.it

INTERNET

▶ **www.sardinien.com**
Schön gestaltetes virtuelles Reise-magazin in deutscher Sprache, das Informationen über Ferienhäuser, Charterflüge, die schönsten Strände und Sehenswürdigkeiten, aber auch praktische Infos und Veranstaltungstipps liefert.

▶ **www.ferien-in-sardinien.com**
Ableger obiger Internetadresse, der eine Reihe von Hotels und Ferienwohnungen ausführlich vorstellt. Buchungen können on-line und per Telefon vorge-nommen werden.

▶ **www.regione.sardegna.it**
Die offizielle Seite der Autonomen Region Sardinien liefert mehr-sprachig generelle Informationen über Wirtschaft und Geschichte des Landes.

▶ **www.sardegna.net**
Typische Homepage mit touristischen Links zu Restaurants, Hotels, Aktivitäten und was man sonst noch so in Erfahrung bringen möchte.

▶ **www.wel.it/Welcome/ Sardegna/index.de.html**
Hier lassen sich Informationen zu ganz Italien recherchieren, für die Region Sardinien werden Hotels, Restaurants, Museen und gute Einkaufsmöglichkeiten klar nach Orten sortiert vorgestellt.

▶ **www.sardinienwetter.com**
Hier erhält man die Wetter-vorhersage für die nächsten vier Tage.

Badeurlaub

Dank der langen Küstenlinie (1849 km) ist die Auswahl an Bade-stränden auf Sardinien groß und überaus vielfältig: Das Angebot er-streckt sich von landschaftlich reizvollen Felsenküsten mit kleinen Badebuchten bis hin zu **herrlichen, langen Sandstränden**, die teilweise durch einen Sanddünengürtel vom Hinterland abgetrennt sind. Die vielen kleineren und größeren Buchten sind manchmal nur per Boot zu erreichen, doch auch zu Fuß findet man besonders in der Vor-

Große Auswahl

und Nachsaison schöne, einsame Badeplätze. **Per Gesetz sind alle Strände öffentlich** und damit frei zugänglich.

Die bekanntesten Küstenabschnitte Sardiniens sind die ▶Costa Smeralda im Nordosten der Insel (viele kleine Buchten, teilweise nur vom Wasser aus zugänglich), die Costa Rei im Südosten (▶ Villasimius) mit einem schönen, fast 10 km langen Sandstrand, die Costa del Sud südwestlich von Cagliari und die noch weniger bekannte Costa Verde an der Westküste Sardiniens. Die schönsten Strände sind bei den entsprechenden, nahe gelegenen ▶ Reisezielen von A bis Z beschrieben.

Wasserqualität Informationen über die aktuelle Wasserqualität der wichtigsten Touristenstrände und über Abschnitte, die man meiden sollte, gibt es beim ADAC, Tel. 01805 101112 (auch für Nichtmitglieder) oder im Internet: www.adac.de (nur für Mitglieder).

Mit Behinderung unterwegs

Auf Sardinien entsprechen nur wenige Hotels der auch in Italien geltenden Norm, so dass **behindertengerechte Unterkünfte noch recht selten** sind. In den größeren Städten wie Cagliari oder Sassari geht man langsam dazu über, auch im öffentlichen Raum adäquate Voraussetzungen zu schaffen. So gibt es in Cagliari eine Initiative, die am Poetto-Strand rollstuhlgerechte Zonen eingerichtet hat. Einschränkend muss allerdings hinzugefügt werden, dass diese nur während der Sommermonate zur Verfügung stehen.

▶ NÜTZLICHE ADRESSEN

AUSKUNFT

▶ **BSK-Reise-Service**
Reisedienst des Bundesverbands
Selbsthilfe Körperbehinderter
Altkrautheimer Str. 20
D-74236 Krautheim
Tel. 0 62 94 42 81 50
www.bsk-ev.de

▶ **Bundesarbeitsgemeinschaft der Clubs Behinderter und ihrer Freunde**
Eupener Str. 5
D-55131 Mainz
Tel. 0 61 31 22 55 14
www.bagcbf.de

▶ **Verband aller Körperbehinderten Österreichs**
Lützowgasse 24–28
A-1014 Wien
Tel. 01 911 32 25
und 94 55 62

▶ **Mobility International Schweiz**
Froburgstr. 4
CH-4600 Olten
Tel. 0 41 06 22 06 88 35
Fax 0 41 06 22 06 88 39
info@mis-ch.ch
www.mis-ch.ch

Elektrizität

Das Stromnetz führt 220 Volt Wechselspannung; im Allgemeinen ist ein Adapter nötig. Europanorm-Gerätestecker sind meist nur dann verwendbar, wenn sie dünne Kontaktstifte besitzen.

Essen und Trinken

Die sardischen Essgewohnheiten unterscheiden sich zum Teil erheblich von den deutschen. Das beginnt schon am Morgen: Zwar bieten heutzutage die meisten großen Hotels ein Frühstück, das mit Brötchen, Butter und Konfitüre nordeuropäischen Gepflogenheiten entspricht, die Sarden begnügen sich jedoch mit einem schnellen caffè oder cappuccino an der Bar und höchstens einem Gebäckstück dazu. Dafür wird mittags und abends umso üppiger gespeist. Ein typisches Mittag- bzw. Abendessen besteht meistens aus einer kalten oder warmen Vorspeise (antipasto), einem ersten Gang (primo piatto) mit Nudeln (pasta) oder Reis (risotto), einem zweiten Gang (secondo) mit einem Fleisch- oder Fischgericht und zum Abschluss Käse (formaggio) und ein Dessert (dolce). Das Mittagessen (pranzo) nimmt man zwischen 13.00 und 15.00 Uhr ein, das Abendessen (cena) zwischen 19.00 und 22.00 Uhr. Über die sardische Küche und typische Gerichte informiert das ▶Baedeker-Special S. 74.

Essgewohnheiten

> ## ℹ Trinkgeld
>
> ■ In den Hotels und Restaurants ist die Bedienung im Preis inbegriffen, jedoch sind 5 – 10 % des Rechnungsbetrags als Trinkgeld üblich. In den Bars, den italienischen Cafés, ist die Bedienung nicht eingeschlossen, weshalb man 12 – 15 % gibt.

In den größeren Städten und entlang der touristisch ausgebauten Küstengebiete ist die Auswahl an Restaurants groß. Einige Lokale befinden sich auch außerhalb der Ortschaften oder in kleineren, vom Hauptort entfernten Ortsteilen. An der Küste bietet die Gastronomie neben den typischen Fischgerichten auch traditionelle sardische Gerichte. In den kleinen Ortschaften des Landesinneren vermindert sich die Anzahl der Restaurants beträchtlich, doch lohnt es sich, auch dort nach Restaurants mit echter sardischer Küche zu fragen.

Restaurants

Die wichtigsten Rotweinsorten der Insel, **Cannonau, Carignano und Vermentino**, sind ursprünglich aus spanischen Trauben hervorgegangen. Besondere Beachtung verdient der Cannonau. Diese berühmteste Rotweintraube Sardiniens wird besonders in Oliena, Dorgali und Jerzu angebaut. Die besten Carignano-Weine tragen die

Weinbau

Porcheddu – glänzend und knusprig ist das über dem Feuer gegrillte Spanferkel.

SCHLICHT UND DEFTIG – DIE SARDISCHE KÜCHE

Die typisch sardische Küche kommt nicht mit aufwändigen Kreationen auf winzigen Gourmettellerchen daher, sondern mit deftigen, kalorienreichen Speisen. Das Leben auf der Insel war jahrhundertelang vom harten und entbehrungsreichen Leben der heimischen Bevölkerung – Hirten und Bauern – geprägt und entsprechend entwickelte sich eine einfache, gehaltvolle Küche.

Fleisch, Brot und Käse sind die Grundnahrungsmittel des traditionellen sardischen Essens; diese aber werden in diversen, zum Teil sehr originellen Variationen zubereitet.

Wie überall in Italien folgt auf ein antipasto (Vorspeise) der primo piatto, ein erster Gang mit Nudeln oder Reis, darauf der secondo, ein zweiter Gang mit Fisch oder Fleisch, wobei die contorni (Beilagen) extra bestellt werden müssen. Man schließt mit dolci e frutta (Süßspeisen und Obst) oder formaggi (Käse) sowie einem caffè. Auch Fisch und Meeresfrüchte fanden sich vor dem Einzug des Tourismus nur selten und regional begrenzt in sardischen Kochtöpfen – die Sarden waren nie ein Volk von Fischern. Heute dagegen sind die Speisekarten an der Küste von Gerichten aus dem Meer dominiert. Meeräschen, Aale, Thunfisch, Seezunge, Seehecht, Streifenbrasse und die Langusten sind u. a. als Hauptspeisen zu haben. Venusmuscheln, Miesmuscheln, Tintenfisch und Krabben bekommt man oft auch mit Reis oder Nudeln als ersten Gang angerichtet.

Tägliches Brot

Beginnen wir mit dem Hauptnahrungsmittel Brot, das auch heute noch oft statt anderer Beilagen zum Fleisch serviert wird. Das berühmteste darunter ist das **pane carasau** der Hirten (carasau = hart geworden). Es besteht aus zwei dünnen, runden Teigschichten und wird zweimal gebacken. Da es lange haltbar ist, konnten es die Hirten bei ihren

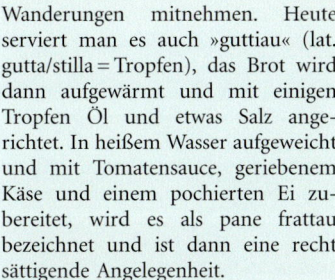

Aus Artischocken werden gerne leckere in Öl eingelegte Antipasti gemacht.

Wanderungen mitnehmen. Heute serviert man es auch »guttiau« (lat. gutta/stilla = Tropfen), das Brot wird dann aufgewärmt und mit einigen Tropfen Öl und etwas Salz angerichtet. In heißem Wasser aufgeweicht und mit Tomatensauce, geriebenem Käse und einem pochierten Ei zubereitet, wird es als pane frattau bezeichnet und ist dann eine recht sättigende Angelegenheit.

Fleisch um Fleisch

Ungewöhnlich ist auch so manches Fleischgericht, das auf Sardinien auf den Tisch kommt. Am originellsten ist wahrscheinlich su malloru de su sabatteri, ein Essen, das nur höchst selten und zu ganz besonderen Anlässen im Freien zubereitet wird: In ein Rund wird zunächst ein Schwein gesteckt, in dieses ein Lamm gefüllt, in welchem wiederum ein Hase Platz finden muss, der eine Wachtel in sich trägt. (Bis auf die Ziege sind damit auch schon die wichtigsten Fleischsorten Sardiniens genannt.) Dieser gigantische Koloss wird dann auf einen Spieß gesteckt und über einem Holzfeuer gegrillt. Etwas »überschaubarer« ist das über dem Feuer gegrillte

Spanferkel (porceddu) oder Lamm; auch Zicklein, Kalb und Wildschwein werden auf diese Weise zubereitet. Vor allem im Herbst werden auch verschiedene Vogelarten (Wachteln, Tauben, Schnepfen usw.) angeboten. Als Vorspeisen werden luftgetrockneter Schinken, Wildschweinschinken, Salami und Würstchen gereicht. Für Gemüse und Salate haben die Sarden hingegen nicht viel übrig. Beim Thema Käse wird man dagegen angenehm überrascht: Es gibt eine reiche Auswahl, die verschiedenen Sorten werden fast alle aus Schafsmilch oder aus Ziegenmilch hergestellt. Unausweichlich ist eine Begegnung mit dem pecorino sardo, einem würzigen Schafs- oder Ziegenkäse.

Pane carasau heißt das typische sardische Hirtenbrot.

Schärfer im Geschmack ist der fast weiße, geräucherte fiore sardo aus Schafsmilch. Mild sind der dolce sardo und der ricotta.

Wenn auch Spaghetti völlig untypisch für die sardische Küche sind, so gilt das nicht für Nudelgerichte überhaupt. Vielmehr gehören die so genannten malloreddus, von den Italiener auch gnocchi sardi genannt – weiße Nudeln aus Hartweizengries, die wie kleine Muscheln geformt sind – zu den Spezialitäten der Insel. Auch eine Art von Griesnocken, die alla campidanese mit Fleisch- oder Wurstragout angerichtet sind, und sardische Ravioli mit Quark-, Käse- oder Hackfleischfüllung sollten probiert werden. Besonders wohlschmeckend sind die mit Kartoffeln zubereiteten gnocchetti von Ogliastra.

Finale grande

Schließlich sollte man auch den Nachtisch nicht versäumen: So gut wie nie fehlt auf den Speisekarten die sebada, eine mit frischem Käse (Ricotta) gefüllte, in Öl ausgebackene und mit warmem Honig servierte Teigtasche. Eine Köstlichkeit ist außerdem torrone, eine Art türkischer Honig, und der etwas strengere miele amaro (bitterer Honig) aus den Blüten der Macchia. Die sospiri (die Seufzer), ein baiserartiges Mandelgebäck, ist eine beliebte Spezialität aus der Stadt Ozieri.

Die Italiener beschließen eine Mahlzeit fast immer mit einem auch nördlich der Alpen längst bekannten Espresso (ein kleiner, schwarzer, starker Kaffee). Doch nur ein Ausländer bestellt einen »Espresso«, in Italien heißt er schlicht »caffè«, den es wiederum doppelt (»doppio«), korrigiert (»corretto«) mit Grappa, Cognac oder Bitter, mit wenig Milch (»macchiato«), kalt (»freddo«) im Sommer oder schwach und verlängert (»lungo«) gibt. Noch variantenreicher ist der »cappuccino« (mit heißem Milchschaum gekrönter caffè): man kann ihn hell (»chiaro«) oder dunkel (»scuro«) trinken, oder in verschiedenen Temperaturen und mit mehr oder weniger Schaum zu sich nehmen. Ein einfacher Milchkaffee wird »caffe latte« genannt. Wer aber Milch mit wenig Kaffee vorzieht, der bestelle sich eine »latte macchiato«, ein heißes Glas Milch mit einem caffè gemischt.

DOC-Bezeichnung Carignano de Sulcis, und der beachtenswerteste Vermentino stammt aus der Provinz Gallura im Norden der Insel. Daneben besitzt Sardinien noch eine Reihe eigenständiger Rebsorten. Erwähnung verdient auch die rote Traube Monica, geführt unter der DOC-Bezeichnung **Monica di Cagliari** oder Monica di Sardegna, ihre Chakteristika sind ein weicher, samtiger Geschmack und ein intensives Aroma, sie wird sowohl trocken als auch als Liquoroso-Wein vermarktet. Zumeist als Dessertwein bekannt ist der **Malvasia** (di Bosa). Unter der Bezeichnung Vernaccia di Oristano werden trockene Weißweine sowie sherryähnliche Dessertweine angeboten.

Auf dem italienischen oder gar auf dem internationalen Markt spielen die sardischen Weine kaum eine Rolle, mit 40 000 ha liegt Sardinien in seiner Produktivität an achter

 Rauchen verboten

Seit 10. Januar 2005 ist in Italien das Rauchen in Bars und Restaurants verboten. Wer dagegen verstößt, zahlt ein Bußgeld von 25 bis zu 250 €. Besonders teuer wird es, wenn man dort in Gegenwart von Kindern oder schwangeren Frauen raucht.

Stelle von allen italienischen Regionen. Beherrscht wird der Weinanbau überwiegend von den großen Genossenschaften (cantine sociali), die die Produktion, die früher in den Händen privater Winzer lag, übernommen haben und vermarkten. Nur wenige Winzer können sich mit überregionalem Renommee behaupten.

Neben dem Besuch der cantine sociali in vielen Ortschaften können auch einige **private Weingüter** besichtigt werden, z. B. Sella Mosca (▶ Baedeker-Tipp, S. 135). Im Weinmuseum in Berchidda, 18 km nördlich von Ozieri, kann man sich über die Geschichte des Weinbaus informieren, aber auch verschiedene Sorten degustieren (▶Baedeker-Tipp, S. 261).

▶ WEINGÜTER (Auswahl)

▶ Tenute di Capichera
Loc. Capichera
I-07021 Arzachena
Tel. 0 78 98 08 00
www.capichera.it
Mo. – Fr. 8.30 – 12.30 u.
15.00 – 17.00 Uhr

▶ Cantina Sociale Gallura
Via Val di Cossu
I-07029 Tempio Pausania
Tel. 0 79 63 12 41
Besuch nach Vereinbarung

▶ Gostalai
Via Nino Bixio 87
I-08025 Oliena
Tel. 07 84 28 84 17
Besuch nach Vereinbarung

▶ Tenute Sella & Mosca
Loc. I Piani
I-07041 Alghero
Tel. 079 99 77 00
www.sellaemosca.com
Besuch nach Vereinbarung

Feiertage, Feste und Events

 FESTKALENDER

FEIERTAGE

1. Januar: Neujahr
6. Januar: Dreikönigsfest
Februar/März: Faschingssonntag
und Faschingsdienstag
März/April: Ostersonntag und
Ostermontag
25. April: Tag der Befreiung (1945)
1. Mai: Tag der Arbeit
15. August: Ferragosto
(Mariä Himmelfahrt)
1. November: Allerheiligen
8. Dezember: Mariä Empfängnis
25./26. Dezember: Weihnachten

JANUAR

▶ **Karneval**
16. Januar: Fest des hl. Antonius
mit Feuern als Faschingsbeginn,
wird in vielen Orten gefeiert.
Faschingssonntag und Faschings-
dienstag: Bosa, Mamoiada,
Orotelli, Ottana (archaische
Masken), Cagliari, Tempio
Pausania (Maskenumzug),
Oristano (Sartiglia), Santu
Lussurgiu (Pferderennen)

KARWOCHE

▶ **Castelsardo**
am Montag der Karwoche
Lunissanti (Prozession mit
religiösen Gesängen)

▶ **in verschiedenen Orten**
am Karfreitag S'Iscravamentu
(Passionsspiel)

OSTERN

▶ **in verschiedenen Orten**
S'Incontru (Prozession) am
Ostersonntag

▶ **Sant'Antioco**
am zweiten Sonntag nach Ostern
Festa di Sant'Antioco

MAI

▶ **Cagliari**
Sagra di Sant' Efisio (Prozession in
Trachten) vom 1.–4. Mai von
Cagliari nach Nora und zurück.
Beginn der gut vier Stunden
dauernden Prozession ist ca. 10.30
Uhr, ein guter Platz zum
Zuschauen die Piazza del
Carmine.

▶ **Lula**
Sagra di San Francesco mit
Reiterspielen und Gottesdiensten
vom 1.–10. Mai

▶ **Olbia**
Prozession San Simplico zu Ehren
des gleichnamigen Schutzheiligen
Mitte Mai

▶ **Sassari**
am vorletzten Maisonntag
Cavalcata Sarda zu Pferd

JUNI

▶ **Santu Lussurgiu**
Pferdemarkt am 2. Juni

▶ **Fonni**
Festa dei Martiri am Montag nach
dem ersten Junisonntag: Reiter-
prozession zu Ehren der Madonna
dei Martiri

▶ **in verschiedenen Orten**
Johannisfeuer am 23. Juni

JULI

▶ **Sedilo und Pozzomaggiore**
S'Ardia (Pferderennen) am 6. und
7. Juli

AUGUST

▶ **Sassari**
I Candelieri (Kerzenfest) am
14. August (auch in Ploaghe und
Nulvi)

▶ **Orgosolo**
Processione dell'Assunta

▶ **Nuoro**
Sagra del Redentore (Prozession in
Trachten) am 29. August

SEPTEMBER

▶ **Selargius**
Antico Sposalizio Selargio
Anfang September

▶ **Orani/Sarule**
Nostra Signora di Monte
Gonare am 8. September

▶ **Cabras**
Corsa degli scalzi (Lauf der
Barfüßigen), 1. Septembersonntag

▶ **Mamoiada**
Sagra di San Cosimo am
27. September

▶ **Bitti**
Madonna del Miracolo am
28. September

OKTOBER

▶ **Ala dei Sardi**
Sagra campestre di San Francesco
am 4. Oktober

▶ **Aritzo**
Sagra delle Kastanie (Fest der
Kastanien- und Haselnussernte) in
der letzten Oktoberwoche

DEZEMBER

▶ **Alghero**
Lu Senal del Judici (katalanische
religiöse Gesänge), 24. Dezember

Feste auf Sardinien gibt es buchstäblich wie Sand am Meer.

Geld

Euro Seit dem 1. Januar 2002 ist der Euro in Italien wie in Deutschland, Österreich und anderen Ländern der Europäischen Union das offizielle Zahlungsmittel. 1 sfr entspricht 0,66 €, für 1 € bekommt man 1,51 sfr.

Banken Banken gibt es in allen größeren Orten Sardiniens. Die Öffnungszeiten sind mit geringen Abweichungen im Allgemeinen Mo. – Fr. 8.30 bis 13.20 und 14.30 – 16.00 Uhr.

Geldautomaten, Bankkarten An Geldautomaten kann man mit Kredit-, Bank- und Postbank-Karten mit der persönlichen Geheimnummer problemlos rund um die Uhr Geld abheben. Mit der Bankkarte erhält man maximal 500 € pro Tag und Konto, mit der Postbank SparCard pro Kalendermonat maximal 1500 €. Kreditkarten unterliegen höheren Grenzen.

Verlust Beim Verlust der Karte muss man umgehend den Zentralen Annahmedienst für Verlustmeldungen von Bankkarten anrufen: Tel. aus Italien: 00 49 18 05 02 10 21.

Kreditkarten Die meisten internationalen Kreditkarten werden von Banken, Hotels, Restaurants, Autovermietern und vielen Einzelhandelsgeschäften akzeptiert. Bei Verlust von Kreditkarten benachrichtige man ab Mitte 2005 den allgemein gültigen Sperr-Notruf (**Tel. 00 49 116 116**). Er gilt zudem auch für ec-Karten, Handys und weitere sperrbare Medien.

Gesundheit

Medizinische Versorgung Eine ausreichende medizinische Versorgung ist in den Fremdenverkehrsorten und in den Städten und größeren Ortschaften gewährleistet. In vielen Touristenzentren steht in der Saison die **Guardia medica turistica** zur Verfügung. Sie ist täglich rund um die Uhr und nicht nur in dringenden Fällen für die medizinische Versorgung der Feriengäste zuständig. Bei einem Notfall sollte man sich an das nächstgelegene Krankenhaus wenden, die Notaufnahme ist 24 Stunden geöffnet und die dortige Untersuchung kostenfrei. Zahnärzte stehen im Telefonbuch unter »Medici dentisti«.

Apotheken Apotheken (farmacie) haben in der Regel Mo. – Fr. 9.00 – 13.00 und 16.00 – 19.30 Uhr geöffnet. Sie schließen wechselweise mittwochs oder samstags. Ein Verzeichnis mit den nachts und feiertags offenen Apotheken (Farmacie di turno) hängt in den Schaufenstern oder Türen der Apotheken aus.

Knigge

Sardinien wird zwar zum Mezzogiorno gerechnet, dem Süden Italiens, doch Sarden sind deswegen noch lange keine Süditaliener. Gastfreundschaft und Hilfsbereitschaft werden groß geschrieben, aber Sarden sind eher **ruhige, zurückhaltende Menschen** – aufgeschlossen, aber nie aufdringlich und in der Gebärdensprache eher sparsam. Selbst in den Städten geht es nicht sonderlich hektisch zu und das Leben nimmt eine gemächliche Gangart. Wer auf die Sarden zugeht, ein wenig Italienisch spricht oder auch nur durch ein Lächeln oder eine Geste seine Wertschätzung zeigt, wird eine sehr herzliche Aufnahme finden. Man freut sich über die Fremden, die Sardinien besuchen, man ist stolz auf die Heimat und möchte sie gerne im besten Licht präsentieren. Höfliches, zuvorkommendes Auftreten gilt als Selbstverständlichkeit und man sollte sich **lieber einmal mehr als weniger bedanken**. Der Umgang miteinander ist aber alles andere als steif oder förmlich. Rasch kommt man mit den Sarden ins Gespräch, häufig duzt man sich, und falls man nach dem Namen gefragt wird, so ist damit fast immer der Vorname gemeint. Doch wer aus den lockeren Umgangsformen auf legere Bekleidung schließt, sieht sich getäuscht. Die meisten Sarden legen Wert auf eine gepflegte Erscheinung und die Jugend eifert der Eleganz Roms oder Mailands nach. Kurze Hosen oder nackter Oberkörper sind fast überall tabu, insbesondere in Ortschaften und Städten. Nur bei der Bademode am Strand sind die Sarden kaum von den Touristen zu unterscheiden.

Was kommt an auf Sardinien und was nicht?

❓ WUSSTEN SIE SCHON …?

■ Auf Sardinien bestellt man im Restaurant nicht ein Glas Wein zum Essen, sondern eine Flasche oder eine offene Liter-Karaffe (vino sfuso). Den Rest lässt man gegebenenfalls stehen.

Sarden sind stolz auf ihre Insel, wissen aber auch meist sehr genau um mancherlei Unzulänglichkeiten. Besucher der Insel sollten sich eher in Zurückhaltung üben, wenn einmal etwas nicht klappt oder kritische Anmerkungen lieber in eine Frage einkleiden. Denn Sarden leben nach dem Motto »Leben und leben lassen« und arrangieren sich mit den gegebenen Verhältnissen. **Gelassenheit ist angesagt** und der Individualismus wird hochgehalten, ganz wie es ein sardisches Sprichwort besagt: kentu konkas, kentu berittas (hundert Köpfe, hundert Mützen).

Hundert Köpfe, hundert Mützen

Auf Sardinien gehört der Barbesuch zur Lebensart, angefangen mit dem sehr knapp bemessenen Frühstück, der colazione. Nur in den Hotels bekommt man hierzu Milchkaffee (caffèlatte), nicht jedoch in einer typischen Bar. Dafür gibt es hier caffè (espresso), cappuccio (wie man auf Sardinien meist sagt) oder latte macchiato. Al banco ist es billiger als a tavola und so drängen sich die Menschen am Tresen,

Il caffè

wo sie von flinken, adrett gekleideten und stets gut gelaunten baristi bedient werden. Bei dem Hinweis pre-pagamento gilt: **man bezahlt vorher an der Kasse** und begibt sich dann mit dem Kassenbon (scontrino) zum Tresen, um dort seinen Kaffee zu erhalten, dazu duftende cornetti (Croissants) oder anderes Gebäck. Den scontrino muss man übrigens bis nach Verlassen der Bar aufbewahren – darüber wacht die italienische Steuerbehörde. Versäumt man dies und wird erwischt, so drohen empfindliche Strafen. Im Ristorante wird man nach dem Essen (ob mittags oder abends) vom Kellner gefragt, ob man einen caffè wünscht. Damit ist immer ein Espresso gemeint und nicht etwa ein Cappuccino – den gibt es nämlich nur in der Bar!

Rauchen Keiner hätte es für möglich gehalten: Seit in Italien das generelle Rauchverbot in öffentlichen Räumen eingeführt wurde (mit nur wenigen streng definierten Ausnahmen), ist der blaue Dunst wie weggeblasen. Ob es an der Einsicht der Raucher oder den drohenden Bußgeldern liegt – das Rauchverbot wird strikt eingehalten, auch in Bars und Restaurants.

Supermarkt Für die Selbstbedienung an der Obst- und Gemüsetheke in Supermärkten und Spezialgeschäften (frutta e verdura) gilt aus hygienischen Gründen: **Obst und Gemüse niemals mit der bloßen Hand anfassen!** Diese gesetzliche Vorschrift ist unbedingt zu beachten. An der Theke liegen meist Einweghandschuhe bereit; falls nicht vorhanden, streift man sich eine Plastiktüte über die Hand.

Verständigung Fremdsprachenkenntnisse sind auf Sardinien nicht sonderlich verbreitet. Nur an den Küsten, wo es Badetourismus gibt, wird man sich meist auch auf Englisch oder Deutsch verständigen können. Um das wahre Sardinien kennen zu lernen, sollte man jedoch wenigstens **Grundkenntnisse des Italienischen** besitzen – und wenn man landestypisch in einem agriturismo (frei übersetzt: Ferien auf dem Bauernhof) übernachten will, sollte man der Sprache sogar einigermaßen mächtig sein. Aber allein schon das Bemühen, die Landessprache zu sprechen, wird honoriert – selbst wenn man Fehler macht. Um eines braucht man sich allerdings nicht zu bemühen: sardisch zu sprechen. Zwar unterhalten sich ältere Sarden insbesondere in den Bergregionen untereinander durchaus noch auf Sardisch, beherrschen aber immer auch Italienisch.

Fotografieren Zurückhaltung ist geboten, wenn man Sarden fotografieren möchte, insbesondere bei Nahaufnahmen und Einzelpersonen. Hier wie anderswo gilt das **Recht am eigenen Bild** und einfach drauflosknipsen wird als entwürdigend empfunden. Doch eine freundliche Frage – permesso? – mit Fingerzeig auf die Kamera, und in den meisten Fällen wird dem Fotografen der Wunsch nicht verwehrt – wobei von Männern eher Zustimmung zu erwarten ist als von Frauen. Leichter hat man es beim Fotografieren, wenn man durch ein kleines Gespräch bereits Vertrauen erworben und sein aufrichtiges Interesse an Land und Leuten bekundet hat. Gegen ein Erinnerungsfoto, das im Zusammenhang mit einer persönlichen Begegnung entsteht, hat kaum jemand etwas einzuwenden. Völlig unproblematisch sind Umzüge oder Feste, bei denen die Sarden mit Stolz und Würde ihre schönen Trachten tragen – dann herrscht ein unausgesprochenes Einverständnis, dass auch fotografiert werden darf.

Auch im Straßenverkehr wallt den Sarden nicht so leicht das Blut auf und man drückt nicht gleich auf die Hupe, wenn der Verkehr stockt, nur weil sich zwei Fahrer gerade unterhalten. Die Fahrweise ist zwar zumeist **zügig, aber rücksichtsvoll**, und riskante Überholmanöver sind die Ausnahme. **Verkehr**

Mit Kindern unterwegs

In Italien ist man ausgesprochen kinderfreundlich eingestellt, dies gilt in noch größerem Maße für Sardinien. Niemand wird sich an lärmenden und tobenden bambini stören und in Hotels und auf zahlreichen Campingplätzen gibt es Spielplätze, die Kindern Spaß machen. Selbst auf den Fähren sind Spielecken für die Kleinen eingerichtet. In größeren Ferienanlagen gibt es so genannte **»Miniclubs«** in denen ein spezielles Kinderprogramm geboten wird, so dass die Eltern auch mal einen Tag ohne die Kinder verbringen können. Die Strände auf Sizilien sind zum größten Teil aus feinem Sand und sie fallen flach ins Wasser ab, so dass Baden gefahrlos ist. Lediglich an der etwas stürmischen Westküste sollte man mit Luftmatrazen vorsichtig sein, da die Wasserströmung stark sein könnte. Eine schöne Alternative für Familien ist der Urlaub auf dem **Bauernhof** (▶ Übernachten, Agriturismo). Hier wird der Aufenthalt mit Hund, Katz und Esel von alleine zum Abenteuer. **Uneingeschränkt zu empfehlen**

Der feine Sand ist ideal für zarte Kinderfüße.

Literatur

Belletristik **Deledda, Grazia:** Schilf im Wind, Stuttgart: Manesse, 1992
Die Literaturnobelpreisträgerin von 1926 beschäftigte sich in ihren Romanen mit den Menschen in und um ihre Heimatstadt Nuoro zu Beginn des 20. Jahrhunderts. Der Roman erzählt die Geschichte von Efix, dem Knecht und seiner Herrin Pintor sowie ihrer drohenden Armut, die trotz allem ihre Würde nicht verliert. Deledda schrieb fast fünfzig Romane, in denen Nuoro eine Rolle spielt.

Fois, Marcello: Himmelsblut. Ein Fall für Avvocato Bustianu, München: Heyne, 2001
Avvocato Bustiano ist die Hauptperson in den Krimis des jungen sardischen Schriftstellers und Dramaturgs. Der Verteidiger von Filippo Tanchis, der des Mordes angeklagt wird, spürt, dass der Fall nicht so leicht ist, wie es zuerst scheint, denn dessen Familie scheint nicht ganz unbeteiligt zu sein an den Geschehnissen ...

Ledda, Gavino: Padre Padrone, Düsseldorf: Winkler, 2001
1938 als Sohn einer armseligen Hirtenfamilie in Siligo geboren, lernte Ledda erst mit zwanzig Jahren aus eigener Kraft Lesen und Schreiben. In seinem autobiografischen Roman schildert er schonungslos die deprimierenden Jahre seiner Kindheit und Jugend, die Konflikte mit dem rohen, despotischen Vater und den einsamen Alltag der Hirten.

Die archaische Hirtenkultur Sardiniens ist ein Motiv vieler Schriftsteller der Insel.

Maltzan, Heinrich von: Reise auf der Insel Sardinien, Norderstedt: BoD, 2002
Amüsant, hintergründig, informativ: Dieser unterhaltsame Reisebericht von 1868 über Sardinien hat bis heute nichts von seiner Aktualität verloren. Ein Klassiker der Reiseliteratur, sachkundig kommentiert – ein ganz besonderes Lesevergnügen.

Satta, Salvatore: Der Tag des Gerichts, Frk./Main: Suhrkamp, 1996
Satta, einer der bekanntesten Juristen des Landes, wurde 1902 in Nuoro geboren und erlangte Berühmtheit mit seinem einzigen literarischen Werk (1979 in Italien erschienen). In der Hommage an seine Heimat Sardinien zeichnet er ein Kollektivporträt einer Bevölkerung aus gefürchteten Hirten, armen Bauern und den Herren von Nuoro.

Sander, August: Eine Reise nach Sardinien, Fotografien 1927, Ostfildern: Cantz, 1998   **Bildbände**
August Sander reiste im Frühjahr 1927 drei Monate über die Insel. Ursprünglich als Illustration einer kulturgeschichtlichen Abhandlung geplant, blieb diese jedoch unrealisiert. Sander porträtierte die bäuerliche Bevölkerung Sardiniens, die Landschaft und bedeutende Baudenkmäler.

Zardo, Manuela und Hellmuth Zwecker: La cucina della Sardegna, München: Hugendubel, 2000   **Kulinaria**
15 Restaurants der Insel werden näher vorgestellt, dazu gibt es die typischen Rezepte und einen Hauch von Geschichte, schließlich hat der Einfluss der Katalanen, Pisaner und Genuesen auch kulinarisch seine Spuren hinterlassen.

Andreas Stieglitz: Wandern auf Sardinien. DuMont aktiv   **Wanderführer**
35 Touren aller Schwierigkeitsgrade.

Medien

Die zwei wichtigsten sardischen Tageszeitungen sind die in Cagliari erscheinende »L'Unione Sarda« und »La Nuova Sardegna« aus Sassari. Neben internationalem und lokalem Politikgeschehen findet man darin wichtige Informationen über das kulturelle Leben und Veranstaltungen.   **Sardische Tageszeitungen**

Wichtige überregionale Zeitungen sind »La Repubblica«, »Corriere della Sera« und »La Stampa«.   **Überregionale Zeitungen**

Deutsche Zeitungen und Zeitschriften findet man in den größeren Städten und in den Touristenorten an der Küste.   **Deutsche Zeitungen**

Notrufe

 RUFNUMMERN

▶ **Allgemeiner Notruf**
Tel. 113 (landesweit)

▶ **Polizeinotruf**
Tel. 112 (landesweit)

▶ **Feuerwehr**
Tel. 115 (landesweit)

▶ **Unfall und Krankendienst**
Tel. 118 (landesweit)

▶ **Pannenhilfe des ACI**
Tel. 80 31 16

▶ **ADAC Pannenhilfe und Notruf**
Tel. 02 66 15 91

▶ **ACE-Notrufzentrale Stuttgart**
Kranken- und Fahrzeugrückhol-
dienst
Tel. 00 49 18 02 34 35 36

▶ **DRK-Flugdienst Bonn**
Tel. 00 49 228 23 00 23

▶ **Deutsche Rettungsflugwacht**
Tel. 00 49 711 70 10 70

Post · Telekommunikation

Postämter Die italienischen Postämter sind nur für den Post- und Paketdienst
sowie für die Geschäfte der Postbank zuständig. Sie sind Mo.–Fr.
8.25–13.45 und Sa. 8.25–12.00 Uhr geöffnet. Am Monatsletzten
schließen alle Postämter um 12.00 Uhr.
Briefmarken (Francobolli) kauft man in Postämtern oder in Tabak-
warengeschäften, mit einem ein »T«-Schild (Tabacchi).
Ein Brief bis 20 g sowie eine Postkarte von Italien ins europäische
Ausland kosten 0,41 €, Luftpostsendungen 0,62 €.

Telefonieren Gespräche nach Deutschland, Österreich oder in die Schweiz kann
man von öffentlichen Fernsprechern mit orangerotem Telefonhörer-
symbol führen. Sie funktionieren mit Münzen (nur noch wenige)
oder mit Telefonkarten (carta telefonica), die es u. a. in Bars gibt.
Die Benutzung von Mobiltelefonen ist möglich. Die beiden
dichtesten Mobilfunknetze unterhalten die Telefongesellschaften
Telecom Italia Mobile (Zugangsnummer 2 22 01) und Omnitel
Pronto Italia (Zugangsnummer 2 22 10).
Die Ortsvorwahlen sind Bestandteil der italienischen Rufnummern.
So muss immer bei Ortsgesprächen sowie bei Anrufen aus dem
Ausland die Vorwahl einschließlich der 0 mitgewählt werden.

▶ RUFNUMMERN

VORWAHLEN

▶ **von Deutschland, Österreich und der Schweiz**
nach Italien 00 39

▶ **aus Italien**
nach Deutschland 00 49
nach Österreich 00 43
in die Schweiz 00 41

TELEFONAUSKUNFT

Inland Tel. 12
Ausland Tel. 176

TARIFE

Billigtarife gelten täglich von 22.00 bis 8.00 Uhr sowie an den Wochenenden.

Trotz Handymania: Es gibt sie noch, die »guten, alten« öffentlichen Telefone.

Preise und Vergünstigungen

▶ WAS KOSTET WIE VIEL?

3-Gang-Menü
ab 20 €

Einfache Mahlzeit
ab 10 €

Eine Flasche Wein
ab 8 €

Einfaches Doppelzimmer
ab 35 €

Busfahrt über Land
2 € pro 10 Km

Ein Liter Diesel
0,90 €

In manchen Restaurants kann man zusehen, wie das Nationalgericht porceddu zubereitet wird.

Reisezeit

Das Klima Sardiniens ist durch seine geografische Lage, den Inselcharakter und die Morphologie bestimmt. Und obwohl die Insel recht weit südlich liegt, hat sie doch ausgeprägte Jahreszeiten. Im Winter (November bis März) wird Sardinien von den Luftmassen der atlantischen Tiefausläufer erreicht, wogegen im Sommer (Ende Mai bis September) die subtropischen Hochdruckgebiete wetterbestimmend sind. Im Allgemeinen sind deshalb die **Sommer trocken und warm und die Winter feucht und kalt**, doch der Inselcharakter mildert die Strenge des Klimas, vor allem in den Küstengebieten und in den Hügellagen. Das sardische Klima wird deshalb auch als mediterranes, warmgemäßigtes Meeresklima definiert.

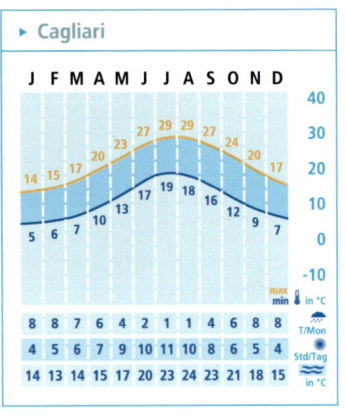

Temperaturen Die Temperaturen der Insel liegen bei einem Jahresmittel von 17 °C. Frühjahr und Herbst haben angenehme Temperaturen, doch kann es bei Schlechtwettereinbrüchen auch empfindlich kalt und regnerisch werden. Der Norden der Insel hat insgesamt etwas niedrigere Temperaturen als der Süden, ebenso ist es in den Berggebieten das ganze Jahr über kühler als im restlichen Teil der Insel.

Niederschläge Die durchschnittlichen Jahresniederschläge auf Sardinien liegen bei ca. 450 mm im südlichen Teil der Insel, in den Bergregionen können sie bis zu 1200 mm ansteigen. Die meisten Niederschläge fallen in den späten Herbstmonaten bis in den Winter hinein. Es folgt eine Periode der winterlichen Trockenheit, die »secche di gennaio« (Trockenperiode des Januar), die zeitlich variieren kann. Sie wird abgelöst von den teils heftigen Frühjahrsregen, denen etwa ab Mai die lange Sommertrockenheit folgt.

Winde Die Insel Sardinien ist in starkem Maße den Winden ausgesetzt. Das ganze Jahr über kann der **Maestrale** auftreten, ein Nordwestwind, der bis zu 160 Tage im Jahr vor allem an der Westküste für Kühlung sorgt. Er kommt von Frankreich herüber und ist dort als Mistral bekannt. Im Süden tritt gelegentlich der heiße Wind aus der Sahara, der Scirocco, auf.

Shopping

Die Einkaufsmöglichkeiten sind auf Sardinien besonders in den Städten gut. Wer auf der Suche nach italienischer Mode ist, wird in den vielen Boutiquen und Schuhläden z. B. in Cagliari, Sassari, Nuoro und Alghero eine gute Auswahl vorfinden.

Märkte

In vielen Stadtvierteln und fast allen kleineren Ortschaften gibt es Wochenmärkte, die Waren aller Art anbieten. Auf Sardinien fehlen die großen, farbenfrohen Märkte, wie sie aus vielen Städten Süditaliens bekannt sind. Einen Besuch wert ist jedoch der Markt von Cagliari (San Benedetto), der jeden Vormittag stattfindet.

Kulinarisches

Beliebt sind auch die kulinarischen Genüsse Sardiniens zum Mitnehmen; vor allem sardischer Wein (►Essen und Trinken), Käse, Honig und dolci sardi, die **sardischen Süßigkeiten**, bieten sich dazu an.

Kunsthandwerk

Sardinien besitzt eine große handwerkliche Tradition, die sich im Laufe von Jahrhunderten entwickelt hat. Heute hat sich das Handwerk auf die Produktion von Einrichtungsgegenständen und Geschenkartikeln verlegt. Sie sind eine eigenständige Ausdrucksform der sardischen Kultur, die sich über Generationen erhalten hat.

Sapori di Sardegna: Sardische Spezialitäten sind ein Genuss.

Die Erzeugnisse des sardischen Kunsthandwerks sind äußerst vielfältig und originell, was ihre Gestaltung und technische Ausführung betrifft. Einer der wichtigsten Zweige ist die **Handweberei**, bei der aus Schafwolle, Baumwolle und Leinen schöne Teppiche, Decken, Gobelins, Tischdecken und Kleiderstoffe hergestellt werden. Bedeutend ist auch die **Stickerei**, besonders die Filetstickerei, für die Bosa und Osilo bekannt sind (bestickte Schals), und die **Keramikproduktion** (Vasen, Amphoren, Schalen, Teller und Tassen). In vielen Ortschaften wird die **Korbflechterei** betrieben und Körbe in verschiedenen Größen und Formen aus Affodill, Stroh, Zwergpalmenblättern und Weidenruten angeboten. **Schmuck** kann man aus Gold, Silber und anderen Materialien erwerben, Alghero ist für seinen Korallenschmuck berühmt (echter Korallenschmuck darf aber seit dem Washingtoner Artenschutzabkommen nicht mehr nach Deutschland importiert werden!). Bei den sardischen **Hirtenmessern** handelt es sich um ganz in Handarbeit hergestellte Taschenmesser, die in vielen Orten gekauft werden können. Außerdem wird man auf Sardinien schöne Gegenstände aus Schmiedeeisen, Kupfer und Kork, Schnitzarbeiten aus Holz und Horn und Lederwaren verschiedener Art finden.

> ## ! Baedeker TIPP
>
> ### Die Goldene Wabe
>
> Ausgezeichnete Liköre mit Honigzusatz produzieren die Inhaber der »Goldenen Wabe«, Enrico Diana und Paolo Melis in ihrer Imkerei am Fuße des Monte Liuri. 800 fleißige Bienenvölker sorgen für die richtigen Ingredienzien (Breca Dorada, Loc. Canne Frau, Tel. 07 09 94 91 63, www.brecadorada.it).

I.S.O.L.A. Zur Aufwertung und Förderung des sardischen Kunsthandwerks wurde die regionale Institution I.S.O.L.A. (Istituto Sardo per l'Organizzazione del Lavoro Artigiano) gegründet, in deren Verkaufsstellen ausgewählte handwerkliche Erzeugnisse von hoher Qualität ausgestellt und zum Verkauf angeboten werden. Die Organisation I.S.O.L.A., deren Hauptsitz sich in Cagliari befindet, betreibt auch eigene Werkstätten, vor allem für Handweberei und Korbflechterei. Diese Handwerkszentren, die man in der Regel besichtigen kann, bieten einige ihrer Arbeiten direkt zum Verkauf an. Die I.S.O.L.A.-Läden sind jedoch nur während der Saison geöffnet.

Ladenöffnungszeiten Die üblichen Ladenöffnungszeiten sind von 9.00 – 13.00 und von 16.00 – 19.30 Uhr (Winter), im Sommer verschieben sich die Zeiten um eine Stunde (17.00 – 20.30 Uhr). In den Fremdenverkehrsorten bleiben die Geschäfte während der Saison weit über die sonst üblichen Zeiten hinaus geöffnet, vor allem abends.

Tankstellen Üblicherweise haben die Tankstellen Mo. – Sa. 7.30 – 12.00 und 15.00 – 19.15 Uhr geöffnet (im Sommer bis 19.45 Uhr). Einige Tankstellen bieten einen 24-Stunden-Service (▶Verkehr).

► GESCHÄFTE

I.S.O.L.A

► **Alghero**
Via Catalogna 54 – 56
Tel. 0 79 95 21 56

► **Cagliari**
Via Bacaredda 176 – 178
Tel. 0 70 49 27 56

► **Nuoro**
Via Monsignor Bua 10
Tel. 07 84 3 35 81, 07 84 3 15 07

► **Oristano**
Via Tirso 139
Tel. 07 83 21 18 77

► **Porto Cervo**
Villagio Sotto Piazza
Tel. 07 89 9 44 28

MESSERSCHMIEDEN

► **Filli Mura di Vittorio**
Viale Azuni
in Santalussurgiu
Tel. 07 83 55 07 26

► **Furitto**
Via Mazzini 173
in Guspini
Tel. 0 70 97 41 25

► **Spanu Luciano**
Via Grazia Deledda 17
in Dorgali
Tel. 07 84 94 045

► **Sulis Carlo**
Via Giovanni 2
in Tonara
Tel. 07 84 63 84 54

Sprache

Die sardische Sprache ist stark verwoben mit der Geschichte der Insel. Das Sardische ist eine **eigenständige romanische Sprache**, die in vielem noch stark an das Lateinische erinnert, besonders in der zentralen Gebirgsregion, der Barbagia, und im Nuorese. Vernachlässigt man die Untergliederung der zahlreichen Mundarten, so kann man heute zwei große Dialektgruppen des Sardischen unterscheiden: das Longudoresische, das vor allem im Nordwesten Sardiniens gesprochen wird, und das Campidanesische im Süden der Insel. Obwohl der Gebrauch der sardischen Sprache zurückgeht, kann man davon ausgehen, dass 750 000 Sarden Campidanesisch und 650 000 Longudoresisch sprechen. Offizielle Amts- und auch Umgangssprache ist Italienisch, das von allen Sarden gesprochen wird. Zweisprachigkeit kennzeichnet vor allem die ländlichen Regionen.

Daneben existieren auf Sardinien lokale Mundarten, die der italienischen Sprachgruppe angehören, insbesondere das Sassare (das in Sassari und Umgebung von etwa 150 000 Personen gesprochen wird) und das Galluresische im Nordosten der Insel. Zu den kleineren

Mundarten

Sprachinseln gehört Alghero, dessen Dialekt sich aus der Sprache der nordspanischen (vor allem katalanischen) ersten Siedler entwickelt hat. Das Ligurische wurde auf den Inseln Sant'Antioco und San Pietro in Carloforte und Calasetta eingeführt.

Sprachgeschichte Durch die Geschichte sich ablösender Fremdherrschaften veränderte sich die auf Sardinien gesprochene Sprache. Nur wenige Wörter aus älteren Sprachen (z.B. des Punischen) haben sich aus der vorrömischen Zeit erhalten. Prägend wurde der Einfluss der Römer: Das Lateinische ist die Grundlage des Sardischen. Die Spanier, die die Insel 1323 bis 1720 beherrschten, beeinflussten die sardische Sprache, z.B. die besondere Lautung des Campidanese. In den letzten beiden Jahrhunderten hat das Italienische das Sardische immer mehr zurückgedrängt und den Wortschatz zudem durch die Einführung zahlreicher Neologismen verändert. Zum ersten Mal wissenschaftlich erforscht hat das Sardische der Münchner Sprachforscher Max Leopold Wagner (1880–1962), dessen Werke »La Lingua Sarda« (1950) und »Dizionario etimologico Sardo« (1962) wegweisend für den Bereich der romanischen Sondersprachen wurde. Sie gelten heute noch als Standardwerke für die sardische Sprache.

KLEINER SPRACHFÜHRER ITALIENISCH

Auf einen Blick

Sì / No	Ja / Nein
Per favore / Grazie	Bitte / Danke
Non c'è di che	Gern geschehen
Scusi! / Scusa!	Entschuldigen Sie!
Come dice?	Wie bitte?
Non La / ti capisco	Ich verstehe Sie / dich nicht
Parlo solo un po' di ...	Ich spreche nur wenig
Mi può aiutare, per favore?	Können Sie mir bitte helfen?
Vorrei ...	Ich möchte ...
(Non) mi piace	Das gefällt mir (nicht)
Ha ...?	Haben Sie ...?
Quanto costa?	Wie viel kostet?
Che ore sono? / Che ora è?	Wie viel Uhr ist es?
Come sta? / Come stai?	Wie geht es Ihnen / dir?
Bene, grazie. E Lei / tu?	Danke. Und Ihnen / dir?

Unterwegs

a sinistra	nach links
a destra	nach rechts
diritto	geradeaus

vicino / lontano	nah / fern
Quanti chilometri sono?	Wie weit (in Kilometern) ist das?
Vorrei noleggiare ...	Ich möchte ... mieten
... una macchina	... ein Auto
... una bicicletta	... ein Fahrrad
... una barca	... ein Boot
Scusi, dov'è ...?	Bitte, wo ist ...?
la stazione centrale	der Hauptbahnhof
la metro(politana)	die U-Bahn
l'aeroporto	der Flughafen
all'albergo	zum Hotel
Ho un guasto.	Ich habe eine Panne.
Mi potrebbe mandare ...	Würden Sie mir einen ...
... un carro-attrezzi?	... Abschleppwagen schicken?
Scusi, c'è un'officina qui?	Gibt es hier eine Werkstatt?
Dov'è la prossima stazione di servizio?	Wo ist die nächste Tankstelle?
benzina normale	Normalbenzin
super / gasolio	Super / Diesel
deviazione	Umleitung
senso unico	Einbahnstraße
sbarrato	gesperrt
rallentare	langsam fahren
tutti direzioni	alle Richtungen
tenere la destra	rechts fahren
zona di silenzio	Hupverbot
zona tutelata inizio	Beginn der Parkverbotszone
aiuto!	Hilfe!
attenzione!	Achtung!
Chiami subito ...	Rufen Sie schnell ...
... un'autoambulanza	... einen Krankenwagen
... la polizia	... die Polizei

Zahlen

zero	0
uno	1
due	2
tre	3
quattro	4
cinque	5
sei	6
sette	7
otto	8
nove	9
dieci	10
undici	11
dodici	12

tredici	13
quattordici	14
quindici	15
sedici	16
diciassette	17
diciotto	18
diciannove	19
venti	20
ventuno	21
trenta	30
quaranta	40
cinquanta	50
sessanta	60
settanta	70
ottanta	80
novanta	90
cento	100
centouno	101
mille	1000
duemille	2000
diecimila	10 000
un quarto	1/4
un mezzo	1/2

Arzt und Apotheke

Mi può consigliare un buon medico?	Können Sie mir einen guten Arzt empfehle
Mi può dare una medicina per ...	Geben Sie mir bitte ein Medikament gegen
Soffro di diarrea.	Ich habe Durchfall.
Ho mal di pancia.	Ich habe Bauchschmerzen.
... mal di testa	... Kopfschmerzen
... mal di gola	... Halsschmerzen
... mal di denti	... Zahnschmerzen
... influenza	... Grippe
... tosse	... Husten
... la febbre	... Fieber
... scottatura solare	... Sonnenbrand
... costipazione	... Verstopfung

Einkaufen

Dov'è si può trovare ...?	Wo finde ich ...?
... una farmacia	... eine Apotheke
... un panificio	... eine Bäckerei
... un negozio di articoli fotografici	... ein Fotogeschäft
... un grande magazzino	... ein Kaufhaus

... un negozio di generi alimentari	... ein Lebensmittelgeschäft
... il mercato	... den Markt
... il supermercato	... den Supermarkt
... il tabaccaio	... den Tabakladen
... il giornalaio	... den Zeitungshändler

Übernachten

Scusi, potrebbe consigliarmi ...?	Können Sie mir bitte ... empfehlen?
... un albergo	... ein Hotel
... una pensione	... eine Pension
Ho prenotato una camera.	Ich habe ein Zimmer reserviert.
È libera ...?	Haben Sie noch ...?
... una singola	... ein Einzelzimmer
... una doppia	... ein Zweibettzimmer
... con doccia / bagno	... mit Dusche / Bad
... per una notte	... für eine Nacht
... per una settimana	... für eine Woche
... con vista sul mare	... mit Blick aufs Meer
Quanto costa la camera ...?	Was kostet das Zimmer ...?
... con la prima colazione?	... mit Frühstück?
... a mezza pensione?	... mit Halbpension?

Ausgehen

Scusi, mi potrebbe indicare ...?	Wo gibt es ...?
... un buon ristorante?	... ein gutes Restaurant?
... un locale tipico?	... ein typisches Restaurant?
C'è una gelateria qui vicino?	Gibt es hier eine Eisdiele?
Può riservarci per stasera	Kann ich für heute Abend einen
... un tavolo per quattro persone?	... Tisch für vier Personen reservieren?
Alla Sua salute!	Auf Ihr Wohl!
Il conto, per favore.	Bezahlen, bitte.
Andava bene?	Hat es geschmeckt?
Il mangiare era eccellente.	Das Essen war ausgezeichnet.
Ha un programma delle manifestazioni?	Haben Sie einen Veranstaltungskalender?

Speisekarte

prima colazione	Frühstück
caffè, espresso	kleiner Kaffee ohne Milch
caffè macchiato	kleiner Kaffee mit wenig Milch

caffè latte	Kaffee mit Milch
cappuccino	Kaffee mit aufgeschäumter Milch
tè al latte / al limone	Tee mit Milch / Zitrone
cioccolata	Schokolade
frittata	Omelett/Pfannkuchen
pane / panino / pane tostato	Brot / Brötchen / Toast
burro	Butter
salame	Wurst
prosciutto	Schinken
miele	Honig
marmellata	Marmelade
iogurt	Joghurt

antipasti	Vorspeisen
affettato misto	gemischter Aufschnitt
anguilla affumicata	Räucheraal
melone e prosciutto	Melone mit Schinken
vitello tonnato	kalter Kalbsbraten mit Tunfischsauce

primi piatti	Nudel- und Reisgerichte, Suppen
pasta	Nudeln
fettuccine / tagliatelle	Bandnudeln
gnocchi	kleine Kartoffelklößchen
polenta (alla valdostana)	Maisbrei (mit Käse)
vermicelli	Fadennudeln
minestrone	dicke Gemüsesuppe
pastina in brodo	Fleischbrühe mit feinen Nudeln
zuppa di pesce	Fischsuppe

Carni e Pesce	Fleisch und Fisch
agnello	Lamm
ai ferri / alla griglia	vom Grill
aragosta	Languste
brasato	Braten
coniglio	Kaninchen
cozze / vongole	Miesmuscheln / Venusmuscheln
fegato	Leber
fritto di pesce	gebackene Fische
gambero, granchio	Garnelen
maiale	Schweinefleisch
manzo / bue	Rind- / Ochsenfleisch
pesce spada	Schwertfisch
platessa	Scholle
pollo	Huhn
rognoni	Nieren

salmone	Lachs
scampi fritti	gebackene Langustinen
sogliola	Seezunge
tonno	Tunfisch
trota	Forelle
vitello	Kalbfleisch

Verdura	Gemüse
asparagi	Spargel
carciofi	Artischocken
carote	Karotten
cavolfiore	Blumenkohl
cavolo	Kohl
cicoria belga	Chicorée
cipolle	Zwiebeln
fagioli	weiße Bohnen
fagiolini	grüne Bohnen
finocchi	Fenchel
funghi	Pilze
insalata mista / verde	gemischter / grüner Salat
melanzane	Auberginen
patate	Kartoffeln
patatine fritte	Pommes frites
peperoni	Paprika
pomodori	Tomaten
spinaci	Spinat

Formaggi	Käse
parmigiano	Parmesan
pecorino	Schafskäse
ricotta	quarkähnlicher Frischkäse

Dolci e frutta	Nachspeisen und Obst
coppa assortita	gemischter Eisbecher
coppa con panna	Eisbecher mit Sahne
tirami su	Löffelbiskuit mit Mascarpone-creme
zabaione	Eierschaumcreme
zuppa inglese	likörgetränktes Biskuit mit Vanillecreme

Bevande	Getränke
acqua minerale	Mineralwasser
aranciata	Orangeade
bibita	Erfrischungsgetränk

bicchiere	Glas
birra scura / chiara	dunkles / helles Bier
birra alla spina	Bier vom Fass
birra senza alcool	alkoholfreies Bier
bottiglia	Flasche
con ghiaccio	mit Eis
gassata/con gas	mit Kohlensäure
liscia/senza gas	ohne Kohlensäure
secco	trocken
spumante	Sekt
succo	Fruchtsaft
vino bianco / rosato / rosso	Weiß- / Rosé- / Rotwein
vino della casa	Hauswein

Übernachten

Hotels Ein jährlich erscheinendes Verzeichnis sämtlicher Hotels (alberghi) Sardiniens kann bei den Vertretungen des Staatlichen Italienischen Fremdenverkehrsamts oder bei den Fremdenverkehrsämtern auf Sardinien (▶ Auskunft) angefordert werden. Viele Hotels sind nur während der Saison von April bis Oktober geöffnet, hier empfiehlt sich die vorherige Nachfrage, sollte man einen Aufenthalt außerhalb dieser Zeit planen. Während der Hauptsaison (Juli und August) ist eine Reservierung unerlässlich.

Kategorien Die Hotels in Italien sind amtlich in fünf Kategorien eingeteilt: categoria di lusso, di prima, di seconda, di terza und di quarta categoria. Die Skala reicht vom Luxushotel (5 Sterne) bis zur Unterkunft für bescheidene Ansprüche (1 Stern).

Preiskategorien Die in diesem Reiseführer im Kapitel »Reiseziele von A bis Z« empfohlenen Hotels sind in folgende Preiskategorien eingeteilt (Doppelzimmer pro Nacht ohne Frühstück): Luxus ab 130 €, Komfortabel 65 bis 130 €, Günstig bis 65 €.

Camping und Caravaning **Wildes Zelten** ist auf ganz Sardinien verboten. Um auf Privatgrundstücken zelten zu können, muss die Erlaubnis des Besitzers eingeholt werden. In den Staatsforstgebieten ist Zelten meist nach vorheriger Anmeldung möglich. Wer mit Wohnmobil oder Wohnwagen reist, kann sich kurze Zeit (höchstens ein bis zwei Nächte) außerhalb von Campingplätzen aufhalten.

Sardinien hat eine große Auswahl an **Campingplätzen** unterschiedlicher Kategorien und Ausstattung; sie liegen zum größten Teil an der Küste in Strandnähe. In der Hochsaison (Mitte Juli bis Mitte September) empfiehlt sich rechtzeitige Voranmeldung. Ein jährlich erscheinendes Verzeichnis der sardischen Campingplätze wird vom E.S.I.T. (▶ Auskunft) sowie vom italienischen Camping-Verband herausgegeben.

Die Möglichkeit, Ferien auf dem Land zu verbringen, wird in Italien als Agriturismo bezeichnet und hat sich mittlerweile stark durchgesetzt. Die Auswahl reicht von Zimmern auf einem Bauernhof bis zu gut ausgestatteten Appartements und Villen oder Weingütern. Agriturismo kann **oft nur mit Halbpension** gebucht werden, und man erhält Gelegenheit, die sardische Küche kennen zu lernen. Die meisten Betriebe bieten eigene Erzeugnisse wie Olivenöl, Honig, Marmelade, Fleisch, Wurst, Käse, Wein und Obst an. Meist ist ein Mindestaufenthalt von drei Tagen bzw. einer Woche Bedingung. Es besteht gelegentlich auch die Möglichkeit, nur die Vorzüge der Küche zu genießen, ohne eine Unterkunft zu nehmen, in diesem Falle ist jedoch eine Voranmeldung erforderlich. Voraussetzung für diese sehr angenehme Form des Aufenthaltes, die die Möglichkeit bietet, auch ein wenig über Land, Leute und Kultur zu erfahren, ist sicher eine wenigstens rudimentäre Kenntnis der italienischen Sprache. Informationen erhält man bei den Fremdenverkehrsämtern vor Ort (▶ Auskunft) oder bei den Vereinigungen, in denen sich die Anbieter des Agriturismo zusammengeschlossen haben.

Agriturismo

Die italienischen **Jugendherbergen** (Ostelli della gioventù) sind dem Internationalen Jugendherbergsverband angeschlossen. Für die Übernachtung benötigt man einen internationalen Jugendherbergsausweis, der unter anderem beim DJH erhältlich ist.

Auf Sardinien gibt es drei Jugendherbergen, in **Alghero, Castelsardo und Bosa Marina**, bei denen, schon allein wegen der schwankenden Öffnungszeiten, eine Voranmeldung in der Regel ratsam ist.

Für Kinder ein Erlebnis: der hautnahe Kontakt zu Tieren auf einem Bauernhof

Architektur im neosardischen Stil: die Farben Ocker, Weiß und Felsgrau halten sich an die Natur.

DAS PARADIES DES AGA KHAN

Noch in den 1950er-Jahren durchstreiften nur wenige einsame Wanderhirten mit ihren Schafen die unberührte und unwegsame Landschaft im Nordosten der Insel, die von wilder Macchia, schroffen Granitfelsen und unzähligen versteckten Buchten geprägt ist. Hätte man damals prophezeit, dass sich dieser Landstrich in Zukunft zu einem der exklusivsten und teuersten Ferienrefugien der Welt mausern würde, der Costa Smeralda, wäre man von den Sarden ohne Zweifel für verrückt erklärt worden.

Nicht viel anders müssen die Inselbewohner 1962 von Aga Khan IV., der damals 25 Jahre alt war, gedacht haben, als dieser sich nach langer Suche entschloss, in diesem wilden, unberührten Stück Natur sein gigantisches Projekt anzugehen: ein luxuriöses **Urlaubsparadies für den internationalen Jetset** zu schaffen, nachdem die Côte d'Azur, Monte Carlo und Ibiza an Exklusivität eingebüßt hatten. Aga Khan ist das Oberhaupt (Imam) der Ismailiten, einer islamischen Glaubensgemeinschaft mit ca. 15 Mio. Gläubigen, die in aller Welt verstreut leben. Der Imam, einer der reichsten Männer der Welt, gründete zusammen mit dem Biermagnaten Patrick Guiness und mehreren Weltbanken ein Konsortium, das den Landstrich inklusive 55 km Küste kaufte. Da Sardinien in den 1960ern touristisch noch kaum erschlossen war, erhoffte sich die Region einen wirtschaftlichen Aufschwung und sicherte dem »Consorzio Costa Smeralda« den teuren Ausbau der Infrastruktur zu.

Sardischer Einspruch

Schon damals begann sich aber auch der Widerstand der sardischen Autonomisten gegen die **»costa rubata, die »gestohlene« Küste** zu regen. Im Vergleich zum heutigen Wert des Bodens (2500 – 3500 €/m²) zahlte das Konsortium 1963 einen Spottpreis (umgerechnet 13 – 30 Cent/m²), freilich erschien den Besitzern damals dieser Preis für ihr karges Gebiet, das ihre Schafe nur dürftig ernähren konnte, noch sehr hoch. Die Kontroverse zwischen Autonomisten und Konsortium trat offen zu Tage, als Aga Khan Mitte der 1970er-Jahre eine zweite Bauphase an der Küste anlaufen lassen wollte. Zehn Jahre lang wurde ihm keine Baugenehmigung erteilt; erst nach der Intervention der italienischen Zentralregierung, die mit

Der Agha Khan konnte lange Zeit stolz auf sein funktionierendes Luxusparadies sein.

dem Projekt einen weiteren Tourismusschub für Sardinien erwartete, setzte sich das Konsortium 1983 durch. Doch 1994 warf der Imam schließlich das Handtuch: Als ein weiteres Bauvorhaben am Veto der Regionalregierung scheiterte, verkaufte Aga Khan seine Anteile. 1995 wurde der amerikanische Sheraton-Konzern Besitzer der Hotels, der wiederum 1998 vom Hotelgiganten Starwood aufgekauft wurde. Der kalifornische Milliardär Tom Barrack erwirbt 2003 die Hälfte des Geländes.

Internationaler Jetset

Doch Aga Khan konnte lange Zeit zufrieden sein: Das Ferienparadies lockte wie gewünscht die oberen Zehntausend an. Adlige, Schauspieler, Modedesigner und Großunternehmer ließen es sich dort für viel Geld gut gehen; Brigitte Bardot, Roger Moore, Jean-Paul Belmondo, Bo Derek und Mick Jagger quartierten sich hier ebenso ein wie die Thurn und Taxis und Juan Carlos. Möchte man standesgemäß auftreten, bringt man seine Yacht mit: Im **hochmodernen Hafen** gibt es etliche Liegeplätze – für 2000 € pro Nacht kann man dort ein 50 m langes Boot vertäuen. Dann hat man die Möglichkeit, auf dem Wasserweg die vielen kleinen, vom Land her nicht zugänglichen Buchten und Strände zu besuchen.

Projekt geglückt

Trotz der Bebauung mit etlichen Häusern und Villen hat die Region nicht an Charme verloren: Das Konsortium hat **strenge Bauvorschriften** erlassen, z. B. darf nur drei Etagen hoch gebaut werden, so dass die kleinwüchsigen Steineichen nicht von den Häusern überragt werden. Man schuf den neosardischen Stil: eine Mixtur verschiedener Bauformen des Mittelmeerraums, geprägt von flachen Bauten mit kleinen nuraghenförmigen Türmchen, vielen Treppen und Terrassen. Als Baumaterial ist nur Naturstein zugelassen; die Farben fügen sich harmonisch in die Natur ein. In der teuersten Kläranlage der Welt werden die Abwässer gereinigt, die aus den Privatvillen an der »Smaragdküste« und den edlen Hotelunterkünften fließen, für die man pro Nacht bis zu 2500 € bezahlt. Um in einer der Hotelanlagen Aufnahme zu finden, genügte bis vor wenigen Jahren übrigens nicht nur ein dickes Portmonee: Sorgfältig wurden die Gäste ausgewählt – für die Prominenz sollte eine intime Atmosphäre geschaffen werden. Doch die Zeiten ändern sich: Heute kann man auch als Normalsterblicher ein einigermaßen erschwingliches Zimmer an der Costa Smeralda buchen – die High Society wird sich ein neues Paradies suchen müssen.

▶ **NÜTZLICHE ADRESSEN**

CAMPING

▶ **Federazione Italiana del Campeggio e del Caravaning**
Via Vittorio Emanuele 11
I-50041 Calenzano (Firenze)
Tel. 0 55 88 23 91

▶ **Gute Homepage**
www.campingsardinien.de

AGRITURISMO

▶ **CAS, Cooperativa Allevatrici Sarde**
Casella Postale 107
I-09170 Zeddiani (OR)
Loc. S. Lucia
Tel. 07 83 3 59 99
Mai – September auch
Piazza Cattedrale 17
I - 09170 Oristano
Tel. 07 83 7 39 54
Vermittelt ca. 500 Betten in 15
Dörfern in der Umgebung von
Oristano.

▶ **Soc. Coop. Consorzio Ecosviluppo Sardegna**
Via S. Benedetto 2d
I-019128 Cagliari
Tel./Fax 0 70 22 90 47
www.eurorganic.it/ekotourist
Eine Reihe von Gutshöfen, die sich
primär dem biologischen Anbau
widmen.

▶ **Turismo Verde**
Via Libeccio 31
I - 09126 Cagliari
Tel. 0 70 37 37 33
Fax 0 70 37 20 28
www.turismoverde.it
Unterkünfte und allgemeine Infos
zum Agriturismo

▶ **Agriturist**
Via Botego 7
I - 09123 Cagliari
Tel. 0 70 30 34 86
Fax 0 70 30 34 85

JUGENDHERBERGEN

▶ **Deutsches Jugendherbergswerk (DJH)**
Bismarkstraße 8
D-32756 Detmold
Tel. 0 52 31 7 40 10
Fax 74 01 49
E-Mail: service@djh.de
www.djh.de

▶ **Associazione Italiana Alberghi per la Gioventù**
Via Cavour 44
I-00184 Roma
Tel. 06 4 87 11 52
Fax 06 4 88 04 92
E-Mail: aig@uni.net
www.hostels-aig.org

Urlaub aktiv

Angebot Den Sardinienbesucher erwartet ein reiches Angebot an Sportmöglichkeiten. Besonders in den Hotels, Ferienanlagen und auf Campingplätzen sind Sportanlagen (z. B. Tennisplätze) oftmals vorhanden. Entlang der Küste bieten sich vor allem Wassersportarten an: Schwimmen, Tauchen, Schnorcheln, Windsurfen, Segeln, Angeln

Die Südküste ist ein Paradies für Surfer und Kite-Surfer.

oder auch nur im Schlauchboot oder Kajak die Küste entlang-
paddeln. Informationen erteilen die Fremdenverkehrsämter.

Dank der vielen gut ausgestatteten Sportboothäfen ist Sardinien bei
Seglern und Motorsportlern sehr beliebt. Wie anderswo sein Auto,
so führt man hier in manchen Küstenorten sein Boot oder seine
Yacht vor. In den meisten Häfen kann man Segelboote und auch
Yachten mieten. Beim E.S.I.T. (▶Auskunft) bekommt man eine Karte
der Strände und Häfen Sardiniens mit Adressangaben. Beliebt ist das
Umrunden der Insel per Boot, doch nur Teilstücke der Küste lohnen
sich. Ein **dichtes Netz an Sportboothäfen** erleichtert die Planung,
doch sollte man sich über die Winde, besonders den aus dem
Norden wehenden »Maestrale«, genau informieren. Er kann sehr
heftig werden und durchaus stürmische Böen erzeugen. Ebenso muss
berücksichtigt werden, dass einige Küstenabschnitte Sardiniens
militärische Sperrgebiete und damit nicht zugänglich sind.

Segeln und Bootssport

Sardinien ist auch ein Surferparadies; in allen bedeutenden Küstenorten gibt es Surfschulen und Surfbrettverleihe. Besonders beliebt
sind die Nord- und Westküsten im Frühjahr und Herbst, denn dann
blasen hier starke Winde. Die Ost- und Südküsten sind insgesamt
ruhiger als die oft stürmischen West- und Nordküsten.

Windsurfing

Sardinien zu Fuß zu erkunden, um die Schönheiten der Insel kennen
zu lernen, ist im Frühjahr und im Herbst ideal, im Sommer hingegen
ist es oftmals zu heiß zum Wandern. Abgelegene Berggegenden und

Wandern

SPORTANBIETER

GOLF

▶ **Pevero Golf Club Costa Smeralda**
I-07020 Porto Cervo
Tel. 07 89 9 62 11
(im Nordosten Sardiniens)

▶ **Is Molas Circolo Golf**
I-09010 S. Margherita di Pula
Tel. 070 9 24 10 06
E-Mail: mail@ismols.it
www.ismolas.it
(im Süden Sardiniens)

▶ **Club Is Arenas**
Loc. Pineta Is Arenas
I-09070 Narbolia
Tel. 07 83 5 22 35
E-Mail: isares@tiscalinet.it
www.isarenas.it
Kürzlich ausgebaut, an der
Westküste gelegen.

WANDERN

▶ **Società Gorropu**
Via sa Preda Lada 2
I-08040 Urzulei
Tel. 07 82 61 53 30

E-Mail:
francescomurru@virgilio.it
Wanderungen ins Hinterland der
Steilküste zwischen Arbatax und
Cala Gonone, zu den Grotten des
Supramonte und der Alta
Ogliastra, zu den botanischen
Besonderheiten der Punta
Cuccudos.

▶ **Kooperative Enis**
Loc. Monte Maccione
I-08025 Oliena
Tel. 07 84 28 83 63
www.coopenis.it
Ausflüge und Wanderungen in den
Bergen und zu den Höhlen von
Oliena.

REITEN

▶ **Auskunft**
E.S.I.T. ▶Auskunft
Eine Liste mit ca. 50 Adressen von
Reitzentren findet sich im Internet
unter www.sardegnacavalli.it/
Associa/associa.html

---

unerschlossene Küstenabschnitte sind reizvoll für geübte Wanderer, erfordern jedoch einige Vorbereitung und Bergerfahrung. Markierte oder gut beschilderte Wanderwege gibt es kaum, so dass ein Wanderführer und gutes Kartenmaterial obligatorisch sind.

Geführte Wanderungen ▶ Mehrere Kooperativen bieten geführte Bergtouren mit ortskundiger Begleitung an. Beliebt sind besonders organisierte Wanderungen im Gennargentumassiv und im Supramonte. Die Bedingungen werden jeweils vereinbart; teilweise ist eine Anfahrt mit einem geländegängigen Fahrzeug nötig.

Reiten Mit wachsendem Tourismus in den letzten Jahrzehnten sind etwa 50 Pferdesportzentren in verschiedenen Ortschaften Sardiniens entstanden; auch einige Hotels bieten Reitsport und Ausritte an. Es ist ratsam, sich jeweils vor Ort nach Reitmöglichkeiten zu erkundigen, da ständig neue Initiativen gegründet werden und viele Pferdehalter ihre Tiere im Sommer in die Fremdenverkehrsorte bringen und dort Ausritte anbieten. Auch für den Ungeübten gibt es Möglichkeiten, auf verschiedenen, stets sehr eindrucksvollen Strecken und in Begleitung eines Führers Ausritte zu unternehmen.

Rad fahren

Sardinien eignet sich besonders im Frühjahr und Herbst zum Fahrrad fahren, während bei den hohen Temperaturen im Sommer eher davon abzuraten ist. Je nach Kondition können in allen Schwierigkeitsgraden – von kurvigen und steilen Bergstrecken bis hin zu leichten Touren in den Ebenen – entsprechende Routen ausgewählt werden. Auch die kleinen Inseln Sant'Antioco, San Pietro und La Maddalena bieten gute Radfahrmöglichkeiten. Insgesamt sollte man bei seiner Tourenplanung aber bedenken, dass Sardinien hauptsächlich aus Hügelland und Bergen besteht.

Golf

Auf Sardinien gibt es drei 18-Loch-Golfplätze, die landschaftlich sehr schön gelegen sind.

Verkehr

Mietwagen

Bucht man mindestens 24 Stunden im Voraus von Deutschland aus, bieten die meisten Autovermietungen günstigere Tarife an als auf Sardinien. Um in Italien ein Auto mieten zu können, muss man mindestens 21 Jahre alt sein, einen **nationalen Führerschein** besitzen und ein Jahr Fahrpraxis haben. Neben den internationalen Autovermietern (s. u.) gibt es in den größeren Städten, an den Flughäfen und in vielen Ortschaften zahlreiche einheimische Unternehmen, die im Telefonbuch unter »noleggio« zu finden sind. Oftmals bieten sie die Fahrzeuge sogar kostengünstiger an.

i Verkehrsvorschriften

■ Die allgemeinen Verkehrsvorschriften in Italien unterscheiden sich nicht wesentlich von denen anderer europäischer Länder. Neuerdings muss man aber auf Autobahnen und Schnellstraßen mit Abblendlicht fahren, sonst drohen Bußgelder zwischen 22 und 108 €.

Promillegrenze

Die Höchstgrenze für den Blutalkoholgehalt im Straßenverkehr liegt bei 0,5 Promille.

Straßennetz

Die wichtigste Nord-Süd-Verbindung auf Sardinien ist die vierspurig ausgebaute Staatsstraße 131 (Strada Statale (SS), Schnellstraße »Carlo Felice«) von Cagliari nach Sassari und Porto Torres. Von ihr zweigt die SS 131 von Abbasanta über Nuoro nach Olbia ab. Als Strade di Grande Comunicazione bezeichnet man die Provinzialstraßen. Diese sind nicht mit Nummern versehen.

NÜTZLICHE ADRESSEN

MIETWAGEN VON DEUTSCHLAND AUS

▶ **Avis**
www.avis.de
Tel. 0 18 05 55 77 55

▶ **Europcar**
www.europcar.de
Tel. 0 18 05 80 00

▶ **Sixt**
www.e-sixt.com
Tel. 00 49 0 18 05 23 22 223

▶ **Hertz**
www. hertz.de
Tel. 0 18 05 33 35 35

PANNENHILFE

▶ **Pannenhilfe des italienischen Automobilclubs ACI (soccorso stradale)**
Tel. 80 31 16 (rund um die Uhr)

Tel. 8 00 11 68 00
(aus den Mobilnetzen)

Automobile Club d'Italia (ACI)
Via Marsala 8
I-00185 Rom
Tel. 06 4 99 81
www.aci.it

▶ **Touring-Club Italiano TCI**
Corso Italia 10
I-20122 Mailand
Tel. 02 8 52 61
Fax 8 53 59 93 47
www.touringclub.it

▶ **ADAC-Notrufstation**
Tel. 02 66 15 91

BAHN

▶ **Fahrpläne**
www.ferroviesardegna.it

Höchstge-schwindigkeiten Innerhalb geschlossener Ortschaften: 50 km/h
Außerhalb geschlossener Ortschaften: 70 km/h
Auf Autobahnen: 110 km/h, Pkw mit Anhänger 100 km/h

Totalschaden Bei Totalschaden ist die italienische Zollbehörde zu unterrichten, da sonst u. U. für das Fahrzeug Einfuhrzoll bezahlt werden muss.

Parken In den größeren Städten ist es mitunter schwierig, einen Parkplatz zu finden. In Cagliari sind viele Parkplätze nur für Anwohner; es wird schnell abgeschleppt. Man erkundige sich am besten nach einem bewachten Parkplatz (parcheggio) oder Parkhaus (edificio da parcheggio). Abgesehen von den großen Städten Cagliari, Sassari und Olbia braucht man auf Sardinien aber nicht mit Parkproblemen zu rechnen. Parkverbotsschilder, auf denen ein Abschleppwagen abgebildet ist, sollte man ernst nehmen; Parken entlang von schwarz-gelb markierten Randsteinen ist ebenfalls verboten.

Tankstellen Die Verteilung der Tankstellen auf Sardinien ist gut, doch muss man in dünn besiedelten Gebieten, vor allem im Bergland des Inselinneren, teilweise größere Strecken bis zur nächsten Tankstelle zurücklegen. An Wochenenden, mittags und nachts haben viele Tankstellen automatische Zapfsäulen in Betrieb, die man nur mit Geldscheinen oder Kreditkarten benutzen kann. Die meisten Tankstellen bieten mittlerweile auch bleifreies Benzin an (benzina senza piombo), meist Superbenzin.

Taxi

Die autorisierten Fahrer sind in fast allen Städten in Kooperativen organisiert und haben einheitliche Preise, die jedoch von Stadt zu Stadt variieren. Diese Taxis sind leicht zu identifizieren, sie sind weiß und haben ein Taxischild auf dem Dach sowie einen seitlichen Aufkleber, der die Nummer der Kooperative trägt.
Nicht autorisierte Taxen, so genannte »abusivi«, sind nicht mit einem Taxameter ausgestattet und haben keine festen Tarife; sie sollte man nach Möglichkeit meiden oder sich vorher genau nach dem Preis erkundigen, um keine unliebsamen Überraschungen zu erleben.
Neben den Taxistationen der größeren Städte, am Flughafen, Bahnhof etc. kann man Taxis auch über die Taxizentralen herbeirufen.

Bahnsysteme

Sardinien hat zwei verschiedene Bahnsysteme: die staatliche Hauptlinie und die Schmalspurbahnen. Sie verbinden u. a. die Linien des italienischen Festlandes mit den wichtigsten Anlegestellen der Fährschiffe auf Sardinien (in Olbia, Cagliari und Porto Torres). Die Häfen in Palau, Arbatax und Alghero werden von den Schmalspurbahnen bedient.

Hier ist auch das Vieh mit an »Bord«.

Staatliche Bahn (FS) Die wichtigste FS-Linie führt einmal quer über die Insel von Olbia im Nordosten nach Cagliari im Süden über Chilivani, Macomer, Oristano und Decimomannu. Von Olbia besteht ein Anschluss zum FS-Fährhafen in Golfo Aranci. Von der Hauptstrecke zweigt im Nordteil Sardiniens die Linie nach Sassari bzw. Porto Torres ab (Knotenpunkt ist Chilivani); im Süden zweigt bei Decimomannu eine Linie nach Iglesias und Carbonia ab. Eine Fahrt von Cagliari nach Olbia dauert 4 – 6 Std., von Cagliari nach Porto Torres fast 5,5 Std., die Strecke zwischen Sassari und Olbia wird in 2 – 3 Std., die zwischen Cagliari und Carbonia in 1 Std. zurückgelegt.

Schmalspur- bahnen (FCS) Die Nebenstrecken sind Schmalspurstrecken, die von den größeren Ortschaften die gebirgigen Regionen des Inselinneren erschließen. Bahn fahren ist auf Sardinien ein zeitintensives Vergnügen, doch kann man ohne Zweifel so auf geruhsame Art das Landesinnere kennen lernen und gleichzeitig etwas vom sardischen Alltag mit- erleben. Nicht nur Eisenbahnliebhaber sind von der Fahrt durch das Inselinnere begeistert. Besonders beliebt bei den meisten Touristen ist die Strecke durch die Barbargia von Cagliari nach Arbatax. Sie ist 238 km lang und dauert 6,5 Stunden. Alternativ teilt sich die Strecke bei Mandas und führt bis nach Sorgono (166 km). Die Strecke von Bosa an der Westküste nach Nuoro über Macomer ist 138 km lang und dauert ca. 2,5 Stunden. Die dritte Strecke führt 185 km durch die Gallura von Palau an der Westküste bis nach Alghero im Osten der Insel.

Trenino Verde ▶ Auf landschaftlich **besonders schönen Strecken** wird der Trenino Verde eingesetzt. So fährt während der Urlaubssaison die Bahn zu mehr oder weniger regulären Fahrzeiten die 30 km lange Strecke vom Bergort Mandas bis Arbatax im Südosten der Insel. An restaurierte Dampflokomotiven sind schöne alte Waggons angehängt. Die Strecke windet sich durch wildes, unberührtes Land, das man sonst nur schwer zu sehen bekommt. Der Bummelzug hält auch auf der Strecke, so dass man die Gelegenheit erhält, Grotten, Wasserfälle und Nuraghensiedlungen zu besichtigen.

Fährver- bindungen Tägliche Fährverbindungen bestehen nach La Maddalana von Palau, Santa Teresa di Gallura und Bonifacio/Korsika aus (z. B. Tris Traghetti, www. tris.it). Nach Carloforte auf der Isola San Pietro ge- langt man mit der Fähre von Calasetta auf der Isola di Sant'Antioco oder von Portoscuso an der sardischen Küste.

Wellness

Thermalbäder Auf Sardinien sind drei Thermalbäder in Betrieb; ein viertes Heilbad, die Terme di Casteldoria bei Santa Maria Coghinas (Sassari), deren Salz, Brom und Jod enthaltendes Wasser bei einer Temperatur von

70° C entspringt, ist seit Jahren geschlossen. Wer nichts gegen Schlamm und einen leicht unangenehmen Geruch hat, kann sich aber auch ohne Heilbad im warmen Wasser der Quelle wälzen.

▶ THERMEN

▸ Terme di San Saturnino Terme

Die schwefel- und natrium-chloridhaltigen Quellen der von den Römern Aquae Lesitanae genannten Terme di San Saturnino entspringen mit einer Temperatur von 34 bis 43° C. Das Heilbad liegt 5 km von Benetutti (Sassari) entfernt an der Straße nach Bono.

In zwei Kuranstalten werden Bade- und Fangokuren, Massagen u. a. durchgeführt:
Terme Aurora
Tel. 0 79 79 69 64
geöffnet Mai bis November

Terme Angioy
Tel. 0 79 79 55 79
geöffnet Juni bis November

▸ Terme di Santa Maria

Die Terme di Santa Maria in Sardara nutzen das Natrium-hydrogencarbonat-Wasser einer seit der Antike bekannten Thermalquelle (50 bis 68° C). Auch im Hotel Terme (Tel. 070 9 38 70 25), das von Mai bis Dezember geöffnet ist, werden Fango- und Trinkkuren, Inhalationen, kosmetische Maßnahmen und Behandlungen von Kreislaufstörungen durchgeführt.

Zeit

Auf Sardinien gilt wie im übrigen Italien die Mitteleuropäische Zeit (MEZ). Für die Sommermonate (April bis September) wurde – wie in Deutschland – die Mitteleuropäische Sommerzeit (MEZ + 1 Std.) eingeführt.

Touren

AN DEN KÜSTENSTRASSEN
MIT IHREN WUNDERBAREN
AUSBLICKEN ENTLANG ODER LIEBER INS HÜGELIGE
HINTERLAND? IN QUIRLIGE STÄDTE, MONDÄNE
BADEORTE ODER BESCHAULICHE DÖRFCHEN?
DIE TOUREN SIND SO ABWECHSLUNGSREICH WIE
SARDINIEN SELBST.

TOUREN AUF SARDINIEN

Vier Autotouren und eine kurvenreiche Fahrt mit der Schmalspurbahn – wer reiselustig ist, schafft sie jeweils an einem Tag. Aber lassen Sie sich lieber Zeit. Alle Touren bieten auch genügend Sehenswürdigkeiten und schöne Bademöglichkeiten für zwei bis drei Tage.

TOUR 1   **Am westlichsten Zipfel**
Zwischen Sassari und Alghero entdeckt man bei dieser Tour nicht nur die felsige Küste mit ihren schönen Buchten, sondern auch die gewaltige Nuraghenfestung Santu Antine. ▸ **Seite 116**

TOUR 2   **Felsbuchten und Gigantengräber**
Zahlreiche Naturschönheiten erwarten den Entdeckungsreisenden auf seiner Fahrt durch den Nordosten, ebenso wie traumhafte Sandstrände und die legendäre Costa Smeralda. ▸ **Seite 117**

TOUR 3   **Mare e Monti**
Landschaftlich sehr abwechslungsreich ist die Tour von Olbia nach Nuoro. Hier entdeckt man nicht nur beliebte Badeorte, sondern auch die bergigen Regionen, welche zahlreiche schöne Wandermöglichkeiten bieten. ▸ **Seite 119**

TOUR 4   **An der Küste von West nach Süd**
Auf der Strecke passiert man beschauliche Örtchen und Naturschönheiten, wie die noch als Geheimtipp geltende Costa Verde und die wild wirkende Costa del Sud. ▸ **Seite 120**

TOUR 5   **Reizvolle Fahrt mit der Schmalspurbahn**
Die Strecke geht durch zahlreiche reizvolle Landschaften, die sonst lediglich zu Fuß erreichbar sind. Ausblicke auf paradiesische Sandstrände wechseln sich mit einer grandiosen Bergwelt ab. ▸ **Seite 123**

Isola San Pietro
Am Capo Sandalo zeigt sich nur wenige Wochen im Frühjahr die ganze Pracht der Vegetation.

Capo Testa
Der Faszination der bizarr geformten Felslandschaft kann man sich schwer entziehen.

Santa Teresa di Gallura

★★ Capo Testa

La Maddalena

TOUR 2

Caprera

Palau

★★ Costa Smeralda

Isola Rossa

★★ Giganten-gräber

Arzachena

Olbia

Lago di Liscia

★ Capo Falcone

Golfo dell' Asinara

★ Castelsardo

Stintino

Porto Torres

Perfugas

Lago del Coghinas

▽ Tempio Pausania

TOUR 3

San Teodoro

△ Sassari

★★ S. Trinità di Saccargia

★ Posada

Lago di Posada

Siniscola

★ Monte Albo

TOUR 1

★ Alghero

★★ Nuraghe Santu Antine

★ Nekropole Sant' Andrea Priu

Grotta di Nettuno

Nuoro

Orosei

Oliena

★ Cala Gonone

Dorgali

▽ ★ Bosa

Cuglieri

Mare di Sardenga

★ Orgosolo

Golfo di Orosei

TOUR 4

Lago Omodeo

Lago di Güsana

Lago Alto del Flumendosa

Tortoli

Arbatax

Stagno Cábras

Oristano

Seui

Lanusei

★★ Tharros

Arborea

Lago di Flumendosa

Mandas

TOUR 5

Senorbi

★ Costa Verde

★ Tempio di Antas

★★

©*Baedeker*

★ Iglesias

Mare Tirreno

★ Carloforte

Carbonia

★★ Cagliari

★ Sant' Antioco

△

Golfo di Cagliari

Costa del Sud

★ Nora

Golfo di Cagliari

Unterwegs auf Sardinien

Küste oder Hinterland? Unter den Ferienregionen Europas gehört Sardinien zu einer von den wenigen, die vom Massenandrang verschont geblieben sind. Lediglich im August (rund um den Ferragosto, den 15. August), wenn die Italiener vom Festland kommen, wirken die Küstenorte

der Insel dann doch ziemlich belebt und es kann zu restlos belegten Hotels kommen. Aber an den Küsten mit ihren langen weißen Stränden und den einsam gelegenen Buchten wird sich auch dann immer noch ein geruhsames Plätzchen finden. Wer trotzdem im August kommen will und es ruhiger mag, kann die noch relativ unerschlossene Costa Verde entdecken oder die ruhiger Costa del Sud. Meiden sollten man dann die traditionell deutschen Hochburgen im Osten. Aber es genügt auch eine kurze Entfernung vom Meer, und ein ganz anderes Sardinien wird sich dem

Agriturismo ist eine gute Alternative, um Sardinien kennen zu lernen.

Urlauber erschließen: schroffe Felshänge, Macchia, Schafweiden, salzige Lagunenseen, Vulkankegel und Berge bietet diese beinahe verwirrend vielfältige Insel. Jede Region hat ihre Eigenheiten und bietet dem Besucher immer wieder Abwechslung.

Frühjahr und Herbst Die idealen Reisemonate für Sardinien sind im späten Frühjahr (Mai, Juni) und im frühen Herbst (September, Oktober). In dieser Zeit ist man von der sommerlichen Hitze verschont, muss aber auf ein Bad im Meer nicht verzichten. Der Monat April bietet den Vorteil, dass man den Frühjahrsbeginn miterleben kann, doch kann es in dieser Jahreszeit auch noch kühlere Tage mit Regen oder kaltem Wind geben. In die sehr milde Frühlingszeit fallen auch die beiden größten sardischen Feste: die Sagra di Sant'Efisio in Cagliari (1. Mai) und die Cavalcata Sarda von Sassari am vorletzten Maisonntag. Wer ein blühendes Sardinien erleben will, sollte im Mai anreisen; dann leuchtet die Macchia in den schönsten Farben – in den höheren Bergen sogar bis in den Juni hinein.

Sommer Für den Badetouristen ist nach wie vor der Sommer die beliebteste Reisezeit. Dann sind allerdings Unterkünfte und Plätze auf den Fähren knapp, so dass eine frühzeitige Reiseplanung anzuraten ist. Die große Hitze, besonders abseits der Küsten auf den weiten Hochflächen und in den Bergen im Hinterland, macht so manche Besichtigungstour schnell zur Strapaze. Man sollte sich ruhig etwas dem sardischen Tagesrhythmus anpassen und während der Mittagshitze die Siesta einhalten. Trekking, Biking und andere derartig schweißtreibende Sportarten sollte man im Juli und August tunlichst vermeiden, weil es dafür viel zu heiß und sonnig ist.

Auch der Winter hat vor allem an der Küste seinen eigenen Reiz: **Winter** Zum sardischen Klima gehören winterliche Trockenzeiten mit viel Sonne im Januar, die so genannten »secche di gennaio«, die sich auch bis in den Februar und März hineinziehen können. Als Nachteil muss zu dieser Jahreszeit (wie auch teilweise im Frühjahr und Herbst) in Kauf genommen werden, dass viele Hotels, Restaurants und sehenswerte Stätten geschlossen sind. Ebenso ist das Wetter insgesamt nicht so beständig; Wetterschwankungen mit Regenschauern und kühleren Tagen sind durchaus möglich und sollten in die Reiseplanung einkalkuliert werden.

Obwohl die Billig-Airliner Sardinien inzwischen regelmässig an- **Das richtige** fliegen, kommen die meisten Urlauber doch mit dem Auto. Und **Verkehrsmittel** durch die unumgängliche Fährpassage gerät die Anreise dann mitunter doch recht lange. Je nach Fährhafen auf dem Festland, bietet es sich also an, noch kleine Abstecher mit Übernachtung, z.B. nach Pisa, einzulegen. Auf Sardinien bietet das Auto dann die größtmögliche Beweglichkeit, auch wenn es in größeren Städten zu Parkplatznot kommt. Mietwagen gibt es am Flughafen und in vielen größeren Ortschaften.

Auch die Kühe sind träge in der Sommerhitze Sardiniens.

Tour 1 Am westlichsten Zipfel

Länge der Tour : 260 km   **Dauer:** mind. 1 Tag

Im Nordwesten der Insel trifft man auf eine flache Steppen-landschaft mit Lagunenseen, schöne Felsbuchten und lange Strände in Stintino und Richtung Alghero. Und ganz am äußersten Zipfel hat man mit dem wilden Capo Falcone einen aussichts-reichen Punkt erlangt.

Von Sassari nach Alghero

Nachdem man die hübsche Altstadt und das sehenswerte Museum Sanna in ❶ ✳ **Sassari** besucht hat, verlässt man die zweitgrößte Stadt Sardiniens in nördlicher Richtung (SS 200) und gelangt über Sorso auf die Küstenstraße, die nach einigen Kilometern nach ❷ ✳ **Castelsardo** führt. Die mittelalterliche Festung des Ortes beeindruckt durch ihre imposante Lage schon von weitem. Die Besichtigung der Burg und des schönen alten Ortskerns ist sehr zu empfehlen. Besonders interessant ist die nun folgende Strecke von Castelsardo nach ❸ **Perfugas**. Am Straßenrand überrascht die eindrucksvolle Felsformation des **Roccia dell'Elefante**. Die Straße führt bergab in die Piana dell'Anglona und steigt Richtung Sedini wieder an. Hinter Bulzi erblickt man schon von der Straße aus die schöne Kirche **San Pietro di Simbranos** (11. Jh.), ein Beispiel der pisanischen Romanik auf Sardinien. In Perfugas sollte man das **Archäologische Museum** nicht auslassen, das die Funde aus der Umgebung anschaulich präsentiert. Von Perfugas geht die Fahrt auf der SS 127 weiter nach Martis, von wo aus ein Abstecher zum **»Versteinerten Wald von Carucana«** möglich ist, dann biegt man nach Chiaramonti ab und fährt Richtung Codrongianos weiter. Auf dieser Strecke warten auf den kunsthistorisch Interessierten zwei Kostbarkeiten: linker Hand die **Kirche San Michele di Salvenero** und ein Stückchen weiter die Abteikirche ❹ ✳✳ **Santissima Trinità di Saccargia**. Von hier aus kann man auf der SS 131 in südlicher Richtung einen Abstecher nach Torralba machen und eine der schönsten Nuraghen Sardiniens, die von ❺ ✳✳ **Santu Antine**, besichtigen. Auch die südöstlich gelegene ❻ ✳ **Nekropole Sant'Andrea Priu** ist sehenswert. Die Route folgt nun weiter nordwärts der Schnellstraße Carlo Felice (SS 131), an Sassari vorbei, das man zur Rechten liegen sieht, nach ❼ **Porto Torres**. Dort steht ein weiteres Meisterwerk der sardischen Kirchen-baukunst, die **Basilika di San Gavino**. Die Route führt jetzt auf einer Provinzstraße, die parallel zur Küste verläuft, nach Stintino. Unterwegs passiert man die beiden **Strandseen** Stagno di Pilo und Stagno di Casaraccio, die sich im nördlichsten Teil der Landschaft Nurra be-finden. Das kleine Fischerdorf ❽ **Stintino** liegt zwischen einer tiefen, als Fischereihafen ausgebauten Reede und einer kleinen Bucht. Von hier ist es nicht mehr weit zum ❾ ✳ **Capo del Falcone**, dem schönen Aussichtspunkt zur Isola Asinara. Der weiße Badestrand La Pelosa

Capo Falcone ★ ⑨

Stintino ⑧

Porto Torres ⑦

Castelsardo ★ ②

Perfugas ③

Sassari ★ ①

S. Trinità di Saccargia ★★ ④

Roccia dell'Elefante
Ein beliebtes Fotomotiv ist diese bizarre Felsformation.

5 km
28 km
33 km
27 km
38 km
34 km
36 km
26 km
30 km
12 km

Strandseen
n sich auf an der Straße wischen Porto Torres und Stintino.

Grotta di Nettuno ⑪

Alghero ★ ⑩

Nuraghe Santu Antine ★★ ⑤

Nekropole Sant' Andrea Priu ⑥

Grotta di Nettuno
Eine der schönsten Tropfsteinhöhlen der Insel.

und das seichte, türkisfarbene Wasser versprechen angenehme Badefreuden. Zurück in Porto Torres, erreicht man nach ca. 35 km Fahrt in südlicher Richtung das attraktive ⑩ ✳ **Alghero**, dessen Altstadt mit seinem spanisch-sardischen Flair ebenso einladend ist wie seine lebendigen Einkaufsstraßen und die weißen Sandstrände in unmittelbarer Umgebung. Vom Hafen der Stadt fahren täglich Ausflugsboote zur nahen ⑪ ✳ **Grotta di Nettuno**, eine der schönsten Tropfsteinhöhlen Sardiniens.

Tour 2 Felsbuchten und Gigantengräber

Länge der Tour : 160 km   **Dauer:** mind. 1 Tag

Der äußerste Nordosten Sardiniens ist geprägt durch eine vielgestaltige Felslandschaft, Korkeichen und grüne Macchia. Zahlreiche Naturschönheiten erwarten den Besucher auf seiner Fahrt, ebenso wie lange Sandstrände und das Glanzstück der Region, die Costa Smeralda.

Tempio nach
Costa Smeralda

Von dem Ferien- und Kurort ❶**Tempio Pausania** gelangt man über das kleine, von Granitbergen eingerahmte Dorf Aggius weiter zur Valle della Luna, das rechter Hand an der Straße nach Trinità d'Agultu liegt, dem nächsten Punkt der Route. Wenige Kilometer von Trinità d'Agultu entfernt liegt am Meer das Fischerdorf ❷**Isola Rossa**, das sich zu einem lebendigen Fremdenverkehrsort entwickelt hat. Nun kehrt man wieder auf die Panoramastraße Porto Torres – Santa Teresa di Gallura zurück und fährt durch eine großartige Landschaft, das Meer zur Linken und die grüne mediterrane Macchia zur Rechten, auf den bekannten Badeort ❸**Santa Teresa di Gallura** zu. Hier lohnt sich ein Abstecher zum ❹✶✶ **Capo Testa** mit seiner bizarren Felslandschaft und seinen beliebten Stränden. Die Fahrt geht weiter durch die felsige Küstenlandschaft auf der Straße 133 nach ❺**Palau** (möglicher Abstecher zum **Capo d'Orso**). Hier kann man mit der Fähre zur Insel ❻✶ **La Maddalena** übersetzen (15 Min.). Ein Besuch des **Garibaldi-Museums** auf der Nachbarinsel ❼**Caprera**, die durch eine Brücke mit La Maddalena verbunden ist, informiert über den berühmten italienischen Freiheitskämpfer. Zurück in Palau, gelangt man auf der SS 125 über Berg und Tal zwischen Granitfelsen hindurch nach ❽**Arzachena**, das ursprünglich ein Bauern- und Hirtendorf war. Westlich des heute bekannten Ferienortes liegen einige bedeutende prähistorische Fundstätten, die unbedingt besichtigt werden sollten: die ❾✶✶ **Gigantengräber** von Li Lolghi und von Coddu Vecchiu. Von Arzachena ist es nicht mehr weit bis zu den herrlichen Stränden und berühmten, eleganten Ferienorten entlang der ❿✶✶ **Costa Smeralda**, der »Smaragdküste« des Aga Khan. Der Küstenstreifen beginnt westlich des Hauptortes Porto Cervo und zieht sich nach Süden bis Portisco.

La Maddalena
Die Badebucht Cala Spalmatore ist traumhaft ruhig.

Tour 3 Mare e Monti

Länge der Tour: 190 km   **Dauer:** mind. 1 Tag

Der Küstenstreifen südlich von Olbia ist touristisch stark frequentiert, bietet er doch viele Badestrände und Buchten mit hübschen Ortschaften, die sich ganz auf ihre Besucher eingestellt haben.

Nuoro
ist die Heimat der Schriftstellerin Grazia Delleda. Hier ist ihr auch ein hübsches Museum gewidmet.

Cala Gonone
Für diesen Abstecher sollte man die Badesachen nicht vergessen.

Gola su Gorrupu
Die schönste Schlucht Sardiniens bietet anspruchsvolle Wanderungen.

Orgosolo
Es gibt auch fröhliche Murales in Orgosolo.

Olbia
30 km
San Teodoro
22 km
Posada
7 km
Siniscola
10 km
Monte Albo
36 km
Orosei
19 km
Dorgali
7 km
Cala Gonone
Oliena 20 km
Nuoro
22 km
Orgosolo
17 km

Olbia nach Nuoro

Die Route beginnt in ❶Olbia und führt an zahlreichen beliebten Badeorten an der Nordostküste vorbei. Man verlässt die Stadt in südöstlicher Richtung auf der SS 125, die dem Verlauf der Küste folgt. Hinter dem Ferienort ❷San Teodoro mit seinem schönen Strand entfernt sich die Strecke etwas vom Meer, um sich ihm kurz vor ❸ ✱ Posada, das auf einer Bergspitze thront, wieder zu nähern. Schließlich gelangt man durch das Provinzzentrum ❹Siniscola, hinter dem sich das herrliche Bergmassiv des ❺ ✱ Monte Albo erhebt, nach ❻Orosei, das auf einem ausgeschilderten historischen Rundgang erkundet werden kann. Durch eine schöne Karstlandschaft fährt man bis zum hoch gelegenen ❼Dorgali. Hier bieten sich Besichtigungen und kleine Wanderungen in großer Zahl an, etwa zur **Grotta d'Ispinigoli**, zum **Gigantengrab** von S'Ena 'e Thomes und zum **nuraghischen Dorf Serra Orrios**. Der Badeort ❽Cala Gonone ist ebenfalls lohnend: Hier werden Bootsausflüge zu den schönsten Grotten der Umgebung, z. B. zur **Grotta del Bue Marino**, und zu herrlichen Stränden angeboten. Etwa 20 km südlich von Dorgali können Wanderfreudige die schönste Schlucht Sardiniens erkunden, die **Gola su Gorruppu**. Die Fahrt geht weiter durch Oliven- und Mandelhaine nach ❾Oliena, am Fuße des felsigen **Supramonte**. Nun kann man sich entscheiden, ob man als Erstes ❿ ✱ Orgosolo einen Besuch abstatten oder nach Nuoro weiterfahren will. Die direkte Verbindung Oliena – Orgosolo besteht aus einer 18 km langen, kurvenreichen Straße entlang des Supramonte, von der sich immer wieder reizvolle Ausblicke in die Landschaft ergeben. Das Hirtendorf zählt wegen der rauen Natur, die es umgibt, und dem traditionellen Lebensstil seiner Einwohner zu den typischen Ortschaften der Barbagia. Berühmt sind hier die politischen Wandmalereien (**Murales**). Von Orgosolo bis ⓫Nuoro folgt die Straße fast ununterbrochen dem Tal des Flusses Cedrino durch eine liebliche Landschaft mit Weinbau und Baumkulturen. In Nuoro, Provinzhauptstadt und Heimat der Nobelpreisträgerin Grazia Deledda (▶ Berühmte Persönlichkeiten), kann die Besichtigung der Museen, vor allem des **Museo della vita e tradizioni**, und ein Ausflug zum **Monte Ortobene** empfohlen werden.

Tour 4 An der Küste von West nach Süd

Länge der Tour: 270 km   **Dauer:** mind. 1 Tag

Die Strecke passiert zahlreiche Orte und Naturschönheiten, wie die noch relativ unerschlossene Costa Verde und die wilde, felsige Costa del Sud, vom mittleren Westen der Insel bis hin zum äußersten Südwesten.

Die am Temo gelegene, hübsche Stadt ❶ ✱ **Bosa**, die in ein grünes Tal gebettet ist und von einem verfallenen Kastell überragt wird, verlässt man auf der SS 292 in Richtung des Bergdorfs ❷**Cuglieri**. Von dort geht es bis nach ❸**Oristano**, der heute noch ländlich wirkenden Provinzhauptstadt mit einer kleinen, beschaulichen Altstadt. Es empfiehlt sich ein Ausflug zur **Sinis-Halbinsel** und zur berühmten Ausgrabungsstätte von ❹ ✱ ✱ **Tharros**. Unmittelbar hinter Oristano (SS 126) sollte man die **Kathedrale Santa Giusta** am Rande des gleichnamigen Ortes nicht auslassen und dann weiter an ❺**Arborea** und Terralba vorbei der langen, geraden Straße durch die weite

Bosa nach
Costa del Sud

Bosa
Das Castello dei Malaspina
überragt das Örtchen am Temo.

1 ✱ Bosa

24 km

2 Cuglieri

40 km

19 km
4   **3** Oristano
✱ ✱ Tharros

18 km

5 Arborea

Costa Verde
Paradiesische Sandstrände
erwarten die Urlauber an
dieser noch kaum entdeckten
Küste.

✱ Costa Verde
6   8 km

51 km
12 km
✱ ✱ Tempio
7   di Antas

15 km
✱ Carloforte   **8** ✱ Iglesias
10   22 km
9 Carbonia
13 km

✱ ✱ Nora
11   **13**
45 km   36 km
✱ Sant'Antioco   **12**
✱ Costa del Sud

Sant'Antioco
Fischfang spielt auf der Insel
noch eine wichtige Rolle.

Ebene des Campidano folgen. Durchaus lohnenswert ist ein Abstecher an die ❻✳ **Costa Verde**, einem der teilweise noch ursprünglichen Küstenstreifen der Westküste. Die Fahrt geht auf der SS 126 von Guspini in Richtung Iglesias über Fluminimaggiore weiter. In diesem Gebiet sind viele **Zeugnisse der sardischen Bergbauepoche** zu sehen (Abraumhalden, verfallene Bergbausiedlungen etc.). Wenige Kilometer nach Fluminimaggiore führt ein kleiner Feldweg rechter Hand zu einem römischen Tempel, ❼✳✳ **Tempio di Antas**, der in die grüne Landschaft eingebettet ist. ❽**Iglesias** hat neben dem Mineralogischen Museum eine schöne Altstadt mit verwinkelten Gassen zu bieten. Es geht weiter durch ehemalige Bergbaugebiete und an Carbonia vorbei, in dessen Nähe die phönizisch-punische Festung auf dem ❾**Monte Sirai** besichtigt werden kann. Nun ist es nicht mehr weit nach Portovesme, dem Fährhafen zur **Isola di San Pietro**, wo das Städtchen ❿✳ **Carloforte** den Besucher empfängt. Von hier setzt man mit dem Fährschiff zur Nachbarinsel ⓫**Sant'Antioco** über. Sonnenbaden an einem der Strände oder ein Besuch der **römisch-punischen Ausgrabungen** bei der Stadt Sant'Antioco bieten sich auf dieser Insel an. Zurück auf Sardinien folgt man der SS 195 bis 3 km vor Teulada, um dort zur ⓬✳ **Costa del Sud** abzubiegen. Von der Panoramastraße hat man herrliche Ausblicke auf die fantastische Küstenlandschaft mit ihren geschützten kleinen Stränden und Buchten, zu denen man auch hinuntersteigen kann. Die Straße stößt schließlich wieder auf die SS 195, auf der man am Badeort Santa Margherita vorbei nach Pula und zur nahe gelegenen, berühmten Ausgrabungsstätte ⓭✳✳ **Nora** gelangt, wo die Route endet.

Strände wie aus dem Bilderbuch: Baja di Chia an der Costa del Sud

Tour 5 Reizvolle Fahrt mit der Schmalspurbahn

Länge der Tour: 227 km   **Dauer:** 1 Tag

Der Ausflug mit der Schmalspurbahn ist nichts für Langschläfer, denn die Fahrt beginnt zu früher Morgenstunde um 6.50 Uhr. Belohnt wird man mit einer gemütlichen Fahrt und wunderbaren Ausblicken auf Landschaft und Städtchen.

Die erste Etappe von der Hauptstadt **Cagliari** nach Mandas über Dolianova und **Senorbì** stimmt den Reisenden auf die kommende Bergstrecke ein. Man fährt durch relativ flaches Land, bis sich der Zug schließlich hinter Mandas langsam bergauf bewegt. Die englische Eisenbahngesellschaft wurde beim Bau dieser Strecke vor 100 Jahren nach Kilometern bezahlt, weswegen der Zug bis heute in unendlichen Kurven die Berge hinaufschnaubt, jede Kurve der Täler ausfährt und man vergeblich nach Eisenbahnbrücken Ausschau hält. Die Fahrt geht nun durch das wilde Bergland der Barbagia, das zuerst noch lieblich mit Weiden, Öl- und Eichenbäumen wirkt, aber dann – mit zunehmender Höhe – rauer und herber wird. Die Bergdörfer Orroli, Nurri und Sadali werden nur am Rande gestreift. Mit Ausnahme von **Seui** liegen die Bahnhöfe teilweise weit außerhalb der Ortschaften. Hinter Seui geht es nun weiter durch einsames Bergland, eine der schönsten Ge-

Cagliari nach Arbatax

 Baedeker TIP

Variationen

Die Strecke lässt sich auch verkürzen und variieren. Da allerdings nur einmal am Tag ein Zug in jede Richtung fährt, ist die Auswahl nicht sehr groß. Eine Möglichkeit besteht darin, die Fahrt erst in Mandas zu beginnen und gleich in die Bergwelt einzutauchen. Die andere Variante wäre, die Strecke von Arbatax aus als Tagesausflug zu planen. Von hier könnte man bis nach Seui fahren und dann den Gegenzug wieder zurück nach Arbatax nehmen. Auch die Nebenstrecke von Mandas nach Sorgono ist reizvoll. Wer lieber mit der Dampflokomotive fährt, kann an einer der Sonderfahrten des Trenino Verde (► Praktische Informationen, Verkehr) teilnehmen.

birgslandschaften Sardiniens. Der nächste große Ort ist erst wieder **Lanusei**, die Kreishauptstadt der Landschaft Ogliastra. Von hier führt die Fahrt in vielen Kurven bergab in wieder mildere und fruchtbare Gegenden. Über Tortolì erreicht man schließlich die Endstation an der Ostküste der Insel, **Arbatax**, das für seine leuchtend roten Porphyrfelsen berühmt ist.

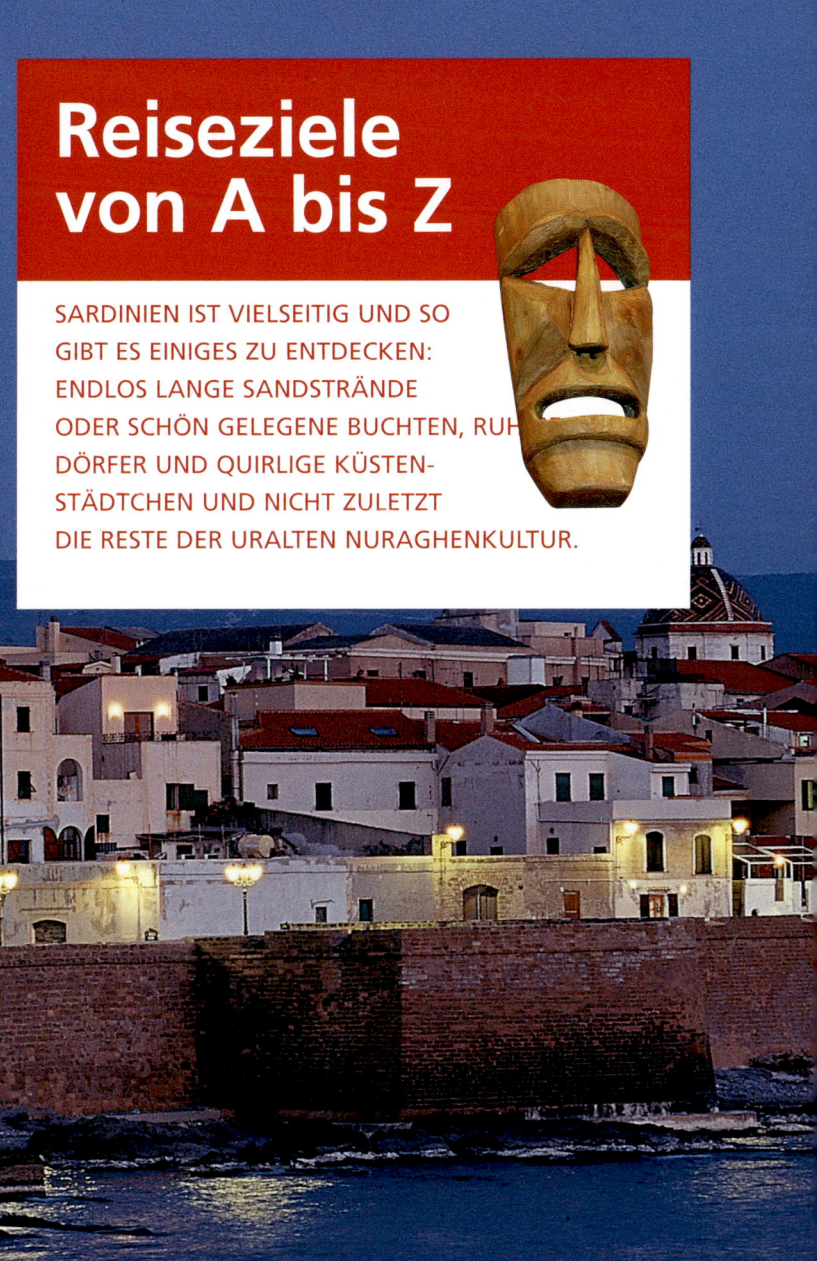

Reiseziele
von A bis Z

SARDINIEN IST VIELSEITIG UND SO
GIBT ES EINIGES ZU ENTDECKEN:
ENDLOS LANGE SANDSTRÄNDE
ODER SCHÖN GELEGENE BUCHTEN, RUH
DÖRFER UND QUIRLIGE KÜSTEN-
STÄDTCHEN UND NICHT ZULETZT
DIE RESTE DER URALTEN NURAGHENKULTUR.

✱ Alghero

F 5

Provinz: Sassari   **Höhe:** 7 m ü. d. M.
Einwohnerzahl: 38 400

Bereits um 1900, als sich die Savoyerkönige die Sommerresidenz Las Tronas erbauen ließen, begann die touristische Entwicklung Algheros. Sie war die erste Stadt Sardiniens, die eine große Anzahl an Urlaubern beherbergen konnte.

Stadt mit spanisch-katalanischem Erbe

Auf einer kleinen Landzunge im Nordwesten Sardiniens erbaut, zeichnet sich Alghero durch eine besonders exponierte Lage aus. Nur 300 Seemeilen trennen die Stadt von der spanischen Küste; Barcelona liegt somit genau gegenüber in Richtung Westen. Die Stadt war in ihrer Geschichte immer eher zum Meer und damit Richtung Katalonien orientiert. Der Name Alghero (katalanisch L' Alguer) soll von dem Wort Alge abgeleitet sein, aber auch eine arabische Herkunft des Ortsnamens ist denkbar.

Die Befestigungsmauern von Alghero: Einst von den Spaniern zur Verteidigung errichtet, s heute nur noch abweisend in Richtung Meer gekehrt.

Schon im Neolithikum und auch während der Epoche der Nuragher   **Geschichte**
war das Gebiet um Alghero einschließlich seiner Meeresgrotten (vor
allem der Grotta Verde an der Küste der Landzunge Capo Caccia)
besiedelt, wie die Nekropole von Anghelu Ruiu bezeugt. Mit der
Eroberung Sardiniens durch die Römer (238 v. Chr.) wurde die
Umgebung Algheros erneut dauerhaft besiedelt. In der nahen Bucht
von Porto Conte existieren noch **Reste von Villen aus der Römerzeit**. Die Stadtgründung geht auf die genuesische Familie Doria
zurück, welche 1102 die Stadtbefestigung um eine bestehende kleine
Siedlung anlegen ließ: Der intensive Handelsverkehr zwischen Genua
und der nördlichen Küste Sardiniens sollte mit der Gründung von
Alghero weiteren Auftrieb erhalten.

Im Rahmen der aragonesischen Eroberung Sardiniens wurde
Alghero 1353 als letzte Stadt der Insel eingenommen. Im folgenden
Jahr vertrieb König Peter IV. von Aragonien die aufständische
genuesenfreundliche Bevölkerung Algheros und ersetzte sie durch
katalanische Siedler. So erwarb die Stadt einige auffällige
Besonderheiten: ihre Sprache, eine katalanische Mundart, und ihre
Architektur, in der heute noch katalanische Einflüsse klar zu
erkennen sind.

Schon durch seine außerordentliche Lage, gedrängt auf einer kleinen   **Lebendige**
Landzunge, ist Alghero etwas Besonderes. Die Altstadt lädt mit dem   **Altstadt**
regen Treiben in den engen Gassen, den Treffs auf den vielen
sonnigen Plätzen und den Einkaufsmöglichkeiten zum Flanieren ein.
Dass sich die Stadt dem Tourismus verschrieben hat, erkennt man an
den vielen Souvenir- und Schmuckläden, die Korallenschmuck in
allen Variationen anbieten. Die Korallenverarbeitung hat eine lange
Tradition in Alghero; früher stammten die Korallen aus der Umgebung des Capo Caccia. Echten Korallenschmuck nach Deutschland
zu importieren ist seit dem Washingtoner Artenschutzabkommen
allerdings verboten! Die Stadt zeichnet sich auch durch eine **vielfältige und ausgezeichnete Gastronomie** aus, die insbesondere
katalanische Spezialitäten (vor allem Fisch und Meeresfrüchte, z. B.
»arragosta alla catalana«) anbietet. Rund um die alte Stadtbefestigung
hat sich das moderne Alghero entwickelt. Entlang der Küste im
Norden und Süden reihen sich die zahlreichen Hotels, wogegen landeinwärts viele neue Wohnsiedlungen entstanden sind.

Sehenswertes in Alghero

Die Piazza Porta a Terra verbindet die Altstadt mit den modernen   **Piazza Porta**
Vierteln; sie liegt neben dem Stadtpark mit seinen mächtigen Eichen   **a Terra**
und der Marmorstatue (1894) des aus Alghero stammenden
Historikers Giuseppe Manno. Am Ende des Platzes erhebt sich die
Torre degli Ebrei (»Judenturm«), 1630 mit Unterstützung der jüdi-
schen Gemeinde erbaut. Der trutzige Turm gehörte einst zur Stadtbefestigung, die besonders zur Seeseite hin noch gut erhalten ist.

▶ ALGHERO ERLEBEN

AUSKUNFT

Alghero A.A.S.T.
Piazza Porta Terra 9
I-07041 Alghero
Tel. 0 79 97 90 54

BADESTRÄNDE

Gleich hinter dem Sporthafen von
Alghero beginnt nördlich ein 6 km
langer Sandstrand, der sich bis Fertilia
zieht. Der erste Abschnitt nennt sich
Lido di San Giovanni. Die leichte rosa
Färbung rührt von den Korallen-
bruchstücken, mit denen er durchsetzt
ist. Zum Strandvergnügen tragen
Baden, Beachvolleyball, Surfen und
Strandbars bei. In Richtung Fertilia
wird es geruhsamer. Im Süden der
Stadt bestimmt die Felsküste das Bild;
Baden ist in Buchten möglich.

BOOTSAUSFLÜGE

Vom Hafen legen von Juni bis
September stündlich zwischen 9.00
und 17.00 Uhr Boote zum Capo
Caccia/Grotta di Nettuno ab (Navi-
sarda, Tel. 0 79 95 06 03).

EINKAUFEN

In der Markthalle (Via Cagliari 13,
Mo. bis Sa. 7 - 13 Uhr) findet man ein
großes Angebot an fangfrischem Fisch,
Fleischwaren sowie Obst und Gemüse.

MÄRKTE

Mittwochvormittags findet zwischen
den Straßen La Marmora und Via
XXIV. Maggio ein Wochenmarkt statt.

ESSEN

▶ **Erschwinglich**

⑥ *Al Pavone*
Piazza Sulis 3/4
Tel. 0 79 97 95 84
In dem gemütlichen Restaurant ist die
Meeresküche empfehlenswert.

⑤ *Al Tuguri*
Via Maiorca 113 (Nähe Piazza Sulis)
Tel. 0 79 97 67 72
In diesem recht kleinen Lokal mit
Atmosphäre werden vor allem sehr
gute Fischgerichte serviert (So.
geschlossen).

④ *La Lepanto*
Via Carlo Alberto 135
Tel. 0 79 97 91 16
Meeresfrüchte und Fische in vielen
Variationen gibt es in diesem großen
Restaurant, das eine Terrasse mit Blick
auf die Piazza besitzt (außerhalb der
Saison Mo. geschlossen).

① *Ravel*
Via Lido 20
Tel. 0 79 95 03 85
Das nicht ganz billige Restaurant mit
guter Fischküche liegt am Strand der
Neustadt (Do. geschlossen).

▶ **Preiswert**

③ *Da Pietro*
Via A. Macchini/Ecke Via Simon
Tel. 0 79 97 96 45
Gute, preiswerte Meeresküche in
einem mittelalterlichen Gewölbe
(Mi. geschlossen).

② *Dieci Metri*
Vico Adami 47 (Nähe Via Roma)
Tel. 0 79 97 90 23
Nudelgerichte und Meeresspezialitäten
nimmt man entweder im fantasievoll
gestalteten Innenraum ein oder im
Sommer draußen unter einem großen
Torbogen (Mi. geschlossen).

ÜBERNACHTEN

▶ **Luxus**

④ *Calabona*
Loc. Calabona
Tel. 0 79 97 57 28

Fax 0 79 98 10 46
E-Mail: info@hotelcalabona.it
www.hotelcalabona.it
110 Z., Tel., TV, Bar, Restaurant,
Sauna, eigener Strand, Pool, Wassersportmöglichkeiten
Der Hotelkomplex liegt am Südende
der Uferstraße. Im Innenhof, um den
sich die Einliegerbalkons mit Arkaden
gruppieren, liegt der einladend große
Pool. Das Hotel steht direkt am Meer
und verfügt auch über einen kleinen,
eigenen Strandabschnitt.

Villa Las Tronas

③ *Villa Las Tronas*
Lungomare Valencia 1
Tel. 0 79 98 18 18
Fax 0 79 98 10 44
E-Mail: info@hvlt.com
www.hvlt.com
29 Z., TV, Tel., Restaurant, Bar, Pool,
eigener Strand
Die schlossähnliche, ehemalige
Sommerresidenz der italienischen
Königsfamilie thront direkt am Meer
auf einem Fels. Die Zimmer sind sehr
gut eingerichtet.

▶ **Günstig**
① *Agriturismo: Cooperativa
Agrituristica Dulcamara*
Piazza Olbia 7
Loc. Santa Maria la Palma
Tel. 0 79 99 91 97, Fax 0 79 99 92 50
45 Zi., Halbpension 35 – 40 €
Insgesamt neun Betriebe gehören zu
dieser Kooperative in Santa Maria la
Palma am Hang des Monte Zirra,
12 km nordwestlich von Alghero.
Wer mindestens eine Woche bleibt,
kann unter zahlreichen Freizeitan-
geboten wählen, von Reiten über
Trekking bis hin zu geführten
Besichtigungstouren.

Baedeker-Empfehlung

▶ **Komfortabel**
② *San Francesco*
Via Ambrogio Machin 2
Tel./Fax 0 79 98 03 30
E-Mail: hotsfran@tin.it
21 Z., Tel., Bar
Das einzige Hotel im historischen Zentrum
wird von einer Kooperative geführt. Die
relativ preisgünstigen Zimmer in dem
ruhigen, ehemaligen Franziskanerkloster
aus dem 14. Jh. liegen über dem Kreuzgang,
sind aber nur einfach eingerichtet.
Unbedingt vorbestellen!

Geht man an der Torre di Porta Terra vorbei nach Süden die Via   **Türme der**
Sassari und die Via Mazzini entlang, so erreicht man den Largo San   **östlichen**
Francesco mit der Torre di San Juan (San Giovanni) aus dem   **Stadtmauer**
14. Jahrhundert. Weiter auf der Via Regina Elena, die den Largo San
Francesco mit der Piazza Sulis verbindet, gelangt man zur Torre di
Sulis. Hier war 1799 bis 1821 der profranzösische Revolutionär
Vincenzo Sulisaus Cagliari inhaftiert. Die Türme sind die Reste der
landseitigen Stadtbefestigung, die man aus stadtplanerischen
Gründen im 19. Jh. niederriss.

Highlights *Alghero*

Piazza Sulis
Im Herzen der Stadt, auf der Piazza Sulis, pulsiert das Leben. Einen abendlichen Spaziergang an der sich anschließenden Uferpromenade, sollte man sich nicht entgehen lassen.
▶ Seite 130

Piazza Civica
Hübsche Cafés reihen sich auf der »guten Stube« von Alghero.
▶ Seite 131

Via Principe Umberto
Eine Straße gesäumt von prachtvollen alten Palazzi.
▶ Seite 132

Nuraghe Palmavera
Gut erhaltene Nuraghe, die auch betreten werden darf.
▶ Seite 133

Grotta di Nettuno
Eine der schönsten Tropfsteinhöhlen des Mittelmeers kann mit Führungen besichtigt werden. Im Inneren befindet sich eine traumhafte Lagune.
▶ Seite 134

Küstenstraße nach Bosa
Malerischer, teils noch unberührter Küstenabschnitt mit weiten Ausblicken auf das Meer.
▶ Seite 136

Piazza Sulis Die Piazza Sulis an einer verkehrsreichen Straße ist **das Herz von Alghero**. Rund um die Uhr trifft man sich hier; Cafés und Restaurants laden zum Verweilen ein, wenn man sich vom Autolärm nicht stören lässt. Am Abend ist der Platz – besonders vor den Kinos und zur Strandpromenade hin – fest in der Hand der Jugendlichen. Hier führt man seinen neuen Motorroller oder das erste Auto vor und verbringt lange Abende unter freiem Himmel.

Strand-promenaden An der Piazza Sulis beginnt die Strandpromenade Lungomare Dante, die in südlicher Richtung verläuft. Sie wurde in den 1950er-Jahren angelegt und ist auf der Landseite von einer Reihe von **Jugendstil-villen** flankiert. Nach Westen und Norden schließen sich Lungomare Cristoforo Colombo und Lungomare Marco Polo an; diese führen unterhalb der Befestigungsanlagen und Bastionen aus dem 17. Jh. um die Altstadt herum.

Entlang der westlichen Festungsmauer Entlang der Festungsmauer stößt man am Ende des Lungomare Cristoforo Colombo auf die achteckige gotische Torre di San Giacomo. Beinahe gegenüber steht am Ende der Via Cavour die schöne Kirche Nostra Signora del Carmelo (17. Jh.). Über den Lungomare Marco Polo erreicht man den Bastione del Mirador, von dem aus man den **Blick über die gesamte Bucht von Alghero** schweifen lassen kann, und trifft auf die runde Torre della Polveriera, neben der das ehemalige Kloster Santa Chiara steht. Die Promenade wendet sich nun nach Osten und passiert die Torre de Castilla unterhalb der Straße.

Alghero Orientierung

Aeroporto, Capo Caccia, Sassari

Torri della Polveriera
Torre de Castilla
Porto
Piazzetta
Bastioni
Lungomare Magellano
Bastioni Magellano
Via S. Erasmo
Piazza Molo
Via Bertolotti
Ospedale
Via S. Barbara
Piazza S. Croce
Via Simon
Lungomare
Torre e Forte de la Maddalena
Porta a Mare
Piazza Civica
Palazzo d'Albis
Piazza Duomo
Via Roma
Vicolo Sera
Via Minerva
Via Columbano
Cattedrale
Via don Deroma
Via Vicolo
Palazzo Machin
Teatro
S. Francesco
Roma
Adami
Via Cavour
Doria
Piazza Vitt. Emanuele
Via Carlo Alberto
Via Maiorca
Via Barcellonetta
A. Machin
Via Gioberti
Via Simon
Porta a Terra
Torre di Porta Terra
Via Sassari
Via Vittorio Emanuele
Giardino Pubblico
Sassari
Via Cagliari
Mazzini
Bosa
Mare di Sardegna
Via Lazzaretto
Via P. Umberto
Via Delitala
Via Arduino
Vicolo Buragna
Ferret
Torre di San Juan
Via Sassari
Via Marco Polo
Via Cavour
Via S. Laccu
Via Gilbert
Piazza Ginnasio
S. Michele
Largo S. Francesco
N.S. del Carmelo
Via della Misericordia
Chiesa d. Misericordia
Via Carlo Alberto
Piazza Sulis
Aquarium
Via XX Settembre
Lungomare Cristoforo Colombo
Torre di S. Giacomo
Via Frat. Kennedy
Torre dello Sperone
Via Carducci
100 m
©Baedeker

Übernachten
① Agriturismo Cooperativa Agrituristica Dulcamara
② San Francesco
③ Villa Las Tronas
④ Calabona

Essen
① Ravel
② Dieci Metri
③ Da Pietro
④ La Lepanto
⑤ Al Tuguri
⑥ Al Pavone

Hafen

Weiter geht es nun zum Jacht- und Fischereihafen. Hier legen die Ausflugsboote (z. B. zur Grotta di Nettuno) ab. Folgt man der Hafenpromenade unterhalb der Stadtmauer, so gelangt man zur Porta a Mare und bald danach zum Forte della Maddalena.

Piazza Civica

Betritt man die Altstadt durch die Porta a Mare, so gelangt man auf die blumengeschmückte Piazza Civica, die »gute Stube« der Bürger von Alghero. Hier reihen sich **schöne Boutiquen, Cafés und Restaurants** aneinander. An der südöstlichen Ecke steht der aufwändig renovierte aragonesisch-gotische Palazzo d'Albis (Palazzo de Ferrera)

◄ Palazzi

aus dem 16. Jh., in dem Karl V. während seines Aufenthalts in Alghero logierte. Ebenso ist der Palazzo del Veguer (Palast des Vikars) mit klassizistischer Fassade beachtenswert. Er liegt an der Piazza Civica zwischen der Via Carlo Alberto und der Via Maiorca.

Cattedrale Santa Maria

Am westlichen, höher gelegenen Ende der Piazza Civica erspäht man die Kathedrale der Stadt. Davor liegt die säkularisierte Chiesa del Rosario (18. Jh.), in der heute wechselnde Ausstellungen gezeigt werden. Die Kathedrale Santa Maria an der Piazza del Duomo geht auf die Jahre 1562 – 1579 zurück, als sie im katalanisch-gotischen Stil erbaut wurde. Aus dieser Zeit stammen noch der achteckige Campanile (Glockenturm) mit einer bunt gekachelten Kuppel und das Südportal. Der unpassende, mehr an ein Theater erinnernde spätklassizistische Portikus mit dorischen Säulen bildet seit dem 18. Jh. die Domfassade.

> **!** **Baedeker TIPP**
>
> **Mare Nostrum Aquarium**
> Fische aus dem Mittelmeer und den Tropen lassen sich im einzigen Aquarium Sardiniens in Ruhe betrachten. Hier tummeln sich z. B. Haie und Piranhas; auch Reptilien sind zu bestaunen (Via XX. Settembre 1, Tel. 0 79 97 83 33, Internet: www.aquariumalghero.it. Juni / Okt. tgl. 10.00 – 13.00 u. 16.00 – 21.00, Juli / Aug. / Sept. 10.00 – 13.00 u. 17.00 – 23.00, Nov. – Mai nur Sa., So. 16.00 – 21.00 Uhr.

Via P. Umberto

Hinter der Kathedrale erreicht man durch die Via Santa Barbara die von **alten Palazzi** gesäumte Via Principe Umberto. Rechts steht der Palazzo Machin, ein Wohnpalast aus dem 16. Jh. mit einem schönen Renaissanceportal und gotischen Fenstern.

Nach links öffnet sich die Piazza Vittorio Emanuele, an der die neoklassizistische Fassade des 1862 erbauten Theaters (Teatro Civico) auffällt. Am Ende der Via Principe Umberto erhebt sich die **Chiesa della Misericordia**, die von den Franziskanern 1508 erbaut wurde.

San Michele

Die nahe Piazza Ginnasio wird von der Kirche San Michele, die 1612 über einem älteren Bau errichtet und 1675 von den Jesuiten fertig gestellt wurde, beherrscht. Die Barockkirche hat ein Dach aus bunten Keramikkacheln; im Innenraum fällt das Chorgestühl auf.

Via Carlo Alberto

Geht man von der Piazza San Michele in nördlicher Richtung die Via Carlo Alberto (Carrer Major) entlang, passiert man **schöne Patrizierhäuser**, darunter der Palazzo Guillot mit Biforien und einem Portal aus dem 17. Jh., bevor man die Kirche San Francesco erreicht.

San Francesco

Hinter der schlichten Fassade der Kirche San Francesco verbirgt sich ein sehenswerter Innenraum. Ursprünglich in der zweiten Hälfte des 14. Jh. errichtet, wurde die Kirche mehrfach umgebaut. Gotisch sind noch die Seitenschiffe mit ihren schönen Kapitellen, während das Mittelschiff nach einem Einsturz 1593-98 im Stil der Renaissance mit einem Tonnengewölbe wieder aufgebaut wurde. Bemerkenswert

ist der Chorraum (Presbyterium) mit seinem hohen Kreuzrippenge-
wölbe und den unterschiedlichen Bogenöffnungen des Frauenchors.
Durch die Sakristei gelangt man in den romanischen, im 19. Jh. auf-
gestockten Kreuzgang. In einem Teil des Klosters ist heute das Hotel
San Francesco (►Alghero erleben, Hotels) untergebracht.

Fahrt entlang der Nordküste

Am Ende des langen Badestrandes im Norden Algheros (7 km nördlich) liegt Fertilia, das in den 1930er-Jahren gegründet wurde. Der
Ort entstand als Verwaltungszentrum für das damals urbar gemachte
und von norditalienischen Bauern besiedelte Schwemmland der
Nurra. Mit seinen rechtwinkelig angeordneten Straßenzügen, einer
für Aufmärsche geeigneten Allee und einem überdimensionalen
Denkmal ist es ein **Musterbeispiel für Städtebau des Faschismus**.
Fertilia ist heute ein Wohnvorort von Alghero. Eine kleine Sehens-
würdigkeit ist die römische Brücke, deren Reste (13 Bögen) im Süden
von Fertilia aus dem Wasser des Stagno di Calich ragen, der hier ins
Meer mündet. Während der Herrschaft der Römer gehörte die
Brücke zur Straßenverbindung zum Porto Conte.

Fertilia

◄ Römische
Brücke

Nach weiteren 4 km in Richtung Porto Conte trifft man auf die
Nuraghe Palmavera, die sich rechts der Straße am Hang erhebt. Sie
wurde in mehreren Phasen zwischen dem Jahr 1000 v. Chr. und dem
8. Jh. v. Chr. errichtet. Ihre heutige Form zeigt einen besonderen
Grundriss: Den Mittelturm ergänzen eine Bastion in Form einer
Ellipse und ein weiterer kleiner Turm im Innenhof. Man kann das
Innere betreten und eine Plattform ersteigen, von der aus man einen
weiten Blick über die Landschaft genießt. Mehrere Ausgrabungen
erbrachten einige großartige Keramikfunde, die im archäologischen
Museum von ► Sassari zu sehen sind (Öffnungszeiten: April – Okt.
tgl. 9.00 – 19.00 Nov. – März 9.30 – 16.00 Uhr).

★
**Nuraghe
Palmavera**

Fährt man von Fertilia aus am Meer entlang, gelangt man auf kurzen
Stichstraßen zur schönen **Spiaggia delle Bombarde**, einem feinsandigen Badestrand mit kristallklarem Wasser. In der Nähe erhebt sich
die **Torre del Lazzaretto** (17. Jh.) am **gleichnamigen Strand**, von
dem aus man auch einen schönen Blick bis nach Alghero hat.

Strände

Auf dem Weg zum Capo Caccia (24 km westlich von Alghero) um-
fährt man den großen **Naturhafen** Porto Conte. An diesem antiken
Portus Nympharum (Nymphenhafen) lag einst ein römisches Land-
gut (Villa rustica), dessen Ruinen besichtigt werden können. Das
Meer und die Landschaft ringsum sind von besonderer Schönheit,
die Strände aber nur zum Teil zugänglich. Im Südosten der Bucht
ragt am Ende der Straße zur Punta del Giglio die Torre Nuova
(17. Jh.) auf; in dem Turm ist heute ein Nachtclub untergebracht.
Folgt man dem westlichen Teil der Küstenstraße, erreicht man die

★
Porto Conte

Cala del Tramariglio mit einem Turm aus dem 17. Jh. und einem kleinen Badeort.

Capo Caccia

Schon wegen der schönen Aussichten auf das Meer und die Bucht von Porto Conte lohnt sich ein Abstecher zum Capo Caccia, einem aus hellen Kalkfelsen bestehenden Kap, das nur mit kargem Macchiagesträuch bewachsen ist und 168 m hoch über dem Meer aufragt. Am Ende der Straße befindet sich ein Parkplatz, von dem man einen guten Blick auf die senkrecht abfallenden Felswände hat. Eine Bar mit Souvenirladen bietet Stärkung für den folgenden Abstieg: Hier beginnt die in die Klippen gehauene »Escala del Cabirol« (katalan. »Rehbockstreppe«), die hinab zur Grotta di Nettuno führt.

Grotta di Nettuno

Die Tropfsteinhöhle Grotta di Nettuno, die zu den schönsten des Mittelmeers gehört, öffnet sich auf Meereshöhe und ist sowohl auf dem Landweg über die 656 Treppenstufen der »Escala del Cabirol« als auch mit einem **Ausflugsboot** von Alghero vom Meer aus (ca. 40 Min. Überfahrt, mehrmals täglich vom Hafen Algheros) zu erreichen. Vom insgesamt ca. 3–4 km langen Höhlensystem sind die vorderen 500 m erschlossen und können mit Führung besichtigt werden (Eintritt). Entdeckt wurde die Höhle schon im 14. Jh. von sardischen Fischern. Hauptattraktion ist die **Lagune im Inneren der Grotte**, um die herum sich die einzelnen Säle mit ihren prächtigen Tropfsteingebilden gruppieren.

Eine der schönsten Tropfsteinhöhlen: die Grotta di Nettuno

In der benachbarten Grotta Verde, die sich (ebenfalls auf Meeres- **Grotta Verde**
höhe) zum Porto Conte öffnet, hat man Grabbeigaben aus dem
Zeitraum von 6000 – 5000 v. Chr. gefunden. Die Grotte kann nicht
besichtigt werden.

Im Norden des Porto Conte findet man zwei besonders schöne **Strände**
Strände: die Badebucht bei der **Torre del Porticciolo** und den
herrlichen Strand von **Porto Ferro**, der zwischen den Türmen Torre
Negra, Torre Bianca und Torre Bantine-Sale in einer noch unver-
bauten Bucht liegt. Landeinwärts liegt der Lago Baratz, der einzige
natürliche Süßwassersee Sardiniens.

Umgebungsziele im Hinterland Algheros

Zur etwa 9 km nördlich von Alghero gelegenen Nekropole Anghelu ✱
Ruiu, die in der Form von Domus de janas (Felskammergräber) **Nekropole**
angelegt ist, gelangt man auf der so genannten Strada dei due Mari **Anghelu Ruiu**
Richtung Porto Torres. Nur ein kleines Hinweisschild an einer
Parkbucht kurz hinter der Abzweigung zum Fertilia-Flughafen
markiert diese Einfahrt. Die Nekropole stammt aus der Zeit der
Ozierikultur (3300 – 2500 v. Chr.) und **zählt zu den bedeutendsten
und größten Anlagen dieser Art auf Sardinien**. Die Stätte besteht
aus 38 Gräbern, die die architektonische Struktur von Wohnhäusern
nachahmen. Beachtenswert sind die stilisierten Stierhörner über
einem Grabeingang. Sie sind typische Schmuckmotive der Felsengräber auf Sardinien. In den Domus de janas wurden sehr
interessante Grabbeigaben von großem Wert gefunden, die nun in
den archäologischen Museen von ► Cagliari und ► Sassari besichtigt
werden können.

! *Baedeker* TIPP

Ein Weingut mit Tradition

Folgt man der Straße hinter der Nekropole noch
etwa 1 km weiter, erreicht man das größte,
bereits 1899 gegründete, Weingut Sardiniens,
Sella & Mosca. Hier kann man sich von der
Qualität der Weine überzeugen und z. B. den
roten Dessertwein Angehelu Ruiu verkosten
(Località I Piani, I-07041 Alghero,
Tel. 0 79 99 77 00, www.sellaemosca.com.
Führungen: 15. Juni bis 30. Sept. Mo. – Sa. 17.30
Uhr; in den übrigen Jahreszeiten nach
telefonischer Voranmeldung. Öffnungszeiten der
Enoteca: Mo. – Sa. 8.30 – 13.00 u. 15.00 – 19.00
Uhr; Juni, Juli / Aug. auch sonntags).

Nekropole von Santu Pedru

Zu empfehlen ist auch der Besuch der Nekropole von Santu Pedru am Fuße des Monte San Pietro, 12 km nordöstlich von Alghero. Man verlässt Alghero auf der SS 127, biegt beim Straßenwärterhaus Rudas in Richtung Ittiri ab und folgt der Straße etwa 3 km. Die Totenstätte besteht aus Domus de janas, d. h. einzelnen, in den Fels gehauenen Grabkammern, die den Wohnhäusern der damaligen Zeit nachempfunden wurden. Das größte Grab der Nekropole hat einen 15 m langen Gang und einen großen, viereckigen Saal, von dem aus man die anderen Kammern betreten kann. Die Nekropole, eine der interessantesten Sardiniens, stammt aus der Ozieri-Zeit (3300 bis 2500 v. Chr.) und wurde vermutlich als aufwändige Grabstätte für einen bedeutenden Stammesfürsten erbaut.

Olmedo

Der kleine Ort Olmedo liegt an der Straße Richtung Sassari, 14 km nördlich von Alghero. Im oberen Teil des Dorfs wurde die romanische Kirche Nostra Signora di Talia im 12. Jh. errichtet. Der Bau besitzt drei Kirchenschiffe mit Apsiden und ist außen mit schönen Blendarkaden geschmückt. Viele Legenden ranken sich um diese Kirche, die das ganze Jahr über, besonders aber während des Kirchweihfestes (1. Mai) Ziel von Wallfahrten ist. Talia heißt auch die Nuraghe in der Nähe des Ortes.

Von Alghero ins Bergland von Montresta

Die landschaftlich beeindruckende, sehr kurvige Straße SS 292 von Alghero ins Bergland von Montresta hinauf führt durch das am Hang liegende Bergdorf Villanova (24 km östlich von Alghero) mit seinen engen Gassen.

Monteleone Rocca Doria

Eine beschilderte Linksabzweigung führt hier 2 km in Serpentinen nach Monteleone Rocca Doria hinauf. Der verschlafene Weiler liegt mit herrlichem Weitblick über See und Umland auf einer markanten Anhöhe. Die Entstehung der Ortschaft geht auf eine 1436 zerstörte Festung der genuesischen Familie Doria zurück, die Anfang des 12. Jh.s errichtet worden war. Ein Teil der Einwohner gründete daraufhin 10 km weiter nordöstlich Villanova Monteleone.

✳ Küstenstraße von Alghero nach Bosa

Verlauf

Die hoch gelegene Küstenstraße von Alghero nach ▶ Bosa folgt einem malerischen, zum Teil noch unberührten Küstenabschnitt Sardiniens. Der erste Abschnitt ist vom Gegensatz des silbrigen Grüns der Olivenbäume zum Grau der felsigen Gebirgsausläufer im Osten geprägt. Vor der Spiaggia della Speranza (schöner Sandstrand) in Poglina erblickt man zur Linken, nahe der Straße, die Cappella della Speranza; an der Küste wachen die Reste der Torre di Poglina über die Landschaft. Danach verläuft die Straße am Fuße des Trachytberglandes von Montresta, wo noch Gänsegeier leben, bis nach Bosa. Bizarr kontrastieren die von Wind und Wetter zernagten Felsen (Tafonis) mit den weiten Ausblicken aufs Meer.

Spiaggia della Speranza ▶

Arbatax

Provinz: Ogliastra
Einwohnerzahl: 500

Höhe: 13 m ü. d. M.

**Arbatax erreicht man über eine wenige Kilometer lange Stich-
straße von Tortoli aus. Berühmt sind die roten Klippen, die man
besonders gut vom Aussichtspunkt beim Leuchtturm am Capo
Bellavista sieht.**

Leider liegen diese Felsen, im 19. Jh. von den Reisenden viel
gerühmt, heute in hässlicher Umgebung. Hier befindet sich nahe
dem bedeutenden Fährhafen eine Schiffswerft und eine mittlerweile
stillgelegte Papierfabrik.

★
Capo Bellavista

Von Arbatax aus bestehen Schiffsverbindungen nach Cagliari, Civitavecchia, Genua und Olbia. Hier ist auch Endstation eines Seitenastes
der sardischen Schmalspurbahn, die von Mandas durch das wilde
Bergland der Barbagia Seulo führt.

► ARBATAX ERLEBEN

AUSKUNFT

Arbatax Pro Loco
Via Lugomare
I-08041 Arbatax
Tel. 07 82 66 76 90

BADESTRÄNDE

Ein endloser Sandstrand mit Blick auf
die Steilküste im Golf von Orosei
erwartet denjenigen, der immer der
Richtung zur »Coop Pescheria« folgt.
Das Bar-Restaurant am Strand hat
schattige Plätze.

ÜBERNACHTEN
► Komfortabel
Arbatasar
Via Porto Frailis 11
Tel./Fax 07 82 65 18 00
E-Mail: hotel@arbatasar.it
www. arbatasar.it
45 Z., Internetanschluss, Restaurant,
Bar, Pool, Tel., TV
»Arba at Ashar« ist arabisch und kein
Zauberspruch, sondern bedeutet

»vierzehnter Turm«. Das relativ neu
eröffnete Hotel in der Nähe des
Jachthafens hat gute Chancen, dem
vor Ort ebtablierten Hotel La Bitta
Konkurrenz zu machen. Das Haus mit
dem alten Olivenbaum vor dem
Eingang hat nicht nur großzügig
ausgestattete Zimmer, sondern verfügt
auch über ein erstklassiges Restaurant,
dessen Gerichte mit frischen regionalen Zutaten zubereitet werden.

ESSEN

Baedeker-Empfehlung

► Preiswert
La Bitta
In der Bucht Porto Frailis
Tel. 07 82 66 70 80
Im gleichnamigen Hotel sind eine pre-
isgünstige Pizzeria und ein sardisches Spe-
zialitätenrestaurant untergebracht (beide
So. geschlossen).

Tortoli Tortoli liegt nahe der mittleren sardischen Ostküste in der Landschaft Ogliastra, in einer von Bergen umgebenen Küstenniederung. Die einst sumpfige und malariaverseuchte Ebene ist durch Entwässerungsmaßnahmen urbar gemacht worden. Die Stadt ist nicht gerade eine Schönheit, aber sie ist **das Geschäftszentrum der Region**; in der Nähe liegt ein kleiner Flughafen.

Aritzo

K 11

Provinz: Nuoro   **Höhe:** 795 m ü. d. M.
Einwohnerzahl: 1540

Aritzo ist ein typisches, von dichten Kastanienwäldern umgebenes Gebirgsdorf der Barbagia, das wegen seiner frischen Luft und der reizvollen Umgebung bekannt wurde.

Sommerfrische mit malerischem Ortskern Der traditionelle Fremdenverkehrsort mit seinem malerischen Ortsbild ist auch ein **idealer Ausgangspunkt für Wanderungen** in die Berge des Gennargentu. Bekannt sind die hier hergestellten, kunsthandwerklichen Holzschnitzereien; besonders beachtenswert sind die mit traditionellen Motiven geschmückten Truhen aus Kastanienholz.

▶ ARITZO ERLEBEN

AUSKUNFT

Aritzo Pro Loco
Corso Umberto
I-08038 Aritzo
Tel. 07 82 62 92 66

FESTE

Ein beliebter Event ist das in den ersten Septembertagen stattfindende »Rodeo«, welches von zahlreichen Festivitäten umrahmt wird. Tausende von Zuschauer sind dabei, wenn die im Gennargentu-Gebirge gefangenen Wildpferde zugeritten werden.

ESSEN

▶ **Erschwinglich**
Sa Muvara
Loc. Fontana Rubia
Südliches Ortsende von Aritzo
Tel. 07 84 62 93 36

Sehr schmackhaftes sardisches Essen gibt es im architektonisch ausgefallenen Restaurant-Rundbau im gleichnamigen Hotelkomplex.

ÜBERNACHTEN

▶ **Komfortabel**
Sa Muvara
Loc. Fontana Rubia
Tel. 07 84 62 93 36
Fax 07 84 62 94 33
E-Mail: samuvara@tiscalinet.it
www. samuvarahotel.com
55 Z., Tel., TV, Bar, Restaurant, Pool, Reiten, Disko
Das Hotel ist zwar nicht billig, aber das beste vor Ort. Die modern ausgestatteten, freundlichen Zimmer sind z. T. mit sardischem Mobiliar bestückt. An der Bar der großen Anlage treffen sich am Wochenende viele Sarden.

Im Ortskern blieben typische Beispiele der ländlichen Architektur der Barbagia erhalten. Diese Häuser zeigen Mauern aus unverputztem Schieferbruchstein und schmale Holzbalkone. Entlang der langen Durchgangsstraße von Aritzo stehen einige Hotels. Sehenswert ist das Museo Etnografico mit einer schönen Sammlung zur Volkskunde, untergebracht im Schulhaus (Via G. Marconi, Besichtigung nach Voranmeldung, Tel. 07 84 62 92 18).

Umgebung von Aritzo

Der 4 km westlich von Aritzo gelegene Monte Texile (gesprochen: **Monte Texile** Teschile) ist leicht mit dem Auto zu erreichen. Es handelt sich um einen Felsturm aus Kalkstein (975 m), dessen eigenartige Form an einen Pilz erinnert. Der Berg ragt einsam aus der mit dichter Vegetation bedeckten Landschaft hervor.

Auch die Ortschaft Desulo (13 km nordöstlich von Aritzo) ist ein be- **Desulo** liebter Ausgangsort für Wanderungen in das Gennargentumassiv, besonders zum höchsten Gipfel, der Punta La Marmora. Umgeben von Kastanienwäldern liegt der Ort malerisch an einen steilen Hang gelehnt, weitab von den belebten Küstengebieten der Insel. Bekannt

Die Fassaden in Desulo könnten zwar einen Anstrich gebrauchen, dafür sieht man so aber gut das Baumaterial, den Schieferbruchstein.

⚠ *Baedeker* TIPP

Bei den »Barbaren«

Nirgendwo auf Sardinien sind alte Traditionen noch so lebendig wie in den Dörfern der Barbagia, den waldreichen Bergländern rings um das Gennargentumassiv. Bis heute leben hier viele Menschen von der Landwirtschaft, deren Produkte in den kleinen supermercati erhältlich sind. Berühmt sind pecorino sardo, ein würziger Schafskäse, und ricotta, Frischkäse aus Schafsmilch. Dazu eingelegte Oliven und pane carasau, die dünnen Trockenbrotfladen der Hirten, und schon ist der Picknickkorb gefüllt. Für den Nachtisch empfiehlt sich torrone, der entweder aus Haselnüssen oder Mandeln hergestellt wird.

ist Desulo für seine schönen Trachten, die teilweise noch im Alltag getragen werden.

Das zentralsardische Bergland wird von den Monti del **Gennargentu** gebildet, die als Nationalpark unter Schutz stehen. Der Name Gennargentu bedeutet Silber- oder Windpass (genna = »Pass«, argentu = »Silber«, bentu = »Wind«) und könnte auf das im Sonnenlicht silbrig glänzende Schiefergestein oder auch auf den über die Bergkuppen pfeifenden Wind zurückgehen. Das Bergmassiv wird strahlenförmig nach allen Seiten durch tiefe Kerbtäler zerschnitten und kulminiert in einer etwa 5 km langen Kammregion, aus der sich der höchste Gipfel, die Punta La Marmora (1834 m), jedoch kaum hervorhebt. Im Gennargentumassiv liegen gefaltete paläozoische Schieferdecken dem großen Granitsockel der Insel auf. Als mächtige Aufwölbung ragt das granitische Grundgebirge in der Kammregion des Gennargentu knapp aus den gefalteten Schieferdecken heraus.

✳
Punta La Marmora

Die Punta La Marmora erhebt sich östlich von Desulo. Man fährt von dort zunächst die Provinzstraße Richtung Fonni und am Passo di Tascusì rechts bis zum Refugio (beschildert). Anfänglich wandert man auf einem nicht markierten Fußweg, dann weglos bis zum Gipfel hinauf.

Der Name des Berges (ursprünglich Perda Crapias, »Ziegenstein« genannt) erinnert an den berühmten piemontesischen Geografen Alberto de La Marmora, der in fast zwanzigjähriger Arbeit, neben einem landeskundlichen Werk über Sardinien, **die erste große, wissenschaftliche Landkarte Sardiniens** entwarf (1845). Das Panorama ist großartig: An klaren Tagen bietet sich ein 360°-Ausblick bis zu fast allen Küsten der Insel; nur die nördlichen Regionen werden durch die Limbara-Kette verdeckt.

Atzara

Der ursprüngliche Charakter des auf das Mittelalter zurückgehenden Bergdorfs Atzara (16 km westlich von Aritzo) ist noch relativ intakt geblieben. Besuchenswert ist die dem hl. Antiochus geweihte Pfarrkirche. Sie stammt aus dem späten 15. Jh. und ist im Stil der katalanischen Gotik gestaltet. Eine Rosette aus Trachytgestein und ein massiver Glockenturm in romanischen Formen bereichern die schöne, zinnengekrönte Fassade. Im Inneren werden **zwei herrliche Barockaltäre** von einheimischen Holzschnitzern, eine Marienstatue

(16. Jh.) und kostbare Silberschmiedearbeiten (16. Jh.) aufbewahrt. Eine besondere Tradition hat die Produktion von handgewebten Teppichen.

Tonara

Das typische Gebirgsdorf liegt auf 910 m Höhe an der Westflanke des Gennargentumassivs, etwa 11 km nördlich von Aritzo. In jüngster Zeit hat Tonara (2500 Einwohner) den Fremdenverkehr entdeckt, der nun einen bedeutenden Beitrag zur Wirtschaft leistet, die traditionell auf der Viehzucht und der handwerklichen Herstellung von Kuhglocken, Teppichen und torrone, eine Art türkischer Honig, beruht. Den alten Ortskern, der wegen seiner charakteristischen Bauernhäuser im traditionellen Stil interessant ist, zieren große, von sardischen Künstlern geschaffene Skulpturen aus Stein und Holz.

Tiana

Tiana (11 km nördlich von Tonara) ist wegen seiner Walkmühle, der Gualchiera Zedda, bekannt. Das um 1975 stillgelegte Werk besitzt die am besten erhaltene der zahlreichen Walkmühlen, die einst an den Ufern des Riu Torrei in Betrieb waren.

Santuario di San Mauro

Die Wallfahrtskirche erhebt sich 5 km südwestlich der Ortschaft Sorgono (ca. 15 km westlich von Tonara) in einer herrlichen Hügellandschaft. Eine Gruppe von alten »cumbessias« (Pilgerhäuschen) umgibt die Kirche. Diese geht auf das 16. Jh. zurück und verbindet außen wie innen auf harmonische Weise gotische und manieristische Formen. Die rechteckige, zinnenbekrönte Fassade aus grauen Trachytblöcken zieren ein Renaissanceportal und eine gotische Fensterrose von großen Ausmaßen,. Das Fest von San Mauro, **eines der beliebten Kirchenfeste** der Gegend, findet jährlich am 26. Mai statt. Östlich der Wallfahrtskirche (ca. 200 m) steht die Nuraghe Talei.

◄ Nuraghe Talei

Arzachena

C 12

Provinz: Olbia Tempio
Einwohnerzahl: 10 730

Höhe: 83 m ü. d. M.

Die hübsche Kleinstadt zieht sich stufenförmig am Hang eines Hügels hinauf und im Hintergrund ragt ein Bergkamm mit Granitfelsspitzen auf.

Archäologisches Zentrum im Nordosten

Arzachena liegt im Norden Sardiniens, in der Landschaft Gallura, 25 km von Olbia und 5 km von der Küste des tief ins Land eingeschnittenen Golfs von Arzachena entfernt. Zum Gebiet der Gemeinde Arzachena gehört die ► Costa Smeralda, die berühmteste touristisch ausgebaute Küstenregion Sardiniens. Der Tourismus, der sich hier in den letzten 25 Jahren stark entwickelt hat, stellt heute die wichtigste Einnahmequelle der Gemeinde dar.

▶ ARZACHENA ERLEBEN

AUSKUNFT

Arzachena A.A.S.T.
Via Paolo Dettorri 43
I-07021 Arzachena
Tel. 0 78 98 26 24, Fax 0 78 98 10 90

Palau A.A.S.T.
Via Nazionale 94
I-07020 Palau
Tel. 07 89 70 95 70, 07 89 70 85 56
Fax 07 89 70 95 70

ESSEN

▶ Erschwinglich
Casa Mia
Viale Costa Smeralda
Tel. 0 78 98 27 90
Das große, beliebte Lokal mit
regionaler Küche befindet sich im
gleichnamigen Hotel am südlichen
Ortsausgang.

ÜBERNACHTEN

▶ Komfortabel
Casa Mia
Viale Costa Smeralda
Tel. 0 78 98 27 90
Fax 0 78 98 32 91
E-Mail: info@hotelcasamia.it
www.hotelcasamia.it
20 Z., Tel., TV, Bar, Restaurant
Am Ortsausgang liegt dieses Hotel, das
ein hervorragendes Restaurant besitzt.
Die 20 Zimmer sind ordentlich und
gut ausgestattet.

Baedeker-Empfehlung

▶ Komfortabel
In Cannigione: Stelle Marine
Loc. Mannena
I-07020 Cannigione
Tel. 0 78 98 63 05, 0 78 98 63 22
Fax 07 89 8 63 32
E-Mail: info@hotelstellemarine.com
www.hotelstellemarine.com
46 Z., TV, Tel., Restaurant
Am Golf von Arzachena, nördlich der
Ortschaft Cannigione gelegen,
gruppieren sich um einen zentral gelegenen
Pool sechs Wohnhäuser, die alle im sardi-
schen Stil in sanften Farben eingerichtet
sind. Ca. 300 m entfernt liegt der zum Hotel
gehörige Privatstrand.

Sardische Architektur in Cannigione

Geschichte Das bereits in prähistorischer Zeit besiedelte Gebiet weist reiche
Zeugnisse der kupfersteinzeitlichen Kultur der Gallura (um 2000
v. Chr.) auf. Während der römischen Herrschaft war Arzachena eine
bedeutende Station. Nach einer Pestepidemie (1376) verließen sämt-
liche Einwohner den Ort. In den folgenden Jahrhunderten wurde
durch die Gleichgültigkeit der spanischen Regierung und durch die

ständig drohende Gefahr von Überfällen aus dem nordafrikanischen Raum das umliegende Gebiet mehr und mehr entvölkert. So blieben in der Ebene nur einige kleine Hirtensiedlungen zurück, deren Bewohner sich jedes Jahr beim Kirchlein Santa Maria Maggiore versammelten. Im Jahre 1776 wurde in der Nähe die Kirche Santa Maria della Neve errichtet; um sie herum entwickelte sich die Ortschaft.

Umgebung von Arzachena

Cannigione

Das ehemalige Fischerdorf am lang gestreckten Golf von Arzachena, 7 km nördlich von Arzachena gelegen, hat sich dem Tourismus verschrieben, was die Vielzahl von Hotels und Ferienwohnungen belegt.

Nuraghe Albucciu

Etwa 2 km südöstlich von Arzachena auf der SS 125 nach Olbia weist ein Schild auf einen kurzen Fußweg zur Nuraghe Albucciu hin, eines der interessanten prähistorischen Denkmäler der Gegend. Ihr Grundriss entspricht dem einer **Korridornuraghe**. Die oberen Räume, zu denen eine Treppe führt, dienten als Wohnung. Charakteristisch sind an der Stirnseite des Gebäudes die Steinkonsolen, auf denen eine hölzerne Galerie ruhte.

Megarontempel Malchittu

Unweit der Nuraghe Albucciu befindet sich an der SS 125 das Besucherzentrum mit Parkplatz, von wo aus ein Feldweg zu dem auf einem kleinen Bergsattel gelegenen Megarontempel Malchittu führt (Hinweisschilder; 20 Min. Fußmarsch). Das um 1500 v. Chr. entstandene Monument ist bis auf das einstige hölzerne Giebeldach fast vollständig erhalten und gehört mit fünf weiteren Bauwerken seiner Art zu einem **Sondertypus der nuraghischen Tempelarchitektur**. Es besteht aus einem rechteckigen Raum mit rückwärtiger Apsis; im Inneren verlaufen niedrige Sitzpodeste entlang der Längsseiten. Am Eingang fassen vorgezogene Seitenwände einen kleinen Vorplatz ein (Führungen: Tel. 078 98 26 24).

★★ Coddu Vecchiu

Man folgt der Straße nach Luogosanto, hält sich nach 2 km an der Gabelung rechts und nimmt nach weiteren 2 km die Linksabzweigung zum Besucherzentrum am **Gigantengrab**. Die Grabanlage entstand in zwei Bauphasen: Einem Ganggrab (18.–16. Jh. v. Chr.) wurde in nuraghischer Zeit (16.–12. Jh. v. Chr.) ein halbkreisförmiger Vorplatz für kultische Zwecke und Opferriten (Exedra) vorgeblendet, der von aufgestellten rechteckigen Steinplatten (Orthostaten) gebildet wird. Die gut 4 m hohe zentrale Portalstele aus Granit ist mit einem Rand im Hochrelief und einer kleinen, 60 cm hohen Öffnung am Boden ausgestattet, die den einzigen Zugang zur einstmals vollständig abgedeckten Grabkammer bot. Hier wurden die Gebeine der Toten wie in einem Beinhaus bestattet.

★ Li Muri

Das Gräberfeld Li Muri liegt in 8 km Entfernung von Arzachena. Man fährt auf der Straße nach Luogosanto weiter, bis 2,5 km nach

Oben auf dem Berg hat der Wind kunstvoll einen Fels verformt. Hat man die Roccia dell'Orso erklommen, ergibt sich eine traumhafte Sicht auf das Maddalena-Archipel.

der Abzweigung zum Gigantengrab Coddu Vecchiu rechts eine beschilderte Schotterstraße abzweigt. Nach 2 km parkt man rechts neben einem größeren Gebäude; links steigt ein holpriger Feldweg an zwei Gehöften vorbei an, ehe nach 10 Min. Fußmarsch rechts die eingezäunte Nekropole kommt. Mehrere rechteckige Steinkisten, die stark an Dolmen erinnern, dienten als Grabstätte. Die Steinkisten sind kreisförmig von senkrecht aufgerichteten, kleineren Steinplatten umgeben, die einst die heute verschwundenen, aus Erde aufgeschütteten Grabhügel (tumuli) einfassten. Daneben stehen kleine Steinkisten für Opfergaben und mehrere umgestürzte Menhire. In diesen aufwändig gebauten Einzelgräbern fand man die Toten, zweifellos hochgestellte Persönlichkeiten, in Hockstellung bestattet. Die Nekropole datiert in die jungsteinzeitliche Hirtenkultur von Arzachena (3500 – 2700 v. Chr.).

★★
Li Lolghi

Zum Gigantengrab Li Lolghi fährt man nach dem Abstecher zur Nekropole Li Muri 500 m auf der Straße weiter, bis links der Parkplatz kommt. Das 27 m lange Gigantengrab mit seiner fast 4 m hohen Portalstele steht frei auf einer kleinen Anhöhe. Es scheint aus einem älteren **Steinkistengrab** (1800 – 1600 v. Chr.) hervorgegangen zu sein, das in nuraghischer Zeit (1600 – 1200 v. Chr.) verlängert wurde. Ursprünglich war es mit einem ellipsenförmigen Grabhügel (Tumulus) bedeckt. Gigantengräber sind daher wohl als Weiterentwicklung einfacherer Megalithgräber (Steinkisten und Dolmen) zu verstehen.

Palau liegt 13 km nördlich von Arzachena. In seinem Hafen legen die **Palau** Fähren zur nahen Insel ►La Maddalena an. Die Stadt lebt vom Fährbetrieb, von ein wenig Tourismus und von den US-Soldaten, die hier vor allem abends das Straßenbild prägen, denn auf der ebenfalls vorgelagerten Insel Santo Stefano befindet sich ein Stützpunkt der NATO. Zum Baden gibt es um Palau herum einige Möglichkeiten.

Etwa 5 km östlich von Palau erhebt sich auf dem Gipfel des felsigen ✱ Kaps die Roccia dell'Orso, eine gewaltige, massive Granitformation, **Capo d'Orso** die durch Wind und Wetter stark verwittert ist und an einen **großen Bären** erinnert. Von der Straße führt ein steiler, felsiger Fußweg hinauf, der vor einem verrosteten Gitter eines verlassenen Militärareals abzweigt (10 Min.). Der bereits in der »Geographia« des Ptolemäus erwähnte gewaltige Felsen beherrscht den großartigen Maddalena-Archipel mit den Inseln Santo Stefano, La Maddalena, Caprera und weiteren Eilanden und der Küste von Palau, die gleich hinter dem Ort von den mächtigen Granitskulpturen des Colle di Punta Sardegna (111 m) begrenzt wird.

✱ Barumini · Su Nuraxi

L 9/10

Provinz: Medio Campidano   **Höhe:** 206 m ü. d. M.
Einwohnerzahl: 1400

Barumini liegt am östlichen Rand der Marmilla, einer vulkanisch geprägten, hügeligen Landschaft. Im Norden erheben sich der Steilrand der Giara di Tuili; im Südwesten schweift der Blick zum Namen gebenden Bergkegel der Marmilla (»Brust«) bei Las Plassas, bekrönt von den Ruinen einer mittelalterlichen Burg.

Bekannt wurde Barumini durch die nahe gelegene **Nuraghenfestung** **Ausgangspunkt** Su Nuraxi, die zu den bedeutenden architektonischen Zeugnissen **nach Su Nuraxi** der bronzezeitlichen Megalithkultur Sardiniens zählt und in die Liste des Weltkulturerbes der UNESCO aufgenommen wurde.

Sehenswertes in Barumini und Umgebung

Das Bauern- und Hirtendorf Barumini war im Mittelalter Hauptort **Kirche und** der Marmilla. Interessant ist die um 1550 in spätgotischem Stil er **Palazzo** richtete, später umgestaltete Pfarrkirche. Die ältesten Teile sind das Presbyterium und der Chor, die auf die zweite Hälfte des 17. Jh.s zurückgehen. Der Palazzo Zapata ist ein schönes Beispiel für die sardische Architektur des 16. und 17. Jahrhunderts.

Das Bauerndorf Tuili (1400 Einwohner) liegt 4 km westlich von **Tuili** Barumini am südlichen Abhang der Hochebene Giara di Gesturi.

BARUMINI ERLEBEN

AUSKUNFT

Comune di Barumini
Via S'Anziana
I-309021 Barumini
Tel. 07 09 36 80 24-107
www.vaibarumini.it

ESSEN

▶ **Fein & teuer**
Da Franco
Via Capo d' Orso 1
Tel. 07 89 70 95 58
Luxus in Bezug auf Essen und
Ambiente erwartet den anspruchs-
vollen Gast im besten – und teuersten
– Restaurant am Ort. Beeindruckend
sind nicht zuletzt das reiche Büfett und
die große Weinkarte (außerhalb der
Saison Mo. geschlossen).

▶ **Erschwinglich**
Da Graziano
An der Hauptstraße
Die Meeresküche im freundlichen
Ristorante Da Graziano ist
empfehlenswert, die Weinkarte
umfangreich (außerhalb der Saison
Mi. geschlossen).

Das malerische Ortsbild ist noch weitgehend unversehrt erhalten.
Sehenswert sind die Bauernhäuser mit ihren stattlichen Hofein-
fahrten. Die Pfarrkirche San Pietro Apostolo birgt den »Retablo di
San Pietro«. Dieses Altarbild des Meisters von Castelsardo gilt als
Hauptwerk der gotischen Malerei auf der Insel Sardinien. Es entstand
zwar um 1500 und ist vom Einfluss der Renaissance noch weit
gehend unberührt.

**Giara
di Gesturi**

Die Giara di Gesturi ist ein weites Basaltplateau nördlich von Tuili,
das eine Fläche von etwa 50 km² auf 500 bis 600 m Höhe einnimmt
und naturkundlich, landschaftlich und archäologisch überaus
interessant ist. Man erreicht das Gebiet, indem man ab der Ortsmitte
etwa 6,5 km weit einer asphaltierten Straße folgt, die kurvenreich an
der steilen Südflanke bergauf bis zu einem Parkplatz führt. Die
Hochfläche ist unbesiedelt und erscheint wild und unberührt. Die
Vegetation besteht hauptsächlich aus mediterraner Macchia, Korkeichenwäldern und Wiesen. Das Regenwasser bildet zahlreiche kleine
»paulis« (Sümpfe) genannte Teiche, die die wichtigsten Tränken der
Tiere darstellen. Zur Erkundung der unübersichtlichen Hochfläche
sollte man mit Kartenmaterial versorgt sein.

Wildpferde ▶

Auf der Giara di Gesturi streifen rund 600 Exemplare einer nur hier
vorkommenden kleinwüchsigen Rasse von halbwilden Pferden um-
her, die man mit etwas Glück von weitem beobachten kann. Die
Tiere tragen Brandzeichen und haben allesamt ihre Besitzer – Bauern
aus den umliegenden Dörfern. In prähistorischer Zeit wurden an
den Rändern des Plateaus, das ein fast uneinnehmbares, natürliches
Bollwerk bildete, zahlreiche Nuraghen errichtet. Einige von ihnen
sind noch gut erhalten.

Auf der Giara di Gesturi leben noch einige Hundert halbwilde Pferde.

✳ Nuraghenfestung Su Nuraxi

Westlich von Barumini (1 km), an der Straße nach Tuili, liegt auf einer Anhöhe die größte Nuraghenfestung Sardiniens, Su Nuraxi (gesprochen: Nuraschi). Die gesamte Anlage nimmt eine Fläche von über 1000 m² ein. Der in Barumini geborene sardische Archäologe **Giovanni Lilliu** entdeckte die Anlage und begann Anfang der 1950er-Jahre mit den Ausgrabungen, die sich über einen Zeitraum von zehn Jahren erstreckten. Es wurde eine nuraghische Festung freigelegt, die ab 1500 v. Chr. in mehreren Bauphasen errichtet und erweitert wurde. In ihrer unmittelbaren Nähe stieß man auf die Reste eines aus annähernd 150 Hütten bestehenden nuraghischen Dorfes, das Spuren einer hoch entwickelten gesellschaftlichen Organisation aufweist. Die nuraghische Festung wurde mehrfach belagert und zerstört, endgültig von den Karthagern, doch war das Dorf noch bis in die römische Zeit bewohnt. Su Nuraxi ist heute wohl die anschaulichste Anlage, die einen Einblick in die nuraghische Gesellschaftsform gibt (Öffnungszeiten: Sommer tgl. 8.30 – 19.30, Winter tgl. 9.00 – 17.00 Uhr).

größte nuraghische Anlage

🕐

Die Anlage der Burg ist komplex: Im Mittelpunkt erhebt sich als ältester Baukörper ein aus ringförmigen Reihen großer Basaltblöcke (an der Basis 1,20 x 0,45 m) erbauter Turm aus der Zeit um 1500 v. Christus. Er ist 10 m breit und 14 m hoch, doch dürfte er ursprünglich mit dem eingestürzten dritten Stockwerk und der Dachterrasse fast 19 m hoch gewesen sein. In jedem der durch Treppen

Festung

Nuraghenfestung Su Nuraxi

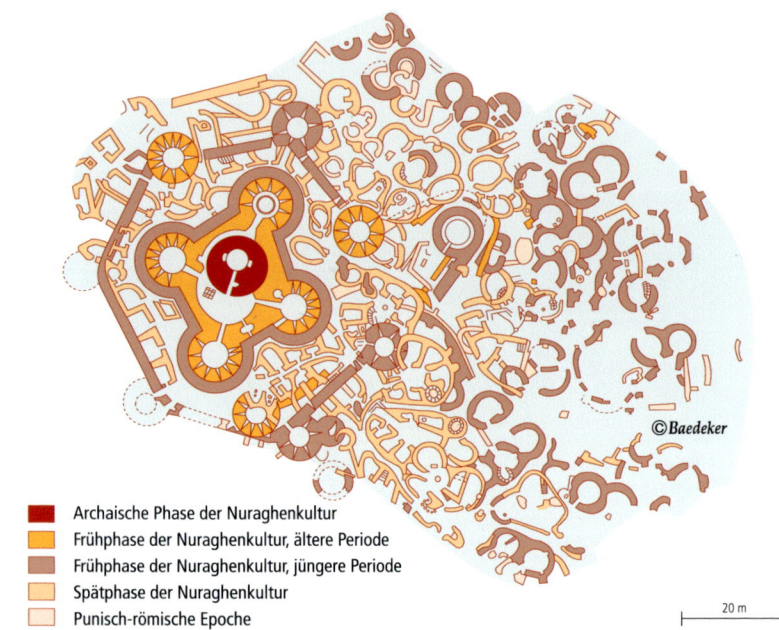

©Baedeker

- ■ (dunkelrot) Archaische Phase der Nuraghenkultur
- ■ (orange) Frühphase der Nuraghenkultur, ältere Periode
- ■ (braun) Frühphase der Nuraghenkultur, jüngere Periode
- □ (hellorange) Spätphase der Nuraghenkultur
- □ (blassrosa) Punisch-römische Epoche

⊢——⊣ 20 m

verbundenen Stockwerke befindet sich ein Raum mit Kraggewölbe. Den Mittelturm umgibt eine mächtige Bastion (13./12. Jh. v. Chr.), die einen eindrucksvollen Innenhof bildet, mit vier großen Türmen. Um die Bastion verlief eine äußere Ringmauer, die mindestens zwei Türme besaß. Ab 1000 v. Chr. wurde die gesamte Anlage mit einem neuen Mauergürtel verstärkt; die Umfassungsmauer erreichte so eine Dicke von 5 m, und der Haupteingang wurde aus Gründen der Sicherheit auf eine Höhe von 7 m über dem Erdboden verlegt. Zusätzlich errichtete man eine neue Ringmauer mit sieben Türmen; sie umschloss einen Hof, der als Versammlungsplatz diente, und schützte ein rundes Gebäude, das als Sitz des Ältestenrates gedeutet wird.

Rundhüttendorf ▸ Die vielen Rundhütten, deren Reste die Burganlage umgeben, entstanden ebenfalls in unterschiedlichen Phasen: Zunächst (um 1000 v. Chr.) baute man außerhalb der Festung; erst nach der weitgehenden Zerstörung der Burg errichtete man auch innerhalb der ehemaligen Ringmauer größere Wohnkomplexe. **Bis heute rätselhaft** ist die Bedeutung von zwei Räumen mit fein behauenem Sitzrund und Steinbecken in der Mitte sowie einem Rundbogen. Vielleicht war es die Backstube mit Knettrog, vielleicht auch eine Kultstätte mit Weihwasserbecken.

Der zentrale Turm von Su Naraxi ist umgeben von Rundhütten. Unklar ist die Bedeutung der beiden Räume mit Rundbecken und Steinbecken in der Mitte.

✳ Bosa

Provinz: Oristano
Einwohnerzahl: 7900

Höhe: 2 m ü. d. M.

Besonders reizvoll ist die Lage der Stadt Bosa: Sie befindet sich nahe dem Meer und ist ins grüne, landwirtschaftlich genutzte Tal des Flusses Temo zwischen hoch aufragenden Felsen und flachen Hügeln gebettet.

Dank seiner günstigen Lage war Bosa von alters her bewohnt und erlebte Zeiten des Wohlstandes, deren Spuren an seinen z. T. restaurierten Gebäuden heute noch zu sehen sind. Von lokaler Bedeutung sind Kunsthandwerk (Schmuck, Filetstickerei und Holzschnitzerei), Fischfang und Korallenverarbeitung. Neben dem Gemüse- und Obstanbau ist das Gebiet für seine guten Weine, darunter besonders für den berühmten Malvasia, bekannt. Heute ist die Entwicklung des Fremdenverkehrs in Bosa ein weiterer wirtschaftlicher Schwerpunkt.

Glanzvolle Vergangenheit

▶ BOSA ERLEBEN

AUSKUNFT

Bosa Pro Loco
Via Azuni 1
I-08013 Bosa
Tel. 07 85 37 61 07
www.bosa.it

BADESTRÄNDE

Etwa 2 km westlich der Altstadt
mündet der Temo ins Meer: Hier liegt
der kleine beliebte Badeort Bosa
Marina mit seinem langen dunklen
Sandstrand und einigen Restaurants.

SHOPPING

Haupteinkaufs- und Flaniermeile ist
der Corso Vittorio Emanuelle. Kleine
Läden und Boutiquen bieten hier ihre
Waren feil. Hier findet man auch die
filigranen Filetstickerein »filet di
Bosa«, für die die Stadt berühmt ist.

PARKEN

Die Altstadt ist für Autos gesperrt.
Man parkt am besten in der Neustadt.

ESSEN

▶ Erschwinglich

① *Giancarlo e Rita (Già Mannu)*
Viale Alghero 4
Tel. 07 85 37 53 06
Wirklich hervorragend ist die Küche
von Giancarlo Mannu, in der der
Schwerpunkt auf Gerichten mit
Meeresfrüchten und Fischen liegt
(außerhalb der Saison Mo.
geschlossen).

② *Sa Pischedda*
Via Roma
Tel. 07 85 37 30 65
Zum gleichnamigen Hotel gehört das
empfehlenswerte und über Bosa
hinaus bekannte Restaurant. Die
Küche bietet täglich frische Fisch-
gerichte, aber auch Pizza.

In Bosa Marina: Al Gabbiano
Viale Mediterraneo
Tel. 07 85 37 41 23
Das Lokal im gleichnamigen Hotel
serviert u. a. gute Pizzen (außerhalb
der Saison Mo. geschlossen).

ÜBERNACHTEN

▶ Komfortabel

② *in Bosa Marina: Al Gabbiano*
Viale Mediterraneo
Tel. 07 85 37 41 23
Fax 07 85 37 41 09
E-Mail: gabbianohotel@tiscalinet.it
30 Z., Tel., TV, Bar, Restaurant
Die Zimmer sind sauber und im
Vergleich besser eingerichtet als die in
den preislich vergleichbaren Hotels in
Bosa Marina.

▶ Günstig

① *Sa Pischedda*
Via Roma
Tel. 07 85 37 30 65
Fax 07 85 37 70 54
22 Z., Restaurant
Das Hotel am Ortseingang ist sehr
einfach, aber geschmackvoll eingerichtet. Ende des 19. Jh.s wurde das
ansprechende Hotel erbaut, hat sich
aber den wandelnden Bedürfnissen der
Reisenden angepasst.

Agriturismo: Bainas
Loc. Brainas-Cabrarza
Tel./Fax 07 85 37 31 29 und
3 60 36 72 28 (mobil)
E-Mail: agr.bainas@tiscalinet.it
Halbpension 36 – 46 € pro Person
Hier ist man in den Händen zweier
engagierter Gutsleute: Während sich
Peppino Fodde direkt um das Wohl
der Gäste kümmert, ist Ernesto Scarpa
in erster Linie für den die ökologische
Produktion von Obst und Gemüse
verantwortlich. Vier Zimmer mit Bad.

Bosa Orientierung

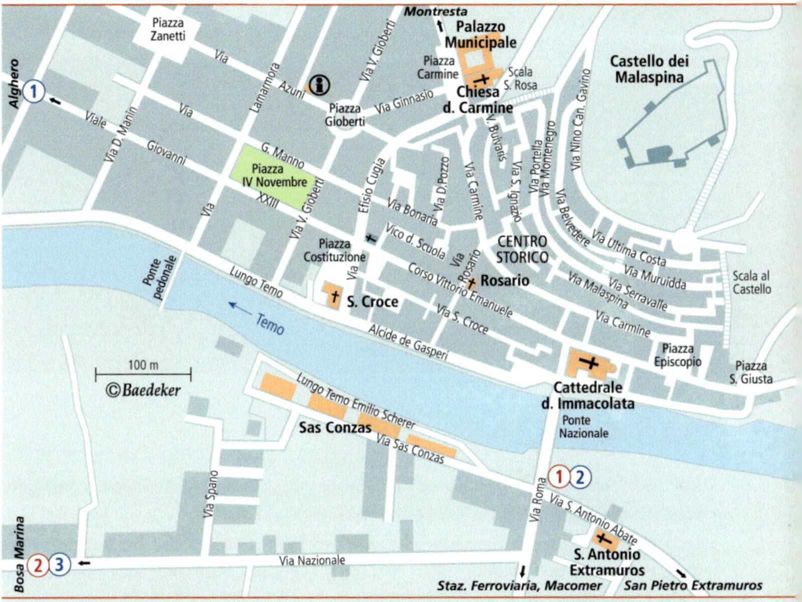

Übernachten
① Sa Pischedda
② Al Gabbiano

Essen
① Giancarlo e Rita
② Sa Pischedda
③ Al Gabbiano

Stadt am Fluss

Am Ufer des träge dahinströmenden Flusses Temo breitet sich die hübsche Altstadt von Bosa aus, die sich dann steil den Hang hinauf in kleinen Gässchen zum mittelalterlichen Kastell zieht, das hoch über der Stadt thront. Die meisten Altstadthäuser wie auch die alte Temobrücke sind aus **rötlichem Trachytgestein** erbaut, dessen warmer Farbton an Buntsandstein erinnert.

Sehenswertes in Bosa

★ **Corso Vittorio Emanuele**

Herzstück von Bosa ist der Corso Vittorio Emanuele, die schönste Straße der Altstadt, die parallel zum Fluss Temo verläuft. Altehrwürdige Bürgerhäuser aus dem 18. und 19. Jh. reihen sich aneinander; kleine Plätze lockern die Häuserfront auf. An der kleinen Chiesa Rosario prangt eine überdimensionale alte Uhr.

★ **Temo und Uferpromenade**

Zum Flanieren lädt außerdem die von Palmen gesäumte, 500 m lange Uferpromenade Lungotemo De Gasperi entlang des Flusses Temo ein. Hier legen auch die Fischerboote an. Als einziger Fluss Sardiniens ist der Temo in seinem Unterlauf auf 3 km schiffbar. Sas

Die einstigen Gerbereien an der Uferpromenade

SAS CONZAS

Auf der von Bosa abgewandten Seite des Temo, Sardiniens einzigem schiffbaren Fluss, sticht eine Reihe zweistöckiger Gebäude ins Auge. Bei den teilweise verfallenen Gemäuern handelt es sich um die alten Gerbereien »Sas Conzas«, die zu Beginn des 19. Jh.s erbaut wurden und heute ein Nationaldenkmal sind.

Reisende, die im 19. Jh. nach Bosa kamen, beschrieben die Stadt folgendermaßen: »Bosa ist von Bergen umgeben und befindet sich in einem angenehmen und fruchtbaren Tal eine Meile vom Meer entfernt; es ist **malerisch, aber feucht, neblig,** und die konzentrierte Luft macht es ungesund. Das wird noch durch die Dämpfe verstärkt, die vom Fluss aufsteigen, der ›Fluss von Bosa‹ genannt wird, der alte Temo, ... wo die Abwässer der Gerbereien hineingeleitet werden.« Der deutsche Linguist Max Leopold Wagner schreibt zu Beginn des 20. Jh.s: »Von außen betrachtet erscheint dieser Ort sehr freundlich, aber sobald man ihn betritt, ändert sich das Bild. ... Die Luft ist verpestet durch abgestandenes Wasser und durch das Miasma der Gerbereien.«

Wachsender Wohlstand

Diese Nachteile nahm man jedoch in Kauf: Die Gerbereien brachten nicht nur einigen ortsansässigen Familien großen Wohlstand, sondern sie waren auch für ihre fortschrittliche und **innovative Produktionstechnik** bekannt. So stellte man z. B. ein spezielles Leder her, das besonders bei Buchbindern beliebt war. Die Produktion konzentrierte sich bald in den Händen einiger weniger Familien; von einst 28 Firmen, die es 1834 gab, blieben nur noch die Solinas, Mocci Marras Brüder und die Sanna Mocci Gerberei übrig, die um 1950 die letzte große Gerberei in Bosa war. Seit dem Beginn des 20. Jh.s gingen von Sanna Mocci zahlreiche technische Neuerungen aus, Maschinen wurden eingesetzt, die die schwere Arbeit nun leichter und effektiver verrichteten.

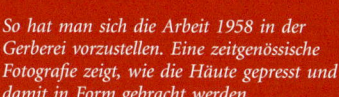

So hat man sich die Arbeit 1958 in der Gerberei vorzustellen. Eine zeitgenössische Fotografie zeigt, wie die Häute gepresst und damit in Form gebracht werden.

Um 1800 dauerte der Gerbprozess noch ganze sechs Monate; um 1920 führten die Gebrüder Sanna Mocci die Schnellgerbung ein, die den Vorgang auf 45 Tage verkürzte. Seit den 1960er-Jahren lohnten sich jedoch keine weiteren Neuinvestitionen, so dass die Gerberei schließlich endgültig geschlossen wurde.

Sinnvoller Standort

Die Lage am Temo war von großem Vorteil, weil man das Wasser des Flusses für den industriellen Vorgang des Gerbens benötigte. Die Stadt – im 17. Jh. noch von einer Stadtmauer umgeben – war durch den Temo räumlich von »Sas Conzas« getrennt, die Entfernung ließ sich jedoch zu Fuß überwinden. Heute noch kann man sehen, dass die **Bahnlinie** nicht weit entfernt lag. Von hier aus wurde das Leder zum Hafen gebracht, um es zum italienischen Festland oder nach Frankreich zu transportieren.

Äußere Erscheinung

Die Gerbereien existierten bereits seit Mitte des 16. Jahrhunderts. Im 19. Jh. wurde dann eine architektonische sowie organisatorische Umstrukturie-

rung und Vereinheitlichung vorgenommen, die das heutige Bild entstehen ließ. Die nach außen gekehrte Strenge der Architektur findet sich auch im Inneren der Gebäude wieder. Die **Verteilung der Arbeitsbereiche** auf zwei Ebenen geschah nach streng produktionstechnischen Grundsätzen und als Schutz vor den gerade in jüngerer Zeit nicht selten auftretenden Hochwassern. In den oberen Stockwerken wurde dem Leder dann sein endgültiges Aussehen verliehen. Hier befanden sich auch die Lagerräume für die fertig gegerbte Ware.

Künftige Nutzung

Heute liegen die Industrieanlagen teilweise verlassen und dem Verfall anheim gegeben da – nicht ohne nach wie vor einen anziehenden, wenngleich **morbiden Charme** auszustrahlen: Einige Gebäude sind bewohnt oder werden gewerblich genutzt. Während des Sommers öffnet ein Restaurant seine Pforten. Pläne, nach denen man die exponierte Lage der historischen Gemäuer zu schätzen weiß, warten auf Umsetzung. Derweil bietet ihre nächtliche Beleuchtung einen einmaligen Anblick.

Conzas heißen die aneinander gereihten halb verfallenen Gebäude, die im 19. Jh. am gegenüberliegenden Ufer des Temo erbaut wurden und als Gerbereien dienten (▶Baedeker-Special S. 152).

Cattedrale dell' Immacolata

Die Cattedrale dell' Immacolata nahe der alten Temobrücke ist von überladenem, piemontesischem Barock geprägt.

Altstadt am Hang

Das Altstadtviertel am Hang des Serravalle-Hügels, auf dem sich die Burg der pisanischen Adelsfamilie Malaspina erhebt, hat von allen Teilen der kleinen Stadt am stärksten sein mittelalterliches Gepräge bewahrt. Enge Gassen, die nur von winzigen Plätzen unterbrochen werden, ziehen sich den Hang entlang und sind z. T. durch Steintreppen miteinander verbunden.

★ Castello dei Malaspina (Castello di Serravalle)

Zur Burg auf dem Serravalle-Hügel gelangt man am besten vom Osten der Altstadt aus, indem man die Treppen östlich der Kathedrale emporsteigt. Die große Anlage wurde nach 1112 erbaut; Türme und Umfassungsmauern sind noch erhalten. Bemerkenswert ist der auf das frühe 14. Jh. zurückgehende und zur Burgseite hin offene Nordturm, die Torre dei Malaspina. Die Aragonier verstärkten und erweiterten die Burganlage zu einem Gesamtumfang von 300 m. Die Burgkapelle Nostra Signora di Regnos Altos besitzt einen Freskenzyklus aus aragonischer Schule (14./15. Jh.) (Öffnungszeiten: tgl. 10.00 – 12 u. 16.00 – 19 Uhr, Tel. 07 85 37 61 07).

An Bosas palmemgesäumter Uferpromenade liegen die farbenprächtigen Boote der Fischer und im Hintergrund das Castello dei Malaspina.

Am Südufer des Temo liegt unweit der alten Flussbrücke die Kirche Sant'Antonio Extramuros an der Via Sant'Antonio Abate. Der im 16. Jh. errichtete Bau zeigt noch den Stil der katalanischen Gotik.

Sant'Antonio Extramuros

Weiter auf der Straße, vorbei an der Kirche San Giorgio, erreicht man nach 1,5 km die Kirche San Pietro Extramuros (»außerhalb der Stadtmauern«). Sie wurde 1073 als Hauptkirche des mittelalterlichen Bosa gegründet, noch bevor die Adelsfamilie Malaspina den Ort auf die andere Temoseite zu Füßen des Burgbergs verlagerte. Das balkengedeckte Hauptschiff dieser **ältesten rein romanischen Kirche Sardiniens** beeindruckt durch archaische Schlichtheit. Massive Viereckpfeiler ohne Basis oder Kapitell sind durch einfache Mauerbögen miteinander verbunden. Durch schmale Rundbogenfenster dringt etwas Licht in den dämmrigen Innenraum. Die Apsis und der wuchtige, viereckige Glockenturm wurden 1110 bis 1120 erbaut. Anfang des 13. Jh.s gestalteten Zisterziensermönche die Fassade neu und versahen sie mit frühgotischen Arkaden, Kreuzbogenfriesen unter den Traufen, Vierpassfenstern und einem Giebelaufsatz mit Knotensäulen, der französischen Einfluss zeigt. Links bzw. rechts des Hauptportals sind (mit abgeschlagenen Köpfen) die Evangelistensymbole für Lukas (Stierfuß mit gespaltener Klaue) und Johannes (Adlerfuß) erkennbar. Der unplastische, beinahe ornamentale Stil des Sandstein-Architravs über dem Eingang erinnert an byzantinische und frühromanische Reliefs. Er zeigt von links nach rechts: Paulus (mit Schwert), Kaiser Konstantin (mit Krone), die Madonna mit Kind und den heiligen Petrus (mit Schlüssel); ihm ist die Kirche geweiht (Öffnungszeiten: tgl. 10.00 – 19.00 Uhr).

San Pietro Extramuros

Burgos

Provinz: Sassari   **Höhe:** 575 m ü. d. M.
Einwohnerzahl: 1060

Der kleine Ort liegt am östlichen Abhang der Catena del Goceano, eines Höhenzuges, der die fruchtbare Tallandschaft am Mittellauf des Tirso, den Goceano, von der Landschaft Meilogu trennt.

Das Hirtendorf wurde 1353 von Marianus IV. – dem Richter von Arborea – gegründet, nachdem er die benachbarte Burg auf der Bergspitze erobert hatte.

Einstiges Hirtendorf

Sehenswertes in Burgos und Umgebung

Hoch über dem kleinen Ort thront eine alte Burg, die der Richter Gonarius von Torres in den Jahren 1127 bis 1129 errichten ließ. Sie wurde von Arborea erobert und fiel später an die Aragonier. Man

Castello

BURGOS ERLEBEN

FESTE

Ein schönes Volksfest ist die Festa di San Leonardo alljährlich am 6. November. Hier wird ein buntes Folkore- und Kulturprogramm geboten.

ÜBERNACHTEN

▶ **Günstig**

In Bolotana: Su Bardosu
Tel. 0 78 54 32 89
Das an der Durchgangsstraße gelegene Hotel bietet sehr günstige Zimmer.

erreicht sie über einen Fußweg von Burgos aus. Die Burg mit ihrem **fast vollständig erhaltenen Mauerring** und dem schönen Mittelturm beherrscht das breite Tal des Tirso. Einen einzigartigen Blick auf die Burg und den Ort hat man von der kleinen Passstraße aus, die nach Westen in Richtung Bolotana verläuft.

Nekropole von Sant'Andrea Priu

Folgt man der Straße über Foresta di Burgos (Pferdegestüt) in Richtung Bonorva, passiert man die berühmte Nekropole von Sant' Andrea Priu (▶Macomer).

Bono

Im Nordosten von Burgos liegt die Ortschaft Bono, der Geburtsort von Giovanni Maria Angioy (▶ Berühmte Persönlichkeiten), dem sardischen Volksheld, der 1794/1795 einen Aufstand gegen das Feudalsystem wagte.
Am Ortsrand auf einer Anhöhe befindet sich die Kirche San Raimondo. Der Hochaltar zeigt eine Statue des hl. Franziskus (14. Jh.). Alljährlich findet hier am 31. August ein **Volksfest** mit folkloristischen Darbietungen statt. Es soll an den Überfall sardisch-piemontesischer Truppen auf das Dorf erinnern (1800), das eine Hochburg der Bewegung gegen das Feudalsystem war.

★ Catena del Goceano

Bono stellt einen hervorragenden Ausgangspunkt für Wanderungen im herrlichen Waldgebiet der Catena del Goceano dar. Der Höhenzug kulminiert im blickreichen Monte Rasu (Sendestation: 1258 m).

Nekropole von Molia

Die Nekropole liegt etwa 10 km südlich von Illorai an der Straße Ottana – Cantoniera del Tirso. Die Anlage besteht aus zahlreichen Felsgräbern, unter denen eines durch die **kunstvolle Ausgestaltung der Räume** mit Lisenen und Architraven auffällt. Einige Kammern dieses Grabes sind mit Ocker rot gefärbt. Die Nekropole, deren ältester Kern auf das späte Neolithikum zurückgeht (um 3300 bis 2480 v. Chr.), wurde bis in die Bronzezeit benutzt und in der punischen und römischen Epoche teilweise wieder verwendet.

*Eine mittelalterliche Burg beherrscht das eng zusammengedrängte →
Örtchen Burgos und die umliegende Landschaft.*

★★ Cagliari

O 10

Provinz: Cagliari   **Höhe:** 4 m ü. d. M.
Einwohnerzahl: 164 200

Cagliari, die Hauptstadt Sardiniens, liegt im Süden der Insel am Rande der Ebene des Campidano. Das Meer, zwei Strandseen und eine Gruppe steiler Kalkhügel, auf denen die wichtigsten Befestigungsanlagen errichtet wurden, umgeben die Stadt. Über allem ragt der Castello-Hügel auf, der das Stadtbild prägt.

Stadt der Kontraste Cagliari ist zum einen eine lebendige Großstadt mit guten Einkaufsmöglichkeiten, ausgezeichneten Restaurants, dichtem Verkehr und entsprechendem Lärm, zahlreichen Hochhäusern und hässlichen Neubauvierteln, aber sie besitzt auch eine schöne, verwinkelte Altstadt mit versteckten Kirchen und beschaulichen Plätzen, die von altehrwürdigen Palazzi gesäumt sind und zum Verweilen einladen.

 CAGLIARI ERLEBEN

AUSKUNFT

Cagliari A.A.S.T.
Piazza Matteotti 9
I-09124 Cagliari
Tel. 0 70 66 92 55
E-Mail: aast.ca@tiscali.it

BADESTRÄNDE

Der 8 km lange Sandstrand Poetto ist ein beliebter Badestrand von Cagliari. Entlang der Zufahrtsstraße reihen sich Restaurants und Bars. Auch wenn hier im Sommer ein reges Badeleben herrscht, findet man dank der Länge des Strandes meist im östlichen Abschnitt noch ein ruhiges Plätzchen.

ANFAHRT

In Cagliari muss mit hohem Verkehrsaufkommen gerechnet werden. Am besten man lässt sich nicht vom Gehupe aus der Ruhe bringen und folgt den Schildern Richtung Cagliari, dann landet man auch auf der am Hafen entlangführenden Via Roma, die ein guter Ausgangspunkt

für die Stadtbesichtigung ist. Auf keinen Fall sollte man versuchen, mit dem Auto weiter in die Altstadt vorzudringen. Der Verkehr im Gassengewirr ist schweißtreibend.

ESSEN

Baedeker-Empfehlung

Fast alle guten Restaurants finden sich im Marina-Viertel.

▶ **Erschwinglich**

② *Dal Corsaro*
Viale Regina Margherita 28
Tel. 0 70 66 43 18
Kulinarische Köstlichkeiten vom Land und aus dem Meer zu saftigen, aber angemessenen Preisen werden hier in edlem Jugendstil- und 19. Jahrhundert-Ambiente serviert. Es gilt als eines der besten Lokale der Stadt (So. geschlossen).

⑤ *Flora (Da Peppe)*
Via Sassari 45
Tel. 0 70 66 47 35
Je nach Jahreszeit kommt in dem
gepflegten Ristorante Wild
(Schnepfen, Hasen, Amseln), Fisch
oder auch Schafsfleisch auf den Tisch,
was immer delikat zubereitet wird
(So. geschlossen).

① *Saint Remy*
Via Torino 16
Tel. 0 70 65 73 77
In den Gewölben eines ehemaligen
Klosters unterhalb der Bastione
St. Remy residiert dieses Gourmet-
Restaurant, in dem man sich an
schmackhaften Gerichten erfreuen
kann (So. geschlossen).

▶ **Preiswert**
③ *Al Porto*
Via Sardegna 44
Tel. 0 70 66 31 31
Hauptsächlich Meeresfrüchte
bekommt man im vergleichsweise
preiswerten und meist recht vollen
Lokal (Mo. geschlossen).

④ *Gennargentu*
Via Sardegna 60
Tel. 0 70 65 82 47
Der Gastraum ist zwar sehr einfach,
aber nicht ungemütlich eingerichtet,
und wenn man noch einen Fenster-
platz im ersten Stock ergattert, kann
man auch noch das Treiben auf der
Straße beobachten. Die innersardische
Küche bereitet u. a. Lamm- und
Ferkelfleisch zu (So. geschlossen).

ÜBERNACHTEN
▶ **Luxus**
④ *Mediterraneo*
Lungomare C. Colombo 46
Tel. 0 70 30 12 71
Fax 0 70 30 12 74
E-Mail: hotelmedyt@tiscalinet.it

www.hotelmediterraneo.net
136 Z., Tel., TV, Bar, Restaurant
Die Balkone der modern eingerichteten Zimmer des großen,
luxuriösen Betonbaus (5 Etagen) sind
zum einen auf die Schnellstraße aber
auch auf den Hafen (Seeblick) ausgerichtet. Zum Hotel gehört ein
schöner Park, der von den Gästen
genutzt werden kann.

▶ **Günstig**
② *Italia*
Via Sardegna 31
Tel. 0 79 66 04 10
Fax 0 79 65 02 40
Tel., TV, Bar, Restaurant
Mitten im Marina-Viertel kann man
in diesem Mittelklassehotel absteigen,
dessen recht ruhig gelegene Zimmer
ordentlich und sauber, wenn auch
nicht gerade anheimelnd ausgestattet
sind (z. B. gefliese Böden).

① *Quattro Mori*
Via G. M. Angioy 27
Tel. 0 70 66 85 35
Fax 0 70 66 60 87
E-Mail: info@hotel4mori.it
www.hotel4mori.it
30 Z., Tel., TV, Bar, Klimaanlage,
Garagen
Ganz zentral befindet man sich, wenn
man in diesem Hotel absteigt, das
in einem renovierten alten Gebäude
mit neuem Anbau untergebracht ist.
Da das Hotel viele Stammgäste hat,
sollte man rechtzeitig reservieren, um
eines der schönen Zimmer zu bekommen.

③ *La Terrazza*
Via S. Margherita
Tel. 0 70 66 86 52
Fax 0 70 66 08 63
E-Mail: hotel.laterrazza@tin.it
Das kleine, einfache Hotel liegt sehr
günstig im Marinaviertel.

1217	Anlage des Kastells mit Festungsmauern und Türmen
1720	Cagliari wird Residenz des savoyischen Königs.
1949	Die Stadt wird Regierungssitz der Autonomen Region Sardinien.

Geschichte   Cagliari wurde vermutlich von den Phöniziern gegründet, wie sein alter Name »Karalis« bezeugt. Es folgten die Punier, unter deren Herrschaft Cagliari sich zu einem bedeutenden Handelszentrum entwickelte. Die günstige Lage der Stadt am Golfo degli Angeli (Engelsgolf), am Rande der fruchtbaren Ebene des Campidano und in der Nähe des Bergbaugebietes von Sulcis und Iglesiente, verhalf der Stadt zum Aufstieg. Während der römischen Epoche erlangte die Stadt erst in der Kaiserzeit größere Bedeutung (Stadtrecht 27 v. Chr.). Nach dem Untergang des Römischen Reichs verließ die Bevölkerung zum Schutz vor Seeräuberüberfällen die unsichere Küste.

Unter byzantinischer Herrschaft blieb Cagliari zunächst Hauptstadt Sardiniens, wurde dann allerdings für mehrere Jahrhunderte aufgegeben; man verlegte die Stadt (seit 455) nach Santa Igia, einer von Strandseen und Sümpfen geschützten Ortschaft am Stagno Santa Gilla. Vom 11. Jh. an war Cagliari Hauptstadt des Judikats Cagliari.

Die Anlage des Kastells auf dem Burgfelsen (»Castrum Karalis«) unter den Pisanern ab dem Jahr 1217 kam einer Neugründung der Stadt gleich. Am Fuße des Burgfelsens entstanden allmählich die neuen Viertel Marina , Stampace und Villanova. Nach der Eroberung durch die Spanier (1324) wählte König Peter IV. von Aragonien die Stadt zum Sitz des ersten sardischen Parlaments der Ständeversammlung. Während der aragonesischen und spanischen Herrschaft über Sardinien wurde die Insel von Cagliari aus verwaltet. Nach dem Spanischen Erbfolgekrieg fiel die Insel 1720 an Savoyen-Piemont und Cagliari wurde Residenz des savoyischen Königs.

1794 führte ein durch die wirtschaftliche Notlage verursachter Volksaufstand zur Vertreibung der Savoyer aus der Stadt. Nach dem Ende der Revolte und nach dem Scheitern der von Giovanni Maria Angioy (▶Berühmte Persönlichkeiten) geleiteten Erhebung gegen die Fremdherrschaft war Cagliari vorübergehend Sitz des piemontesischen Hofs (1799 und 1806–1814).

Von 1862 an galt Cagliari nicht mehr als militärische Festung, sondern entwickelte sich zu einer modernen Stadt. Die Verwaltung der vier Stadtviertel wurde zusammengelegt; anstelle der Stadtmauern wurden Straßen angelegt: Largo Carlo Felice, Viale Regina Margherita und Via Roma. Seit 1949 ist Cagliari Regierungssitz der Autonomen Region Sardinien.

Wirtschaft   Cagliari ist das bedeutendste Handels- und Verwaltungszentrum Sardiniens. Seit den 1960er-Jahren spielt die petrochemische Industrie südwestlich der Stadt eine bedeutende Rolle, doch ist der Dienstleistungssektor weiterhin führend.

Der durch seine natürliche Lage geschützte Hafen hatte schon zu Zeiten der Phönizier Bedeutung. Heute wird der größte Teil des sardischen Handels im Containerhafen von Cagliari abgewickelt. Er ist aber auch Passagier- und Fährhafen.

◄ Hafen

Hafenviertel (Marina)

Im Hafenviertel Marina mit seinen engen, z. T. etwas düsteren Gassen hat sich eine Vielzahl guter Restaurants, Bars und Trattorien niedergelassen. Das Viertel wird von den Straßen Via Roma, Largo Carlo Felice, Via Manno und Viale Regina Margherita begrenzt.

Kulinarische Anlaufstelle

Der palmenbestandene Boulevard Via Roma am Hafen ist zwar eine stark befahrene Straße, die aber gleichwohl einen besonderen Reiz zum Bummeln ausübt: Vor den klassizistischen Palazzi an der Nordseite der Via Roma verlaufen mehrere hundert Meter lange, hohe Arkaden, unter denen **reges Leben** herrscht; Boutiquen, fliegende Händler und kleine Läden bieten ihre Waren an, und die verschiedenen Cafés sind beliebte Treffpunkte bis in die Nacht. An der Ecke zum Largo Carlo Felice kann man im größten Kaufhaus Sardiniens,

Via Roma

Highlights Cagliari

Pranzo
Zum Mittagessen, il pranzo, geht man am besten mit den Cagliartanern in eines der Speiselokale in der Via Sardegna. Von der einfachen Trattoria bis zum teuren Ristorante findet hier jeder etwas für seinen Geschmack.
► Seite 159

Via G. Manno
Flanieren und shoppen in der Haupteinkaufsstraße von Cagliari zwischen prächtigen Bürgerhäusern.
► Seite 163

Cattedrale Santa Maria
Kostbare Innenausstattung, u.a. eine einzigartige romanische Kanzel.
► Seite 165

Museo Archeologico Nazionale
Das bedeutende Museum trägt zum Verständnis der Kulturen Sardiniens von der Vorgeschichte bis zum frühen Mittelalter bei. Es besitzt eine herausragende Sammlung von nuraghischen Bronzefiguren.
► Seite 166

Amphitheater
Im Sommer kann man im gut erhaltenen römischen Amphitheater Konzerte und Open-Air-Veranstaltungen erleben.
► Seite 167

San Saturno
Sehr bedeutendes frühchristliches Kunstdenkmal, das vorbildlich für andere sardische Kirchenbauten war.
► Seite 169

Strandseen am Golfo degli Angeli
Eines der bedeutendsten Feuchtgebiete Europas, in dem man viele Flamingos beobachten kann.
► Seite 169

Monte dei Sette Fratelli
Unter Naturschutz stehende Bergregion mit schönen Wandermöglichkeiten.
► Seite 171

Cagliari Orientierung

»La Rinascente«, einkaufen. Überquert man den Largo Carlo Felice, steht man vor dem neugotischen, marmorverkleideten Palazzo Comunale (Rathaus), der im Inneren mit Fresken des sardischen Malers Filippo Figari geschmückt ist. Auf der gegenüberliegenden Straßenseite kann man sich auf der Piazza Matteotti unter schattenspendenden Palmen ausruhen. Hier befindet sich weiterhin eine **Touristeninformation**, eine Bushaltestelle und wenig weiter westlich der Bahnhof.

◀ Palazzo Comunale

◀ Piazza Matteotti

Beim Palazzo Comunale beginnt die breite, von Jacarandabäumen gesäumte Straße Carlo Felice, die die westliche Begrenzung des leicht ansteigenden Hafenviertels bildet. Hier finden sich zahlreiche Banken. Etwa in der Mitte des Largo Carlo Felice erhebt sich an seiner Ostseite hinter einem Innenhof die Kirche Sant'Agostino, **die einzige echte Renaissancekirche Sardiniens**. Sie besteht aus einem Zentralbau, der von einer Kuppel überwölbt ist, und vier symmetrischen Seitenarmen (Hauptportal an der Via Baylle) und geht auf das Jahr 1580 zurück. Im Inneren sind u. a. die Reste einer römischen Therme erhalten, die man bei Renovierungsarbeiten fand.

Largo Carlo Felice

! *Baedeker* TIPP

Kaffeegenuss mit Stil

Das Caffè Genovese an der Piazza Costituzione gilt als die traditionsreichste Bar in Cagliari. Hier kann man in aller Ruhe einen Cappuccino mit besonders guter Crema schlürfen, ehe man den Stadtrundgang fortsetzt und über den Bastione San Remy in das Castello-Viertel aufsteigt.

Der Largo Carlo Felice mündet in die Piazza Yenne, benannt nach dem Vizekönig Marchese Yenne. Auf diesem lebhaften Platz steht eine Ziersäule aus rotem Porphyr, davor erhebt sich das Standbild des Königs Carlo Felice, des Auftraggebers der hier beginnenden Schnellstraße Cagliari – Porto Torres, der heutigen SS 131, die von Süden nach Norden quer durch die Insel führt. Um den Platz findet man Kioske, Buchläden und Bars. An der oberen Seite des Platzes rechts, in der Salita Santa Chiara findet man eine kleine Markthalle.

Piazza Yenne

Die Haupteinkaufsstraße von Cagliari ist die verkehrsberuhigte Via G. Manno, die von der Piazza Yenne nach Osten zum Bastione di San Remy reicht. In prachtvollen Bürgerhäusern aus der Zeit um 1900 mit schmiedeeisernen Balkonen residieren **die nobelsten Modeboutiquen, Schuhläden und Juweliere**. Galerien und interessante Antiquariate findet man in der überdachten Passage, die etwa in der Mitte der Via G. Manno über Treppen ins Hafenviertel hinabführt.

Via G. Manno

Ist man an der Piazza Costituzione mit der mächtigen Bastion angelangt, kann man den Einkaufsbummel in der Via Garibaldi fortsetzen, die in nordöstlicher Richtung verläuft. Hier ist nicht mehr teure Eleganz, sondern **junge Mode** bestimmend.

Via Garibaldi

✱ Altstadt (Castello)

Bastione di San Remy
Der Bastione di San Remy wurde zu Beginn des 20. Jh.s im klassizistischen Stil errichtet und beherrscht die Piazza Costituzione, an der die Hauptstraßen der Stadtteile Marina und Villanova, das Stadtviertel östlich der Altstadt, zusammentreffen.

Terrazza Umberto I.
Über den eindrucksvollen marmornen Treppenaufgang erreicht man die weite Aussichtsterrasse Umberto I., die den Blick auf den Hafen, den Golfo degli Angeli und weite Teile von Cagliari freigibt.

Gebäude und Gassen des Altstadtviertels
Hier oben, auf dem Kalksteinrücken über der Stadt, liegt das Altstadtviertel Castello, das seinen mittelalterlichen Charakter weit gehend erhalten hat. Seit der Gründung des Viertels zu Zeiten der pisanischen Herrschaft (13. Jh.) war Castello bis ins 19. Jh. **Mittelpunkt des städtischen Lebens und Zentrum der Macht**. Die ehemaligen Adelsresidenzen waren Sitze der geistlichen und weltlichen Oberhäupter. Durch das von Bastionen umgebene und durch zwei Türme, die Torre di San Pancrazio und die Torre dell'Elefante (s. u.), abgeschlossene Viertel ziehen sich lange, enge Gassen, die zu den beiden Eingangstoren, Porta Arsenale und Porta dei Due Leoni, führen. Heute ist der frühere Glanz dieses Viertels verblichen. Die Altstadtsanierung macht zwar sichtbare Fortschritte, doch gibt es vielfach

Castello, die höher gelegene Altstadt, wird von Festungsmauern umgeben, deren Bestandteile mächtige Türme sind.

noch – wie auch im Viertel Marina – schlechte Wohnsubstanz und sichtbaren Verfall der Gebäude. Es ist schwer vorstellbar, dass die Sarden unter der aragonesischen Fremdherrschaft das damalige Regierungsviertel nur tagsüber betreten durften. Wer nachts nicht rechtzeitig Castello verlassen hatte, wurde über die Mauer gestürzt. Diese Regelung wurde erst im 16. Jh. außer Kraft gesetzt. Der Ausdruck »Foras los Sards« (Sarden raus) stammt aus dieser Zeit.

Torre di San Pancrazio, Torre dell' Elefante

Die beiden mächtigen Türme wurden in den Jahren 1305 bis 1307 als Bestandteil der Befestigungsanlagen errichtet, deren Bau die Pisaner 1217 mit dem Kastell auf dem Colle di San Michele begannen. Die Türme sind mit akribischer Präzision aus Kalksteinquadern gebaut und zur Kastellseite hin offen. Der Elefantenturm, gleich neben der Universität, erhielt seinen Namen nach einer Marmorstatue seitlich über dem Eingang, einem kleinen Elefanten als **Sinnbild von Weisheit und Stärke**. Durchquert man nun das Stadtviertel, gelangt man zum Dom von Cagliari.

Cattedrale di Santa Maria di Castello

Die Kathedrale Santa Maria (Duomo Santa Maria) an der Piazza Palazzo geht auf das 13. Jh. zurück und wurde ursprünglich im pisano-romanischen Stil erbaut. Im Laufe der Jahrhunderte wurde sie mehrmals umgestaltet; besonders prägend war die Barockisierung der Kathedrale im 17. Jahrhundert. Aus der pisanischen Bauphase sind nur noch der Campanile und die Portale in den Seitenschiffen übrig geblieben. Selbst die Fassade, die so typisch pisanisch erscheint, ist in Wirklichkeit das Ergebnis einer 1933 erfolgten Rekonstruktion nach den alten pisanischen Plänen. Dabei wurde leider die Barockfassade von 1702 zerstört. Im barocken Inneren werden **zahlreiche kostbare Kunstwerke** aufbewahrt, wie etwa das Silbertabernakel in Form einer Renaissancekirche auf dem Hochaltar (1610). Aufmerksamkeit sollte man dem Doppel-Triptychon »Retablo della Crocifissione« (1528/30) schenken, das die Kreuzigung und die thronende Madonna zum Thema hat. Bei der Besichtigung sollte die Krypta nicht ausgelassen werden. Besonders beeindruckend ist das mit unzähligen Rosetten verzierte Tonnengewölbe der Hauptkapelle. In den kleinen Wandnischen sind die Reliquien von Märtyrern aufbewahrt. Das wahre Prunkstück des Doms ist aber die marmorne Kanzel des Künstlers Guglielmo (1159–1162), die zu den **einzigartigen Werken der romanischen Plastik auf Sardinien** zählt. Ursprünglich stand die Kanzel im Dom zu Pisa, wurde aber als Geschenk der Pisaner an die Stadt Cagliari nach Sardinien transportiert und im Dom aufgestellt. Diese Gabe fand nicht immer gebührende Beachtung. So wurde die Kanzel bei der barocken Umgestaltung des Domes kurzerhand in zwei Teile geteilt und rechts bzw. links des Hauptportals aufgestellt. Die ausdrucksstarken Löwen des Kanzelfußes, von denen jeder ein Beutetier bezwingt, fanden am Choraufgang Platz. Die schön gearbeiteten Reliefs der Kanzeln zeigen Szenen aus dem Leben Jesu.

◀ **Kanzel von Guglielmo**

Piazza Palazzo
Den Dom umgeben an der sich anschließenden Piazza Palazzo mehrere Paläste, darunter auch der Palazzo Regio (Königspalast) aus dem 18. Jh., heutiger Amtssitz der Präfektur, und der Palazzo di Città, das ehemalige Rathaus, ebenfalls aus dem 18. Jahrhundert.

Cittadella dei Musei
Der moderne Gebäudekomplex an der Piazza Arsenale thront hoch über der Stadt an der Stelle, an der sich die ehemalige spanische Zitadelle erhob, die zu piemontesischen Zeiten als Arsenal genutzt wurde. Ein Teil der Stadtmauer und das Arsenal wurden in den neuen Bau einbezogen. Hier liegen das Archäologische Museum, die Pinakothek, ein orientalisches Museum und ein Wachsfigurenkabinett.

★★
Museo Archeologico Nazionale
Das Museo Archeologico Nazionale ist neben dem Archäologischen Museum von ▶ Sassari das bedeutendste Museum Sardiniens. Von herausragendem künstlerischen Wert ist die **große Sammlung nuraghischer Bronzestatuetten** (9.–7. Jh. v. Chr.) mit ihren ausdrucksstarken Darstellungen von Stammesfürsten, Kriegern, Priestern und Menschen aus dem einfachen Volk; ebenso sind Tiere, Schiffe und allerlei Gerätschaften nachgebildet. Ein weiterer Schwerpunkt ist die phönizisch-punische Epoche. Neben den vielen Keramiken und Öllampen sind schöne Bronzestatuetten zu sehen. Beeindruckend sind die Funde von Sulci, u. a. eine große Anzahl an Stelen und eine große Frauenstatue. Hier steht auch die »Norastele« mit einer phönizischen Inschrift aus dem 9. Jh. v. Chr., welche die **älteste bisher bekannte Erwähnung des Namens Sardinien** aufweist. Schließlich sind Funde aus der Römerzeit ausgestellt (Piazza Asenale, Öffnungszeiten: Di.–So. 9.00–20.00, Juni bis Sept. Sa bis 23.00 Uhr).

> ! **Baedeker** TIPP
>
> **Geschichte der Türme**
> Überall an der Küste Sardiniens trifft man auf die Wehrtürme des 16. und 17. Jh.s, die fremde Eroberer und Seeräuber abschrecken sollten. Nun gibt es auch ein Museum, das sich mit ihrer Geschichte und mit der der Burgen auf Sardinien beschäftigt. Modelle von Befestigungsanlagen kann man sich im Museo delle Torri e dei Castelli Sardi anschauen (Ghetto di Cagliari, Via Santa Croce 18, Tel. 0 70 640 21 15. Öffnungszeiten: Di.–So. 10.30–13.00 u. 17.00–20.30 Uhr).

★
Pinacoteca Nazionale
Auch die Pinacoteca Nazionale ist in der Zitadelle untergebracht. Dieses außergewöhnliche Museum zeigt Werke der größten sardischen und katalanischen Maler des 14. und 17. Jh.s und der Vertreter der »Schule von Stampace« (sardische Renaissance), Lorenzo, Pietro und Michele Cavaro sowie Antioco Mainas (Öffnungszeiten Di.–So. 9–20 Uhr).

Museo Siamese S. Cardu
In dem Komplex befindet sich zudem das Museo Siamese S. Cardu, das eine reichhaltige Sammlung orientalischer Waffen und Gebrauchsgegenstände aus China und Thailand (11.–19. Jh.) besitzt (Öffnungszeiten: Di.–So. 9.00–13.00, 15.30–19.30 Uhr).

Das Wachsfigurenkabinett besteht aus 23 anatomischen Modellen, die der Florentiner Wachsbildner Clemente Susini (1757 – 1814) im Auftrag des Vizekönigs Carlo Felice anfertigte (Öffnungszeiten: Di. – So. 9.00 – 13.00, Di. – Sa. 16.00 – 19.00 Uhr).

Wachsfiguren-kabinett

⌚

Westlich der Altstadt (Stampace-Viertel)

Im Stadtteil Stampace, das sich vom Amphitheater im Norden bis zur Via Roma im Süden zieht, liegt das anthropologische und völkerkundliche Museum in der Via Porcelli. Es enthält Knochenfunde aus der Jungsteinzeit sowie **sardische Trachten** und Votivgaben.

Museo Sardo di Antropologia ed Etnologia

Nicht weit entfernt (300 m westlich der Cittadella dei Musei) kann man sich auf den Spuren der Römer bewegen: Das Amphitheater ist auch heute noch ein anschauliches Beispiel römischer Architektur. Das Theater wurde im 2. Jh. n. Chr. in einer Einsenkung des Felsabhangs in elliptischer Form **direkt aus dem Gestein herausgemeißelt**. Es besitzt mit 1148 m² beträchtliche Ausmaße. Noch gut erhalten sind die in den Felsen gehauenen Gänge, der Tiergraben und der Zuschauerraum mit ca. 20 000 Sitzplätzen, was der damaligen Gesamtbevölkerung Cagliaris entsprach. Während der Sommermonate finden hier Konzerte und andere Open-Air-Veranstaltungen statt (Öffnungszeiten: Di. – So. April – Okt. 10.00 – 13.00 und 15.00 – 18.00, Nov. – März 10.00 – 16.00 Uhr).

★
Amphitheater

⌚

Die städtische Kunstsammlung (Viale Regina Elena nördlich des Amphitheaters) ist in einer Villa im Park am Ende des »Walls« untergebracht, wie man die Viale Regina Elena nennt, die dem Verlauf der ehemaligen piemontesischen Befestigungsanlagen folgt. Zu den Exponaten gehören Werke moderner Maler sowie sardische Malerei, Plastik und Grafik von der Jahrhundertwende bis zu den 1970er-Jahren (Öffnungszeiten: Di. – So. 9.00 – 13.00, 16.00 – 19.00 Uhr).

Galleria Comunale d'Arte

⌚

Der Botanische Garten erstreckt sich zu Füßen des römischen Amphitheaters bei der Via Frà Ignazio da Laconi auf einer Fläche von 5 ha. Er gehört zum Botanischen Institut der Universität von Cagliari und zeigt in den Anlagen verschiedene Herbarien sowie einheimische und exotische Pflanzen.

Orto Botanico

Grundmauern römischer Patrizierhäuser (2. – 4. Jh. n. Chr.) befinden sich südlich des Botanischen Gartens in der Via Tigellio, darunter die Villa di Tigellio, die angeblich der sardische Dichter und Sänger Tigellius bewohnte, ein Zeitgenosse von Kaiser Augustus. Die Reste eines Atriums, Säulen und Schmuckelemente sind zu besichtigen.

Römische Patrizierhäuser

Die Jesuiten erbauten diese Kirche (südöstlich des Botanischen Gartens in der Via Azuni) in der zweiten Hälfte des 17. Jahrhunderts. Sie ist eines der interessantesten Beispiele der barocken Architektur

San Michele

auf Sardinien. Hinter der eindrucksvollen Fassade verbirgt sich ein Atrium. Im Kircheninneren fällt die **kostbare Ausschmückung mit Stuckaturen** auf; besonders sehenswert ist der Hochaltar. Mehrere Gemälde sowie mit Intarsien geschmückte oder bemalte Schränke sind in der Sakristei zu bewundern, einem hellen, reichlich mit barockem Stuckwerk ausgestalteten Raum.

Sant' Efisio In der Nähe des von Gaetano Cima entworfenen klassizistischen Gebäudes des Ospedale Civile (1858) liegt Sant' Efisio. Die 1870 erbaute

Kirche besitzt keine herausragenden architektonischen Besonderheiten; ihre Bekanntheit ist an die **Sagra di Sant'Efisio** gebunden, das weitbekannte Kirchenfest von Cagliari. Die Sagra (Kirchweihfest) di Sant' Efisio ist eine der wichtigsten religiösen Feiern Sardiniens und das bedeutendste Fest von Cagliari. Es wird alljährlich vom 1.–4. Mai zur Erinnerung an das Ende der Pestepidemie von 1656 begangen. Eine Prozession, an der Tausende von Gläubigen in Tracht teilnehmen, zieht am 1. Mai durch die Straßen von Cagliari. Dabei wird das Bildnis

Launeddas-Spieler bei der Sagra di Sant'Efisio

des Heiligen in einem gläsernen Schrein auf einem von Ochsen gezogenen Wagen bis nach Nora (► Pula) geführt, der legendären Stätte, an welcher der heilige Ephisius den Märtyrertod erlitten haben soll.

Westlich des Stampace-Viertels

Necropoli di Die älteste archäologische Stätte von Cagliari geht auf die punische
Tuvixeddu Zeit zurück. Es handelt sich um die Nekropole am Tuvixeddu-Hügel (Viale Sant'Avendrace). Die Gräber (7.–6. Jh. v. Chr.) sind in den Kalkstein geschlagen. In einigen von ihnen wurden Grabbeigaben gefunden, die heute im Museo Archeologico Nazionale von Cagliari ausgestellt sind. Man erreicht die etwas verwahrloste Anlage über den Corso Vittorio Emanuele, der im Westen in die Viale Trento übergeht. Von dieser biegt nach etwa 300 m die Via Vittorio Veneto nach Nordwesten ab, die zur Nekropole führt.

Östlich der Altstadt (Villanova-Viertel)

Kloster Das Kloster San Domenico an der Piazza San Domenico (westlich
San Domenico der Cittadella dei Musei) stellt das älteste gotische Baudenkmal Sardiniens dar. Im Inneren wird eine Fahne aufbewahrt, die der

Überlieferung nach den sardischen Schützen gehörte, die an der Schlacht von Lepanto (1571) gegen die Türken teilnahmen.

Die im Volksmund San Saturnino genannte Kirche an der Piazza San Cosimo ist **der älteste Sakralbau Sardiniens** und gehört zu den bedeutendsten frühchristlichen Kunstdenkmälern. Den weiten, kubischen Zentralbau krönt eine Kuppel aus dem 5. Jahrhundert. Die wegen der Einfälle der Vandalen unterbrochenen Bauarbeiten wurden von den Viktorinern aus Marseille wieder aufgenommen. Unter Einbeziehung der alten byzantinischen Details wurde die Kirche im Stil der provenzalischen Romanik um 1100 vollendet.
Wichtige Neuerungen waren der Grundriss in Form eines lateinischen Kreuzes und das Tonnengewölbe. Im Inneren wird eine Votivgabe aus Marmor mit der ältesten Darstellung von San Saturno aufbewahrt. San Saturno war Vorbild für weitere Kirchenbauten auf Sardinien, darunter die Kirche San Giovanni auf der Sinis-Halbinsel nahe Cabras.

San Saturno

Der Klosterkomplex Bonaria, auf einem Hügel über dem Meer an der Viale Bonaria gelegen, setzt sich zusammen aus einer kleinen Wallfahrtskirche (Santuario di Bonaria) in der Mitte, einem sich links anschließenden Klosterbereich mit Kreuzgang und einer mächtigen Basilika im Piemonteser Barock rechts daneben. Eine große Freitreppe, die anlässlich des Besuchs von Papst Paul VI. errichtet wurde (1970), führt zur Basilika und zur Wallfahrtskirche.
Die 1323/1324 erbaute **Wallfahrtskirche** ist das einzige Überbleibsel aus der Zeit, als die Aragonesen hier während der Belagerung Cagliaris ihr Hauptquartier aufschlugen. Aus der Erbauungszeit erhalten sind der achteckige Glockenturm mit der darunter liegenden Capilla Mayor. Auf dem Hauptaltar steht die Statue der Madonna di Bonaria (15. Jh.).

Klosterkomplex Santuario di Bonaria

Baedeker TIPP

Unterwassermadonna

Sardiniens bekanntester Bildhauer Pinuccio Sciola schuf 1979 zu Ehren der Madonna di Bonaria eine über 3 m große Pietà, die vor der Isola dei Cavoli ins Meer versenkt wurde. Sie gilt als größte Skulptur, die unter Wasser liegt. Im Kreuzgang des Klosters findet man eine kleine Ausstellung zu diesem Event.

Ostwärts Richtung Poetto

Am Golfo degli Angeli liegen mehrere Strandseen, die zusammen **eines der bedeutendsten Feuchtgebiete Europas** bilden. Den westlichen Teil nimmt der Stagno di Santa Gilla (Stagno di Cagliari) mit einer beachtlichen Fläche von 4000 ha, den östlichen der Stagno di Molentargius (500 ha) ein. Die beiden Lagunen bilden einen wichtigen Lebensraum für zahlreiche Tierarten. Außerordentlich eindrucksvoll ist der Anblick der **Flamingos**, die sich im Stagno di Mo-

Strandseen

lentargius aufhalten. Besonders die westlichen Feuchtgebiete sind durch Eingriffe (Industrialisierung der sich anschließenden Gebiete, Bau eines Containerhafens) stark in Mitleidenschaft gezogen. Die Bestände der dort überwinternden Vögel sind rückläufig.

Umgebung von Cagliari (nach Osten)

Quartu Sant' Elena
Die große gesichtslose Trabantenstadt, die zum Ballungsgebiet von Cagliari gehört, liegt ungefähr 7 km östlich von Cagliari. Quartu Sant'Elena (58 000 Einwohner) ist nach dem Zweiten Weltkrieg rasch angewachsen, was durch die Gründung neuer Wirtschaftszweige und den Bau von Wohnvierteln für Pendler nach Cagliari bedingt wurde. Es ist heute nach Cagliari und Sassari die drittgrößte Stadt auf der Insel.

In der Via Porcu 1271, unweit der zentralen Piazza Azuni und des modernen Rathauses, liegt das sehenswerte volkskundliche **Museum Sa Dom 'e Farra** (Mehlhaus bzw. Vorratshaus). In diesem typischen großen **Bauernhof des Campidano** sind Arbeitsgeräte und Gegenstände des traditionellen Alltagslebens ausgestellt. Der Hof umfasst rund 40 Räume, darunter den Keller, die Tenne, auf der Getreide und Hülsenfrüchte gedroschen und gemahlen wurden, Ställe, und Scheunen, die Wohnräume und den Innenhof, der von Lauben umgeben war (Öffnungszeiten: tgl. 9.00 – 13.0, 16.00 – 20.00 Uhr).

Selargius
Selargius liegt etwa 2 km von Quartu Sant'Elena entfernt. Alljährlich findet hier Ende September die »Settimana Selargina« statt. Hauptattraktion dieser Festwoche ist der Matrimonio Selargino, **eine Hochzeit nach alten Bräuchen**, bei der das Brautpaar traditionelle Tracht trägt. Die Messe wird in der Mundart des Campidano gehalten. Die Kirche von Selargius wurde im 11./12. Jh. errichtet.

Dolianova
Die Agrargemeinde Dolianova (7900 Einwohner) liegt in einem Hügelgebiet, ca. 20 km nordöstlich von Cagliari.

San Pantaleo ▶
Die heutige Pfarrkirche und ehemalige Kathedrale San Pantaleo befindet sich im Norden von Dolianova am Ende der Via Vescovado und war einst Bischofssitz. Der romanische Baukörper bis knapp zur Dachtraufe entstand 1160-70, blieb aber unvollendet, bis arabische Bauleute aus Spanien nach Sardinien kamen und San Pantaleo 1261-89 vollendeten. Der **arabische Stil** (Mudejarstil) mit seiner reichen Ornamentik drückt sich in der üppigen Ausschmückung des romanischen Baukörpers aus. In der Nähe des Eingangs befindet sich ein Taufbecken, in dem der Täufling untergetaucht werden konnte – das einzige dieser Art auf Sardinien.

Santa Maria di Sibiola
Südwestlich des Ortes Serdiana steht die zu Anfang des 12. Jh.s erbaute Kirche Santa Maria di Sibiola frei in der Landschaft. Es ist die besterhaltene sardische Doppelapsiskirche, eine Bautradition, die auf den provenzalischen Benediktinerorden der Viktoriner zurückgeht.

Einen schönen Ausflug mit Wandermöglichkeiten in die Umgebung Cagliaris verspricht die Fahrt Richtung ► Muravera auf der SS 125 zum Monte dei Sette Fratelli (30 km östlich von Cagliari). Beim Pass Arcu 'e Tidu, wo linker Hand die Straße nach Burcei von der SS 125 abzweigt, beginnt rechts ein Fahrweg, der an der Forststation vorbei in den Staatsforst um den Monte dei Sette Fratelli führt. In dieser unter Naturschutz stehenden Gebirgsregion versucht man, **Mufflons und sardische Hirsche** wieder heimisch zu machen. Weite, noch intakte Waldflächen mit mediterraner Vegetation, vor allem Steineiche, Baumheide, Korkeiche, Myrte, Kreuzdorn und Erdbeerbaum, wechseln mit Granitgipfeln ab. Sieben Felssporne, die im höchsten Teil des Gebirgszuges aufragen, haben dem Gebiet den Namen verliehen. Wildschweine und Marder sind zahlreich vertreten, auch Gänsegeier und Steinadler kommen vor.

★ Monte dei Sette Fratelli

Öfter als einem lieb ist, trifft man auf der Insel auf halbwilde Schweine.

Fährt man bei o. g. Abzweig von der SS 125 nach links Richtung Burcei, führt von dort eine nicht asphaltierte, streckenweise sehr steile und schwer befahrbare Straße zur Punta Serpeddi (1067 m). Auf dem Gipfel angelangt, bietet sich jedoch ein wunderschönes Panorama auf Cagliari, die umliegenden Ortschaften und das Meer.

Punta Serpeddi

nach ►Villasimius

Küstenstraße

Umgebung von Cagliari (nach Westen)

In südwestlicher Richtung verläuft die SS 195 nach ► Pula und zur bekannten Ausgrabungsstätte Nora.

Küstenstraße nach Pula

Assemini liegt etwa 11 km nordwestlich von Cagliari in der Campidano-Ebene. Das ehemalige Bauerndorf hat sich in den letzten Jahrzehnten zu einem eher gesichtslosen Vorort von Cagliari mit zahlreichen Pizzerien, Bars und Diskotheken entwickelt. Berühmt ist die Ortschaft für ihre **traditionsreiche Keramikproduktion**. Hinter der Dorfkirche San Pietro (Katalanische Gotik, 16. Jh.) liegt das byzantinische Oratorio di San Giovanni. Der im 10./11. Jh. errichtete Zentralbau zählt zu den besterhaltenen vorromanischen Kirchen Sardiniens.

Assemini

Uta

Das große ehemalige Bauerndorf Uta, westlich von Assemini gelegen, ist schnell gewachsen und hat einen Teil seines ursprünglichen Reizes eingebüßt. Am östlichen Ortsrand liegt die herrliche Kirche Santa Maria (1135–1145) aus geädertem Kalkstein. Sie stellt die letzte bedeutende architektonische Leistung der Viktoriner dar und lässt bereits die Mitwirkung arabischer und pisanischer Künstler erkennen.

✳
◀ **Santa Maria**

San Sperate

Ursprünglich beruhte die Bedeutung von San Sperate (nordöstlich von Uta) auf der Landwirtschaft. Seit Ende der 1960er-Jahre hat sich das Ortsbild jedoch entscheidend verändert. Damals gelang es dem Künstler Pinuccio Sciola, sein Heimatdorf mit dem Freiheitsgeist der 1968er-Jahre anzustecken; er sah Kunst auch als Ausdrucksform von Sozialkritik und politischer Äußerung.

Zahlreiche bekannte und unbekannte Künstler schufen auf den Hauswänden **Wandgemälde** (»Murales«) mit unterschiedlicher, in erster Linie sozialer Thematik. Sciola arbeitete mit einer von ihm gegründeten Kooperative als Bildhauer.

✳
Castello di Acquafredda

Die Burg von Acquafredda erreicht man von Uta aus, indem man 14 km in westlicher Richtung nach Siliqua fährt und von dort 4 km nach Süden; daran schließt sich ein kurzer, aber steiler Aufstieg zu Fuß an der Flanke eines felsigen Hügels an. Auf dem Gipfel befinden sich Reste des Mauerrings, der Türme und des Innenhofs des großen Kastells, das die pisanische Familie Donoratico della Gherardesca in der zweiten Hälfte des 13. Jh.s erbauen ließ. Der Aufstieg auf diesen von weitem sichtbaren Vulkankegel lohnt sich besonders wegen der schönen Aussicht auf die Ebene des Campidano.

Carbonia

O / P 7

Provinz: Carbonia Iglesias **Höhe:** 111 m ü. d. M.
Einwohnerzahl: 32 000

Die von schlichten Betonbauten geprägte Stadt wurde in den Jahren 1936 bis 1938 während der Mussolini-Ära in der Absicht erbaut, die Produktion von Braunkohle, die in der Umgebung reichlich vorhanden war, zu steigern.

Bergbaustadt der Mussolini-Zeit

Carbonia liegt in Südwestsardinien am Nordrand des Sulcisgebirges. Die Architektur der planmäßig angelegten Siedlung mit ihren schnurgeraden Straßen spiegelt den damaligen Zeitgeschmack wider: Zwei- und Vierfamilienhäuser mit Garten sind in langen, symmetrischen Reihen angeordnet.

Da Carbonia – wie schon der Name ausdrückt – als reine Kohlebergbaustadt gegründet wurde, musste sie die Folgen des Rückgangs der Kohleförderung verkraften. 1950 wurde die letzte Mine geschlossen;

CARBONIA ERLEBEN

AUSKUNFT

Carbonia Pro Loco
Piazza Roma 1
I-09013 Carbonia
Tel. 07 81 69 41
Fax 0 78 16 40 39
www.sardinianet.it/carbonia

ESSEN

► **Erschwinglich**

Bovo Da Tonino
Via Costituente 18
Tel. 6 22 17
Beliebte Trattoria in Familienbesitz.
Guter Fischküche.

starke Abwanderung aus dieser von Krisen geschüttelten Stadt war die Konsequenz. Heute hat sich die wirtschaftliche Situation dank der nahe gelegenen Industriegebiete wieder verbessert.

Sehenswertes in Carbonia

Die große, mit Granitplatten gepflasterte Piazza Roma ist das Zentrum der Stadt. Sie ist von den wichtigsten öffentlichen Gebäuden aus roh behauenen Trachytquadern aus der Zeit der Stadtgründung umgeben. Die Haupteinkaufsstraße mit großen Kaufhäusern, Boutiquen u. a. ist die Via Gramsci. Um den Eindruck der grauen Betonklötze, die die Straße säumen, aufzulockern, hat man zahlreiche Bäume und Palmen gepflanzt.

Piazza Roma, Via Gramsci

In der Via Napoli 46 zeigt das Archäologische Museum (Civico Museo Archeologico Villa Sulcis) in zwei Sälen Funde aus prähistorischer Zeit, vor allem aber von der phönizisch-punischen Festung auf dem Monte Sirai (►Umgebung. Öffnungszeiten: Di. – So. Sommer 9.00 – 13.00 und 15.00 – 19.00, Winter 9.00 – 17.00 Uhr).
700 Fossilien aus einer Zeitspanne von 600 Mio. Jahren zeigt das Museo di Paleontologia e Speleologia »Martel« in der Via Campania 61 (Öffnungszeiten: Di. – So. 9.00 – 13.00 und 15.00 – 19.00 Uhr).

Museen

Umgebung von Carbonia

In der Umgebung von Carbonia sind verschiedene Zeugnisse von Siedlungen aus prähistorischer Zeit erhalten. So war auch der **Monte Sirai**, ein Tafelberg 4 km nordwestlich von Carbonia, bereits in der nuraghischen Epoche bewohnt. Von den Phöniziern, die aus dem nahen Sulci (dem heutigen ►Sant'Antioco) kamen, wurde der Berg um 650 v. Chr. kolonisiert und eine Festung auf seinem Gipfel errichtet. Diese Festungsanlage diente zur Überwachung des Iglesiente und des Cixerritals. Später erneuerten die Karthager die Festung und machten sie zum wichtigsten militärischen Stützpunkt des Sulci-Gebiets. Auch in der Römerzeit war die Siedlung zunächst bewohnt,

✷ Phönizisch-punische Festung

bis sie mit Beginn der Kaiserzeit strategisch bedeutungslos und allmählich aufgegeben wurde.

Die Festung wird durch eine um das Gipfelplateau herum verlaufende Verteidigungslinie gesichert. Die bedeutendsten archäologischen Reste der Akropolis (300 x 60 m), an deren Eingang sich heute der Parkplatz befindet, sind die Nekropole und das Tophet (eine Brandopferstätte mit Urnen). Ein Teil der Fundstücke wird heute im Archäologischen Museum in Carbonia aufbewahrt. Vom Parkplatz aus durchschreitet man ein Eingangstor und betritt die Akropolis: Diese wird durch drei parallel verlaufende Straßen gegliedert, zwischen denen sich die Reste der Häuser und des Hauptturms (rechts nach dem Eingang) befinden. Vor der Akropolis liegt etwas unterhalb die Nekropole, ein Gräberfeld mit etwa einem Dutzend **in den Fels gehauenen Kammern**. Ca. 200 m nordwestlich der Akropolis trifft man auf das Tophet, von dessen Tempel nur noch die Grundmauern erhalten sind, in deren Umkreis man die Urnen mit der Asche verstorbener Kinder aufstellte.

Auf dem Monte Sirai lebten Phönizier, Katharger und Römer.

Tratalias In der kleinen Ortschaft Tratalias, 15 Kilometer südöstlich von Carbonia gelegen, ist die Kathedrale Santa Maria einen Besuch wert. Sie wurde 1213 erbaut und zeigt in ihren klaren Formen den Übergang von der pisanischen Romanik zur Gotik. Zu den Besonderheiten dieser Kirche gehören die beiden pisanischen Rhomben im Mauerwerk sowie die Treppe, die aufs Dach führt und nur im letzten Abschnitt sichtbar wird. Bedeutsam sind im Inneren die Skulpturen an den Kapitellen des Südportals und das schöne Relief am Architrav des Nordportals, das zwei einander gegenüberstehende Löwen darstellt.

Portoscuso In der Nähe des Fährhafens von Portovesme, von dem man zur Isola di San Pietro übersetzen kann, liegt Portoscuso (15 km westlich von Carbonia). Die Ortschaft entwickelte sich im 17. Jh. rund um eine so genannte Tonnara, eine **Tunfischfangstelle**, deren Anlagen noch erhalten sind, und blieb lange Zeit ein typisches Fischerdorf, ist jedoch heute industriell geprägt.

✷ Castelsardo

Provinz: Sassari **Höhe:** 114 m ü. d. M.
Einwohnerzahl: 5400

Castelsardo liegt sehr malerisch auf einem hohen Felssporn am Golfo dell'Asinara im Nordosten von Sassari. Von der Nordostspitze der Insel, d. h. von Santa Teresa di Gallura aus, führt eine Küstenstraße mit schönen Aussichten nach Castelsardo.

Heute spielt der Tourismus hier und im sich anschließenden Küstengebiet eine bedeutende Rolle. Diese Entwicklung findet auch in der regen Bautätigkeit am Ortsrand ihren Ausdruck. Große Souvenirläden und gastronomische Betriebe entlang der Einfallstraßen sind auf Reisegruppen vorbereitet. Castelsardo ist ein traditionelles Zentrum für die handwerkliche Erzeugung von **Körben aus Zwergpalmenblättern**. Im alten, verwinkelten Ortskern unterhalb der Burg sitzen die Frauen vor ihren Häusern, bieten ihre Flechtwerke zum Verkauf an und lassen sich bei der Arbeit zusehen.

Durch seine exponierte Lage ist Castelsardo ein beliebtes Ausflugsziel geworden. Zahlreiche Läden im alten Ortskern hoch oben auf dem Berg bieten Kunsthandwerk und Souvenirs jeglicher Art in reichlicher Auswahl an. Der Aufstieg zur Burg und der Besuch der darunter liegenden Altstadt mit ihren z. T. steilen Treppengässchen, den unverputzten oder pastellfarbenen alten Häusern und schmalen Torbögen ist zu Fuß zu empfehlen.

Lebhaftes Touristenstädtchen mit Castello

Oberhalb von Castelsardo erheben sich die Reste der Festung.

▶ CASTELSARDO ERLEBEN

AUSKUNFT

Castelsardo Pro Loco
Via Bastione 2
I-07031 Castelsardo
Tel. 0 79 47 15 06
www.consturcastelsardo.it

BADESTRÄNDE

Schöne, lange Strände befinden sich
nur in einiger Entfernung von Castelsardo, nämlich im Westen bei Marina
di Sorso und im Osten bei Valledoria
und Isola Rossa.

PARKEN

Die besten Parkmöglichkeiten gibt es
unterhalb der Altstadt an der Uferstraße (Lungomare) in Richtung Jacht-
Hafen. Von hier aus geht es aufwärts
zur Piazza del Popolo und darauf
folgend, in die Altstadt.

ESSEN

▶ **Erschwinglich**
Fofò
Via Lungomare Anglona 1
Tel. 0 79 47 01 43
Hier wird überragende Fischküche
zubereitet (Mi. geschlossen).

ÜBERNACHTEN

▶ **Komfortabel**
Castello
Lungomare Anglona 15
Tel. 0 79 47 00 62

Fax 0 79 47 91 63
E-Mail: castellhotel@tiscali.it
20 Z., Tel., TV, Bar, Restaurant
Die Hauptattraktion dieses freundlichen Hotels ist das Restaurant mit
seiner großen Terrasse, von der man
einen herrlichen Blick auf das Meer
und den Ort hat. Die Zimmer sind
recht ordentlich, aber nicht gerade
billig.

Villagio Pedraladda
Via Zirulia 50
Tel. 0 79 47 03 83
Fax 0 79 47 04 99
www.gici.com
128 Z., Tel., Bar, Restaurant, Disko,
Tennisplätze, Pool
Der neue, große, terrassenförmig angelegte Hotelkomplex befindet sich
1 km außerhalb des Ortes mit herrlichem Blick auf den Burgfelsen. Die
meisten Zimmer haben einen Balkon;
meist besteht hier Pflicht zur Vollpension (anfragen!).

Isola Rossa: Corallo
Via Lungomare 36
Tel./Fax 0 79 69 40 55
E-Mail: albergo.corallo@tiscali.it
www.corallo.20m.com
45 Z., Tel., Bar, Restaurant
Das fantasievoll gestaltete Hotel hat
freundliche Zimmer mit Aussicht auf
das Meer.

Geschichte Das Dorf wurde 1102 von der genuesischen Familie Doria als
Festung gegründet, um die Besitzungen im Inselinneren zu ver-
teidigen. Damals noch Castel Genovese genannt, erlebte der Ort eine
Blütezeit mit kommunaler Selbstständigkeit. Unter den neuen
Eroberern wurde der Name 1448 in Castel Aragonese abgewandelt,
und schließlich 1727, in der piemontesischen Epoche, erhielt die
Ortschaft ihren jetzigen Namen.

Sehenswertes in Castelsardo

Oberhalb des Städtchens erheben sich die Reste des Mauerrings der **Kastell**
Festung. Man erreicht sie per Auto nur über die Via Nazionale, die
sich am Südhang den Berg hochschraubt; zu Fuß durchstreift man
die Altstadt vom Hauptplatz über steile, enge Gassen mit Treppen
abschnitten. Der Blick aufs Meer und den Küstenabschnitt des Golfo
dell'Asinara ist großartig.
Im Inneren des renovierten Kastells zeigt ein kleines Museum (Civico Museo dell'Intreccio Mediterraneo) u. a. Beispiele der traditionellen Flechtkunst der Region (Öffnungszeiten: Sommer tgl. 9.00 bis   ⊕
13.00, 14.00 – 24.00, Winter 9.30 – 13.00, 15.00 – 17.30 Uhr).

Die Kirche ist leicht an ihrem schönen aragonischen Glockenturm   **Kathedrale**
mit einem Dach aus farbigen Majoliken zu erkennen. Sie besitzt ein   **Sant'Antonio**
kostbares, in Holz gearbeitetes und vergoldetes Inventar (Altäre,   **Abate**
Kanzel, Gestühl und Orgel, 17./18. Jh.) und Reste der Bildtafeln eines
dem anonymen »Meister von Castelsardo« zugeschriebenen Retabels.

Die im oberen Teil der Ortschaft gelegene Kirche Santa Maria zeigt   **Santa Maria**
Stilelemente des Mittelalters und des 17. Jahrhunderts. Santa Maria
ist Ausgangspunkt und Ziel der **berühmten Prozession des Lunissanti** (des »heiligen Montags« der Karwoche), bei der die in weiße Kut-
ten gekleideten Mitglieder der Bruderschaften alte Lieder singen.

Westlich des Ortes (ca. 2 km), am Fuße des Berges Richtung Sassari,   **Hafen**
wurde an der Stelle der ursprünglichen Siedlung der kleine Hafen
von Frigiano angelegt. Hier liegen Fischerboote und Jachten vor Anker. Seine östliche Grenze bildet ein alter spanischer Wachturm.

Umgebung von Castelsardo

Dieser markante Felsen liegt 5 km südöstlich von Castelsardo an der   ✱
SS 134 nach Sedini, bei der Kreuzung mit der Straße von Porto   **Roccia
dell'Elefante**
Torres nach Santa Teresa. Durch
Erosion hat der Trachytfelsen die
Form eines Elefanten angenom-
men. Aus prähistorischer Zeit
stammen die Grabkammern
(Domus de janas) der Ozierikultur
(3./2. Jt. v. Chr.), die in den Fuß des
Felsens hineingeschlagen wurden.
In der Nähe des Felsens erhebt sich
an der Straße nach Santa Teresa di
Gallura die **Nuraghe Su Tesoru**,
deren rotschwarzer Stein herrlich
mit dem Grün und Gelb der hügeligen Landschaft kontrastieren.

Wind und Wetter formten diesen ungewöhnlichen Felsen.

Tergu

★
Nostra Signora
di Tergu ►

6 km südlich von Castelsardo liegt der kleine Ort Tergu. Ein Besuch lohnt sich wegen der am Rande der Ortschaft sich erhebenden Kirche Nostra Signora di Tergu (13. Jh.), die zum bedeutendsten, heute verfallenen Benediktinerkloster Sardiniens gehörte. Der Bau aus rotem Trachyt und weißem Kalkstein weist eine rechteckige, von Blendarkaden, Säulen und Keramikkacheln belebte Fassade auf, die der pisanischen Architektur entspricht.

Küstenstraße nach Santa Teresa di Gallura

Aussichtsreich

Schöne Ausblicke aufs Meer, versteckte Buchten und kleine touristische Siedlungen, umgeben von einem Hinterland, das von Macchia und Felslandschaft bestimmt ist, machen den Reiz dieses Küstenabschnitts aus. Es ist empfehlenswert, für diese Strecke viel Zeit einzuplanen und auch Abstecher an die Küste zu unternehmen.

Isola Rossa

Am Rande einer kleinen Bucht bilden die weißen Häuser des Badeortes Isola Rossa (24 km nordöstlich von Castelsardo) einen schönen Kontrast zu den roten Felsen ringsum. Mit seinem schönen, langen Sandstrand und zahlreichen Cafés, Bars und Restaurants entlang der Hauptstraße am Meer ist es kein Wunder, dass sich Isola Rossa zu einem bekannten Ferienort entwickelt hat.

Costa del Sud

Q 8 / 9

Provinz: Cagliari

An den südlichen Ausläufern des Sulcisgebirges verläuft die Costa del Sud, ein wilder, felsiger Küstenlandstrich mit zahlreichen kleinen Buchten und feinsandigen Stränden, der sich zwischen dem Porto di Teulada und dem Capo Spartivento erstreckt.

★
**Kilometerlange
Sandstrände**

Es gibt hier nur ganz vereinzelte Feriensiedlungen und da dieser Küstenabschnitt heute unter **Naturschutz** steht, gilt ein genereller Baustopp. Man erreicht die Costa del Sud über die landschaftlich reizvolle Küstenstraße, die 4 km südöstlich von Domus de Maria von der SS 195 nach Chia abzweigt. Dieser Panoramastraße folgt man 24 km westwärts, bis man kurz hinter dem Porto di Teulada wieder auf die Staatsstraße einmündet.

Sehenswertes an der Costa del Sud

Punta Sébera

Einen Ausblick auf die ganze Küste bietet die Punta Sébera (979 m): Man folgt einem Fahrweg, der im Ferienort Santa Margherita di Pula (►Pula) von der SS 195 nach Nordwesten abzweigt, gelangt nach Is Cannoneris und geht von dort aus zu Fuß weiter.

Eine Abzweigung führt zu der kleinen Landzunge mit der Torre di Chia. Zu Füßen des Turms liegen die größtenteils noch von Sand bedeckten Reste der phönizisch-punischen Stadt Bithia. Ptolemäus und Plinius erwähnten die Kolonie, die sich um die damals größere, auch als Hafen dienende Lagune herum ausdehnte und, wie Funde belegen, vom 8. Jh. v. Chr. bis in die römische Kaiserzeit bewohnt war. Zu erkennen sind die phönizisch-punischen Reste des Mauerrings und Wohnhäuser, eine Zisterne sowie Spuren der großen Nekropole und des Tophet.

Chia

◀ Bithia

❗ *Baedeker* TIPP

Südsee-Impressionen

Bei den Ferienanlagen von Chia liegen zwei Lagunen, der Stagno di Chia und der Stangioni de su Sali. Davor erstrecken sich kilometerlange, feinsandige Traumstrände, die seicht ins türkisblaue Wasser abfallen. Im Sommer sind sie aber ebenso wie die anderen Strände entlang der Costa del Sud ziemlich stark von den Cagliaritanern frequentiert.

Auf Höhe des Capo Spartivento (das »Kap, das den Wind teilt«) lässt man die Ferienanlagen hinter sich und genießt nun die herrlichen Ausblicke auf die urwüchsige Küstenlandschaft. Entlang der kurvenreichen Strecke durch eine der schönsten Küstenlandschaften der Insel wechseln sich Granit-, Kalkstein- und Schieferfelsen mit duftender Macchia ab; im Frühjahr beleben weiß blühende Zistrosen und die Farbschattierungen der Baumartigen Wolfsmilch das Bild. Auf den Vorgebirgen stehen **Sarazenentürme**, die im 16. Jh. gegen die Piratenangriffe errichtet wurden. Über den Golfo di Teulada hinweg sieht man im Westen den Capo Teulada, die südlichste Landspitze Sardiniens, militärisches Sperrgebiet ist.

Costa del Sud

Am tiefen Küsteneinschnitt des Porto di Teulada schwenkt die Straße landeinwärts. Man passiert den kleinen Fischerhafen und die Abzweigung, die zum jenseits der Bucht liegenden Jachthafen führt; malerisch wird er von der Torre del Budello bewacht. Schon die Punier nutzten diesen **hervorragenden Naturhafen**. Bei der Fahrt landeinwärts kommt links in der grünen Talniederung kurz ein massiger Turm in Sicht, der zur Wehrkirche Sant'Isidoro gehört.
Sie bildete einst den Mittelpunkt einer kleinen Ortschaft, die bereits in römischer Zeit unter dem Namen Tegula (»Dachziegel«) bekannt war und im 16. Jh. unter dem Druck der anhaltenden Piratenüberfälle weiter ins Landesinnere verlegt wurde, wo das heutige Teulada entstand. Man erreicht das kleine Bauern- und Hirtendorf, indem

Porto di Teulada

man der SS 195 3 km nach Osten folgt. Entlang der Hauptstraße wurden interessante Bildhauerarbeiten aufgestellt.

Grotta Is Zuddas Pirosu

Fährt man von Teulada durch das Sulcisgebirge nordwärts nach Santadi, liegt rechts nach ca. 10 km die **zauberhafte Tropfsteinhöhle** Is Zuddas Pirosu. Außerordentlich sind die scharfen, weißen Kristallnadeln aus Aragonit, die neben den gewöhnlichen Tropfsteinbildungen zu sehen sind. Die Höhle diente in der nuraghischen Epoche als Kultstätte.

Hier entdeckte man eine große Menge von Gefäßen, darunter viele in Miniaturformat, Waffen und Schmuck sowie ein schönes Exemplar eines Bronzedreifußes, der dem zypriotischen Typus entspricht (Öffnungszeiten: Mai bis Sept. tgl. 9.00 – 12.00, 14.00 – 19.00, Okt. – April Sa., So. 10.00 – 12.00, 14.00 – 17.00 Uhr; Führungen durch die Höhle veranstaltet die Cooperativa Monte Meana, Tel. 07 81 95 57 41).

Festung von Pani Loriga

Auf einem Tafelberg im Südwesten vom Örtchen Santadi Richtung Giba liegen die Reste der phönizisch-punischen Festung Pani Loriga. Sie wurde an einem Ort gegründet, an dem bereits nuraghische und vornuraghische Bauten und Gräber auf einem U-förmigen Hügel existierten; Reste einer Nuraghe und einige Domus de janas (Felskammergräber) sind noch zu sehen. Die phönizisch-punische Siedlung nahm den Gipfel der Anhöhe vollkommen ein; diese erscheint heute in drei Zonen aufgeteilt: eine westliche mit der Akropolis, eine südliche mit den Wohnhäusern der Zivilbevölkerung und eine östliche mit einem Tempel. Ein Mauerring umschloss alle Teile der Siedlung. Die phönizisch-punischen Nekropolen sind an den Flanken des Hügels zu erkennen, mit mehreren phönizischen Fossa-Gräbern an der Südwestseite und punischen Kammergräbern an der Nordwestseite. Die prähistorischen Felskammergräber befinden sich ebenfalls an der Nordwest- und an der Südostflanke des Höhenrückens, wo später die phönizisch-punische Nekropole errichtet wurde.

Domus de janas des Monte Essu

In der Nähe von Narcao (12 km nördlich von Santadi) liegt die Nekropole des Monte Essu. Mit ihren etwa 40, teils sehr geräumigen, Domus de janas (Felskammergräbern) ist sie eines der eindrucksvollsten Zeugnisse der vornuraghischen Kultur Sardiniens. In einem »natürlichen Amphitheater« wurden Felskammergräber von unterschiedlichen Formen und Ausmaßen ins Gestein geschlagen. Unter ihnen fallen zwei große Gräber auf, die als Heiligtümer gedeutet werden können; sie besitzen einen Vorraum, in dem die Begräbnisriten ausgeführt wurden. Außerdem sind zwei weitere Gräber besonders interessant, von denen eines mit dem Relief von zwei Stierhörnern dekoriert ist, das andere mit eingeritzten Spiralmotiven (Öffnungszeiten: tgl. 9.00 – 13.00, 15.00 – 18.00 Uhr). Die Funde von Monte Essu bewahrt das Museo Sa Domu in Santadi.

Costa Smeralda

Provinz: Olbia Tempio (OT)

Die Costa Smeralda trägt ihren Namen »Smaragdküste« zu Recht: Türkisfarben leuchtet das Meer in zahlreichen Buchten mit herrlichen Stränden entlang der zerklüfteten Küste, hinter der sich das Hügelland mit seiner dunklen Macchia und bizarr geformten Granitfelsen erhebt.

Die Costa Smeralda umfasst einen Küstenabschnitt von insgesamt etwa 50 km Länge an der Nordostküste Sardiniens; sie beginnt nördlich von Portisco am Golf von Cugnana und zieht sich hinauf bis Liscia di Vacca westlich von Porto Cervo, dem Hauptort der Region. Zahlreiche Hotels und Ferienapartments, Restaurants, Cafés und andere Freizeiteinrichtungen stehen dem gehobenen Tourismus zur Verfügung.

Feriendomizil des Jetsets

»Costa Smeralda« ist ein **Kunstname**, der Anfang der 1960er-Jahre als verkaufsträchtiger Begriff einer noch zu schaffenden Tourismusregion von den Investoren kreiert wurde. Mit der Geschichte der touristischen Erschließung der Region durch den Ismailitenkönig Aga Khan, der hier ursprünglich ein Paradies für die Reichen schuf, beschäftigt sich das ► Baedeker-Special S. 100.

Geplantes Paradies

Porto Cervo ist der Hauptort der Costa Smeralda. Außerhalb der Saison ahnt man jedoch nicht, dass sich hier im Sommer der Jetset trifft.

Sehenswertes an der Costa Smeralda

Porto Cervo

Hauptort der Costa Smeralda ist Porto Cervo am nördlichen Ende des Küstenstreifens an einer tief eingeschnittenen Bucht. Seit den 1960er-Jahren wurden hier Ferienhäuser terrassenförmig angelegt, deren Pastellfarben den neuen Bauten Patina verleihen sollten. Porto Cervo gilt als der Ferienort, dessen architektonische Gestaltung vorbildlich geglückt ist, z. B. die Hotels Cala di Volpe und Pitrizza sowie die Kirche Stella Maris. Die Architektur aller Häuser bis hin zur Kirche in Größe, Aussehen und mit entsprechendem Baumaterial ist perfekt in die vorhandene Landschaft eingepasst. Da Porto Cervo ein reiner Ferienort ist, wirkt er außerhalb der Saison verlassen und lässt nicht erahnen, dass dies der **Treffpunkt der »feinen Gesellschaft«** ist.

Den Mittelpunkt des Ortes bildet die Piazzetta nahe dem alten Hafen (Porto Vecchio). Zum Shopping laden die zahlreichen Nobelboutiquen mit exklusiven Markenartikeln ein, die um den Platz herum angelegt sind. In etwas erhöhter Position im Westen von Porto Cervo befindet sich die kleine weiß getünchte Kirche Stella Maris (»Meeresstern«), die nach dem Entwurf des Architekten Michele Busiri Vici, einem der »Gründer« der Costa Smeralda, errichtet wurde. Ihr Kirchturm ist der Form der Nuraghen nachempfunden, gewaltige Granitblöcke, die an die sardischen Menhire erinnern, tragen den Portikus. Im Inneren beeindrucken neben dem indirekt beleuchteten Altarraum mit seinem schönen deutschen

★
Stella Maris ▶

Porto Cervo *Orientierung*

Essen
① Il Pomodoro   ③ Da Petronilla   ⑤ Pizzeria Oasi
② Il Pescatore   ④ Club Hotel del Casablanca

COSTA SMERALDA ERLEBEN

AUSKUNFT

Arzachena A.A.S.T.
Via Paolo Dettorri 43
I-07021 Arzachena
Tel. 0 78 98 26 24

STRÄNDE

Auch an der exklusiven Costa Smeralda sind alle Strände öffentlich zugänglich. Manche sind allerdings nur mit Booten zu erreichen, die im Hafen von Porto Cervo starten. Schöne Strände sind: Cala Liscia Ruia, Cala di Volpe und Spiagga La Celva.

ESSEN

► **Fein und teuer**

② *Pescatore*
Porto Vecchio
Tel. 0 78 99 22 96
Das Lokal liegt am alten Hafen und bietet nicht nur hervorragende Fischdelikatessen, sondern z. B. auch ein exquisites Vorspeisenbüfett.

In Baja Sardinia: ④ *Club Hotel del Casablanca*
An der Bucht
Tel. 0 78 99 90 06
Eine auf die Bucht hinausgehende Veranda krönt den Genuss beim exzellenten Essen in diesem eleganten Restaurant, das über 140 Weine zu seinen Meeres-Delikatessen anbietet.

In Porto Cervo: ③ *Da Petronilla*
Sa Conca
Tel. 0 78 99 21 37
Das Restaurant besticht durch eine hervorragende Meeresküche und bietet schöne Aussicht auf den Hafen.

► **Preiswert**

⑤ *Pizzeria Oasi*
Loc. Riolta
Tel. 0 78 99 88 08

Preisgünstige Pizza bekommt man in diesem stets vollen, großen Lokal.

① *Pomodoro*
Marina, oberhalb des Ortes
Tel. 0 78 99 22 07
Gute Pizza und ländliche Gerichte zu günstigen Preisen.

ÜBERNACHTEN

► **Luxus**

Cala di Volpe
Tel. 07 89 97 61 11
Fax 07 89 97 66 17
www.luxurycollection.com/caladivolpe
125 Z., Tel., TV, Bar, Restaurant, Pool, kostenloser Bootstransfer zum Strand
Das Hotel ist eines der luxuriösesten Sardiniens. Verschachtelte Komplexe mit Türmchen und Treppen lassen ein Flair wie in einer mittelalterlichen Burg und wie in einem südländischen Dorf entstehen. Es liegt südlich von Porto Cervo kurz vor Capriccioli.

► **Komfortabel**

Capriccioli
Loc. Capriccioli
Tel. 0 78 99 60 04
Fax 0 78 99 64 22
www.capriccioli.com
28 Z., Tel., TV, Bar, Restaurant, Tennisplätze, Wassersport
An der Straße nach Capriccioli südlich von Porto Cervo gelegen. Von den Zimmern des verschachtelten Hotels blickt man aufs Meer hinab.

Villa Gemella
Tel. 0 78 99 93 03
Fax 0 78 99 95 60
www.hotelvillagemella.com
17 Z., Tel., TV, Bar, Restaurant
Das in Naturstein gebaute Hotel mit Pool liegt oberhalb des Meeres.

Kruzifix eine neapolitanische Orgel aus dem 17. Jh. und die **»Mater dolorosa« von El Greco**. Das Gemälde ist ein Geschenk einer deutschen Millionärin, der Schwester von Heinrich Thyssen, an die Kirche, nachdem sich ihre Tochter von einer sehr schweren Krankheit erholt hatte. Etwas räumlich getrennt vom Ort liegt weiter nördlich die moderne Marina von Porto Cervo. Sie stellt einen der größten und bestausgestatteten Jachthäfen des Mittelmeers dar und verfügt über 500 Liegeplätze, die auf sieben Piers verteilt sind.

Marina ▶

Liscia di Vacca

Wenig weiter westlich von Porto Cervo liegt Liscia di Vacca. Hier befindet sich das wohl nobelste Hotel der Costa Smeralda: das Hotel Pitrizza, das einen in den Fels gehauenen **Meerwasserpool** besitzt.

Baja Sardinia

Offiziell bezieht sich der Name Costa Smeralda zwar nicht mehr auf das Gebiet von Baja Sardinia, aber es liegt nur knapp 5 km westlich von Porto Cervo und zählt noch zu den begehrten Ferienplätzen Sardiniens. Oberhalb der 200 m langen Bucht schmiegen sich die Apartments, Hotels, Restaurants, und Geschäfte an den Hang.

✷
Halbinsel Capriccioli

Fährt man von Porto Cervo in südlicher Richtung entlang der Costa Smeralda, kommt man nach 6 km zur Halbinsel Capriccioli. Sie besitzt einige herrliche Strände und **zwei der berühmtesten Hotels** der Smaragdküste. Das Hotel Cala di Volpe ist das wohl bekannteste der Region. Der Architekt Jacques Couelle hat sich mit den pastellfarben angemalten, verschachtelten Etagen mit diversen Türmchen, Balkonen, Treppen und Bögen an eine Ritterburg angelehnt. Einige hundert Meter weiter steht das ebenfalls burgartige Hotel Romazzino mit sternförmigem Grundriss mit einem schönen Park, der bis ans Meer reicht.

Cala Liscia Ruja ▶

Zwei besonders schöne Strände sind die Cala Liscia Ruja (nach einem 2 km langen, schlecht ausgebauten Feldweg kurz hinter der Kreuzung von der Küstenstraße nach Capriccioli gelangt man an eine sanft geschwungene Bucht, die von dichter Macchia umstanden ist) und La Celvia nahe beim Hotel Capriccioli.

Arzachena

Arzachena und Cannigione sind unter ▶Arzachena beschrieben.

Costa Verde

Provinz: Cagliari

Die noch relativ unerschlossene Costa Verde westlich von Guspini bietet eine Mischung aus Felsküste und kilometerlangen, einsamen Sanddünenstränden. Sie gilt noch als Geheimtipp und bietet eines der außergewöhnlichsten Hotels der Insel.

Neuerdings bestehen Ausbaupläne, die diesen Küstenabschnitt lang-fristig verändern werden. Etwas Tourismus besteht in den Badeorten Montevecchio Marina, Marina di Arbus und Riu Piscinas. Die bis zu **50 m hohen Sanddünen** sind die Hauptattraktionen an diesem Küstenstreifen.

★
Unberührte Traumstrände

Sehenswerte Orte und Plätze an der Costa Verde

Die im Südwesten Sardiniens zwischen den großen Städten Oristano und Iglesias gelegene Ortschaft Guspini ist ein bedeutender Verkehrsknotenpunkt: Hier stoßen die SS 126 Richtung Iglesias und die SS 197 von Sanluri aufeinander sowie die Nebenstraße, die von der Costa Verde und dem großen, heute stillgelegten Bergwerk von Montevecchio kommt. Guspini liegt inmitten einer Gegend, die **reich an Spuren prähistorischer Siedlungen** ist. Der Ort lebt heute von der Landwirtschaft und vom Bergbau.

Guspini

Folgt man der Küstenstraße nach Süden bis zu ihrem Ende, erreicht man das Tal des Flusses Piscinas. Einladend und leer ist der kilometerlange Sandstrand, der sich nach Süden zieht. Da hier **Meeresschildkröten** ihre Eier legen, sollte man aber nicht allzu weit in das Gebiet eindringen.

Riu Piscinas

Kilometerlange, einsame Sandstrände bei z. T. starker Brandung: Die Costa Verde, das noch unentdeckte Paradies an der Westküste, ist ganz anders als die anderen Strände Sardiniens.

► COSTA VERDE ERLEBEN

AUSKUNFT

Guspini Pro Loco
Piazza Mercato
I-09036 Guspini
Tel. 0 70 97 09 08
www.prolocoguspini.it

ÜBERNACHTEN

► Komfortabel

Le Dune
Via Bau 1, Piscinas
I-09030 Ingurtosu
Tel. 0 70 97 71 30, Fax 97 72 30
www.leduneingurtosu.it
Das Le Dune (25 Zi.) ist wohl das
außergewöhnlichste Hotel Sardiniens,
liegt es doch mitten in den Dünen in
völliger Abgeschiedenheit. Erbaut
wurde es dort, wo in dieser ehemaligen
Bergbauregion früher einmal das De-
pot und Stallungen standen. Anfang
der 1990er-Jahre hatte der Sohn des
letzten Bergwerksdirektors die Idee,
diese exponierte Lage der alten Bauten
für ein Hotel zu nutzen. Seine Idee war
von Erfolg gekrönt. Die mit antiken
Möbeln ausgestatteten Zimmer sind
fast immer belegt und die Gäste
genießen die Abgeschiedenheit und die
langen Sandstände.

Portixeddu und Küstenstraßen

Der kleine, in jüngerer Zeit entstandene Badeort Portixeddu
(»kleiner Hafen«) liegt im äußersten Süden der Costa Verde, westlich
von Fluminimaggiore (► Iglesias), und ist über die SS 126, die zur
Küste abzweigt, zu erreichen. Hinter dem Strand und der Feriensiedlung erheben sich prachtvoll die Berge. Von Portixeddu aus führt
eine Küstenstraße mit schönen Panoramablicken in nordwestlicher
Richtung weiter bis nach Capo Pecora unweit der Punta Mumullonis
und in südlicher Richtung bis nach Buggerru. Diese Strecke führt
entlang des kristallklaren Meeres und weiten herrlichen Stränden
(Bademöglichkeiten) mit meterhohen Dünen und kleinen Felsen.

Rundfahrt an der Costa Verde

Routen-beschreibung

Im Folgenden werden die Stationen entlang einer Rundfahrt beschrieben, die bei Guspini beginnt, in nördlicher Richtung auf der
SS 126 bis zur Abzweigung nach Westen zur Santa Maria di Neapoli
bzw. nach Sant' Antonio di Santadi führt und parallel zur Küste nach
Süden wieder nach Guspini zurückführt.

Nuraghenfestung Sa Urecci ►

Das 9 km nördlich von Guspini gelegene Monument erreicht man,
indem man zunächst der SS 126 und dann der Nebenstraße nach

Sant'Antonio di Santadi folgt. Links der Straße erhebt sich der Hügel Saurecci (175 m), auf dessen Gipfel die Reste einer großen Festung mit vier Türmen zu sehen sind. Vermutlich wurde sie errichtet, um die Wege zu kontrollieren, die das Gebiet von Oristano mit den Bergen des Südwestens verbanden.

Der neue Badeort Porto Palma liegt 33 km nordwestlich von Guspini nahe der Küste. In der Bucht von Porto Palma war früher eine »tonnara« in Betrieb, eine Anlage zum Fang von Tunfischen. Die Gebäude der Anlage sind noch erhalten. Im Norden der großen Feriensiedlung führt eine Stichstraße zur Torre di Flumentorgiu und zur südlicheren Torre dei Corsari. Hier beginnt ein schöner Strand. ◄ Porto Palma

Der Monte Arcuentu, ein zerklüfteter Felsgrat vulkanischen Ursprungs, der sich aus der Ferne mit markantem Profil abzeichnet, bildet die südöstliche Grenze der weiten Ebene des Campidano di Oristano. Er liegt in der Nähe der gewundenen Straße, die von Porto Palma zurück nach Guspini führt. Im weiteren Verlauf der Straße passiert man die stillgelegte Bergwerkssiedlung Montevecchio, wo alte Förderanlagen an den Abbau von silberhaltigem Blei und Zink erinnern. Die Siedlung ist neu aufgenommen als UNESCO Weltkulturerbe und es werden informative Führungen angeboten (Öffnungszeiten: April bis Mai 10.00 - 16, Juni bis Sept. 10 - 17.30 Uhr, Tel. 368 53 89 97). ◄ Monte Arcuentu ◄ Montevecchio

Längst nicht mehr bewohnt, aber jüngst restauriert: die Gebäude rund um die Minen im Iglesiente. Der prachtvolle Eingang zeugt von einer glanzvollen Vergangenheit.

Monte Linas

Von Villacidro aus kann man zahlreiche Wanderungen in das Gebiet des Monte Linas unternehmen. Etwa 1,5 km nördlich der Ortschaft befinden sich die Cascata della Spendula, die **herrlichen Wasserfälle**, die Gabriele D'Annunzio in einem Sonett besungen hat. Mühsamer ist es, den Gipfel des Monte Linas zu erreichen. Man muss zunächst die Punta Santu Miali ersteigen und von dort aus zum höchsten Punkt (1236 m) weiterwandern.

Dorgali · Cala Gonone

H 13

Provinz: Nuoro **Höhe:** 387 m ü. d. M.
Einwohnerzahl: 8190

Das Städtchen Dorgali liegt nahe der Ostküste auf halber Höhe am Hang des Kalksteinmassivs Monte Bardia, etwa 30 km östlich von Nuoro und wurde im Mittelalter an einer bereits in prähistorischer Zeit besiedelten Stätte gegründet. Heute passieren die meisten den Ort nur, um zum beliebten, touristisch stark frequentierten Bade- und Ferienort Cala Gonone zu gelangen, der 7 km entfernt am Meer liegt.

Verschlafenes Städtchen am Fuße eines Bergmassivs

In unmittelbarer Nähe von Cala Gonone gibt es einige schöne Strände und mehrere **berühmte Grotten**, zu denen täglich Schiffstouren angeboten werden. Die Altstadt von Dorgali ist von zahlreichen typischen Gebäuden aus dunklem Basalt geprägt.

Museo Civico Archeologico

Das interessante archäologische Museum von Dorgali (Museo Civico Archeologico, im Rathaus an der Hauptstraße) enthält einen Teil der zahlreichen Funde aus vornuraghischer, nuraghischer, phönizisch-punischer, römischer und frühmittelalterlicher Zeit aus der Umgebung des Ortes, die besonders reich an Zeugnissen der Vergangenheit ist (Öffnungszeiten: Mai – Nov. Di. – So. 10.30 – 13.00 und 15.30 – 19.00 Uhr).

Cala Gonone und der Küstenverlauf nach Süden

Cala Gonone

Der kleine Ort Cala Gonone liegt 7 km östlich von Dorgali an der Küste und ist über eine Straße mit schöner Aussicht zu erreichen, die von der SS 125 abzweigt. Nach einem kurzen Tunnel durch den Monte Bardia kommt man plötzlich auf eine große Terrasse mit herrlichem Blick aufs Meer, dann führt die Straße in die Ortschaft hinunter. Das ehemalige Fischerdorf Cala Gonone ist heute ein **beliebter Badeort** mit Jachthafen und zahlreichen Hotels, Restaurants und Bars. Am südlichen Ortsausgang gibt es einen kleinen Strand.

▶ DORGALI ERLEBEN

AUSKUNFT

Dorgali Pro Loco
Via Lamarmora 107
I-08022 Dorgali
Tel./Fax 0 78 49 62 43

Cala Gonone Pro Loco
Via Bue Marino
I-08022 Cala Gonone
Tel. 0 78 49 36 96

EINKAUFEN

Die lokale Weinproduktion, die
hauptsächlich aus der Genossenschaftskellerei stammt, ist von guter
Qualität, beliebt ist vor allem der
berühmte Rotwein Cannonau di
Dorgali. Bekannt ist Dorgali außerdem für sein Kunsthandwerk;
Lederverarbeitung, Töpferei, Tep-
pichknüpferei und Goldschmiede-
kunst haben hier eine lange Tradition.

BADESTRÄNDE

2 km südlich von Cala Gonone
schmiegt sich ein schöner Kiesstrand
an die Bucht Fuili vor einer hohen
Felswand. Ein Weg führt am Ende der
asphaltierten Straße hinunter. Am
oberen Teil dieses Weges zweigt ein
Pfad zum Strand der Cala di Luna ab.

ESSEN

▶ Erschwinglich

Panini
Viale Umberto 20
Die Bar und Pizzeria, die innen vor
einiger Zeit modern umgestaltet
wurde, wird von den Einheimischen
sehr gelobt und viel besucht.

Sant' Elene
Loc. Sant' Elene
Tel. 0 78 49 45 72
Gute einheimische Küche und ein
Panoramablick von der Terrasse er-

wartet den Besucher im Sant' Elene,
das auf dem Land, ca. 2 km Richtung
Madonna del Buoncammino liegt
(außerhalb der Saison Mo. geschl).

In Cala Gonone: Il Pescatore
Via Acqua Dolce 6
Tel. 0 78 49 31 74
Wer Lust auf schmackhafte Fisch-
gerichte hat, ist in dem besten Fisch-
lokal des Ortes richtig. Eine schöne
Terrasse rundet das Vergnügen ab
(von Okt. bis März geschlossen).

ÜBERNACHTEN

Baedeker-Empfehlung

▶ Luxus

In Cala Gonone: Costa Dorada
Lungomare Palmasera 45
I-08020 Cala Gonone
Tel. 0 78 49 33 33
Fax 07 84 9 34 45
E-Mail: info@hotelcostadorada.it
www.hotelcostadorada.it
26 Z., Tel., TV, Bar, Restaurant
Am Ende der Uferpromenade fällt das mit
viel Naturstein gebaute und mit einer
großzügig begrünten Terrassenanlage ausgestattete Costa Dorada auf. Die großzügigen Zimmer sind im sardisch-spanischen
Stil eingerichtet. Auch das Restaurant bietet
sardische Küche in bester Qualität.

▶ Günstig

Il Querceto
Via Lamarmora 4
Tel. 0 78 49 65 09
Fax 0 7 8 49 52 54
20 Z., Tel., TV, Bar, Restaurant
Mitten im Grün der umgebenden
Gärten steht das Querceto beim
nördlichen Ortseingang.

Grotta del Bue Marino

Die Grotta del Bue Marino ist eine der größten und eindrucksvollsten Höhlen Sardiniens. Sie liegt etwa 5 km südlich von Cala Gonone und ist **nur vom Meer aus zu erreichen**; die Boote fahren am Hafen von Cala Gonone und ▶Santa Maria Navarrese ab und anschließend zum Strand von Cala di Luna weiter, es bietet sich an, beides miteinander zu verbinden (Abfahrt Cala Gonone: April – Juni, Okt./Nov. 11.00, 15.00, Juli stdl. 10.00 – 12.00, 15.00, Aug. stdl. 9.00 – 12.00, 15.00 – 17.00, Sept. 10.00, 11.00 und 15.00 Uhr).

Der Name der Höhle erinnert daran, dass sie einer der letzten Lebensräume der Mönchsrobbe im Mittelmeer war, die heute hier nicht mehr vorkommt. Die in zwei Arme geteilte Grotte hat eine Gesamtlänge von etwa 5 km; nur ein Arm ist zugänglich. Mit ihren **fantastischen Tropfsteingebilden und kleinen Seen** erscheint sie an vielen Stellen überaus faszinierend. Man kann die Höhle auf einem gesicherten und beleuchteten, etwa 900 m langen Steg besichtigen. An der Sala della Spiaggia delle Foche (Mönchsrobbenstrand) endet die Führung, hier vereint sich das Süßwasser aus der Höhle mit dem Meerwasser bis ins Frühjahr hinein in einem kaskadenartigen Wasserfall.

Cala di Luna

Der Strand an der Cala di Luna, 7 km südlich von Cala Gonone, ist vom Meer aus oder über einen schönen Wanderweg zu erreichen. Von der Grotta del Bue Marino fahren die Boote weiter zur Mondbucht. Ein etwa 800 m langer Küstenstreifen mit weißem Sand trennt das Meer von der Lagune am Ausgang der Schlucht Codula di Luna; sie ist von einem reizvollen Oleanderwäldchen umgeben. Nördlich des Strandes öffnen sich die großen Eingänge von acht Grotten, die sich am Fuße einer Felswand aneinander reihen. Das türkis schimmernde Wasser und der feine Sandstrand sind mittlerweile vom Geheimtipp zur allzu beliebten Badebucht geworden und recht überlaufen.

Die Cala di Luna ist für die Emsigen per Wanderung zu erreichen, die Anderen nehmen das Boot.

Der Strand an der Cala Sisine liegt etwa 12 km südlich von Cala Gonone und ist vom Meer aus zu erreichen (Überfahrt mit Booten im Sommer von Cala Gonone und Santa Maria Navarrese) oder auf einem mehrstündigen Fußweg über den Sopramonte di Baunei. Die bezaubernde sandige Bucht liegt an der Meermündung der Schlucht Codula de Sisine.

✳ **Cala Sisine**

Umgebung nördlich von Dorgali

Die Höhle liegt etwa 6 km nördlich von Dorgali und ist leicht über die SS 125 in nördlicher Richtung zu erreichen; nach etwa 4 km zweigt rechts eine Nebenstraße ab, auf der man nach 1,5 km den Eingang der Höhle erreicht. Mit einer Länge von über 10 km ist sie eine der größten Tropfsteinhöhlen Italiens. In dem gewaltigen Grottenraum, der bereits in nuraghischer Zeit aufgesucht wurde und vielleicht als Kultstätte diente, fällt unter den unzähligen Tropfstein-gebilden in fantastischen Formen ein mehr als **36 m hoher Stalagmit** auf. An seinem Fuß öffnet sich ein tiefer Schlund, in dem zahlreiche Schmuckgegenstände und einige Menschenknochen gefunden wur-den. Früher glaubte man, hier seien Menschenopfer nach Riten der Punier praktiziert worden (daher die Bezeichnung Abisso delle Vergini, »Jungfrauenschlund«), aber dafür gibt es keine eindeutigen Belege. Die Funde kann man im Museo Archeologico, Dorgali besichtigen (Führungen: März – Nov. stdl. 9.00 – 12.00, 15.00 – 17.00, Juni – Sept. zusätzlich 18.00, Juli/ Aug. zusätzlich 13.00 und 18.00, nur im Aug. 19.00, Okt./Nov. nicht um 9.00 Uhr).

✳ **Grotta di Ispinigoli**

Baedeker TIPP

Bootstouren

Vom Hafen aus werden Bootstouren zu den schönsten Stränden und Grotten angeboten.

⊕

Die nuraghische Siedlung liegt etwa 10 km nordwestlich von Dorgali auf der rechten Seite der Provinzstraße, die in die SS 129 mündet. Die mediterrane Landschaft mit üppiger Vegetation, welche die Stätte umgibt, lässt den Reiz des nuraghischen Dorfes, das von allen bis jetzt bekannten **das größte erhaltene** ist, noch stärker wirken. Der Komplex besteht aus über 100 Hütten, Brunnen, einem heiligen Bezirk und zwei Megarontempeln mit rechteckigem Grundriss, weshalb man annimmt, dass der Platz auch als Kultstätte für Be-wohner aus umliegenden Dörfern genutzt wurde. Die bei den Gra-bungen freigelegten Funde werden teilweise im Museo Archeologico von Dorgali aufbewahrt (Führungen: stdl. 9.00 – 12.00, 15.00 – 17.00, Juli 16.00 – 18.00, Okt. – März 14.00 – 16.00 Uhr).

✳ **Nuraghisches Dorf Serra Orrios**

⊕

Das Gigantengrab S'Ena 'e Thomes befindet sich etwa 15 km nord-westlich von Dorgali, isoliert inmitten einer einsamen und faszinierenden Landschaft über dem Tal des Riu Isalle. Es ist eines

✳ **Gigantengrab S'Ena' e Thomes**

der bedeutendsten Grabdenkmäler der sardischen Vorgeschichte. Die lang gestreckte Grabkammer ist durch eine **herrliche Portalstele** verschlossen, die aus einer einzigen, 3,65 m hohen und 2,10 m breiten Granitplatte gearbeitet ist.

✳ Hochstraße von Dorgali nach Tortoli

Hochstraße Eine eindrucksvolle Fahrt hat man auf der SS 125 von Dorgali bis Santa Maria Navarrese (südlich von Baunei) vor sich. In Serpentinen schlängelt sich die Hochstraße über das Gebirge und ermöglicht immer wieder fantastische Blicke ins Tal.

✳✳
Gola
su Gorroppu Die herrliche Schlucht su Gorroppu, die bekannteste auf Sardinien, liegt etwa 18 km südwestlich von Dorgali und ist auf einem kurvenreichen Sträßchen zu erreichen, das von der SS 125 1 km hinter dem Tunnel nach Cala Gonone abzweigt. Auf der rechten Seite führt eine schmale Straße in den Talgrund der Valle di Oddeone. Am Ende der asphaltierten Fahrbahn folgt man rechts der Schotterpiste bis zur Flussbrücke hinab und wandert von hier 4 km im Tal des Riu Flumineddu nach Süden bis zum Eingang der Schlucht. Die **eindrucksvolle Schlucht** wird von vollkommen senkrechten, über 500 m hohen Kalksteinwänden gebildet.

Auch an der SS 125 steht eine Casa Cantoniera: Die charakteristischen, roten Straßenwärterhäuschen besitzen heute keine Funktion mehr.

Fonni

I 11

Provinz: Nuoro   **Höhe:** 1000 m ü. d. M.
Einwohnerzahl: 4370

Fonni ist die höchst gelegene Gemeinde Sardiniens. Aufgrund ihrer schönen Lage in luftiger Höhe am Nordhang des Gennargentu-gebirges ist Fonni als Urlaubsort, Wintersportplatz und Ausgangs-punkt interessanter Bergwanderungen beliebt.

Sehenswertes in Fonni und Umgebung

Im alten Ortskern mit schönen Beispielen traditioneller ländlicher Architektur aus Granit sind die beiden wichtigsten Baudenkmäler zu sehen: die Pfarrkirche San Giovanni Battista, die noch Spuren der ursprünglichen spätgotischen Struktur aufweist, und das Santuario della Madonna dei Martiri.

Traditionelle Architektur

Die Nuraghe steht etwa 2 km westlich des Ortes auf der rechten Seite der Staatsstraße nach Gavoi. Die komplexe Anlage, die aus einem Mittelturm und einem Mauerring mit drei Türmen besteht, wieder-holt in veränderter Form und kleineren Abmessungen den Grundriss der großen Nuraghen Losa bei Abbasanta und Santu Antine bei Torralba. Kürzlich durchgeführte Ausgrabungen brachten zahlreiche Gebrauchsgegenstände zu Tage.

Nuraghe Logomache

Im Gebiet von Teti (südwestlich von Ollolai und Olzai) liegen zwei Nuraghendörfer, Abini und S'Urbale. Das Erstere, das wegen verschiedener Funde von Bronzegegenständen seit 1865 bekannt ist, wurde kürzlich ausgegraben und sorgfältig restauriert. Man hat zahlreiche Bauten mit rundem Grundriss, einen eingefriedeten Versammlungsplatz und einige bereits in den 1930er-Jahren ausge-grabene Hütten freigelegt. Das zweite Dorf, das auf dem Hügel Cuccuru s'Urbale liegt, besteht aus etwa 50 kreisförmigen Gebäuden. Bei den Ausgrabungen fand man rund hundert Gegenstände.

Nuraghische Dörfer Abini und S'Urbale

Das Gigantengrab von Bidistili befindet sich etwa 7 km nordöstlich von Fonni auf der rechten Seite der Staatsstraße nach Mamoiada. Das Monument, das auf einer ebenen Lichtung liegt, wirkt gedrun-gen; über dem niedrigen, schmalen und rechteckigen Eingang erhebt sich eine gezackte Stele. Die reichen Funde, die man hier entdeckte, belegen, dass an dieser Stätte Opfergaben niedergelegt wurden.

Gigantengrab von Bidistili

Die Kirche liegt ca. 6 km nördlich des Gigantengrabes von Bidistili auf einer Hochebene. Wie viele andere sardische Wallfahrtskirchen ist sie von einer hohen Mauer umgeben. Innerhalb der Einfriedung erheben sich die schlichten Pilgerhütten (cumbessias). In ihnen

Santuario di San Cosimo

FONNI ERLEBEN

wohnt die Gemeinschaft der Gläubigen während der Novenen (neuntägige Andacht vor dem Fest) und während des Festes, das hier am 26. September mit Gottesdiensten und folkloristischen Darbietungen begangen wird (Festa di San Cosimo).

Monte Spada Der Monte Spada liegt 8 km südöstlich von Fonni (Richtung Desulo) an der Westflanke des Gennargentumassivs. Er ist 1595 m hoch und fast völlig unbewaldet, weshalb er im Winter als Skihang dient. Am Ende der Stichstraße führt ein kurzer Weg auf den Gipfel.

Bruncu Spina Folgt man der Straße von Fonni nach Desulo weiter, erhebt sich etwa 15 km südöstlich von Fonni der herrlich gelegene Berg Bruncu Spina (1829 m). Man erreicht ihn über eine Straße, die an der Westflanke entlang fast bis zum Gipfel führt. Zu diesem gelangt man dann entweder zu Fuß (30 Min.) oder mit der Seilbahn. Der Bruncu Spina ist der zweithöchste Gipfel des Gennargentu und Sardiniens.

Ghilarza · Lago Omodeo

I 9

Provinz: Oristano
Einwohnerzahl: 4570

Höhe: 290 m ü. d. M.

Ghilarza entstand vermutlich im Mittelalter durch den Zusammenschluss von fünf älteren Dörfern. Heute ist der Ort schon wegen seiner vielen Kirchen und dem Geburtshaus von Antonio Gramsci einen Besuch wert.

Das Dorf liegt westlich nahe dem Lago Omodeo auf dem Altopiano di Abbasanta und kann schnell über den Abzweig Richtung Abbasanta von der nach Nuoro führenden Schnellstraße Carlo Felice erreicht werden.

Mittelalterliches Örtchen

Sehenswertes in Ghilarza

In Ghilarza lebte von 1898 bis 1911 Antonio Gramsci, der **Gründer der Kommunistischen Partei Italiens** (▶Berühmte Persönlichkeiten). Seiner Ausbildung wegen ging er nach Turin, doch sooft er konnte, kehrte er auf die Insel zurück. Er starb nach langer Gefangenschaft, zu der ihn das faschistische Regierung verurteilt hatte. Das Haus seiner Familie (Corso Umberto 57) wurde in ein kleines Museum umgewandelt, das Dokumente, Fotografien und Schriften aus seinem Leben zeigt (Öffnungszeiten: tgl. 9.30 – 12.30, 16.00 – 19.00 Uhr).

Casa Gramsci

Die romanische Pfarrkirche San Palmerio (12. Jh.) besitzt eine schöne Fassade aus Trachytblöcken, in der weiße Streifen mit dunklen abwechseln. Genau gegenüber der Kirche erhebt sich ein Ende des 15. Jh.s erbauter Turm. Im restaurierten Inneren finden heute Veranstaltungen statt.

San Palmerio

Sehenswertes am Lago Omodeo

6 km östlich von Ghilarza entfernt liegt der Lago Omodeo, ein schöner, künstlicher See, der durch eine Talsperre am mittleren Lauf des Flusses Tirso entstand. Als 1924 die Staumauer eingeweiht wurde, war der Lago Omodeo der größte Stausee Europas.

Lago Omodeo

Um zu verhindern, dass die alte, kleine Kirche San Pietro di Zuri im Wasser des Sees versinkt, wurde sie in ihre Einzelteile zerlegt und ganz in der Nähe wieder aufgebaut. Auch die Ortschaft Zuri wurde umgesiedelt. Wie aus einer In-schrift hervorgeht, wurde die Kirche 1291 erbaut; ihre Formen entsprechen dem Stil der lombard-ischen Romanik. Die Quader der leuchtend rosafarbenen Fassade be-stehen aus dem für die Gegend typischen Trachyt. Die Kapitelle der Pfeiler, auf denen die drei Bogenstellungen der Fassade ru-hen, und der Architrav sind mit Blumen und Figuren ausgestaltet. Im Inneren zeigt ein weiteres Kapitell die Darstellung des »ballu tundu« (Reigentanz, ▶ Hinter-grund, Feste und Folklore).

**★
San Pietro di Zuri**

Relief an der Kirche San Pietro mit der Darstellung des traditionellen »ballu tundu«

Tadasuni

Tadasuni liegt wenig östlich von Zuri am Westufer des Lago Omodeo. Die Häuser sind hier aus schwarzem Lavagestein erbaut. Im Pfarrhaus kann man eine **Sammlung z. T. origineller sardischer Musikinstrumente** besichtigen, die der Pfarrer Don Giovanni Dore zusammengetragen hat (Besuch nach Vereinbarung: Via Adua 7, Tel. 07 85 5 01 13).

Sedilo

Das Gebiet um Sedilo, 10 km nordöstlich von Ghilarza oberhalb des Lago Omodeo, wurde in der prähistorischen Epoche intensiv genutzt, wie die vielen Reste von Nuraghen zeigen. Die im Jahr 1703 rekonstruierte Pfarrkirche San Giovanni Battista zeigt noch Elemente des ursprünglichen Baus aus dem 16. Jahrhundert. Auf dem Vorplatz der Kirche wurden einige aus der Umgebung stammende Baityloi (Kultsteine aus der Nuraghenzeit) aufgestellt.

Santuario di San Costantino

Die bedeutende Wallfahrtskirche liegt etwa 4 km südöstlich von Sedilo über dem Tal des Tirso. Sie ist Kaiser Konstantin geweiht, den die Sarden gemäß byzantinischer Tradition als Heiligen verehren. Der ursprüngliche Bau stammt vermutlich aus dem Mittelalter; die heutige Kirche wurde 1789 errichtet. Für volkskundlich Interessierte ist die große Anzahl von zum Teil sehr alten Votivgaben zu erwähnen, die im Inneren der Kirche an den Wänden hängen. In der Nähe der Kirche steht ein Baitylos aus der nuraghischen Epoche. Eine Legende berichtet, es handle sich um eine Frau, die zur Strafe für ihre fehlende Ehrerbietung dem Heiligen gegenüber zu Stein geworden sei. In der großen Einfriedung mit den Pilgerhütten um die Kirche herum findet alljährlich vom 5. bis 8. Juli **das berühmteste ländliche Fest der Insel** statt. Sein Höhepunkt ist S' Ardia, ein waghalsiges Pferderennen, das nach einem seit Jahrhunderten unverändertem Zeremoniell in der Nähe der Brücke durchgeführt wird. Es erinnert an den Sieg Konstantins über Maxentius an der Milvischen Brücke.

★ ★
Reiterfest
S' Ardia ▶

Umgebung des Lago Omodeo

Abbasanta

Abbasanta schließt westlich an Ghilarza an und besitzt im Gegensatz zu diesem einen Bahnhof. Die auf der gleichnamigen basaltischen Hochebene liegende Ortschaft (315 m) mit ca. 2600 Einwohnern wirkt von ihrer Bebauung her eher schlicht. Im Ortskern sind noch einige Häuser aus dem 16. und 17. Jh. erhalten, wobei ein Wohnhaus mit einem Portikus, dessen Säulen im Stil der katalanischen Gotik gestaltet sind, auffällt.

★
Nuraghe Losa

2 km südwestlich von Abbasanta steht die Nuraghe Losa, eines der bedeutendsten Monumente der prähistorischen sardischen Kultur. Der mächtige Komplex aus gewaltigen Basaltblöcken besteht aus dem um 1000 v. Chr. errichteten, heute noch zweistöckigen Zentralturm (13 m), der um drei jüngere Ecktürme (8./7. Jh. v. Chr.) zur

Eine trapezförmige Treppe führt hinab in das Herz des Brunnenheiligtums von Santa Cristina, das vor etwa 3000 Jahren angelegt wurde.

Bastion ausgebaut wurde. Vor dem Eingang der Nuraghe liegt eine große Versammlungshütte; daneben befinden sich Wohnhütten sowie Reste eines kleineren Befestigungsrings mit Türmen und Schießscharten. In weitem Bogen umschließt ein äußerer Mauerring mit Doppeltortürmen (Dipylontürmen) die Anlage, der wohl im 7. / 6. Jh. v. Chr. angelegt wurde – vielleicht von karthagertreuen Nuraghern. Im Museo Nazionale von ►Cagliari werden die Funde aufbewahrt, die bei den Ausgrabungen zu Tage kamen.

Das Brunnenheiligtum von Santa Cristina, ca. 12 km südwestlich von Abbasanta, ist direkt von der SS 131 Carlo Felice aus zu erreichen (eigene Ausfahrt). Die große Anzahl nuraghischer Brunnentempel auf Sardinien verdeutlicht die Bedeutung des Wassers in den kultischen Vorstellungen der damaligen Zeit. Dieses noch sehr gut erhaltene Heiligtum stammt vermutlich aus dem 9. Jh. v. Chr. und ist ein besonders eindrucksvolles Beispiel dieser Bauwerke.

★ ★
Brunnen-
heiligtum von
Santa Cristina

Den unterirdischen heiligen Brunnen umgeben eine innere und eine äußere Mauer, die den heiligen Bezirk eingrenzen. Der Treppenabgang zur Quelle besteht aus präzise behauenen Steinquadern, die gegeneinander leicht versetzt sind, so dass die Wände ein elegantes, die Perspektive verstärkendes Sägezahnprofil bilden. Die umgekehrte Treppe an der Decke scheint aus dem mystischen Urgrund in den Himmel zu führen – ein beeindruckendes **Symbol der Transzendenz**.

Der im Erdreich liegende, sich nach oben verjüngende Brunnenraum ist wie die Kragkuppel einer Nuraghe konstruiert, aber von ungleich höherer Präzision. Aufeinander liegende Steinkreise mit nach oben abnehmendem Radius bilden die Mauer; durch eine kleine Öffnung fällt Licht in den Schacht.

Die Harmonie seiner Proportionen und die perfekte Geometrie der Ausführung lassen diesen Tempel als eines der Meisterwerke der nuraghischen Architektur erscheinen. Rings um das Heiligtum stehen die Reste von hufeisenförmigen Hütten, die sich zum Tempel öffnen, daneben befindet sich eine Versammlungshütte mit umlaufendem Steinpodest (Öffnungszeiten: tgl. 9.00 – 21.00 Uhr).

Kirche Santa Cristina ▶ Unweit des Brunnenheiligtums steht das Kirchlein Santa Cristina. Sie zeigt schlichte Formen und ist von einer weitläufigen Gruppe von Hütten (»cumbessias«) umgeben, die an Feiertagen von Pilgern bewohnt werden. Im Mai und im Oktober finden hier zwei ländliche Kirchenfeste statt. Ein Stückchen weiter steht eine Nuraghe, daneben liegt ein Hüttendorf.

Neoneli Neoneli liegt östlich von Santa Christina auf einem Berggrat über dem Tal des Tirso. Im historischen Ortskern ist die traditionelle bäuerliche Architektur erhalten. Oft haben die Häuser Fenster und Türen in aragonischem Stil. Die Pfarrkirche San Pietro birgt ein schönes, mit Intarsien geschmücktes Chorgestühl und zwei farbig gefasste Holzstatuen, welche die Heiligen Petrus und Anna darstellen.

Chiesa dell' Angelo Die etwa 5 km nordöstlich des Ortes gelegene Kirche dell' Angelo ist leicht mit dem Auto zu erreichen, indem man von der Provinzstraße nach Austis abzweigt. Der auf das 17. Jh. zurückgehende Bau besitzt einen weiten Portikus mit Spitzbogenarkaden. Am ersten Montag im August findet hier alljährlich ein schönes Kirchenfest mit Gottesdiensten und folkloristischen Darbietungen statt.

✳ Iglesias

0 7

Provinz: Carbonia Iglesias	**Höhe:** 176 m ü. d. M.
Einwohnerzahl: 28 170	

Sehr reizvoll ist die Altstadt von Iglesias mit ihren alten Wohnhäusern, mittelalterlichen Kirchen und schattigen Plätzchen, die sich im Gassengewirr plötzlich auftun.

Ehemals wichtigste Bergbauregion Iglesias liegt am Rande des Cixerrigrabens an der Südflanke eines Gebirges, dessen Name Iglesiente sich von der Stadt herleitet. Zusammen mit dem südlich anschließenden Sulcisgebirge war das Bergland bis zur Mitte des 20. Jh.s die bedeutendste Bergbauregion Sardiniens und ganz Italiens.

Auf den Straßenschildern stehen sowohl die italienischen als auch die sardischen Namen.

Man sollte sich ruhig ein wenig Zeit nehmen für einen Bummel durch die hübsche Altstadt von Iglesias. Die als Fußgängerzone angelegte Hauptstraße, der Corso Matteotti, wird von Läden gesäumt; sehenswert ist auch die parallel verlaufende Via Cagliari mit ihren alten Häusern.

◄ Corso Matteotti

Schon in vorgeschichtlicher Zeit wurden die **reichen Erzlager** im Südwesten der Insel ausgebeutet. Die Karthager und nach ihnen die Römer intensivierten den Bergbau. Für diese Zeit ist eine Siedlung mit dem Namen Metalla bezeugt, der auf den Abbau und die Verhüttung von Erzen hinweist; sie konnte jedoch bis heute nicht genau lokalisiert werden.

Geschichte

Iglesias wurde Anfang des 13. Jh.s von dem Grafen Ugolino della Gherardesca, einem Pisaner Flottenadmiral, nach dem Vorbild toskanischer Gemeinwesen als Stadt mit Münzrecht zur Ausbeutung der Silberminen gegründet. Während seiner Herrschaft und später unter der direkten Verwaltung von Pisa blühte Iglesias auf; der Stadtkern wurde mit einer mächtigen viereckigen Umfassungsmauer

 ## IGLESIAS ERLEBEN

AUSKUNFT
Ufficio Turistico
Piazza Municipio
I-09016 Iglesias
Tel. 0 78 12 28 80.
www.prolocoiglesias.it

FESTE
Mitte August findet in der Altstadt ein großes Mittelalter-Kostümfest statt. Es endet mit einem schönen Lichterumzug.

FÜHRUNGEN
Die Cooperativa La Gheradesca (Via Don Minzoni 62, Tel. 0 78 13 38 50) bietet Altstadtführungen und Exkursionen zu den stillgelegten Bergwerksminen in der Umgebung an.

ESSEN
▶ **Erschwinglich**
① *Villa di Chiesa*
Piazza Municipio 9/10

Tel. 0 78 12 31 24
Mitten in der Altstadt, nahe des Doms, liegt eines der wenigen Restaurants der Stadt. Man isst hier gut sowohl Fleisch als auch Fisch und Pasta (Mo. geschlossen).

ÜBERNACHTEN
▶ **Günstig**
① *Artu*
Piazza Q. Sella 15
Tel. 0 78 12 24 92
Fax 0 78 13 24 49
E-Mail: hotelartu@tiscalinet.it
www.hotelartuiglesias.it
18 Z., Tel., TV, Bar, Restaurant
Direkt am Hauptplatz von Iglesias am Beginn der Altstadt liegt dieses gepflegte Haus mit Restaurant. Bevor man eines der nett eingerichteten Zimmer mit geräumigem Bad bezieht, sollte man die Betten testen: Zum Teil spürt man die Drahtkerne der Matratzen durch.

umgeben, die 20 Türme und vier Tore besaß. Reste dieser später von den Aragoniern restaurierten Stadtmauer sind noch rund um die Altstadt zu erkennen; in ihrem östlichen Teil ist die Ruine des Castello di Salvaterra erhalten. Pisa verlieh Iglesias auch ein Stadtrecht, das »Breve di Villa di Chiesa«, das nicht nur das Leben der Zünfte, sondern auch die Arbeit in den Bergwerken regelte.

Der Niedergang der »Kirchenstadt« begann mit der Eroberung durch die Aragonier. Die Förderung von Erzen war zwar noch einige Zeit lohnend, doch Mitte des 15. Jh.s wurden die Bergwerke stillgelegt, da sich das Interesse Spaniens auf die Schätze der Neuen Welt richtete. Im Jahre 1859 wurde per Gesetz entschieden, dass die Bodenschätze Eigentum des Staates und nicht die jeweiligen Grundbesitzers sind. Der Bergbau erlebte einen gewaltigen Aufschwung; zahlreiche Konzessionen wurden an fest- und ausländische Unternehmen vergeben. 3 Prozent des Bruttoertrages waren an den Staat abzuführen. Ab 1867 setzte mit der Entdeckung der reichen Zinkvorkommen des Iglesiente ein regelrechter »Galmeirausch« ein (Galmei bezeichnet zwei der wichtigsten Zinkerze). Die Härte der Arbeit machte es notwendig, sich zusammenzuschließen. So entstanden die ersten Arbeiterorganisationen; es kam immer wieder zu Arbeitskämpfen und 1904 nahm hier **der erste Generalstreik Italiens** seinen

Iglesias *Orientierung*

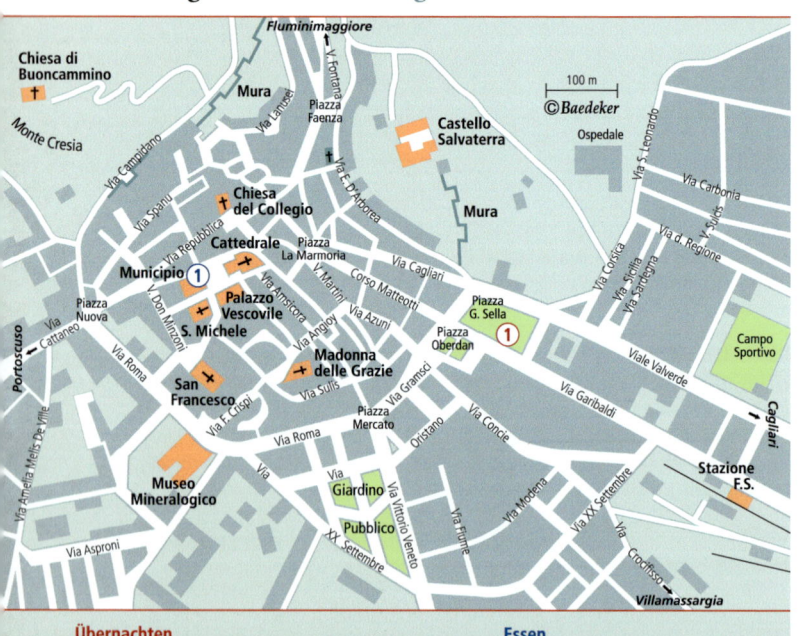

Highlights *Iglesias*

Altstadt
Schattige Plätzchen, mittelalterliche Kirchen, schöne alte Häuser und eine Fußgängerzone, die von Läden und Cafés gesäumt wird, lassen einen die Zeit in Iglesias vergessen.
▶ Seite 201

Golfo di Gonnesa
Eine Steilküstenstraße mit atemberaubenden Ausblicken.
▶ Seite 202

Tempio di Antas
Punisch-römischer Tempel, der eine faszinierende Synthese der religiösen Vorstellungen von Puniern und Römern zeigt.
▶ Seite 203

Grotta de su Mannau
Die »Höhle des Ungeheuers« besitz ein 7 km langes Höhlensystem mit faszinierenden schönen Stalaktiten mit Girlanden.
▶ Seite 204

Ausgang. Nach der Zeit des Faschismus, in der die Bergwerke vor dem Hintergrund der Autarkiebestrebungen keinen neuen Aufschwung erlebten, schloss angesichts der weltwirtschaftlichen Gesamtsituation ein Bergwerk nach dem anderen wegen Unrentabilität seine Tore.

Sehenswertes in Iglesias

Den Mittelpunkt der Altstadt bildet die Piazza Municipio. An ihr erheben sich der Palazzo Comunale (Rathaus) aus dem 19. Jh., der in spanischen Formen gestaltete Bischofspalast (um 1775) und vor allem die Kathedrale Santa Chiara (1285/1288) mit schlichter spätromanisch-gotischer Fassade. Im Inneren ist sie von katalanischer Gotik geprägt.

Piazza Municipio

◀ Kathedrale

Iglesias besitzt weitere sehenswerte Kirchen: San Francesco im Stil der katalanischen Gotik (15./16. Jh.), den romanisch-gotischen Bau Santa Maria delle Grazie (13. Jh.) und die Jesuitenkirche Chiesa della Purissima o del Collegio nördlich der Kathedrale.

Kirchen

Die Piazza Sella verbindet die Altstadt mit den neuen Vierteln. Ein Denkmal erinnert an den großen piemontesischen Bergbauingenieur und Minister Quintino Sella. Um das Standbild herum trifft sich vor allem die Jugend von Iglesias; ebenso sind die umliegenden Bars und Cafés **beliebte Treffpunkte für Jung und Alt** und geben dem etwas weiträumigen Platz eine lebendige Atmosphäre.

Piazza Sella

Die Landschaft Sulcis-Iglesiente besteht aus paläozoischem Urgestein. Das Gebiet ist deshalb nicht nur reich an Mineralien, sondern auch an Fossilien, die auf die erdgeschichtlichen Epochen des Kambriums (vor 550 Mio. Jahren) bis zum Karbon (vor 300 Mio. Jahren)

Museo di Mineralogia e Paleontologia

zurückgehen. Die außerordentliche Vielfalt und Schönheit der Mineralien und Fossilien dokumentiert das Museum für Mineralogie und Paläontologie (Via Roma 45). Die Sammlungen umfassen fast 1000 Gesteinsproben, Fossilien, Edelsteine und Halbedelsteine, außerdem Werkzeug und große Maschinen, die bei der Grubenarbeit verwendet wurden, weiterhin Karten, Urkunden und historische Fotografien (Öffnungszeiten: Mo. – Fr. 8.00 – 13.00 Uhr und nach Vereinbarung, Tel. 07 81 2 25 02).

Umgebung von Iglesias

Bergwerke von Monteponi, Campo Pisano, San Giovanni
Durch das gesamte Gebiet der Landschaft Iglesiente und Sulcis ziehen sich Adern von verschiedenen Mineralien. Im 19. und 20. Jh. entstanden zahlreiche kleine und größere Minen, die Hügelland und Küste in eine typische Bergbaulandschaft verwandelten. Die bekanntesten Bergwerke (vielmehr die von ihnen verbliebenen Anlagen und Gebäude, da die Arbeit unter Tage überall eingestellt wurde) sind die von Monteponi, Campo Pisano, San Giovanni und San Benedetto. Um einige Bergwerke herum entstanden Dörfer wie Nebida, Masua und Buggerru, die teils unten an der Küste, teils dahinter liegen.

Golfo di Gonnesa
Entlang der weiten Meeresbucht westlich von Iglesias zieht sich eine Steilküstenstraße, die von Fontanamare im Süden bis Nebida langsam ansteigt und dann bis Masua herrliche Ausblicke aufs Meer ermöglicht. Eine auffällige Klippe nordwestlich von Masua heißt Pan di Zucchero (Zuckerhut).

Tonnara von Porto Paglia
Westlich der Ortschaft Gonnesa (12 km südwestlich von Iglesias) liegt eine ehemalige Tunfischfangstelle. Die kleine Anlage, zu der verschiedene zweistöckige Gebäude, ein Hof mit Laubengang und eine kleine Kirche gehören, wurde im späten 18. Jh. errichtet. Die Tonnara war bis 1974 in Betrieb; heute stellt sie ein interessantes **Dokument der Industriegeschichte** dar. Von Masua führt eine Straße nach Buggerru.

Buggerru
Buggerru besitzt einen schönen langen Strand sowie einen kleinen Hafen und entwickelt sich allmählich zum Badeort. Er zieht sich unterhalb einer Felswand bei einem ehemaligen Bergwerk entlang.

Portixeddu
Etwa 6 km weiter nördlich gelangt man ins herrlich gelegene Portixeddu (►Costa Verde).

Nuraghisches Dorf von Seruci
Die nuraghische Siedlung befindet sich südlich der Tonnara in der Nähe des gleichnamigen stillgelegten Bergwerks. Das prähistorische Dorf liegt zusammen mit einer Nuraghe malerisch auf einem kleinen Hügel. Bei Grabungen wurde eine Siedlung freigelegt, die sich kreisförmig um einen Mittelhof anordnet und sich aus Hütten unterschiedlicher Größe und Grundrisse zusammensetzt.

Der römische Tempel von Antas, die Hauptsehenswürdigkeit in der Umgebung von Iglesias, erhebt sich etwa 20 km nördlich der Stadt in Richtung Fluminimaggiore im schönen Tal des Riu Antas. Man erreicht die Anlage auf einer kleinen Straße, die von der SS 126 abzweigt.

✷ ✷
Tempio
di Antas

Am Ort einer älteren nuraghischen Siedlung errichteten die Karthager um 500 v. Chr. einen ersten Tempel, der dem Sid Addir Babai (Sid war ein punischer Jagdgott; Addir bedeutet »mächtiger«) geweiht war und im 3. Jh. v. Chr. erneuert wurde. In der spätrepublikanischen Epoche oder in der frühen Kaiserzeit rissen die Römer den Tempel ab, um ihn in veränderter Form wieder aufzubauen; unter Caracalla wurde er nochmals umgestaltet. Der Architrav trägt eine Inschrift, aus der hervorgeht, dass der römische Tempel dem Kaiser Caracalla und dem »Deus Sardus Pater Bab...« geweiht war. Nach den von 1967 bis 1976 durchgeführten Ausgrabungsarbeiten wurde der Tempel auf der Grundlage des Wiederaufbaus der Kaiserzeit z. T. rekonstruiert. Heute stehen noch die sechs ionischen Säulen der Vorhalle, hinter denen sich die Mittelhalle (Cella) erstreckt, die mit Mosaiken geschmückt war. Von herausragen-

Nur noch Reste erinnern an die einstige Bedeutung des punisch-römischen Tempels von Antas.

dem Interesse ist der Tempel, weil er eine faszinierende **Synthese der religiösen Vorstellungen von Puniern und Römern** zeigt. So präsentiert sich das Bauwerk auf den ersten Blick zwar im klassischen Gewand, aber der römische Tempel ist wie sein Vorgängerbau nach Nordwesten ausgerichtet und nicht nach Osten, zur aufgehenden Sonne. Die Doppelwand der Cella greift das Motiv der phönizischen Pfeilerhalle auf; die beiden seitlichen Zugänge sind bei klassischen Tempeln unüblich, bei punischen Heiligtümern jedoch häufig. Dahinter befindet sich das nach punischem Vorbild in zwei getrennte Räume aufgeteilte Allerheiligste, in das man nur durch Wannen gelangen konnte, die vor der Schwelle in den Boden eingelassen sind und der Reinigung vor dem Betreten dienten, ebenfalls eine punische Tradition. Vor den Säulen sieht man die Reste der ehemaligen Freitreppe des römischen Tempels und – was man durch Grabungen unter der Treppe entdeckte – die Überreste des punischen Vorgängerbaus. Faszinierend auch die gemeinsam verehrte Gottheit Bab(ai), die auf eine Identität des punischen Sid mit dem römischen Sardus pater schließen lässt.

Grotta de su Mannau

Nach dem Besuch des Tempels von Antas kann man die Fahrt zu dem ca. 13 km weiter nördlich, in einem Flusstal liegenden Ort Fluminimaggiore fortsetzen. Auf halber Strecke liegt im Osten die Höhle Grotta de su Mannau (Höhle des Ungeheuers, des Riesen), die Stalaktiten mit Girlanden besitzt. Ein kleiner Teil des großen, natürlichen Höhlensystems mit einer Gesamtlänge von über 7 km ist zu besichtigen (Führungen von Ostermontag bis Okt. 9.30 – 18.30 Uhr; von Nov. bis Ostersonntag nur nach vorheriger Anmeldung unter Tel. 07 81 58 01 89). Auf Wunsch werden auch längere höhlenkundliche Exkursionen mit spezieller Ausrüstung durchgeführt.

Fluminimaggiore

Das Dorf wurde in der ersten Hälfte des 18. Jhs. gegründet und entwickelte sich zur Bergbaugemeinde, da die Umgebung reich an Erzvorkommen war. Bis in die Nachkriehszeit wurde hier abgebaut. Danach verfielen die Siedlungen um die Bergwerke herum.

Domusnovas

Die Ortschaft Domusnovas liegt am Fuße des Marganaimassivs, im fruchtbaren Cixerrigraben, 10 km östlich von Iglesias. Domusnovas ist ein Bauerndorf, das auf das Mittelalter zurückgeht; einst war es von einem Mauerring umgeben, und eine Burg beschützte es.

Grotta di San Giovanni

Folgt man der asphaltierten Straße, die am Lauf des Riu San Giovanni entlangführt, so gelangt man nach 3 km in nordwestlicher Richtung zur Grotta di San Giovanni. Durch diese 850 m lange Tropfsteinhöhle, die quer durch den Bergrücken Marganai führt, wurde im 19. Jh. für den Bergbau eine noch bis vor kurzem befahrbare Straße gebaut. An den beiden Öffnungen sind Reste von altem Mauerwerk zu erkennen, welche die Vermutung nahe legen, dass die Menschen in vergangenen Zeiten hier Zuflucht suchten. Im Inneren nimmt man **Spuren einer alten Felskapelle** wahr, während sich vor dem Südeingang eine kleine Landkirche aus dem 19. Jh. erhebt, bei der alljährlich am 24. Juni ein Volksfest gefeiert wird.

Valle d'Oridda

Durch die Grotta di San Giovanni gelangt man auf einer sehr schlechten Straße in die Valle d'Oridda, ein Tal längs des Flusses Sa Duchessa, dessen Schönheit zu einer Wanderung einlädt. Die wilde, teilweise **von dichter Vegetation bedeckte Landschaft** ist von tiefen Schluchten und malerischen Felsformationen geprägt.

Villamassargia

4 km südlich von Domusnovas liegt Villamassargia in der weiten Ebene des Cixerrigrabens. Das Dorf ist für seine **handgewebten sardischen Teppiche, Gobelins und Vorhänge** bekannt. Die Chiesa della Vergine del Pilar im Zentrum ist ein schönes Beispiel der toskanischen Romanik auf Sardinien. Die Burg, Castello di Gioiosa Guardia, von der nur noch spärliche Reste auf dem Gipfel eines vulkanischen Bergs vorhanden sind, diente der Verteidigung der Ortschaft. Seit dem 13. Jh. kontrollierte sie die Straßen, die ins Bergbaugebiet des Iglesiente führten.

Isili

L 10

Provinz: Cagliari   **Höhe:** 523 m ü. d. M.
Einwohnerzahl: 3080

Der Ort erstreckt sich längs der Centrale Sarda (SS 128), am Osthang der schönen Giara di Serri, an dem auch die Bahnlinie von Mandas nach Sorgono verläuft.

Das Bauerndorf Isili, das in Innersardinien liegt, ist alleine sicher keine Reise wert. Als wirtschaftliches Zentrum der Region Sarcidano besitzt es aber sogar einige Hotels, so dass man von hier aus die Umgebung erkunden kann, in der es verschiedene interessante prähistorische Zeugnisse und kleine Bergdörfer zu besuchen gibt. **Station des Trenino Verde**

Sehenswertes in Isili und Umgebung

Der Ort besitzt schöne Gebäude aus dem 19. Jh. und breite Alleen. Auffällig ist die Pfarrkirche San Giuseppe Calasanzio mit ihrer weißen Fassade, die im etwas reizvolleren Norden des Ortes steht. **Isili**

 ISILI ERLEBEN

AUSKUNFT

Isili Pro Loco
Via Umberto I 79
Casella Postale 95
I-08033 Isili
Tel./Fax 07 82 80 32 00
E-Mail: info@prolocoisili.it
www.prolocoisili.it

FESTE

Anfang August werden Markttage mit vielfältigem Rahmenprogramm (Mostra del Mercato Isilese) angeboten.

ESSEN

▶ **Erschwinglich**
Del Sole
Via Vittorio Emanuele 124
Tel. 07 82 80 20 24
Das feine Restaurant befindet sich im gleichnamigen Hotel (montags geschlosssen).

ÜBERNACHTEN

▶ **Günstig**
Del Sole
Via Vittorio Emanuele 86
Tel. 07 82 80 20 24
Fax 07 82 80 23 71
16 Z., Tel., TV, Bar, Restaurant
Vor allem das Restaurant im Keller des ordentlichen, sauberen und nicht teuren Hotels ist einen Besuch wert. Es liegt an der Hauptstraße nahe dem nördlichen Ortsausgang.

Nuraghe Is Paras Am nördlichen Ortsausgang ragt am Straßenrand der SS 128 der elegante Bau der Nuraghe Is Paras (»die Mönche«) auf. Der bis zu einer Höhe von 8 m erhaltene Turm wurde aus Kalksteinblöcken erbaut, nicht aus dunklem Trachyt oder Basalt wie fast alle anderen Nuraghen Sardiniens. Auch ein großer Teil der Kuppel ist noch vorhanden.

Die Umgebung war in vor- und frühgeschichtlicher Zeit – viele Domus de janas und weitere Nuraghen sind dort noch erhalten – wie auch in der römischen Epoche stark besiedelt. In der Nähe entdeckte man die Reste einer bedeutenden römischen Siedlung.

> ## ! *Baedeker* TIPP
>
> **Mitbringsel**
> Isili ist bekannt für sein schönes Kupfergeschirr, das hier auf traditionelle Weise hergestellt wird.

★★
Nuraghisches Heiligtum von Santa Vittoria

In schöner Lage mit herrlichem Ausblick liegt das nuraghische Tempelheiligtum Santa Vittoria etwa 4 km westlich von Serri am Rande des Basaltplateaus Giara di Serri. Diese Anlage ist eines der faszinierendsten Zeugnisse der nuraghischen Kultur und beschwört auch heute noch die Vergangenheit herauf.

Die verschiedenen Gebäude sind ohne erkennbare Ordnung verteilt. Santa Vittoria wurde wahrscheinlich als Wallfahrtsort regelmäßig von den in der Umgebung lebenden Stämmen besucht. Beinahe im Mittelpunkt des Komplexes befindet sich ein von Säulengängen umgebener Bezirk; er muss den Teil der Kultstätte dargestellt haben, von dem bei Feierlichkeiten die stärkste Anziehungskraft ausging und in dem sich eine große Anzahl von Menschen versammelte. Hier, in einer Reihe von Räumen rund um einen gepflasterten kleinen Platz, übernachteten vermutlich die Pilger, die das Heiligtum besuchten. Wenige Meter von der Mauer entfernt liegt das religiöse Zentrum, der **Brunnentempel**. Das Brunnenheiligtum besteht aus einem gepflasterten Vorraum mit Steinbänken für die Votivgaben, aus der Treppe in die Tiefe und dem Brunnenschacht, dessen Wände in Abständen von Drainagelöchern durchbrochen sind. Als öffentliches Gebäude dürfte auch die große Versammlungshütte anzusehen sein, die am Rande des nuraghischen Dorfs liegt und möglicherweise für geheime, ungestörte Besprechungen der Stammeshäupt-

Symbolische Treppenstufen führen in den Brunnenschacht hinunter.

linge bestimmt war. Das kleine, fast an den Rand des Basaltplateaus gebaute Kirchlein deutet darauf hin, dass auch in späteren Zeiten die religiöse Bedeutung dieses Ortes beibehalten wurde.

Die 11 km östlich von Serri gelegene Ortschaft besitzt einen gut **Nurri** erhaltenen, alten Ortskern. Auffallend sind die Kirche San Michele mit einem Campanile aus dem 16. Jh., die ein prächtiges Portal im Stil der katalanischen Gotik schmückt, das Kapuzinerkloster (17. Jh.) mit der Kirche Santa Rosa da Viterbo sowie das ehemalige Jesuitenkolleg (18. Jh.), das heute Sitz der Gemeindeverwaltung ist.

Im Südosten der Ortschaften Nurri und Orroli (6 km entfernt) liegt **★ ★** der mächtige Nuraghenkomplex Arrubiu, eine der besonders **Nuraghe** imposanten Nuraghenfestungen Sardiniens. Rund um den Mittel **Arrubiu** turm verläuft eine **Bastion mit fünf Türmen**, die ihrerseits von einer weiteren Ringmauer mit sieben Türmen umgeben ist. In der römischen Kaiserzeit wurde die Anlage durch verschiedene Eingriffe verändert; sie diente zeitweise als Weinkellerei. Die großen Wannen und Becken zum Auspressen der Trauben, Sockel von Keltern und weitere Vorrichtungen für die Weinerzeugung sind heute noch zu erkennen. Um mit den Ausgrabungsarbeiten fortfahren zu können, wurde die Kelterei abgetragen und neben der Festung wieder aufgebaut (Öffnungszeiten: Nov. – Feb. tgl. 9.00 – 17.00, März – Okt. 9.30 bis ⊙ 13.00, 15.00 – 20.30 Uhr).

★ La-Maddalena-Archipel

B 12

Provinz: Olbia Tempio   **Höhe:** 0 – 156 m ü. d. M.
Einwohnerzahl: 11 400 (La Maddalena
Stadt)

La Maddalena heißt die größte und bedeutendste Insel des gleichnamigen Archipels vor der sardischen Nordostküste. Die Insel ist mit ihrem schönen Hauptort La Maddalena, ihren Klippenbuchten, Granitfelsen und Sandstränden sehr reizvoll und daher ein beliebtes Ausflugsziel.

Fährschiffe verbinden La Maddalena mit ▶ Palau (mehrmals **Zerklüftete** täglich.), ▶ Santa Teresa (tgl.) und Bonifacio/Korsika (tgl.). Die **Küste und** Nachbarinsel Caprera ist durch eine Brücke mit La Maddalena **wunderschöne** verbunden. Der Archipel besteht aus Dutzenden von Eilanden und **Sandbuchten** sieben größeren Inseln; seine Gesamtfläche beträgt knapp 50 km².
Die Isola della Maddalena nimmt eine Fläche von knapp 20 km² ein; die zerklüftete Küste erstreckt sich über etwa 45 km und besticht durch viele felsige Buchten und einige kleine Sandstrände. Das Inselinnere besteht aus einer welligen Hochebene, die von Tälern

La Maddalena besitzt einige traumhafte, nicht stark frequentierte Badebuchten wie die Cala Spalmatore, die man über die rund um die Insel führende Panoramastraße erreicht.

durchzogen ist. Die mit Felsen übersäte Landschaft ist von Macchia bedeckt. Eine Panoramastraße führt um die ganze Insel. Der höchste Punkt ist die Guardia Vecchia (156 m). 1997 wurde der Maddalena-Archipel zum **Nationalpark** erklärt, zum Parco Nazionale dell'Arcipelago della Maddalena.

Geschichte Ebenso wie die kleineren Inseln des Archipels war auch die Isola della Maddalena schon in prähistorischer Zeit besiedelt. Während des Krieges zwischen Pisa und Genua im 13. Jh. war sie ein wichtiger Landungsplatz für die pisanischen Schiffe. Nach langen Jahrhunderten der Vergessenheit ließen sich im 17. Jh. korsische Hirten im Inselinneren auf der vor Überfällen geschützten Hochebene um die Guardia Vecchia nieder. Als Sardinien und Korsika Anspruch auf die »Isole Intermedie«, wie der Archipel damals hieß, erhoben, zogen die Hirten an die Südküste. Rund um ein kleines Dorf von Fischern und Seeleuten entstand 1770 das Städtchen La Maddalena. Im Jahre 1773 ließ die piemontesische Regierung, die die Insel besetzt hatte, eine Garnison errichten. In den folgenden Jahrzehnten führte die Zuwanderung von Familien aus den Landschaften Gallura und Logudoro zum Wachstum der Stadt. Von 1887 bis zum Zweiten Weltkrieg war La Maddalena ein wichtiger Stützpunkt der italienischen Kriegsmarine. An der Meerenge zwischen La Maddalena und Santo Stefano befindet sich eine **Nato-Basis für Atom-U-Boote**. Außerdem ist die Insel Sitz der sardischen Kommandobehörde der italienischen Kriegsmarine und eines Ausbildungszentrums für Marinesoldaten.

La Maddalena (Stadt)

Die Stadt erstreckt sich unmittelbar am Meer, entlang der Südküste der Isola della Maddalena. Die Häuser von La Maddalena ziehen sich an den Hängen des Granithügels Guardia Vecchia hinauf. Besonders malerisch ist die Altstadt mit ihren Treppen und Gassen, mit den schönen granitgepflasterten Straßen, die von hübschen Palazzi mit schmiedeeisernen Balkonen aus dem 18. und 19. Jh. gesäumt werden. Die Altstadt beginnt am Fischereihafen mit einer langen Fußgängerzone mit zahlreichen Geschäften. An der lebhaften Piazza Garibaldi befindet sich das Rathaus der Stadt sowie die Markthalle.

★
Altstadt

Westlich des Hafenbereichs, wo die großen Fährschiffe anlegen, liegt der kleine Fischerei- und Jachthafen Cala Gavetta an einer Bucht, die

Hafen

 # LA-MADDALENA-ARCHIPEL ERLEBEN

AUSKUNFT

La Maddalena A.A.S.T.
Piazza Barone de Geneys
I-07024 La Maddalena
Tel. 07 89 73 63 21
Fax 07 89 73 66 55

BOOTSVERMIETUNG

Motorjachten und Schlauchboote zur Vermietung bieten die Fratelli Cucci in der Via Amendola 30 an.
Tel. 07 89 73 85 28.

ESSEN

► Erschwinglich

(Stadt): Al Faone
Via Ilva 10
Tel. 07 89 73 83 02
Das nur sehr kleine, aber umso feinere, alteingesessene Lokal in der Altstadt serviert Köstliches vor allem aus dem Meer (Nebensaison Mo. geschlossen).

Mangana

Via Mazzani 2
Tel. 07 89 73 84 77
In dem viel besuchten in der Stadtmitte gelegenen Restaurant wird maritim gekocht. Draußen zu sitzen

ist möglich (Nenbensaison Saison Mi. geschlossen).

► Preiswert

La Grotta
Via Principe di Napoli 3
Tel. 07 89 73 72 28
In der ehemaligen Matrosenkneipe in Hafennähe (ca. 100 m entfernt) gibt es außerordentlich gut zubereitetes Essen, vorwiegend aus dem Meer, in angenehmer, ruhiger Atmosphäre.

ÜBERNACHTEN

► Luxus

In Porto Massimo: Cala Lunga
Tel. 07 89 79 30 00
Fax 07 89 73 40 33
68 Z., Tel., Bar, Restaurant, eigener Strand, Disko, Meerwasserpool
Der (je nach Saison) recht gesalzene Preis hat seine Berechtigung, denn es handelt sich um ein hervorragend ausgestattetes Hotel, wahrscheinlich das beste auf der Insel. Es ist weitab vom Trubel der Insel in den roten Fels der Bucht von Porto Massimo gebaut (toller Meerblick) und besitzt einen eigenen kleinen Strand.

das Städtchen im Westen begrenzt. Auf der Piazza XXIII Febbraio 1793 (sie erinnert an den Tag des Sieges über die Franzosen) erhebt sich eine Granitsäule (1907) mit dem Bildnis Giuseppe Garibaldis.

Museo Nino Lamboglia

Ganz am Stadtrand liegt das **Museum für Unterwasserarchäologie** In zwei großen Sälen sind Fundstücke ausgestellt, die zu einem römischen Lastschiff gehörten, das im 2. Jh. v. Chr. in den Gewässern der Insel Spargi Schiffbruch erlitt (Amphoren, zum Schiff gehörende Gegenstände und Bordinstrumente, ein Teil der Ladung, Anker). Außerdem zu besichtigen: eine Rekonstruktion des Schiffs und Fotografien von der Bergung in den 1950er-Jahren (Öffnungszeiten: Mo. – Sa. 8.30 – 13.30 Uhr).

Sehenswertes auf der Insel La Maddalena

Strada Panoramica

Die um die Insel führende, ausgeschilderte Panoramastraße ermöglicht eine der schönsten Küstenfahrten des Mittelmeers mit vielen Ausblicken auf Küste, Meer und Eilande. Man verlässt die Stadt La Maddalena in nordöstlicher Richtung vorbei am Archäologischen Museum Nino Lamboglia. Nach ca. 5 km kommt man an die Cala Spalmatore, eine kleine, von Felsen umgebene Bucht mit türkis schimmerndem Wasser, an der es auch eine Trattoria bzw. eine Bar gibt. Während der Weiterfahrt passiert man die Bucht von Porto Massimo, die jedoch den Gästen des Hotels Cala Luna vorbehalten ist. Viele Strände liegen an der aussichtsreichen Uferstraße; Blickfang ist das Feriendorf TCI mit seinen Strohhütten und -schirmen, kurz danach biegt eine Stichstraße zur Baja Trinità ab. Weiter der Straße folgend gelangt man auf den höchsten Punkt der Insel (Guardia Vecchia), hier liegt das im frühen 19. Jh. erbaute Forte San Vittorio.

Guardia Vecchia ▶

! Baedeker TIPP

Blumenrausch im Frühjahr

Die Baja Trinità wartet mit einem der schönsten Sandstrände La Maddalenas auf. Mehrere kleine Strandabschnitte sind besonders im Spätfrühling von einer wild wuchernden Vegetation und einem rosafarbenen Blütenmeer umgeben, und man findet mit etwas Glück sogar ein lauschiges Plätzchen in der Bucht ohne viel touristische Infrastruktur.

Die Festung zeigt einen achteckigen Grundriss; der sechseckige Turm hatte die Aufgabe, die anderen Befestigungsanlagen der Küste mit Kanonenfeuer zu verteidigen. Heute wird die Festung als militärische Funkstation genutzt und ist von Steinmauern umgeben. Dennoch hat man von hier oben einen herrlichen Ausblick auf La Maddalena Stadt und die sardische Küste, die Insel Spargi und in der Ferne die kleinen Inseln Budelli, Razzoli und Santa Maria sowie die Umrisse Korsikas. Von hier aus gelangt man zu einer herrlichen Bucht, der Cala Nido d'Aquila, in der Granitklippen aus dem Wasser ragen, bevor man über den alten Hafen von La Maddalena zum Fährhafen zurückkehrt.

Sehenswertes auf der benachbarten Insel Caprera

Die landschaftlich reizvolle, unter Naturschutz stehende Insel Caprera liegt östlich der Stadt La Maddalena, mit der sie durch den 600 m langen Damm Passo Moneta verbunden ist. **Die zweitgrößte Insel des Archipels** hat eine Fläche von 15,75 km2 und eine Küstenlinie von 34 km Länge. Sie lohnt allemal einen Besuch: Dichte Macchia wechselt hier mit schattenspendenden Pinienwäldern, hinter denen Granitfelsen aufragen; kleine Sandstrände an einsamen Buchten im Süden der Insel und das Garibaldi-Museum erwarten die Besucher.

Insel von Giuseppe Garibaldi

Die Bedeutung der Insel Caprera ist eng mit dem italienischen Freiheitshelden Giuseppe Garibaldi (▶ Berühmte Persönlichkeiten) verbunden. Dieser erwarb 1856 die damals sporadisch von Wanderhirten besuchte kleine Insel, auf der er mit Unterbrechungen bis zum Jahre 1882 lebte. Caprera ist auch seine letzte Ruhestätte.
Ende des 19. Jh.s wurden zwei Festungen der italienischen Marine auf der kleinen Insel errichtet. Von da an blieb die Insel bis zum Jahr 1981 rein militärisch genutztes Gebiet. Wegen ihrer wilden und unberührten Landschaft wurde Caprera im folgenden Jahr zum Naturschutzgebiet erklärt.

Geschichte

Der Aussichtspunkt auf dem Gipfel des Monte Teialone (212 m), den man über eine lange, steile Granittreppe erreicht, bietet ein großartiges Panorama der Insel Caprera und der Nordostküste Sardiniens bis nach Santa Teresa di Gallura.

Aussichtspunkt

Die Casa Bianca, das Hauptgebäude des ehemaligen Landgutes von Giuseppe Garibaldi, beherbergt heute das mit Originalmobiliar ausgestattete Museum des italienischen Nationalhelden. Der Gebäudekomplex umfasst weitere Bauten, in denen Garibaldi lebte und arbeitete. Die »Casa Bianca« hat das typische Aussehen eines Landhauses des 19. Jh.s und enthält zahlreiche Erinnerungsstücke an Garibaldi. Die verschiedenen, ineinander übergehenden und nach außen geöffneten Zimmer umgeben einen runden Raum mit einer Treppe, die auf die Terrasse führt. Im Hof findet man zwischen Felsen und Pflanzen einen Backofen, eine Windmühle und die von Bistolfi geschaffene Garibaldi-Büste. Das Grab des Nationalhelden ist ein einfacher Sarkophag aus einem großen glatten Granitblock, den die Gräber der Familienangehörigen Garibaldis flankieren (Führungen: tgl. 9.00 – 13.30 Uhr).

Casa Garibaldi

Blick von der Casa Garibaldi auf die Nachbarinsel La Maddalena

Lanusei

K 13

Provinz: Ogliastra   **Höhe:** 590m ü. d. M.
Einwohnerzahl: 5800

Die Kreishauptstadt der Landschaft Ogliastra im Südosten Sardiniens liegt an einem Hang in schöner Lage – mit Ausblick auf das Meer und die Berge.

Stadt in aussichtsreicher Lage
Die Berge westlich der Ortschaft bedecken herrliche Steineichen- und Kastanienwälder. Besondere Erwähnung verdient der Gemeindewald von Seleni, der über die SS 198 zu erreichen ist (etwa 6 km).

Sehenswertes in Lanusei und Umgebung

Lanusei
Hohe Häuser säumen die vornehmlich schmalen, engen Gassen von Lanusei, in der die Bevölkerung des Landkreises einkaufen geht, ihre Kinder zur Schule schickt und Behördengänge tätigt. Zahlreiche Geschäfte säumen vor allem den breiten Corso Roma.

Gairo
Beeindruckende Berglandschaften mit dichten Wäldern, tiefen Schluchten und abgelegenen Bergdörfern sieht man auf der Fahrt von Lanusei über Gairo und Ulassai nach Jerzu. Zunächst passiert

Ein Hirte durchstreift mit seiner Herde die herrliche Berglandschaft bei Ulassai.

man die Geisterstadt Gairo Vecchio, ein in den 1950er-Jahren bei einem Erdrutsch fast völlig zerstörtes Dorf.

Ulassai

Ulassai ist ein Bergdorf in schönster Umgebung, etwa 5 km von Gairo. Der alte Ortskern ist noch erhalten. Die für die Ogliastra typischen schroffen, als »takkas und tonneris« **bekannten Felsformationen** über dem Ort erscheinen besonders eindrucksvoll. Bekannt ist Ulassai hauptsächlich wegen der nahen Grotte Su Marmuri.

★
Grotta
Su Marmuri

Die Höhle öffnet sich im Kalksteinmassiv, das über dem Dorf aufragt, und ist leicht mit dem Auto zu erreichen (Abfahrt am südlichen Ortsausgang). Von einem angelegten Parkplatz führt eine Treppe den Hang hoch zum Eingang der Höhle. Die 1 km lange und 40 m tiefe Höhle, in der **unterirdische kleine Seen** liegen, teilt sich in verschiedene Räume. Der größte von ihnen, der so genannte Große Saal, ist 70 m lang und 30 m breit. Auf der ganzen Strecke reihen sich Stalagmiten und Stalaktiten aneinander; die eindrucksvollsten sind in der »Sala del Cactus« zu sehen. Die Grotte ist nur zwischen Mai und September und mit Führung der örtlichen Kooperative »Su Bullicciu« zu besichtigen (Führungen: Mai – Juli, Sept. tgl. 11.00, 14.00, 16.00, 18.00, Aug. 11.00, 13.00, 15.00, 17.00, 18.30, April/Okt. 11.00, 14.30, 17.00 Uhr, Tel. 07 82 42 434).

> **!** *Baedeker* TIPP
>
> **Warm anziehen!**
>
> Im Gegensatz zu den anderen Grotten, die man auf der Insel besichtigen kann, und die recht angenehm temperiert sind, ist die Grotta Su Marmuri sehr kalt, im Schnitt zwischen 6 und 9° C. Es empfehlen sich auf jeden Fall ein dicker Pullover sowie Turnschuhe in der doch recht feuchten Höhle.

⊙

Jerzu

In abenteuerlichen, engen Einbahnstraßen (Durchfahrt für Wohnmobile u. ä. äußerst schwierig) schlängelt sich der Verkehr durch

LANUSEI ERLEBEN

AUSKUNFT

Lanusei Pro Loco
Via Umberto 30
I-08054 Lanusei
Tel. 0 78 2 4 24 34

FESTE

Mit einem großen Umzug und Folkloredarbietungen wird Ende Juni die Kirschernte gefeiert. Beim Sagra delle Ciliegie werden auch lokale Produkte verkauft.

ÜBERNACHTEN

▶ Komfortabel

Villa Selene
Loc. Coroddis
Tel. 0 78 24 24 71, Fax 0 78 24 12 14
71 Z., Tel., TV, Bar, Restaurant, Pool
Oberhalb des Ortes an der Straße nach Seui liegt dieser größere Komplex inmitten von Gärten. Die Zimmer und die Küche sind gut und typisch sardisch. Es gibt auch Wohnungen für Familien.

Jerzu, ein großes Dorf, das hoch oben in den Bergen liegt und für seinen **hervorragenden Rotwein** der Sorte Cannonau berühmt ist.

Lago Alto del Flumendosa

Nordöstlich von Lanusei erstreckt sich der Lago Alto del Flumendosa. Der gleichnamige Fluss, der hier künstlich aufgestaut wurde, entspringt im Gennargentumassiv. Er ist der zweitlängste Fluss Sardiniens. An drei verschiedenen Stellen wurde er durch Talsperren gestaut. Der Lago Alto entstand 1950 durch die Errichtung der Staumauer und fasst 61 Mio. m³ Wasser.

Perda 'e Liana

Die Perda 'e Liana (1293 m), die schon von weitem zu sehen ist, ragt südwestlich des Stausees auf. Sie ist der berühmteste und großartigste der markanten Felstürme aus Kalkstein, die das Landschaftsbild der Barbagia di Seulo bestimmen. Angeblich sollen am Fuße dieses Bergs die Ilienses, jenes stolze sardische Volk, das sich lange gegen das Vordringen der Römer zur Wehr setzte, ihre Versammlungen abgehalten und Feste gefeiert haben..

Macomer

H 8

Provinz: Nuoro **Höhe:** 563 m ü. d. M.
Einwohnerzahl: 11 100

Die relativ nüchtern wirkende Stadt ist kein touristischer Anziehungspunkt, dafür aber für sardische Verhältnisse fast schon eine Metropole. Besucher nutzen sie als Ausgangspunkt zu den zahlreichen prähistorischen Zeugnissen in ihrer Umgebung.

Verkehrsknotenpunkt und Handelszentrum

Das für Innersardinien bedeutende Handelszentrum Macomer liegt am Südrand der Hochebene Campeda, etwa 30 km von der Westküste bzw. der Stadt Bosa entfernt, auf halbem Weg zwischen Alghero und Oristano. Als wichtiger Verkehrsknotenpunkt hatte die Stadt von jeher große Bedeutung. Drei Bahnlinien treffen sich hier: die Linie von Olbia über Oristano nach Cagliari und die Nebenstrecken nach Bosa und Nuoro. Macomer lebt vor allem von der Viehzucht und der Käseproduktion; daneben existieren zahlreiche Handelsfirmen und einige Textilfabriken.
In der Umgebung allerdings stehen zahlreiche sehenswerte Nuraghen, die die Funktion der Region als reges Durchgangsland von alters her bestätigen.

Geschichte

Die Gegend um Macomer war bereits in vornuraghischer Zeit besiedelt, bevor die Punier die Stadt gründeten. Seine Entwicklung verdankt der Ort seiner strategischen Lage. Während der Herrschaft der Richter und in der folgenden aragonisch-spanischen Epoche war Macomer als Festung von Bedeutung.

MACOMER ERLEBEN

AUSKUNFT

Comune di Macomer
I-08015 Macomer
Tel. 07 85 79 08 00
Fax 07 85 32 75 1
www.vaimacomer.it

SHOPPING

Die Consortio Tutela Pecorino Romano ist Sardiniens größter Pecorino-Käse-Hersteller, der auch vor Ort für den Heimbedarf verkauft (Corso Umberto I 266, Tel. 0 78 57 05 37).

FESTE

Die Mostra Regionale Pecorino Sardo, eine große Käsemesse, findet jährlich im Juni statt.

ÜBERNACHTEN

▶ **Komfortabel**
Motel Agip
Corso Umberto 299
Tel. 0 78 57 4 81 19
Fax 0 78 57 26 31
96 Z., TV, Tel., Bar, Restaurant
Das Hotel der Agip-Kette am nördlichen Ortsausgang ist von außen ein recht unansehnlicher Klotz an der Hauptdurchgangsstraße, die Zimmer sind aber sauber und gut ausgestattet. Man sollte ein von der Straße abgewandtes Zimmer verlangen.

Sehenswertes in Macomer und Umgebung

Altstadt

In der Altstadt sind noch Gebäude mit plastischen Fensterdekorationen aus der Zeit der aragonischen Herrschaft zu sehen. Jünger ist das Haus des berühmten einheimischen Dichters, Melchiorre Murenu (1803 – 1854). Am Corso Umberto I. passiert man einige vornehme Villen, das Rathaus aus dem 19. Jh. und die im 17. Jh. erbaute Pfarrkirche.

★ **Nekropole Filigosa**

Die Nekropole Filigosa liegt 2 km westlich von Macomer in der Nähe des neuen Krankenhauses. Durch die vier Hauptgräber mit rituellen Feuerstellen, Totenbetten und Gruben für die Opfergaben gelangt man in die Kammern. Nach diesen prähistorischen Gräbern ist die Kultur von Filigosa benannt, die den frühen Kupferzeit angehört.

Nuraghe Santa Barbara

Einige Kilometer nördlich von Macomer (nur in nördlicher Fahrtrichtung von der SS 131 aus erreichbar; beschilderter Parkplatz und kurzer Fußweg) erhebt sich die Nuraghe Santa Barbara, deren kräftiger Turm auf einem Sockel aus großen Steinblöcken ruht; eine Bastion mit vier Türmen umgibt den Hauptturm.

★ **Tamuli**

Bei der archäologischen Zone von Tamuli, 7 km südwestlich von Macomer, rechts der Provinzstraße nach ▶Santu Lussurgiu, beginnt eine nicht asphaltierte Straße, die zum Monte Sant'Antonio führt. Am Hang befinden sich die »Perdas Marmuradas de Tamuli«

Die Steinmale von Tamuli dienten vor rund 5000 Jahren kultischen Zwecken.

(Marmorsteine von Tamuli), sechs etwa eineinhalb Meter hohe Menhire (Steinmale), unweit einer Nuraghe.

Die Straße ist bis zum Gipfel des Hügels (808 m) mit dem Auto befahrbar; eine Nuraghe und eine kleine Kirche, bei der man heute in der ersten Junidekade das Fest des hl. Antonius feiert, bezeugen, dass die Stätte im Laufe der Jahrhunderte stets besucht wurde. Auf bequemen Wegen kann man zu Fuß die Landschaft erkunden, mit Ausblicken auf die Hochebenen Campeda und Abbasanta, den Campidano und weiter links auf die Ebene von Ottana und bis zum Massiv des Gennargentu.

Nuraghe Madrone
Die Nuraghe Madrone liegt 1 km östlich von Silanus an der SS 129 nach Nuoro. Sie erscheint sehr hoch, imposant und von ausgeprägter Kegelstumpfform. Auf halber Höhe unterbricht ein schmales Fenster die Steinreihen der Außenwand aus Granit; hinter ihm liegt die Kammer des zweiten Stockwerks.

Santa Sabina: Nuraghe und Kirche
Drei Kilometer südöstlich von Silanus oberhalb der SS 129 liegen ein kleines Kirchlein und eine Nuraghe, beide Santa Sabina genannt, unmittelbar beieinander. Die heute verlassen wirkende Kirche geht auf die erste Hälfte des 11. Jh.s zurück und zeigt einen ungewöhnlichen Grundriss, der von den frühchristlichen Baptisterien inspiriert zu sein scheint. Der Bau besteht aus drei unabhängigen, aber miteinander verbundenen Teilen, die jeder eine Apsis besitzen; über den runden mittleren Raum wölbt sich eine spitzbogige Kuppel; die

beiden seitlichen Gebäudeteile sind rechteckig. Das Gotteshaus ist von äußerster Schlichtheit ohne Dekorationen. Neben der Kirche steht die schöne, aus großen Basaltblöcken erbaute Nuraghe, die dem Typus des Einzelturms entspricht. Man kann in sie hineingehen und sie besteigen (schöner Rundblick).

Weitere Umgebung von Macomer (nördlich)

Die Ortschaft liegt etwa 20 km nördlich von ▶ Macomer am Nord-hang der Hochfläche von Campeda (508 m). In direkter Umgebung von Bonorva wurden archäologisch und historisch hochinteressante Funde gemacht. Auf der Hoch-ebene Su Monte (südlich des Ortes) liegt auf einem 650 m hohen Plateau eine nuraghische Festung, die vermutlich errichtet wurde, um das Vorrücken der Punier aufzuhalten. Eindrucksvoll sind die mächtigen, unregelmäßig angeordneten **Megalithwälle**. Es wurden auch Steine in Form von Schleudergeschossen gefunden.

Bonorva

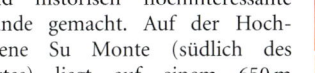

Eine virtuelle Reise

Ein ehemaliges Konventsgebäude an der Chiesa de S. Antonio beherbergt das Archäologische Museum von Bonorva. Hier kann man Exponate aus der Vor- und Frühgeschichte sehen und auf eine virtuellen Reise durch Zeit und Raum gehen (tgl. 10.00 – 13.00 u. 15.00 – 19.00 Uhr).

Etwa 10 km östlich von Bonorva öffnet sich in einer rötlichen Tra-chytfelswand die bedeutende Nekropole von Sant'Andrea Priu, eine Reihe von Höhlengräbern aus der Zeit der Ozierikultur (3400 – 2700 v. Chr.). Die ins Gestein gehauenen Gräber sind teilweise mitein-ander verbunden und ahmen in vielen architektonischen Details die damals üblichen Hausformen im Fels nach, z. B. mit Balkendach und Stützpfeiler. Die Toten sollten sich im Jenseits wie zu Hause fühlen. In frühchristlicher Zeit wurde das so genannte Häuptlingsgrab in eine Felsenkirche umgewandelt (Öffnungszeiten: tgl. 10.30 bis 13.00, 15.00 – 19.00 Uhr, im Sommer durchgehend).

★
Nekropole von Sant'Andrea Priu

Die Kirche Santa Maria Iscalas liegt auf über 600 m Höhe auf einer freien Anhöhe herrlich oberhalb der Ebene Campu Giavesu. Sie ist vom Örtchen Cossoine aus auf einer in nordwestlicher Richtung ver-laufenden, schlechten Straße zu erreichen (5 km). Der restaurierte Bau wurde im 11. Jh. aus weißem Kalkstein erbaut. Es handelt sich um einen kleinen Kreuzkuppelbau in spätbyzantinischem Stil. Die vier Kreuzarme weisen innen Tonnengewölbe und außen Giebel-dächer auf. Am ersten oder zweiten Septembersonntag wird hier je-des Jahr ein großes Kirchenfest gefeiert.

Santa Maria Iscalas

Das Gebiet von Padria (2 km südlich von Mara) war schon in prähis-torischer Zeit besiedelt, wie ein Gigantengrab, verschiedene Domus de janas und Reste von Nuraghendörfern belegen. Die karthagische

Padria

Gründung erlangte in der römischen Epoche Bedeutung; an diese Zeit erinnern noch Teile einer Nekropole, in der wertvolle archäologische Funde gemacht wurden (▶Sassari, Museo Nazionale).

Gemeinde-museum ▶ Neben der Pfarrkirche Santa Giulia steht das Gemeindemuseum an der Via Nazionale mit einer kleinen aber interessanten Sammlung, u. a. sind **Keramikfunde** aus der punischen und römischen Nekropole ausgestellt (Öffnungszeiten Mi.–Sa. 16.00 bis 19.00, So. 11.00–13.00, 16.00–19.00 Uhr sowie nach Vereinbarung, Tel. 0 79 80 70 18).

Santa Giulia ▶ Die Pfarrkirche Santa Giulia ist ein schöner, 1520 geweihter Bau im Stil der katalanischen Gotik. Besonders reizvoll sind die Kapitele im Inneren mit ihren figürlichen Darstellungen. Die Grundmauern von Vorgängerbauten sind unter dem Fußbodengitter im Hauptschiff gut zu erkennen. Dabei wird deutlich, dass die älteren Kirchen mit dem Altar nach Osten gerichtet waren, der heutige Bau jedoch gewestet ist. Es gab einen großen romanischen Vorgängerbau (um 1170) und eine noch ältere, byzantinische Kirche (vermutlich aus dem 8. Jh.), deren Apsiden gut zu erkennen sind. Wahrscheinlich vorchristlich sind einige Gräber und weitere Grundmauern von Gebäuden sowie ein Brunnenschacht.

Burgruine Bonu Ighinu Folgt man von Padria aus ein Stück weit der SS 292 nach Alghero, so führt eine beschilderte Rechtsabzweigung bergauf zur Burgruine Bonu Ighinu (5 km nördlich von Mara) mit Resten einer im 13. Jh. von der Familie Doria gegründeten Burg. Etwas unterhalb in einem Tal ist die Kirche Nostra Signora di Bonu Ighinu gelegen, die mit ihrer schmalen, von hohen Zacken bekrönten Fassade (18. Jh.) sehr eindrucksvoll erscheint.

Grotta Filiestru ▶ Von der Kirche aus erreicht man schnell zwei Höhlen, die in vor- und frühgeschichtlicher Zeit bewohnt waren. Die Höhlen, die jahrtausendelang benutzt wurden, enthielten Werkzeuge aus Obsidian, Keramik mit eingeritztem Muster, Steingefäße sowie Reste von Saatgut und Tieren. Fast alle diese Zeugnisse, die den Zeitraum vom frühen Neolithikum (6000 bis 3730 v. Chr.) bis zur mittleren Nuraghenepoche (1490–900 v. Chr.) dokumentieren, befinden sich heute im Museo Nazionale von ▶ Sassari. Die charakteristischen Fundstücke verliehen der Kultur von Bonu Ighinu ihren Namen; sie gehört dem mittleren Neolithikum an (um 3730–3300 v. Chr.). In der Grotta Filiestru (Farnwiese) dienten 60 m² als Wohnraum der Menschen; in weiteren 180 m² waren die Tiere untergebracht.

Grotta Sa Ucca 'e su Tintirriolu Reizvoller ist die Grotta Sa` Ucca 'e su Tintirriolu (Fledermausloch) mit einem etwa 100 m² großen Vorraum, von dem eine Reihe von Gängen und Stollen ausgeht. Diese sind insgesamt über 1 km lang und werden hin und wieder durch z. T. sehr große Räume unterbrochen. Erstaunlich ist die Tatsache, dass die Höhle zugleich als Wohnung der Lebenden und als Grabstätte der Toten und Heiligtum diente.

Mogoro

L 8

Provinz: Oristano
Einwohnerzahl: 4780

Höhe: 132 m ü. d. M.

Mogoro liegt auf einer Anhöhe am östlichen Rand der Campidano-ebene ca. 40 km südöstlich von Oristano. Neben Ackerbau werden in Mogoro alte Traditionen des Kunsthandwerks neu belebt.

Unter den in Handarbeit hergestellten Gegenständen, die in den Geschäften und auf dem alljährlich in den ersten Augusttagen stattfindenden Jahrmarkt zu sehen sind, fallen besonders farbenfrohe Teppiche, geschnitzte Truhen und Strohstühle auf.

Traditioneller Handwerksort

Umgebung von Mogoro

Ales liegt an der Ostflanke des Monte Arci, etwa 14 km nordöstlich von Mogoro. Seit dem Mittelalter ist es Bischofssitz. Im oberen Teil von Ales stehen der Bischofspalast, das Priesterseminar, das Oratorio del Rosario und die Kathedrale San Pietro, die im 17. Jh. im Barockstil errichtet wurde.

Ales

In Ales erblickte der bedeutende Politiker, Schriftsteller und Denker **Antonio Gramsci** (1891 – 1937) das Licht der Welt. Er gehörte zu den Gründern der Kommunistischen Partei Italiens, wurde 1926 von der faschistischen Regierung verurteilt und starb von Krankheit und Gefangenschaft gezeichnet in Rom (►Berühmte Persönlichkeiten). Ihm sind ein Platz mit Denkmal gewidmet, die der Bildhauer Gio Pomodoro in den 1970er-Jahren gestaltete. Das Geburtshaus von Gramsci liegt nahe der Kathedrale.

Wenige Kilometer westlich von Ales erhebt sich der Monte Arci (812 m), der von dichten Wäldern und mediterraner Macchia bedeckt ist. Dieser Berg vulkanischen Ursprungs ist besonders reich an Obsidianvorkommen. Obsidian ist ein glasartiges, schwarzes Gestein, das bei der schnellen Abkühlung von Lava entsteht. Zur Herstellung von Werkzeugen und Waffen (Pfeilspitzen usw.) war es in der Jungsteinzeit sehr begehrt. Am Monte Arci wurde Obsidian intensiv abgebaut. Vom 6. bis 3. Jt. v. Chr. bestand reger Handel; sardischer Obsidian wurde bis nach Südfrankreich und Norditalien exportiert.

★
Monte Arci

 MOGORO

AUSKUNFT

Mogoro
Piazza Giovanni XXIII 7
I-09095 Mogoro
Tel. /Fax 07 83 99 07 56

EINKAUFEN

Die Cantina Sociale Il Nuraghe produziert in Mogoro verschiedene Weißweine, wie z. B. den »Semidano di Mogoro« (Tel. 07 83 99 02 85).

Mores · Thiesi

Provinz: Sassari   **Höhe:** 366 m ü. d. M.
Einwohnerzahl: 2070

Die Dörfer Mores und Thiesi liegen etwa 35 km südöstlich von Sassari unweit der Schnellstraße SS 131 im Hügelland des Meilogu.

Prähistorische Sehenswürdigkeiten

Beide besitzen keine nennenswerten Sehenswürdigkeiten, aber in ihrer Umgebung gibt es viele Spuren der Besiedlung aus prähistorischen Zeiten (Felskammergräber, Nuraghen usw.), die eine Besichtigung lohnen. Und Thiesi besitzt sogar in Hotel, eine Seltenheit in dieser Region.

Sehenswertes in Mores und Umgebung

Mores

Unübersehbar erhebt sich in Mores der schlanke, neoklassizistische Glockenturm von 1871.

★★
Dolmen
Sa Coveccada

Der Dolmen steht 4 km südöstlich von Mores im Zentrum einer Trachythochebene, unweit des Riu Mannu. Man fährt von der Staatsstraße 128 östlich von Mores auf die Straße Richtung Bono ab; nach 3,8 km überquert man die Bahnlinie und den Riu Mannu und biegt unmittelbar danach rechts auf eine unbefestigte Straße ab, die dem Flusstal folgt. Nach 600 m folgt man an einer Gabelung der Straße nach links und fährt zu Stallungen hinauf. Von hier aus ist der Dolmen in 800 m Entfernung im Südosten erkennbar. Sa Coveccada ist **der größte Dolmen auf einer Mittelmeerinsel** und der schönste der etwa 100 Dolmen Sardiniens. Sa Coveccada geht wahrscheinlich auf die ausgehende Kupferzeit (um 2000 v. Chr.) zurück. Im Unterschied zu anderen Dolmen wurde dieses Megalithgrab nicht von einem Grabhügel (Tumulus) bedeckt, sondern steht weithin sichtbar in der Landschaft. Links von der vorderen Platte mit der kleinen Eingangsöffnung ist eine Nische für die Opfergaben zu sehen.

? **WUSSTEN SIE SCHON …?**

■ Als Dolmen (bretonisch-keltisch »Steintisch«) werden tischförmige, aus großen, senkrecht aufgestellten Steinplatten erbaute Gemeinschaftsgrabkammern mit steinerner Deckplatte bezeichnet, die in der Jungsteinzeit und frühen Bronzezeit vor allem in Westeuropa errichtet wurden.

Monte Santo

Der hohe Basalttafelberg Monte Santo (733 m) erhebt sich in der Mitte einer weiten Ebene nordwestlich von Mores. Auf dem Plateau steht das bescheidene Kirchlein Santi Elia ed Enoch, die um 1065 über einem älteren Bau errichtet wurde. Sie gehörte dem ersten sardischen Benediktinerkloster und **gilt als älteste zweischiffige Kirche Sardiniens.** Doppelapsiskirchen entstanden als Baumotiv in

● MORES · THIESI ERLEBEN

FESTE

Der Name sagt es: Bei der Sagra della salsiccia e vino novello im Dezember in Thiesi geht es um die Wurst und den neuen Wein.

ÜBERNACHTEN

▶ **Günstig**
In Thiesi: I Cavallino Rosso
Via Fratelli Chigine
Tel. 0 79 88 66 43

den byzantinischen Mönchsorden, wurden aber vereinzelt auch von römischen Orden übernommen. Meist waren diese Kirchen mit ihren getrennten Altären zwei verschiedenen Heiligen geweiht, wie hier den byzantinischen Heiligen Elia und Henoch. Am Dienstag nach Ostern pilgern die Einwohner der umliegenden Dörfer hierher.

Ardara

Das kleine Dorf Ardara liegt auf einer Anhöhe etwa 9 km nördlich von Mores. Heute ein bescheidenes Bauerndorf, hat Ardara eine **bedeutende Vergangenheit**. Nachdem im Mittelalter infolge der häufigen Sarazeneneinfälle Porto Torres als Hauptstadt des Judikats Torres aufgegeben wurde, übertrug man Ardara diese Funktion. Im 13. Jh. begann aufgrund der Vormachtstellung, die Sassari im nördlichen Teil der Insel gewann, der Niedergang von Ardara. Als Zeugnisse seiner einstigen Größe verbleiben spärliche Reste der Burg, die den Hof der Richter von Torres beherbergte, und die herrliche Basilika Santa Maria del Regno. Die imposante Basilika, der »Schwarze Dom«, wurde zu Beginn des 12. Jh.s in romanischen Formen errichtet. Das dunkle Basaltgestein ihrer Mauern betont die Strenge des Baus. Die schlichte Fassade ist ungewöhnlicherweise nach Süden gerichtet. Das eindrucksvolle Innere, dessen Wände nicht verputzt sind, ist dreischiffig gegliedert. In der Kirche werden kostbare Kunstwerke aufbewahrt, darunter ein **großartiges gotisches Altarbild** von Giovanni Murru (1515) und eine vergoldete Holzfigur der Maria mit dem Kinde. Der Überlieferung nach schworen die Richter des Logudoro am Hochaltar von Santa Maria del Regno in Anwesenheit von Bischöfen und Würdenträgern dem Volk des Judikats die Treue.

◀ Santa Maria del Regno

Sehenswertes in Thiesi und Umgebung

Thiesi

Thiesi (3400 Einwohner) ist leicht über eine Abzweigung von der nahen Schnellstraße (SS 131) aus zu erreichen. Im oberen Ortsteil steht die schöne Pfarrkirche Santa Vittoria, die im aragonisch-gotischen Stil erbaut wurde.

Südöstlich von Thiesi, nur wenige Kilometer südlich des Dorfs Borutta, steht, isoliert und eindrucksvoll auf einem Hügel, die Kirche

San Pietro di Sorres

Die Fassade von San Pietro di Sorres ist mit drei Reihen aus Blendarkaden versehen.

San Pietro di Sorres, **eines der schönsten Beispiele romanischer Architektur auf Sardinien**. Ursprünglich als Kathedrale der Diözese Meilogu erbaut, wurde die Kirche im 11. Jh. begonnen und 1170 bis 1200 unter pisanischem Einfluss vollendet. Die besonders schöne Fassade ist mit drei Reihen aus Blendarkaden und Inkrustationen verziert; während der untere Teil aus dem 11. Jh. einfarbig gehalten ist, wechseln im oberen, später gebauten Teil Streifen aus dunklem Basalt und hellem Kalkstein, wie man es von Kirchen in der Toskana kennt. Im dreischiffigen Innenraum wiederholt sich die äußere Zweifarbigkeit. Schwarzweiß gestreifte Kreuzpfeiler fächern sich über Halbkapitelle mit Akanthusdekor in die Gurtbögen der basaltischen Kreuzgewölbe auf. Besonders beachtenswert sind die gotische Kanzel (13. Jh.), die Marienstatue (15. Jh.) und das Weihwasserbecken aus einem antiken Meilenstein. Nachdem die Diözese Meilogu 1503 mit Sassari vereint wurde, wurde die Kathedrale als Stall genutzt, während das Bischofspalais abgetragen wurde. Ende des 19. Jh.s und erneut 1950–1955, als Benediktiner das heutige Kloster erbauten, wurde die Kirche restauriert. Im Kloster gibt es einen Verkaufskiosk und eine Werkstatt für Buchrestaurierung, die auf Wunsch besichtigt werden kann.

Torralba
★
Museo della
Valle dei Nuraghi ▶

Torralba (1100 Einwohner) liegt etwa 7 km östlich von Thiesi nahe der Schnellstraße SS 131. Das Museo della Valle dei Nuraghi del Logudoro-Meilogu im Zentrum von Torralba stellt die Funde aus der näheren Umgebung aus. In der archäologischen Abteilung sind diverse, bei den Ausgrabungen der Nuraghe Santu Antine gefundene Kragsteine zu sehen: einige der Objekte, die die obere Brüstung des Mittelturms bildeten, Schleif- und Poliersteine, Geräte zum Spinnen, einige pintadereas (Brotstempel aus Terrakotta), dekorierte Keramik, Beile, Pfeilspitzen, Dolche, Nadeln, Armreifen und ein römischer Kompass aus Bronze. Im Hof befinden sich die **Meilensteine aus der Römerzeit**, die in der Umgebung entdeckt wurden. Zehn gehörten zur Straße von Cagliari nach Olbia; fünf von ihnen tragen interessante Inschriften (Öffnungszeiten: Mai – Sept. Di. – So. 9.00 bis 20.00, Okt. – April Di. – So. 9.00 – 17.00 Uhr).

Die 3 km südlich von Torralba gelegene Nuraghe Santu Antine, eines der bedeutendsten Megalithbauwerke des westlichen Mittelmeeres, erreicht man, indem man ein kurzes Stück der Provinzstraße folgt, die von der SS 131 in Richtung Bono abzweigt. Diese gewaltige Nuraghenfestung mit ihren wehrtechnischen Raffinessen heißt auf Sardisch Sa Dòmu de su Rèi (**»das Haus des Königs«**); der Name Santu Antine nimmt Bezug auf Kaiser Konstantin, den byzantinischen Heiligen. Die große, in einer weiten, fruchtbaren Ebene gelegene Bastion wurde aus Basaltblöcken erbaut. Ihr ältester Teil ist der dreistöckige Mittelturm in Form eine stumpfen Kegels (16. Jh. v. Chr.). In ihm liegen übereinander drei Kammern. Später wurden dem Hauptturm weitere drei, jedoch kleinere, Türme hinzugefügt, die durch Wälle verbunden wurden und so ein solides Verteidigungssystem darstellten. Rings um die große Anlage wurden die Rundhütten eines nuraghischen Dorfes freigelegt, das teilweise von den rechteckigen Mauerzügen römischer Häuser überlagert wird. (Öffnungszeiten: tgl. 8.00 – 20.00 Uhr).

★★
Nuraghe
Santu Antine

Unweit der Nuraghe Santu Antine, gut in südöstlicher Richtung in der Ebene zu erkennen, liegt die schöne Nuraghe Oes mit kompliziertem Grundriss und **perfekt erhaltenem Mittelturm**. Ihre Besonderheit ist, dass zwischen dem ersten und dem zweiten Stockwerk keine Steingewölbe lagen, sondern Holzbohlen, die auf Kragsteinen ruhten.

Nuraghe Oes

Weiter südlich befinden sich noch andere sehenswerte prähistorische Zeugnisse, die unter ▶Macomer beschrieben sind.

Weitere Sehenswürdigkeiten

In der Nähe von Siligo (12 km nördlich von Thiesi, an der Straße nach Ardara) steht die kleine Kirche Santa Maria di Bubalis, auch Nostra Signora di Mesumundu genannt.
Das seltene Beispiel eines spätbyzantinischen Baus ist auf das Jahr 1063 zu datieren. Der **Zentralbau mit kleeblattförmigen Apsiden** zeigt das typische Mauerwerk aus Reihen von Basaltquadern und Ziegelsteinen und entstand auf einem römischen Thermengebäude. Die Kirche gehörte den Benediktinern, deren Kloster nahe am Monte Santo gelegen war.

Santa Maria di Bubalis

Etwa 5 km nordwestlich von Banari (24 km von Thiesi) erhebt sich in einem fruchtbaren Tal die hübsche kleine Kirche Santa Maria di Cea. Sie wurde 1260 im romanischen Stil erbaut und gehörte zu einer Einsiedelei der Vallombrosaner, an die nur noch spärliche Reste erinnern. Alljährlich findet hier am 8. September ein bedeutendes Fest statt, zu dem sich eine große Zahl von Gläubigen versammelt.

Santa Maria di Cea

NURAGHE SANTU ANTINE

✳ ✳ Santu Antine gehört zu den größten und sehenswertesten Nuraghenkomplexen auf Sardinien. Wie ein gewollter Blickfang liegt sie mit ihrer dunklen Mauermasse und dem hohen Mittelturm in einer flachen Quellsenke und präsentiert so einen Machtanspruch, der sich noch durch Schönheit und Großzügigkeit in der Anlage potenziert. Vormals kontrastierte man den schwarzen Bau mit weißem Kalkbruch drumherum. Zu Recht nennen die Sarden diese Festung »Haus des Königs« (Sa Dòmu de su Rèi).

🕐 Öffnungszeiten:
tgl. 8.00 – 20.00

1 Mittelturm

Seine Höhe muss ursprünglich 22 m erreicht haben. Im Erdgeschoss befindet sich ein großer Kuppelraum, der von einem Ringkorridor umgeben ist. Eine im Mauerwerk angelegte Treppe führt in das erste Obergeschoss, das offenbar als Versammlungsraum des »Ältestenrats« benutzt wurde; der umlaufende Steinsockel diente als Sitzbank. Von der Mitte des Raums fällt der Blick durch das Fenster geradlinig zum 800 m entfernten Nuraghen Oes, mit dem man so in Sichtkontakt stand. Die Treppe steigt weiter zum zweiten Obergeschoss auf 17 m Höhe an, dessen Kragkuppel aber nicht mehr erhalten ist.

2 Ecktürme

Die Erweiterung zur Festung mit dreieckigem Grundriss erfolgte durch den Anbau von drei Ecktürmen, die durch zyklopische Mauern miteinander verbunden sind, jedoch nicht als Rundbastionen aus der Mauer vorragen, sondern lediglich in die Umrisslinie eingebunden sind. Sie überragten die Plattform der Dreiecksbastion um einige Meter.

3 Innenhof

In den geräumigen, rund 100 m² großen Innenhof mit Brunnen münden der durch eine große Wachtpostennische gesicherte Haupteingang ebenso wie die Eingänge der beiden vorderen Ecktürme und des Mittelturms. Der Platz war Waffenhof und Koordinationsstelle mit den schnellsten Verbindungswegen zu allen Teilen der Nuraghenburg.

4 Wehrmauern

Besonders beeindruckend sind die beiden doppelstöckigen Wehrmauern, die zum hinteren Turm führen und eine rasche Bewegung der Soldaten innerhalb der Bastion ermöglichten. Durch schmale Sehschlitze in den Mauern fällt Licht in die Wehrgänge; vielleicht dienten diese Öffnungen auch als Schießscharten.

Der dreistöckige Mittelturm ist der älteste Teil der Anlage.

Auffallend sind die Votivschiffchen mit Hunden und Vögeln sowie einem Hirschkopf als Bugfigur. Ihre Bedeutung bleibt uns verborgen. Vielleicht sind es es reich verzierte Öllampen oder auch symbolische Darstellungen der Fahrt ins Jenseits über Wasser. Die Funde aus den Gräbern, Heiligtümern oder Nuraghen befinden sich zum größten Teil im Nationalmuseum von Cagliari.

Über den Zugangsbereichen zu den Nuraghen-türmen befindet sich ein Architrav, darüber eine Öffnung zur Luft- und Lichtzufuhr.

In den Innenhöfen wurden für den Belagerungsfall Brunnen angelegt, um die Trinkwasserversorgung zu gewährleisten.

© Baedeker

Nuoro

H 11 / 12

Provinz: Nuoro   **Höhe:** 546m ü. d. M.
Einwohnerzahl: 36 700

Nuoro, seit 1927 Hauptstadt der gleichnamigen Provinz Sardiniens, liegt fast genau im Zentrum Sardiniens auf einem Bergrücken, der vom Monte Ortobene ausgeht und in nördlicher Richtung verläuft.

Zwischen Vergangenheit und Gegenwart
Die Stadt ist nicht sonderlich reizvoll, allerdings wartet sie mit einem schön gestalteten Museum auf. In Nuoro erblickten einige der bedeutendsten Persönlichkeiten der Insel das Licht der Welt: die Schriftstellerin Grazia Deledda (1871–1936), die 1926 mit dem Nobelpreis für Literatur ausgezeichnet wurde, der Dichter Sebastiano Satta (1867–1914), der Bildhauer Francesco Calvia (1884–1949) und der Jurist und Schriftsteller Salvatore Satta (1902–1975) (alle ▶Berühmte Persönlichkeiten).
Der Gegensatz zwischen den recht unansehnlichen Neubaugebieten Nuoros mit funktionalen Wohnblocks, die in der schönen, die Stadt umgebenden Bergwelt eher befremdend wirken, und den älteren Vierteln, die einen mehr dörflichen Charakter haben, prägt das **Stadtbild**. Die Altstadt erstreckt sich um die Kirchen Santuario delle Grazie, San Salvatore und San Pietro. Dort lebten einst, jede in ihrem Stadtteil und streng voneinander getrennt, die beiden wichtigsten Bevölkerungsgruppen, Hirten und Bauern.

Geschichte
Obwohl das Gebiet bereits seit vorgeschichtlicher Zeit besiedelt war, wird der Name Nuoro (in der lokalen Mundart »Nugoro«) erst in Urkunden des 12./13. Jh.s erwähnt. 1779 wurde er Bischofssitz und bekam 1836 Stadtrechte. In jüngster Geschichte, vor allem in den 1950er- und 1960er-Jahren, war Nuoro als Sitz der Präfektur und der Carabinieri Ausgangspunkt der Verfolgungsjagden auf die Banditen, die sich in den Berggegenden des Supramonte und Gennargentu versteckt hielten. Das Gefängnis von Nuoro, der berüchtigte »supercacere di Badu 'e Carros« war inselweit bekannt.

Sagra del Redentore
Ende August wird alljährlich auf dem Hausberg Nuoros, dem Monte Ortobene, die Sagra del Redentore begangen, eine der bedeutendsten folkloristischen Veranstaltungen Sardiniens, an der **Trachtengruppen** aus allen Teilen der Insel teilnehmen (▶Zahlen und Fakten, Feste). Der Prozessionszug bewegt sich von Nuoro den Berg hinauf bis zur Erlöserstatue und dem kleinen Kirchlein, in dem der Gottesdienst abgehalten wird. Nach der Messe kehren die Teilnehmer der Prozession nach Nuoro zurück und feiern mit Musik und Veranstaltungen in den Straßen und auf den Plätzen bis spät in die Nacht.

► NUORO ERLEBEN

AUSKUNFT

Nuoro E.P.T.
Piazza d'Italia 19
I-08100 Nuoro
Tel. 0 78 43 23 07, 0 78 43 00 83
Fax 07 84 3 34 32
E-Mail: info@
enteturismo.nuoro.it
www.enteturismo.nuoro.it

FESTE

Am vorletzten Sonntag im August
findet auf den Straßen von Nuoro ein
großer Trachtenumzug statt.

ESSEN

► Erschwinglich

① *Canne al Vento*
Viale Repubblica 66
Tel. 07 84 20 17 62
Das beste Restaurant am Ort ist
rustikal eingerichtet und besitzt eine
schöne Empore; es wird gute
regionale Küche mit Fleisch und Fisch
serviert (So. geschlossen).

② *Fratelli Sacchi*
Loc. Monte Ortobene
Tel. 0 78 43 12 00
Hoch auf dem Hausberg von Nuoro,
dem Monte Ortobene, thront das

Hotel mit Restaurant, von dessen
Speisesaal man einen herrlichen Blick
hat. Gekocht wird typisch sardisch
mit Fisch, Fleisch (Lamm, Zicklein)
und Pasta (außerhalb der Saison So.
geschlossen).

ÜBERNACHTEN

► Komfortabel

① *Sandalia*
Via Einaudi
Tel./Fax 0 78 43 83 53
49 Z., TV, Tel., Bar, Restaurant
Auf einem Hügel außerhalb des
Stadtzentrums am Rande des Neu-
baugebiets erhebt sich dieses
moderne, gepflegte Hotel. Von den
gut ausgestatteten Zimmern blickt
man weit über die Stadt.

► Günstig

② *Fratelli Sacchi*
Loc. Monte Ortobene
Tel. 0 78 4 3 12 00
Fax 0 78 43 40 30
22 Z., Tel., Bar, Restaurant
Acht Kilometer außerhalb Nuoros
liegt das rustikal eingerichtete Hotel
auf einem Hügel. Das angeschlossene
Restaurant ist auch bei den Sarden
beliebt.

Sehenswertes in Nuoro

Die Einkaufs- und Flaniermeile der Stadt ist der granitgepflasterte **Corso Garibaldi**
Corso Garibaldi, der sich leicht ansteigend von West nach Ost durch
das Zentrum zieht. Hier und in den angrenzenden Nebenstraßen
liegen die meisten Geschäfte und Bars von Nuoro.

Die Piazza Sebastiano Satta nordwestlich der Piazza Giovanni hat **Piazza**
durch die dort aufgestellten Steinskulpturen des sardischen Künstlers **Sebastiano Satta**
Costantino Nivola ihren besonderen Reiz. In den Nischen der
Basaltblöcke sind Bronzefiguren aufgestellt, die Szenen aus dem

Leben von Sebastiano Satta (► Berühmte Persönlichkeiten) wiedergeben. Hier steht auch das Geburtshaus von Satta, dem das Gesamtkunstwerk gewidmet ist.

Museo della vita e delle tradizioni popolari sarde

Die Hauptattraktion von Nuoro ist das liebevoll gestaltete Volkskundemuseum »della vita e delle tradizioni popolari sarde«, auch »Museo del Costume« genannt. Es liegt am Colle Sant'Onofrio, unmittelbar am Stadtrand in der Via Mereu 56 und stellt eine der interessantesten volkskundlichen Sammlungen Sardiniens dar. Der Komplex besteht aus mehreren kleinen, miteinander verbundenen Häusern **in der Art eines fiktiven sardischen Dorfes**.
Der Rundgang beginnt mit einer Ausstellung wunderschöner Trachten aus allen Regionen der Insel. Während die Frauentrachten meist sehr farbenfroh sind, zeigen sich die Männertrachten häufig in den Farben Schwarz und Weiß. Typische Kopfbedeckung der Männer ist die berritta, eine Art Strumpfmütze, die sich schon auf nuraghischen Bronzefigürchen dargestellt findet. In den anschließenden Sälen folgen Webarbeiten aus der Barbagia, Musikinstrumente (darunter auch die Launeddas, ein Holzblasinstrument mit drei Rohren), Brotsorten und Gebäck sowie schließlich Schmuck und Amulette. Über einen Innenhof geht es in die letzten Säle, in denen die berühmten Karnevalsmasken der Barbagia mit ihren wilden, Furcht erregenden Weidetieren und edlen Hirtengestalten ausgestellt sind, darunter die »mamuthones« von Mamoiada (Öffnungszeiten: Okt.–14. Juni tgl. 9.00–13.00, 15.00–19.00, 15. Juni–Sept. 9.00–20.00 Uhr).

Aussichtspunkt Vom Colle Sant'Onofrio (588 m), den man auf dem gleichnamigen, oberhalb des Museums beginnenden Weg erklimmt, genießt man einen herrlichen Blick auf das Tal, den Monte Ortobene (im Osten) und den Supramonte von Oliena (im Südwesten).

Highlights *Nuoro*

Museo della vita e delle tradizioni popolari sarde
Volkskundemuseum, das aus kleinen, miteinander verbundenen Häusern in der Art eines sardischen Dorfes besteht. Spannende Sammlung von Trachten, Masken, Nuraghenfiguren und Schmuck.
► Seite 228

Museo d'Arte Provincia di Nuoro
Bietet in einem Neubau neben sardischer Kunst auch Wechselausstellungen.
► Seite 230

Monto Ortobene
Beliebtes Ausflugsziel mit zahlreichen Picknickplätzen und der Bronzestatue des Erlösers hoch oben auf dem Berg, von wo aus sich ein schöner Ausblick bietet.
► Seite 230

Brunnentempel Su Tempiesu
Der wohl schönste Hochbau der Nuraghenzeit liegt 24 km nördlich von Nuoro. Weitere Gebäude dienten als Lager für Kultgegenstände
► Seite 231

Nuoro Orientierung

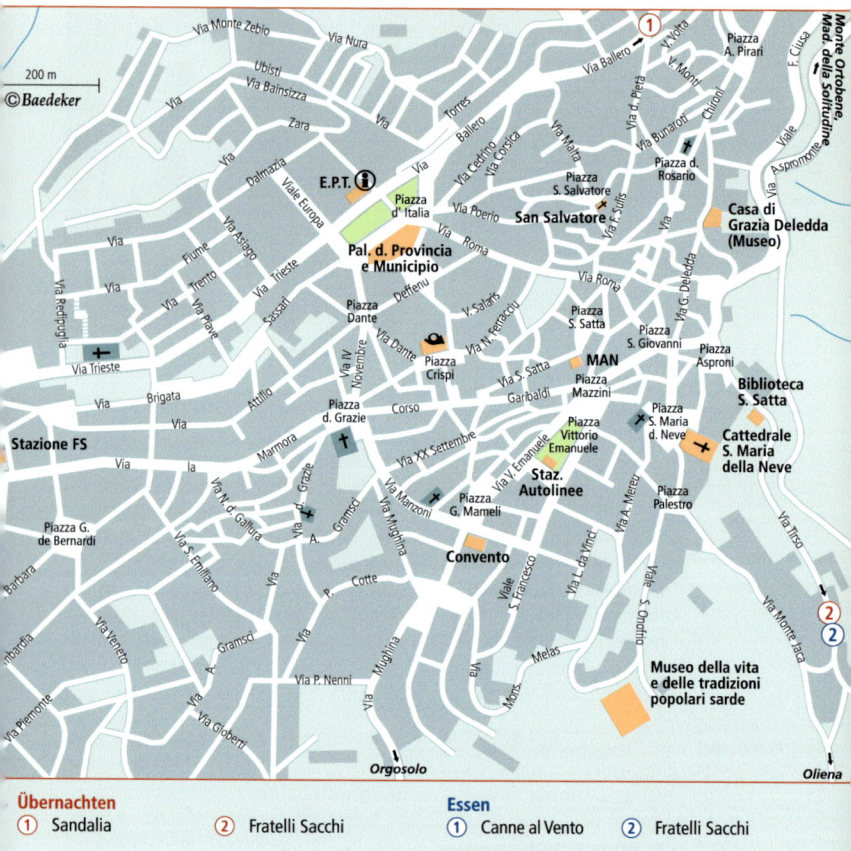

Geht man von der Piazza S. Giovanni am Ende des Corso Garibaldi nach Norden, befindet man sich im ältesten Stadtviertel von Nuoro. Hier steht in der Via Grazia Deledda 28 (neben Nr. 44!) das **Geburtshaus der Schriftstellerin Grazia Deledda** (► Berühmte Persönlichkeiten), ein ehemals vornehmes, sardisches Wohnhaus, wie es für das 19. Jh. typisch ist. Heute dient es als Museum, das seit 1983 persönliche Gegenstände der Schriftstellerin, Fotografien und Manuskripte zeigt. Hübsch ist auch der kleine Hof und der Garten des Hauses. An vielen der kleinen Granitsteinhäusern im Altstadtwinkel kann man an deren Fassaden Zitate aus den Werken Deleddas entdecken. Östlich des Museums hat man einen herrlichen Blick ins Tal bis zum Supramonte (Öffnungszeiten: Okt. – 14. Juni tgl. 9.00 bis 13.00, 15.00 – 17.00 Uhr, 15. Juni. – Okt. 9.00 – 20.00 Uhr).

Museo Deleddiano

Museum für moderne Kunst

Erst seit kurzer Zeit gibt es in Nuoro ein neues Kunstmuseum. Das in einem schlichten, schönen Bau in der Via Satta untergebrachte MAN – Museo d'Arte Provincia di Nuoro birgt eine Sammlung sardischer Kunst des 20. und 21. Jahrhunderts. Interessanter noch sind die Wechselausstellungen im unteren Stockwerk (Via Satta 15, I-08100 Nuoro, Tel. 07 84 25 21 10, Di. – So. 10.00 – 13.00, 16.30 – 20.30 Uhr).

Umgebung von Nuoro

Monte Ortobene

Der Monte Ortobene, ein felsiges Granitmassiv, erhebt sich im Osten der Stadt (8 km entfernt). Eine schöne Panoramastraße führt hinauf. Der Berg war schon im 19. Jh. als Ausflugsziel beliebt. Auf der Höhe gibt es neben **Picknickplätzen** auch ein Hotel und Restaurants, die ein reiches Angebot an traditionellen sardischen Gerichten bieten. Die Landschaft, die man bis zum Gipfel Cuccuru Nieddu (955 m) durchquert, prägen riesige Granitblöcke, schöne Eichenwälder und Macchia, die in den höheren Lagen dem seltenen Farn Cystopteris dickieana weichen. Vom Gipfel mit der Bronzestatue des Erlösers, die das Ziel einer alljährlichen Prozession (29. August) ist, genießt man das weite Panorama der Gennargentukette, der Barbagia und des nahen Supramonte.

Domus de janas von Sas Concas

Etwa 7,5 km nördlich von Orani liegt auf der linken Seite der SS 128 ein großer Komplex von Domus de janas, die in eine Felswand geschlagen wurden. Dieser Gruppe vornuraghischer Gräber kommt besondere Bedeutung zu, weil hier **Felsgravierungen** entdeckt wurden, die auf das Leben und die magischen Vorstellungen der damaligen Bewohner Sardiniens verweisen. An den Wänden der Grabkammer »Tomba dell'Emiciclo« sind Menschen und Tiere dargestellt, die schematisch, aber sehr ausdrucksvoll erscheinen. Einige Figuren sind mit dem Kopf nach unten abgebildet und könnten für die Seelen der Verstorbenen stehen, die sich kopfüber in die Unterwelt stürzen.

Orotelli

16 km westlich von Nuoro liegt Orotelli malerisch auf einer kleinen Anhöhe. Im oberen Teil des Dorfs steht die Kirche San Giovanni Battista. Der romanische Bau wurde im 12. Jh. errichtet und später mehrmals umgestaltet. Sein bemerkenswertestes Element ist der Turm (14. Jh.) mit **einzigartigen Hochreliefs**. Im Inneren der Kirche wird eine kostbare Holzstatue des hl. Johannes des Täufers aus dem 15. Jh. aufbewahrt. Den interessanten traditionellen Karneval des Ortes prägen die Masken der Thurpos (▶Zahlen und Fakten, Feste).

Karneval ▶

Etwa 26 km südwestlich von Nuoro liegt nahe der SS 131 die Ortschaft Ottana, die heute hauptsächlich als abschreckendes Beispiel wirtschaftlicher Fehlentwicklung gilt. Hier wurde Anfang der 1970er-Jahre wie auch in Cagliari und Porto Torres petrochemische Industrie angesiedelt, die bald in die Krise geriet. Das Werk musste schließen; Industrieruinen und Arbeitslose blieben. Die sehenswerte Kirche San Nicola erhebt sich im südlichen Teil der Ortschaft auf einem kleinen Hügel. Die frühere Kathedrale der inzwischen aufgelösten Diözese Ottana geht auf das 12. Jh. zurück. Der Grundriss des einschiffigen, aus schwarzen und violetten Trachytquadern errichteten Baus entspricht einem Taufkreuz. Die durch Gesimse gegliederte Fassade ist mit einem eleganten Zwillingsfenster, Rhomben, die durch die rote Farbe des Materials auffallen, und Majolikaschüsseln, die zwischen die eleganten Blendbögen eingefügt sind, geschmückt. Im Innern, das besonders feierlich und eindrucksvoll erscheint, wird ein kostbares Polyptychon aus dem 14. Jh. aufbewahrt.

Ottana

◄ San Nicola

Der Brunnentempel Su Tempiesu liegt 25 km nördlich von Nuoro bzw. 4 km östlich von Orune und ist auf einem Weg zu erreichen, der von der SS 389 abzweigt. Su Tempiesu ist **der schönste bekannte Hochbau der Nuraghenzeit**. Das Heiligtum steht am felsigen Hangeinschnitt des den Brunnen speisenden Wasserlaufs und ist aus sorgfältig behauenen Trachytquadern erbaut, die an der sichtbaren Seite

★
Brunnentempel Su Tempiesu

Vom Monte Ortobene blickt die Bronzestatue des Erlösers auf Nuoro hinab. Einmal im Jahr pilgern die Einwohner in einer großen Prozession hier herauf.

schräg geschnitten sind. Zwei weitere Gebäude in der Nähe des Tempels dienten als Durchgangsräume oder als Lager für Kultgeräte, wie die große Zahl von Bronzegegenständen, die man hier fand, vermuten lässt.

Bitti Folgt man der SS 389 von Nuoro ca. 40 km nach Norden, erreicht man Bitti (4100 Einwohner), das im Stil eines Amphitheaters an den steilen Hang gebaut ist. Im Ortsteil Gorofai steht auf einer Anhöhe das Santuario del Miracolo. Die alte Wallfahrtskirche wurde vollständig erneuert. Zu dem jährlichen Kirchenfest, das vier Tage dauert und seinen Höhepunkt am 30. September erreicht, strömen Gläubige aus allen Teilen der Insel zusammen.

San Francesco di Lula Die Wallfahrtskirche San Francesco di Lula liegt 17 km östlich von Bitti (2 km südlich der Ortschaft Lula) in einer malerischen, vom Kalksteinmassiv des Monte Albo beherrschten Landschaft. Sein heutiges Aussehen bekam der Kirchenbau nach einer Umgestaltung im Jahr 1795. Rund um die Kirche stehen in einer weiten Einfriedung Pilgerhütten (»cumbessias«). Das Kirchenfest von San Francesco findet vom 1.–9. Mai statt und lockt alljährlich Tausende von Gläubigen aus allen Orten der Barbagia an.

Monte Albo ▶Siniscola

Olbia

D 12 / 13

Provinz: Olbia Tempio **Höhe:** 5 m ü. d. M.
Einwohnerzahl: 45 400

Durch das rasche Wirtschafts- und Bevölkerungswachstum seit den 1960er-Jahren hat sich auch das Stadtbild von Olbia verändert. Sie wirkt heute als funktionale, in den Außengebieten schnell angewachsene Stadt, die mit starkem Verkehr zu kämpfen hat. Beschauliche Plätze und alte Bausubstanz sind nur noch punktuell in der Innenstadt anzutreffen.

Verkehrsknotenpunkt im Norden Die Hafenstadt liegt an der Nordostküste Sardiniens gegenüber der Isola Tavolara im innersten Punkt des Golfs von Olbia. Sie hat selbst so gut wie keine Sehenswürdigkeiten und auch keinen nahen Badestrand, ist aber neben Cagliari das Zentrum des Schiffs- und Flugverkehrs und der wichtigste Passagierhafen der Insel. Bahnlinien führen von Olbia nach Cagliari, Sassari und Porto Torres. Der Flughafen Costa Smeralda liegt 3 km südwestlich der Stadt.

Geschichte Obwohl der Ortsname (die »Glückliche«) griechischen Ursprungs ist, wurde Olbia vermutlich im 6. Jh. v. Chr. von den Puniern gegründet. In römischer Zeit war es ein bedeutendes Handelszentrum, eine blühende, wohlhabende Stadt, wie noch heute die Reste der Thermen, des Aquädukts und der großen öffentlichen Gebäude bestätigen. Römerstraßen verbanden sie mit anderen Orten wie Cagliari, Tibola (S. Teresa di Gallura) und Porto Torres. Im Hafen liefen die Schiffe aus, die die Stadt Rom mit Weizen versorgten. Mit dem Niedergang des Römischen Reichs verfiel die Stadt und lebte erst um das Jahr 1000 dank häufiger Kontakte mit den Pisanern und Genuesen wieder auf. Unter dem Namen Civita wurde sie Hauptort des Judikats Gallura mit Rechtsprechung über ein sehr großes Gebiet, das auch einen Teil der Barbagia und der Baronie umfasste. Nach der Auflösung des Judikats fiel die Stadt an Pisa, erhielt den Namen Terranova und wurde freie Kommune. In der Zeit der spanischen Herrschaft verlor Terranova schnell an Bedeutung, wozu die Malaria und Pest sowie die häufigen Überfälle der Sarazenen beitrugen. Im 19. Jh. begann ein neuer Aufstieg der Stadt, der an die Aktivität des Hafens, die Entwicklung des Handels und die Trockenlegung der Ebene rund um die Siedlung gebunden war. Seit 1939 trägt die Stadt wieder den Namen Olbia. Durch den großen Fährhafen und den Airport verbindet Olbia die Insel mit dem Rest der Welt.

Olbia *Orientierung*

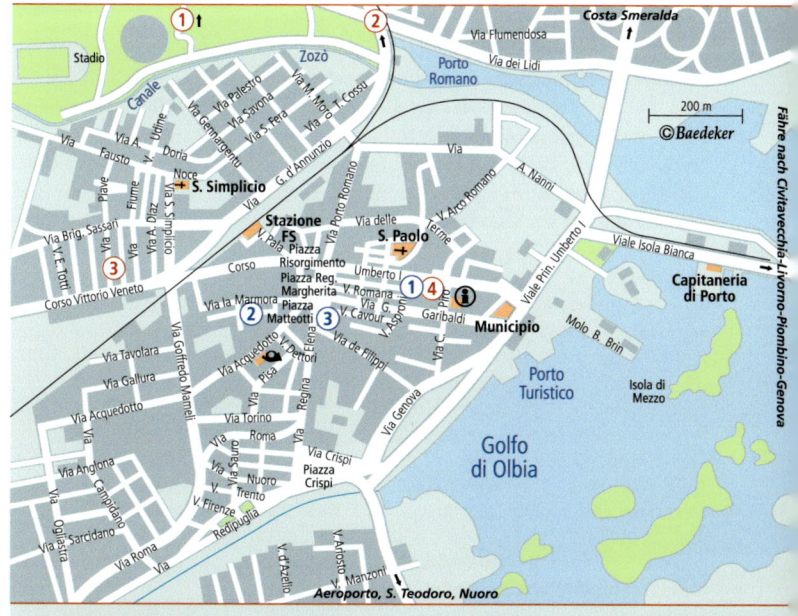

Übernachten
① Rocce Sarde ③ Colonna Palace
② Hotel Stefania ④ Gallura

Essen
① Gallura ③ Il Gambero
② Antica Osteria

Der Hafen von Olbia heute: In den Sommermonaten kommen hier Tausende von Urlaubern mit den großen Fähren an.

SENSATIONELLER FUND IN DER HAFENSTADT OLBIA

Olbia ist der nordöstliche Dreh- und Angelpunkt für die Ankömmlinge auf der Insel. Die Stadt verfügt über den wichtigsten Fährhafen Sardiniens und leidet somit unweigerlich unter einem ausgeprägten Verkehrschaos auf den Straßen. Um dies in den Griff zu bekommen, hatte man mit dem Bau eines Tunnels begonnen, der die vom Hafen kommenden Verkehrsströme aufnehmen und die Stadt entlasten soll. Bei den Bauarbeiten stieß man auf einen bedeutenden archäologischen Fund.

Als der Tunnelbau in Richtung Hafen voranschritt, fand man dort eine Flotte von elf römischen Handelsschiffen aus dem 5. Jh. – galt doch Sardinien einst als Kornkammer des Römischen Reiches – sowie Reste von zwei Schiffen, die bereits aus dem 1. Jh. stammten. Eine archäologische Sensation! Vor mehr als 1600 Jahren war die Flotte im Hafen von Olbia gesunken, wo sie bis dato vergessen und erst 1999 mit diesem Fund wieder in Erinnerung gerufen wurde.

Aber wieso waren denn die Handelsflotte und die beiden anderen Schiffe im sicheren Hafen von Olbia untergegangen?

Bedeutender Hafen

Schon von seiner Lage her verfügte Sardinien – an zentraler Stelle des westlichen Mittelmeeres gelegen – über einen der bedeutendsten natürlichen Häfen. Am **Kreuzungspunkt der wichtigsten Handelsrouten** gelegen, wurde Olbia, das seine Bedeutung

Teile der im 5. Jh. gesunkenen Handelsflotte

nur durch seinen Hafen erhielt, bereits im 7. und 6. Jh. v. Chr. von den Griechen angesteuert. Im 5. Jh. eroberten die Kartharger Sardinien, die im 3. Jh. von den Römern verdrängt wurden. Diese nutzten ihn als Exporthafen für Getreide und zudem landeten dort auch die römischen Besatzungstruppen. Der Hafen wurde bis ins 1. Jh. n. Chr. genutzt, dann verursachte eine Naturkatastrophe (vielleicht eine Flut) den Untergang der zwei Schiffe und die Aufgabe des südlichen Hafens. Auch eine zwischen beiden Teilen des Hafens gelegene Schiffswerft wurde aufgegeben. Danach nutzte man nur noch den nördlichen Teil des Hafens. Bei dem Fund der älteren beiden Schiffe entdeckte man einen **vollständig erhaltenen Schiffsmast**, nach Aussage des Archäologen Edoardo Riccardi der erste Schiffsmast aus dem Römischen Imperium, der im Mittelmeerraum überhaupt gefunden wurde.

Ursachenforschung

Mehr Rätsel geben die im 5. Jh. gesunkenen elf Handelsschiffe auf, deren Wracks ebenfalls bei den Grabungsarbeiten zu Tage kamen. Die Schiffe – zwischen 15 und 30 m lang – scheinen alle zur gleichen Zeit untergegangen zu sein, wahrscheinlich waren es Frachtschiffe, die mit verderblicher Ware beladen waren, denn bis auf einige wenige Amphoren hat man keine Spuren von sonstiger Ladung gefunden. Auf der Suche nach den Ursachen des Untergangs haben die Archäologen ein Unwetter ausgeschlossen. Der Leiter der Ausgrabungen, Rubens d'Oriano, vermutet, dass die Vandalen die Stadt attakierten und die Handelsflotte zerstörten. Er gibt jedoch zu bedenken, dass die Römer die Flotte möglicherweise auch selbst zerstört haben könnten, um zu verhindern, dass sie von den Vandalen eingenommen wurde.

▶ OLBIA ERLEBEN

AUSKUNFT

Olbia A.A.S.T.
Via Castello Piro 1
I-07026 Olbia
Tel. 0 78 92 14 53
Fax 0 78 92 22 21

BADESTRÄNDE

Der lange helle Sandstrand von
Pittulongu liegt etwa 7 km nördlich
von Olbia und erfreut sich in den
Sommermonaten regen Besuchs.
Einige Kilometer weiter nördlich bietet
sich auch die Spiaggia Bianca zum
Baden an. Im Süden findet sich der
lange schmale Dünenstrand Le Saline.

STADTBUSSE

Die orangefarbigen Stadtbusse fahren
im Sommer auch die Strände um die
Stadt herum an. Die Linie 4 fährt zum
Pittulongo, die Linie 5 nach Süden
zum Strand Le Saline.

EINKAUFEN

Die Città Mercato an der südlichen
Ausfallstraße Richtung San Teodoro ist
eine riesige Einkaufsstadt, in der man
wirklich alles findet. Ein ähnlich
großes Shoppingcenter ist auch an der
S 125 Richtung Palau entstanden.

FESTE

Liebhaber von Meeresfrüchten
bekommen bei der Sagra del Pesce e
Calamaro am 15. August alles was das
Herz und der Gaumen begehrt.

ESSEN

▶ Fein und teuer

① *Gallura*
Corso Umberto I. 145
Tel. 0 78 92 46 48
Im Restaurant des gleichnamigen
Hotels wird immer wieder Neues
kreiert, das der sardischen Küche

entspricht, allerdings auch nicht ganz
billig ist: Von frischem Fisch bis
zartem Fleisch der Region und einer
hervorragenden Käseplatte wird alles
geboten (Mo. geschlossen).

▶ Erschwinglich

② *Antica Osteria*
Piazza Matteotti 7
Nahe der Piazza Margherita kann man
in schöner, ruhiger Atmosphäre drin-
nen und draußen speisen.

③ *Il Gambero*
Via Lamarmora 6
Tel. 0 78 92 38 74
Das sehr kleine Restaurant hat einen
offenen Kamin und bietet eine intime
Atmosphäre. Die Küche zeichnet sich
durch eine eine gute Karte mit Fischen
und Meeresfrüchten aus (außerhalb
der Saison Mo. geschlossen).

ÜBERNACHTEN

Baedeker-Empfehlung

▶ Luxus

① *In San Pantaleo: Rocce Sarde*
Loc. Milmeggiu
Tel. 0 78 96 52 65
Fax 0 78 98 52 68
E-Mail: roccesarde@tiscalinet.it
www.roccesarde.it
Im Landesinneren liegt das beschauliche
Dorf San Pantaleo mit seinem gleichnamigen Hotel auf felsiger Anhöhe. Morgens
gibt es einen Shuttle-Service zum Strand
oder man kann an Ausflügen mit der
hauseigenen Jacht teilnehmen. Schön sind
auch die sardischen Abendessen des hotel-
eigenen Restaurants, die unter freiem
Himmel rund um den unterhalb des Hotels
gelegenen Pool stattfinden.

► Komfortabel

④ *Gallura*

Corso Umberto 145
Tel. 0 78 92 46 48
Fax 0 7 8 92 46 29
16 Z., TV, Tel., Bar, Restaurant
Die Zimmer im Gallura sind zwar
klein, aber ansprechend eingerichtet.
Auch dieses Hotel liegt sehr zentral.
Die Besitzerin Rita Denza hat einige
Zeit in Stuttgart gelebt und spricht
Deutsch. Besonders das Restaurant ist
sehr zu empfehlen; kulinarisch vermi-
schen sich sardische, venezianische
und schwäbische Tradition zu fantas-
tischen Gerichten.

③ *Colonna Palace*

Via Montello 3
Tel. 0 78 92 41 73
Fax 0 78 92 41 62
www.itihotels.it
60 Z., TV, Tel., Bar, Restaurant
Das beste und teuerste Hotel direkt in
Olbia ist das frisch renovierte Colonna
Palace (bisher Mediterraneo), das in
einer ruhigen Seitengasse liegt und
komfortable und ansprechende Zimmer anbietet.

② *In Pittulongu: Hotel Stefania*

Loc. Pittulongu
Tel. 0 78 93 90 27
Fax 0 78 93 91 86
E-Mail: info@stefaniahotel.it
www.stefaniahotel.it
28 Z., TV, Tel., Pool

Das 1992 erbaute Hotel Stefania liegt
ca. 5 km nördlich von Olbia. Die
Zimmer in dem zweistöckigen
Gebäude sind geschmackvoll im
arabisch-maurischen Stil möbliert und
blicken auf den ca. 100 m entfernten
Strand am Golf von Olbia. Neben dem
Hotel liegt das Restaurant Nino's, hier
kann man Pasta, Fischgerichte und
sardische Desserts genießen.

Sehenswertes in Olbia

Die im Herzen von Olbia gelegene Piazza Margherita lädt unter
schattigen Bäumen zum Verweilen ein. Von hier kann man dem granitgepflasterten Corso Umberto, der Promeniermeile von Olbia mit
vielen Geschäften, Bars, Pizzerien und Restaurants bis zum Hafen
folgen. Alte Bürgerhäuser mit schmiedeeisernen Balkonen säumen
die Straße.

Piazza Margherita, Corso Umberto

Das bedeutendste Baudenkmal der Stadt ist die romanische Kirche
San Simplicio. Sie wurde Ende des 11. Jh.s errichtet und blieb bis
1503 Kathedrale der Diözese Civita. Der Bau, der schlichter erscheint
als die anderen großen romanischen Kirchen der Insel, zeigt, vor
allem an der Fassade, die Verschmelzung toskanischer und lombar-
discher Elemente. Das Innere gliedern Pfeiler und Säulen, die die

★
San Simplicio

Balkendecke und die Gewölbe der Seitenschiffe stützen. An den Wänden sind einige **Meilensteine der Römerstraße** nach Tertium (Telti) und zahlreiche römische Grabsteine aus der nahen Nekropole zu sehen. Am 15. Mai findet hier alljährlich eine große Prozession statt.

Nördliche Umgebung von Olbia

Cabu Abbas Die seit dem Neolithikum besiedelte Umgebung von Olbia weist zahlreiche Zeugnisse der nuraghischen Kultur auf. Besonders interessant ist die Nuraghenfestung von Cabu Abbas in der Nähe der gleichnamigen kleinen Kirche nördlich von Olbia. Von der Chiesa di Cabu Abbas führt ein kleiner Pfad über einen Sattel den Hügel hinauf zur Nuraghenfestung. Ein breiter megalithischer Mauerring ist nun sichtbar. Der Mittelturm aus kleinen gleichmäßigen Steinen war ursprünglich zweistöckig. Ausgrabungen aus dem Jahre 1938 haben Keramikscherben und Knochenreste ans Tageslicht gebracht.

Brunnentempel Sa Testa An der Straße nach Golfo Aranci, 4 km nördlich von Olbia, gegenüber der großen Hotelanlage »Pozzo Sacro«, liegt der Brunnentempel Sa Testa. Über eine kleine Treppe gelangt man auf den Vorplatz, von dem eine sich nach unten verjüngende Treppe zum eigentlichen Brunnen führt, in dem auch heute noch Quellwasser steht.

Golfo Aranci Golfo Aranci liegt am gleichnamigen Meerbusen, 18 km nordöstlich von Olbia. Die im 18. Jh. als Fischerdorf gegründete Ortschaft erlebte einen bescheidenen Aufschwung, als 1882 im Zusammenhang mit dem Eisenbahnbau ein Fährhafen angelegt wurde. Golfo Aranci lebt vom Tourismus, obwohl es hier außer den vielen Souvenirshops und Restaurants keine Anziehungspunkte gibt.

Porto Rotondo Am Beginn der Costa Smeralda liegt Porto Rotondo, ein luxuriöser Ferienort, der sich um einen Jachthafen gruppiert. Die **einmalige Lage auf einer Landzunge**, die den Golfo di Marinella im Norden abschließt, bietet günstige Voraussetzungen. Der Name Porto Rotondo (»runder Hafen«) bezieht sich auf die Form der Bucht, an der der große, sehr gut ausgestattete Jachthafen liegt. Neben dem Hafen ist die Piazzetta Mittelpunkt des hier vorherrschenden Nobeltourismus. Einer der schönsten Strände von Porto Rotondo liegt im Norden nahe bei dem Aussichtspunkt Punta della Volpe.

Südliche Umgebung von Olbia

Porto San Paolo Folgt man der Küstenstraße 13 km nach Süden, erreicht man den Ferienort Porto San Paolo. Von hier aus kann man auf die vorgelagerte Insel Tavolara übersetzen (20 min. Überfahrt). Mit seiner gepflegten, arkadengesäumten Piazzetta, dem kleinen Hafen und den südlich anschließenden kleinen Badebuchten ist Porto San Paolo ein angenehmer Ferienort. Insbesondere Bootsbesitzer schätzen die Insel wegen ihrer hervorragenden Ankermöglichkeiten.

Südlich von Tavolara, getrennt durch eine Meerenge, liegt die Isola Molara, die eine Höhe von 158 m erreicht. Auf ihr befinden sich die Ruine einer dem hl. Pontianus geweihten Kirche und die Reste des mittelalterlichen Dorfs Gurguray. Im Südosten der Insel erhebt sich der Monte Castello, auf dem die Ruine einer zur Verteidigung gegen die Sarazenen errichteten Burg aus dem 16. Jh. zu sehen ist.

Isola Molara

San Teodoro liegt nahe der sardischen Ostküste inmitten der Schwemmlandebene, 27 km südöstlich von Olbia. Am Ortsrand des ehemaligen Fischerdorfes reihen sich zahlreiche Hotels und Ferienanlagen aneinander. Nördlich des Ortszentrums erstreckt sich ein etwa 3 km langer, **weißer Dünenstrand** – La Cinta. Hier findet das rege Badeleben von San Teodoro statt, doch wird es dank der Länge des Strandes nie übermäßig eng.

San Teodoro

Hinter dem Strand La Cinta erstreckt sich der Stagno di San Teodoro, eine der interessantesten Hafflandschaften an der sardischen Ostküste mit einer Fläche von 230 Hektar. Dank der Verbindung zum Meer ist der Stagno di San Teodoro sehr fischreich. Große, weiße Granitblöcke in bizarren Formen spiegeln sich im unbeweglichen Wasser; ringsum wuchert üppige Macchia. Zahlreiche Vogelarten leben hier: Sumpfhühner, Reiher und Stockenten, deren buntes Hochzeitskleid im Frühling besonders farbenprächtig ist.

◄ Stagno di San Teodoro

Baedeker TIPP

Neun-Loch-Anlage

Nördlich von San Teodoro findet man einen Golfclub in herrlicher Lage. Die Anlage verläuft entlang der Küste mit ihren Badebuchten und Riffs – der schöne Ausblick ist garantiert (Golf Club Puntaldia, Tel. 07 84 86 40 05; Golfkurse von Juni bis Oktober, wöchentliche Turniere).

Oliena

H 12

Provinz: Nuoro
Einwohnerzahl: 7600

Höhe: 388 m ü. d. M.

Oliena liegt auf halber Höhe an der von Felsklippen bekrönten Nordwand des Supramonte, den so genannten sardischen Dolomiten, 12 km südöstlich von Nuoro.

Eine Siedlung ist an dieser Stelle schon in prähistorischer Zeit bezeugt. Als die Jesuiten hier Schulen gründeten (17. Jh.) und die Seidenraupenzucht einführten, begann die Ortschaft aufzublühen. Heute ist Oliena für seine Weine und für sein Kunsthandwerk (Stickerei, Schals) berühmt.

Typisches Bergstädtchen der Barbagia

► OLIENA ERLEBEN

AUSKUNFT

Oliena Presidio Turistico
Via Grazia Deledda 32
I-08025 Oliena
Tel. 07 84 28 60 78
Fax 07 84 28 63 24
E-Mail: galaveras@tiscalinet.it
www.oliena.it

EINKAUFEN

Oliena ist bekannt für den dunkel-
roten, weichen Wein Nepente di
Oliena und den rubinroten Lanaitto
aus den Cannonau-Trauben, die hier
im Norden wachsen. In der Cantina
Sociale Oliena kann man den beliebten
Wein direkt vom Erzeuger erstehen
(Via Nuoro 112, Tel. 07 84 28 75 09).

ESSEN

► Erschwinglich

C K
Via M. L. King 2/4
Tel. 07 84 28 80 24
Das Lokal des Hotels Ci Kappa ist das
einzige direkt im Ort, aber nicht nur
deshalb viel besucht: Vielmehr
herrscht hier ein grandioses Preis-
Leistungs-Verhältnis, denn die Küche
ist hervorragend, vielseitig und
regional geprägt (Mo. geschlossen).

Entspannung in Su Gologone

Cooperative Enis Monte Macchione
Auf dem Supramonte
Tel. 07 84 28 83 63
2 km oberhalb von Oliena bietet die
Cooperative eine exzellente Küche zu
günstigen Preisen und eine herrliche
Lage mit Ausblick auf die Ebene.

ÜBERNACHTEN

Baedeker-Empfehlung

► Luxus

Su Gologone
Loc. Su Gologone
Tel. 07 84 28 75 12
Fax 07 84 28 76 68
E-Mail: gologone@tin.it
www.sugologne.it
67 Z., TV, Tel., Bar, Restaurant, Pool,
Tennisplatz, Minigolf, Boccia, Reiten
Sowohl das Hotel als auch das ange-
schlossene Restaurant gehören zum Besten,
was die Insel zu bieten hat. Verschiedene,
Gebäude des Hotels liegen inmitten von
Grünanlagen direkt am Fuß des Supra-
monte, etwa 8 km von Oliena entfernt. Die
Einrichtung ist mit viel sardischem Kunst-
handwerk sehr geschmackvoll. Unübertrof-
fen ist auch das Restaurant. Darüber hinaus
gibt es ein großes Sportangebot.

► Günstig

Ci Kappa
Via M. Luther King 2/4
Tel. 07 84 28 80 24, 07 84 28 87 33
7 Z., TV, Tel., Bar, Restaurant
Das einzige Hotel direkt im Ort ist das
Ci Kappa an der Hauptstraße. Das
Zimmermobiliar des modernen
Hauses besteht aus soliden Holz-
möbeln; das Restaurant wird auch von
der einheimischen Bevölkerung gern
besucht.

Umgebung von Oliena

Landschaftlich außerordentlich reizvoll ist der Supramonte (»Ober-berg«), ein gewaltiges Kalksteinmassiv, das sich im Hinterland der mittleren sardischen Ostküste erstreckt. **Herrliche Steineichenwälder** säumen die Bergflanken, während sich auf den einsamen, stark ver-karsteten und nur von Garrigue bedeckten Hochflächen eindrucks-volle Karrenfelder erstrecken, in deren Bereich das Kalkgestein felsig zu Tage tritt. Den Supramonte di Oliena erreicht man auf einer aus-geschilderten Straße, die am südlichen Ortsrand von der Straße Richtung Orgosolo abzweigt. Am Ende der 2,5 km langen, steilen Serpentinenstraße liegt ein Parkplatz im Waldgebiet Maccione. Hier in der Einsamkeit der Berge betreibt die Cooperative ENIS, die aus einer Initiative junger Arbeitsloser hervorgegangen ist, eine freundliche Herberge, einen Campingplatz und ein Restaurant.

✱ Supramonte

Von hier steigt ein Weg (1,5 Std. Gehzeit) zu einer Aussichtsterrasse am Zinnenkranz des Supramonte an. Es bietet sich ein großartiger Blick auf die Karsthochfläche Su Pradu und die umliegenden Gipfel Punta sos Nidos (1349 m) und Monte Corrasi (1463 m), die sich weglos auf Sicht besteigen lassen. Am Monte Corrasi wachsen zwischen den Klüften im Kalkstein Wacholder und Eiben, Über-bleibsel alter Wälder, die früher dieses Gebirge bedeckten. Zu den seltenen Greifvögeln, die hier nisten, gehören der Gänse- und der Mönchsgeier.

Wandern auf die Gipfel des Supramonte

Die Quelle Su Gologone liegt 8 km östlich von Oliena bei einem Parkplatz an der Stichstraße, die ins Lanaittu-Tal führt. Die herrliche Quelle, die in einer natürlichen Spalte des Kalkgesteins zwischen steilen Felswänden entspringt, ist ein beliebtes Ziel von Ausflügen und Wanderungen. Sie ergießt sich in einen **tiefgrünen See**, der von hohen Pappeln, Eukalyptusbäumen und Oleander umgeben ist. Die Quelle hat eine Schüttung von 300 l pro Sekunde und ist die ergiebigste ganz Sardiniens. Der See, die Nähe des von dichter Vegetation gesäumten Flusses Cedrino und die diversen Wandermög-lichkeiten (ausgeschildert kurz vor der Quelle) haben diesem Ort zu großer Beliebtheit verholfen.

✱ Quelle Su Gologone

Am Ende des Fahrwegs gelangt man zum Geröllbett eines Wildbachs und dann weiter auf einem Pfad, der zum Monte Tiscali ansteigt (1 Std. Gehzeit; Wanderführer empfehlenswert). Der Berg (515 m) birgt eine der faszinierendsten Stätten des Supramonte. Auf dem zerklüfteten Felsgrat öffnet sich eine weiträumige Karsthöhle namens Sa Curtigia de Tiscali (»Grünland inmitten felsiger Einöde«), die durch den Einsturz des einstigen Deckengewölbes freiliegt.
Im Schutz der überhängenden Felswände dieser Einsturzdoline liegen die Überreste einer nuraghischen Siedlung. Sie besteht aus zwei Häusergruppen mit runden und viereckigen Hütten, deren Mauer-

✱ Monte Tiscali

werk teilweise mit Lehm gebunden ist. Zur Wasserversorgung in diesem trockenen Karstgebiet wurde das kostbare Nass unter den herabhängenden Tropfsteinen (Stalaktiten) in Zisternen aufgefangen. Inmitten der Höhle gedeihen **uralte mächtige Baumriesen**, darunter die sonst eher als Strauch bekannte Terpentin-Pistazie. Auf den Monte Tiscali zogen sich die Nuragher vielleicht vor fremden Eroberern zurück, denn die Höhle stellt eine hervorragende natürliche Felsbastion dar. Vielleicht war es jedoch lediglich ein Außenposten von Hirten, der nur zeitweilig bewohnt wurde.

Orgosolo

H 12

Provinz: Nuoro
Einwohnerzahl: 4500

Höhe: 620 m ü. d. M.

Bekannt und berühmt wurde Orgosolo als »Banditennest« und Zentrum des politischen Widerstandes, der auch durch Repressalien und starkes Polizeiaufgebot vom italienischen Festland nicht zu brechen war.

Banditendorf
Orgosolo, das an den westlichen Ausläufern des Supramonte liegt, ist von der Provinzhauptstadt aus auf einer direkten Verbindungsstraße zu erreichen. Bis heute sind die **zahllosen Murales**, die farbenprächtigen, politischen Wandmalereien, die fast jede Hauswand schmücken, der Grund für den lebhaften Tourismus in den Sommermonaten. Dann wird der Ort scharenweise von Tagesausflüglern besucht, die in Busladungen hierher gebracht werden und – mit leichtem Schaudern – den legendären Spuren der Banditen folgen. Die Bewohner der für ihr Festhalten an den Traditionen der Barbagia bekannten Gemeinde leben zwar weiterhin hauptsächlich von der althergebrachten Weidewirtschaft, doch das Leben im Ort hat sich durch den Tourismus nachhaltig geändert.

> ! **Baedeker TIPP**
>
> **Kurvenreich**
> Die Straße von Oliena nach Orgosolo ist recht kurvig, aber es lohnt sich schon allein wegen der wunderschönen Aussichtspunkte, die sich immer wieder neu ergeben, sich auf diese Weise dem Städtchen der Murales zu nähern.

Sehenswertes in Orgosolo und Umgebung

★
Murales
Eine große Zahl von Wandmalereien, die das politische und soziale Engagement von teils aus Orgosolo stammenden, teils fremden Künstlern und Intellektuellen bezeugen, prägen das Ortsbild und haben das Dorf zu einer kleinen Attraktion gemacht. Dass keineswegs nur sardische Themen auf diese Weise dargestellt werden, zeigt

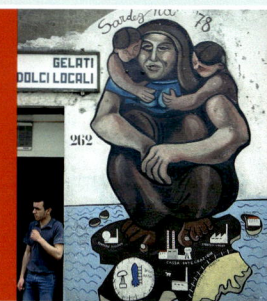

Anklagend und politisch – so sind die meisten Murales, um deren Erhalt man sich bemüht.

MURALES – GRAFFITI AUF SARDISCH

Orgosolo ist kein Dorf wie jedes andere. Das merkt man schon, bevor man den Ort überhaupt betreten hat: An der kurvenreichen Straße von Nuoro nach Orgosolo blickt man plötzlich einem auf zwei große Steinblöcke gemalten Späher in die Augen, der die Ankommenden nicht gerade Vertrauen einflößend »begrüßt«.

Der Ausschau Haltende ist nicht die einzige Irritation dieser Art, denn in dem abgelegenen Flecken gehören bemalte Hauswände zum Ortsbild wie woanders der Blumenschmuck oder der Brunnen auf der Piazza.

Stummer Protest

Nach den gemalten Revolutionsaufrufen in den Staaten Lateinamerikas werden diese Bilder, von denen es in Orgosolo heute rund 150 gibt, Murales genannt. Auch in anderen Dörfern im Landesinneren Sardiniens trifft man auf Murales, doch Orgosolo ist gewissermaßen das **Mekka dieser Kunstform**. Ebenso wie ihre lateinamerikanischen Vorbilder sind die Murales Ausdruck des Protests, des Unmuts über verfehlte Politik, Ausbeutung und Korruption, vor allem aber Widerstand gegen jede Form von Fremdherrschaft. Vor den traurig anklagenden oder auch kämpferischen Wandbildern in Orgosolo wird dem Besucher bewusst, dass Sardinien bis heute zum Mezzogiorno, zu den ärmeren und struktur- schwachen Regionen Italiens gehört. Dass die ersten Murales 1969 in Orgosolo auftauchten, als die italienische Regierung oberhalb von Orgosolo, auf der Hochebene von Pratobello, einen Truppenübungsplatz anlegen wollte, ist alles andere als Zufall. Seitdem entstanden Generationen von Wandbildern in dem kleinen Dorf, so unterschiedlich in ihrer Bildsprache wie die Künstler, die sie geschaffen haben. Die Spannbreite reicht von raffinierter Illusionsmalerei über expressive, grellbunte Graffiti bis hin zu den Politiker-Steckbriefen, die sich durch karikaturistische Überzeichnung und beißende Kommentare auszeichnen. Seit die Murales auch über die Grenzen Sardiniens hinaus bekannt sind, bemühen sich die Bewohner von Orgosolo um die Erhaltung ihrer Protestkunst – die brisante Vergangenheit des einst berüchtigten Dorfes sorgt nun dafür, dass der abgelegene Ort mit einer Attraktion besonderer Art aufwarten kann. Orgosolo – das ist kein Dorf wie jedes andere.

▶ ORGOSOLO ERLEBEN

ESSEN

▶ Erschwinglich

Ai Monti del Gennargentu
6 km auf der Straße Richtung Funtana Bona
Tel. 07 84 40 23 74
Das gemütlich eingerichtete Landhaus liegt ruhig und idyllisch auf dem Pratobello. Sehr gute Fleischgerichte der Region werden hier freundlich serviert.

ÜBERNACHTEN

▶ Günstig

San'e Jana
Via E. Lussu
Tel./Fax 07 84 40 24 37
www.web.tiscalinet.it/saejana
25 Z., Bar, Restaurant
Für wenig Geld wohnt man in geräumigen, einfachen Zimmern mit z. T. großen Balkons und fantastischem Blick auf den Supramonte.

das schnelle Reagieren auch auf aktuelle weltpolitische Entwicklungen, wie die Ereignisse vom 11. September 2001. Ursprung und Bedeutung der Murales werden im ▶Baedeker-Special S. xxx erklärt.

Foresta di Montes

Südlich des Ortes (17 km) liegt die Foresta di Montes, deren schöne Steineichenwälder man über eine ansteigende, ins Supramontemassiv führende Straße erreicht.

★

Monte Novo San Giovanni ▶

Die Straße endet an einem Forsthaus, von dem ein Wanderweg zum Gipfel des Monte Novo San Giovanni führt. Der Berg ist mit seiner Höhe von 1316 m einer der schönsten Aussichtspunkte dieser Gegend. Ganz oben ragt ein mächtiger Kalksteinsporn auf, dessen Gipfel leicht zu erklimmen ist. Der Blick vom Gipfel umfasst einen großen Teil des mittleren Sardiniens.

Mamoiada

Über eine Nebenstraße, an Steineichenwäldern und Weinbergen vorbei, gelangt man von Orgosolo nach Mamoiada (11 km westlich) inmitten der Barbagia Ollolai. Die Existenz des großen Hirtendorfs ist seit dem Mittelalter belegt. Im historischen Ortskern sind noch einige alte Häuser mit Verzierungen im Stil der katalanischen Gotik erhalten.

Mamoiada ist vor allem wegen seines traditionellen **Karnevals** bekannt, bei dem die »mamuthones« – dunkle, in Felle gekleidete Mensch-Tier-Wesen, die furchterregende Holzmasken und auf den Schultern schwere Gebinde von Kuhglocken tragen – finster und

! *Baedeker* TIPP

Furcht erregende Masken

In Mamoiada gibt es noch Holzschnitzer, die nach alten Vorlagen die berühmten Karnevalsmasken herstellen. Rund acht Stunden Arbeit stecken in einer Holzmaske. Besonders hochwertig ist das harte Holz des wilden Birnbaums; preiswerter sind Masken aus Kastanienholz. In der Werkstatt von Ruggero Mameli kann man den Holzschnitzern zusehen (Via A. Crisponi 19, I-08024 Mamoiada, Tel. 07 84 56 22 2).

mit gleichmäßigen Schritten durch die Straßen ziehen. Sie werden von den »issocadores« begleitet, edlen Gestalten mit roter Weste und unverhülltem Gesicht, die mit Hilfe eines Soka genannten Bandes die »mamuthones« in Schach halten und zum Spaß Zuschauer einfangen (►Hintergrund, Feste und Folklore).

Ein Museum zeigt die traditionellen Masken der »mamuthones« und »issocadores«, aber auch Karnevalsmasken anderer Mittelmeerländer mit ähnlichen Traditionen (Piazza Europa 15, Öffnungszeiten: Di. bis So. 9.00 – 13.00 u. 15.00 – 19.00 Uhr).

Museo delle Maschere Mediterranee ⏱

Oristano · Tharros

K 7

Provinz: Oristano
Einwohnerzahl: 31 200

Höhe: 9 m ü. d. M.

Oristano, seit 1974 Hauptstadt der gleichnamigen Provinz Sardiniens, liegt nahe der Westküste der Insel im nördlichen Campidano, in der trockengelegten Ebene des Tirso. Unweit davon stößt man auf die bekannte Ausgrabungsstätte Tharros, die größte punisch-römische Stadt.

Neben der Rolle als Provinzhauptstadt ist Oristano heute ein wichtiges Handels- und Agrarzentrum. Der Tourismus spielt hier kaum eine Rolle, denn die Attraktion der Region ist weniger die hübsche, aber recht kleine Altstadt von Oristano als vielmehr die weitläufige Ausgrabungsstätte Tharros, die westlich der Stadt (20 km entfernt) auf einer Halbinsel auf der gegenüberliegenden Seite des

Im Schatten von Tharros

Highlights Oristano

Piazza Eleonora d'Arborea
Mittelpunkt der Stadt, um den sich zahlreiche wunderschöne Palazzi erheben.
► Seite 247

Sartiglia
Rasantes Pferdeturnier mit hohem Unterhaltungswert.
► Seite 249

Fordongianus
Malerisches Dorf mit eindrucksvollen Resten einer römischen Therme, in der noch gebadet werden kann.
► Seite 249

Tharros
Die Ruinen der großen phönizisch-römischen Hafenstadt beeindrucken noch heute.
► Seite 251

Vernaccia di Oristana
Heimischer Weingenuss aus der Cantina Sociale della Vernaccia.
► Seite 255

Hypogäum von San Salvatore
Vorchristlicher Kultraum mit erhaltenen heiligen Brunnen aus der Nuraghenzeit.
► Seite 255

Golfo di Oristano liegt. Zahlreiche Besucher strömen vor allem an den Wochenenden nach Tharros, um die Reste der großen, phönizisch-römischen Hafenstadt zu bewundern, die man hier ausgegraben hat.

Geschichte von Oristano

Oristano wurde im 11. Jh. von den Einwohnern der nahen Küstenstadt Tharros gegründet, die vor den häufigen Überfällen der Sarazenen ins Landesinnere geflüchtet waren. Die Stadt war **Hauptort des Judikats Arborea**, das sozusagen als Pufferstaat zwischen den Judikaten Cagliari und Logudoro lag. Die Kämpfe zwischen Pisa und Genua wirkten sich auf die Geschichte Oristanos wie des gesamten Judikats aus. Sardinien fiel im 14. Jh. als Lehen an den spanischen König von Aragonien, gegen dessen brutale Herrschaft die Sarden jahrzehntelang aufbegehrten. Zentrum dieses Widerstandes war Oristano, angeführt wurde er von Marianus IV., Ugone und dessen Schwester, Eleonora d'Arborea (▶ Berühmte Persönlichkeiten). Sie erließ 1392 die berühmte Carta De Logu, ein Zivil- und Strafgesetzbuch, dessen Gültigkeit später auf ganz Sardinien ausgedehnt wurde und bis 1827 in Kraft blieb. Nach dem Tod Eleonoras zerfiel das Judikat. 1478 verlor Oristano endgültig seine Unabhängigkeit und

Oristano *Orientierung*

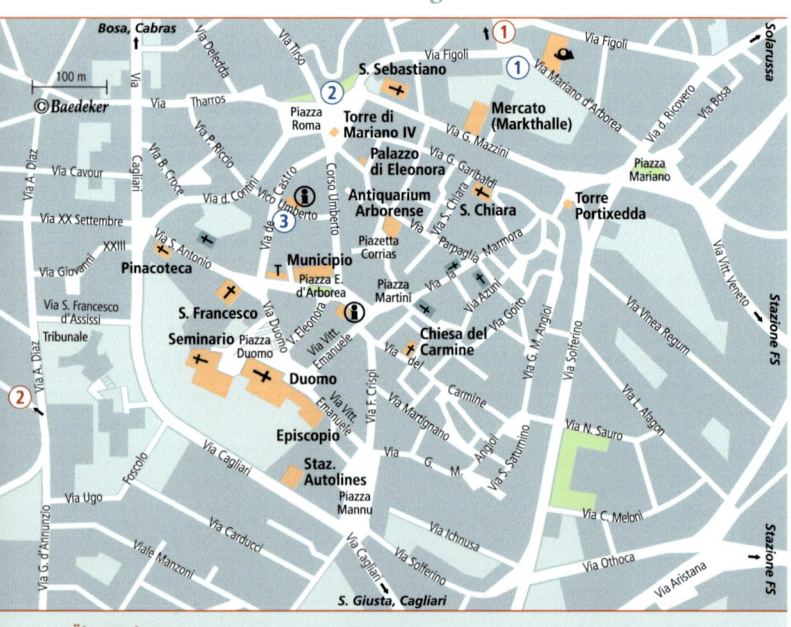

Übernachten
1. Agriturismo Il Giglio
2. Mistral

Essen
1. Il Faro
2. Da Gino
3. Craf

fiel an den spanischen König Ferdinand. Unter der spanischen Herrschaft erlebte die Stadt eine lange Zeit des Niedergangs. Verschiedene Sarazenenüberfälle und zahlreiche Pestepidemien entvölkerten den Ort. Erst unter den Piemontesern erholte sich Oristano und nahm im 20. Jh. als wichtiger Marktort für die umliegenden Anbaugebiete an Bedeutung zu. Die gesteigerte Produktivität der ab 1920 trockengelegten Flächen und ein neu angelegter großer Handelshafen unterstrichen diese Entwicklung.

Sehenswertes in Oristano und Umgebung

Den alten Stadtkern begrenzen im Norden die Via Mazzini, im Osten die Via Solferino und im Westen die Via Cagliari. Verschiedene prunkvolle Stadthäuser sind in den Altstadtgassen zu finden.

Übersichtliche Stadtstruktur

Den Mittelpunkt von Oristano bildet die Piazza Eleonora d'Arborea, die nach der auf Sardinien sehr bekannten Richterin und Gesetzgeberin benannt wurde, deren großes Standbild (19. Jh.) hier thront (► Berühmte Persönlichkeiten). Um den Platz erheben sich einige der schönsten Palazzi der Stadt, darunter der Palazzo Comunale, der im 17. Jh. als Kloster genutzt wurde.

Piazza Eleonora d'Arborea

Der Corso Umberto, die Fußgängerzone und Einkaufsmeile von Oristano, schließt sich direkt an und führt zur ebenfalls belebten Piazza Roma, in deren Nähe die meisten Restaurants und Cafés der Stadt liegen. Von der einstigen Stadtmauer ist hier die Porta Manna – auch Torre San Cristofero oder Porta Maggiore genannt – erhalten. Der mächtige, mehrstöckige Wehrturm ist auf einer Seite zur Stadt hin offen; an den drei übrigen Seiten schließen ihn dicke Mauern ein. Er ist eines der wenigen noch vorhandenen Teilstücke der Stadtmauer, die Marianus II. im Jahre 1291 erbauen ließ.

Corso Umberto

◄ Piazza Roma

Südwestlich des Corso Umberto hat man das Museum Antiquarium Arborense im Palazzo Parpaglia (Via Parpaglia) untergebracht, einem vornehmen klassizistischen Wohnhaus. Es enthält u. a. eine kleine **Pinakothek** mit Retabeln aus der Richterzeit und der spanischen Epoche sowie eine Sammlung von archäologischen Fundstücken aus Tharros und von der Halbinsel Sinis (Öffnungszeiten: tgl. 9.00 – 14.00 u. 15.00 – 20.00 Uhr).

Antiquarium Arborense

Der Dom von Oristano wurde um 1228 erbaut und in den folgenden Jahrhunderten mehrmals umgestaltet. Von der ursprünglichen Anlage sind nur noch wenige Teile der Apsis erhalten, der untere Abschnitt des Glockenturms und die gotische Capella del Rimedio mit interessanten Marmorfragmenten, die auf beiden Seiten von verschiedenen Künstlern behauen wurden. Auf das späte 16. Jh. geht die Capella dell'Archivietto zurück, die eine Kuppel abschließt. Die übrigen Teile der Kathedrale wurden im 18. und 19. Jh. in klassizis-

Dom

▶ ORISTANO ERLEBEN

AUSKUNFT

E. P. T. Oristano
Piazza Eleonora 19
I-09170 Oristano
Tel. 0 78 33 68 31
Fax 07 83 3 68 32 06
E-Mail: enteturismo.oristano@
tiscalinet.it

PARKEN

In der Provinzhauptstadt Oristano
herrscht hohes Verkehrsaufkommen
und Parkmöglichkeiten in der Altstadt
sind extrem rar. Daher parkt man am
besten auf dem Parkplatz am Stadion
(campo sportivo), von dem aus es nur
wenige Schritte bis zur Altstadt sind.

MÄRKTE

Jeden 1. Sonntag im Monat findet auf
der Piazza Eleonora d'Arborea ein
Antiquitätenmarkt statt.

FESTE

Berühmt ist das am Faschingssonntag
und -dienstag stattfindende Reiter-
turnier, das seine Wurzeln im 15. Jh.
hat. Es wird im August wiederholt.

ESSEN

▶ Fein und teuer

③ *Craf*
Via De Castro 34
Tel. 0 78 37 06 69
Das Restaurant, das sich in der Ein-
richtung der Farbe Rot verschrieben
hat, bietet bodenständige sardische
Küche (So. geschlossen).

① *Il Faro*
Via Bellini 25
Tel. 0 78 37 00 02
Das beste Lokal am Ort besticht durch
sein Jugendstilambiente und seine
ausgezeichnete sardische Küche(So.
abends sowie Juli, Aug. geschlossen).

▶ Erschwinglich

③ *Da Gino*
Via Tirso 13
Tel. 0 78 37 14 28
Nahe dem Hauptplatz von Oristano
werden im Da Gino u. a. eine große
Auswahl an Vorspeisen und diverse
Fischgerichte angeboten.

ÜBERNACHTEN

▶ Günstig

② *Mistral*
Via Martiri di Belfiore
Tel. 07 83 21 25 05
Fax 07 83 21 00 58
48 Z., TV, Tel., Bar, Restaurant
Es gibt zwei gleichnamige Hotels in
Oristano: Dieses ist das kleinere und
preisgünstigere; es ist zwar nicht ganz
so gut ausgestattet wie das andere
Mistral-Hotel, aber ruhig gelegen und
ordentlich eingerichtet. Auch das
Restaurant ist empfehlenswert.

① *Agriturismo: Il Giglio*
Francesco Orrù
Frazione Massama, Loc. Bennaci
Tel. 0 78 33 30 19 oder
3 4 73 73 85 41 (mobil)
E-Mail: ilgiglio@euroganic.it
Halbpension zw. 39 und 46 € pro
Person
Die Unterkunft des Agriturismo
zeichnet sich nicht zuletzt durch eine
hervorragende Küche aus, die bereits
von verschiedenen gastronomischen
Kritikern gelobt wurde. 5 km nördlich
von Oristano gelegen, dort, wo Anfang
des 20. Jh.s größere Sumpfgebiete
trockengelegt wurden, um sie landwirtschaftlich zu nutzen, befindet sich
das Natursteinhaus (Ende des 19. Jh.s),
das jüngst renoviert wurde (10 Z. mit
Bad). Produkte aus Eigenproduktion
sind z. B. Zitrusgewächse, Olivenöl
und Wurstwaren sowie Marmeladen.

tischem Stil neu gestaltet. Das Innere hingegen ist barock gehalten. Interessant ist der dicht neben dem Dom stehende, achteckige Glockenturm aus Sandsteinquadern mit bizarren Masken unterhalb des Kacheldachs. Die barocke, mit bunten Majolikaziegeln gedeckte Zwiebelhaube entstammt dem 18. Jahrhundert.

Wenige Schritte nordwestlich des Doms wurde die Kirche San Francesco 1838 von dem Architekten Gaetano Cima (1805–1878) aus Cagliari rekonstruiert. Im benachbarten Gebäude des Distretto Militare sind noch Elemente des ursprünglichen gotischen Klosters (13.–14. Jh.) zu sehen. Das Innere der heutigen Kirche, ein Zentralbau, birgt das hochverehrte Holzkruzifix von Nikodemus (14. Jh.), eine lebensgroße Darstellung des gekreuzigten Jesus. Herkunft und Entstehung sind unbekannt, doch wird das Werk einem katalanischen Künstler zugeschrieben. Es gilt als bedeutendstes Werk der gotischen Plastik auf Sardinien.

San Francesco

◀ Nikodemus-Kruzifix

Die Kirche liegt 3 km südlich von Oristano auf einem Hügel in der Ortschaft Santa Giusta. Der vor 1145 errichtete Bau zeigt neben pisanisch-romanischen Stilelementen auch klassische und lombardische Einflüsse. Das schlichte Äußere besticht durch klare Formen, die eine **außergewöhnliche Harmonie** ausstrahlen; Lisenen gliedern in vertikaler Richtung, in der Höhe schließen Blendbogenfriese die Wände ab. Das dreischiffige, mit völlig unterschiedlichen, teils aus dem antiken Tharros stammenden Säulen unterteilte Innere ist mit Balken gedeckt. In der Apsis befindet sich ein Tabernakel, ein Geschenk des Bischofs an die Diözese. Sehenswert ist die romanische Krypta mit ihren schönen Kreuzgewölben.

Santa Giusta

> ## ! Baedeker TIPP
>
> ### Sartiglia
>
> Am Faschingssonntag und -dienstag findet die Sartiglia statt, ein interessantes Pferdeturnier, das auf das 15. Jh. zurückgeht. Es ist nicht geklärt, ob das Wort »Sartiglia« sich vom lateinischen Wort »sors« (Glück) ableitet oder auf den Ring verweist, den die Reiter, die die verschiedenen Zünfte (gremi) vertreten, um die Wette aufzuspießen versuchen. Im Galopp müssen sie mit dem Schwert einen über der Rennstrecke aufgespannten Stern treffen. Der Ausgang wird als Vorzeichen für das Ergebnis der neuen Ernte gedeutet.

Fordongianus liegt am rechten Ufer des Flusses Tirso, etwa 30 km in nordöstlicher Richtung von Oristano an der SS 388. Hier stand in der Antike das Forum Traiani, eine bedeutende römische Siedlung nahe der Grenze zu jenem Gebiet, das die Römer »barbaria« nannten, weil sie es niemals vollständig unterwerfen konnten. Vom 5. bis 10. Jh. war die Ortschaft Bischofssitz, und während der byzantinischen Herrschaft residierte hier der militärische Befehlshaber. Das Dorf mit 1200 Einwohnern, deren Häuser fast alle aus rotem Trachyt gebaut sind, wirkt sehr malerisch. Sehenswert die Casa Aragonese, ein ebenfalls aus rotem Trachyt erbauter Adelspalast aus

Fordongianus

◀ Casa Aragonese, Terme Romane

Noch heute sprudeln die warmen Quellen in die Becken der römischen Therme Fordongian

dem späten 16. Jh., der seinen Namen den gotisch-aragonesischen Stilelementen verdankt, die die Türen und Fenster zieren. Der Palazzo unter der Leitung der cooperativa Forum Traiani (www.forumtraiani.it) kann besichtigt werden. Am Rande des Ortes sind am Ufer des Tirso die eindrucksvollen Ruinen der römischen Thermen zu sehen, die um das 1. Jh. n. Chr. erbaut wurden. Noch heute kann man von den **warmen Quellen** profitieren, die sich in die Becken ergießen, und ein heißes Bad nehmen. Ein weiterer Säulengang, ein intaktes Schwimmbecken, in das ständig warmes Wasser fließt, Reste von Kacheln und anderen Bauten sind noch erhalten (Öffnungszeiten: Di. – So. 9.00 – 13.00, 14.30 – 17.00, im Sommer 15.00 – 19.00 Uhr).

Arborea   Arborea bezeichnet zugleich die flache, ehemals völlig sumpfige Landschaft im Süden Oristanos in der Ebene des Campidano und eine Ortschaft (18 km von Oristano entfernt) inmitten der trockengelegten Region.

Das Gebiet von Arborea war bereits in vorrömischer Zeit besiedelt. Dann aber mied man es viele Jahrhunderte lang, da die von Strandseen und Sümpfen durchzogene Landschaft von der Malaria verseucht war. Erst durch bedeutende Maßnahmen zur Landgewinnung von den 1920er- bis in die 1940er-Jahren wurde das Gebiet für die Landwirtschaft nutzbar gemacht: Der Riu Mogoro wurde eingedämmt und mehrere Strandseen trockengelegt, darunter der sehr große Sassu-See (2114 ha). Auf die Urbarmachung folgte die Kolonisierung: Etwa 4000 Siedler, die zum größten Teil aus Venetien stammten, wurden in Form einer Streusiedlung auf gleich großen, zu bewirtschaftenden Parzellen angesiedelt. Den Mittelpunkt bildete eine Stadt, die am 28. Oktober 1928 unter dem Namen Mussolinia gegründet wurde und seit 1930 als eigenständige Gemeinde besteht. Nach dem Zweiten Weltkrieg wurde die Gegend in eine intensiv, zum Teil mit künstlicher Bewässerung bewirtschaftete Zone verwandelt.

✱ Tharros   K6

Auf den Hügeln, die sich von der Südspitze der Halbinsel Sinis bis zum Capo San Marco erstrecken, liegen die archäologisch bedeutenden und viel besuchten Ruinen des antiken Tharros. Auf dem beeindruckend großen Gelände von etwa 2,5 km Länge hat man die Reste einer großen **phönizisch-römischen Hafenstadt** gefunden sowie Zeugnisse einer älteren, nuraghischen Siedlung. Große Teile der Anlagen liegen bis heute noch unter der Erde verborgen, andere sind schon vom Meer überschwemmt, da der Meeresspiegel in den vergangenen Jahrhunderten gestiegen ist.

Archäologische Ausgrabungsstätte

Bevor die Phönizier im 8. Jh. v. Chr. die Stadt Tharros gründeten, war die Landzunge schon besiedelt gewesen, wovon die Reste der Nuraghenzeit auf dem Hügel (Collina su murru manu) nördlich des Hauptgeländes zeugen. Die Stadt entwickelte sich unter den Phöniziern zu einer reichen Handelskolonie mit einer starken Festung und einem bedeutenden Hafen, der heute unter dem Meeresspiegel liegt. Die Blütezeit von Tharros dauerte bis in die späte römische Kaiserzeit. Der Untergang der Stadt begann mit den häufigen Sarazeneneinfällen, die schließlich zur gänzlichen Aufgabe der Stadt im Jahre 1070 führten und die Gründung von Oristano als neues Zentrum nach sich zogen. Um ihre Häuser an dem neuen Ort möglichst schnell und billig errichten zu können, nahmen viele Bewohner von Tharros die Steine und anderes Baumaterial ihrer Häuser mit – deshalb sind heute nur noch Grundmauern zu sehen. Die bereits um die Mitte des 19. Jh.s begonnenen Ausgrabungen legten einen kleinen phönizischen Tempel und zwei Nekropolen frei, zwischen denen sich die Stadt erstreckte. Mit ihrer Entdeckung verbreitete sich auch das Wissen um den ehemaligen Reichtum dieser punischen Siedlung. In Goldfiebermanier wurden innerhalb kürzester Zeit viele Gräber geplündert und ihre kostbaren Schätze weiterverkauft. Nur ein kleiner Teil der Grabbeigaben konnte gesichert werden und ist heute in den Museen von ►Cagliari und ► Sassari und im Antiquarium von Oristano zu besichtigen.

Geschichte

Tharros Orientierung

Alte Fischerhütten

Alte Fischer-
hütten

Punische
Verteidigungs-
mauern

Collina su
murru manu
Nuragh. Dorf, Tophet,
Demeter-Tempel

Eingang

Römische Hauptstraße
(Cardo maximus)

Zisterne
(Castellum aquae)

Akropolis

Frühchristl.
Baptisterium

Thermen
I

Punischer
Kleiner Tempel
Tempel

Torre di
San Giovanni

Versunkene
Hafenanlage

Thermen
II

Mare di
Sardegna

Phönizisch-
punische
Nekropole

Torre
Vecchia

Golfo di
Oristano

Nuraghe Baboe Cabitza
Punische Akropolis

Archaischer
Tempel

Punische
Befestigung

200 m

©Baedeker

Capo
San Marco

Schon von weitem sichtbar ist die Torre di San Giovanni, ein Sarazenenturm aus dem 16. Jh., der sich westlich des eingezäunten Ausgrabungsgeländes auf einem kleinen Hügel erhebt.

Torre di San Giovanni

Nicht weit vom Informationshäuschen liegt links der Straße eine große römische Zisterne (Castellum Aquae) aus dem 2. / 3. Jahrhundert. Gleich dahinter zieht sich links die gut erhaltene, ehemalige Hauptstraße (Cardo maximus) der römischen Stadt den Hügel hinauf. Zwischen den großen, schwarzen Basaltsteinen der Straße verläuft eine tiefe, heute mit Brettern bedeckte Rinne. Sie diente als Wasserleitung, die das Wasser vom Hügel Collina su murro manu in die Stadt beförderte.

Ausgrabungen

Unter den archäologischen Zeugnissen kommt einem punischen Tempel (4. – 3. Jh. v. Chr.) von gewaltigen Ausmaßen außerordentliche Bedeutung zu. Das rechteckige Fundament des Tempels besteht aus einem riesigen Felsblock aus Sandstein mit an den Seiten eingemeißelten dorischen Halbsäulen. Es stellt eines der wichtigsten Beispiele der punischen Architektur dieser Epoche dar. Der Tempelbezirk, dessen **Mosaikfußboden** auf die Zeit des Antoninus zurückgeht, enthält eine Zisterne, in der man zahlreiche Vasen gefunden hat.

◀ Punischer Tempel

Folgt man dem Weg Richtung Küste, sieht man links am Ufer die Reste eines römischen Bades, des Edificio Termale Romano. Links anschließend wurde später eine Taufkapelle (Baptisterium) und eine mittelalterliche Kirche über der Anlage der Thermen gebaut.

◀ Thermen I

Das meistfotografierte Motiv von Tharros sind die zwei hohen, weißen Säulen, die nahe dem Ufer majestätisch aufragen. Leider handelt es sich dabei auch um das unpassendste Motiv, das man sich stellvertretend für das großartige Ausgrabungsgelände aussuchen kann, denn der Beton der Säulen wurde erst im 20. Jh. gemischt. Nur das Kapitell auf einer der Säulen ist echt antik.

◀ Weiße Säulen

Weiter gen Süden trifft man nahe dem Ufer auf die zweite Thermenanlage. Die Bezeichnung »Convento vecchio« (altes Konvent) deutet darauf hin, dass hier später über das Bad ein Kloster gebaut wurde.

◀ Thermen II

Geht man über die mit schwarzen Steinen gepflasterte Straße Cardo maximus (links des Eingangs) hoch auf den Hügel Collina su murru manu, findet man die Reste eines punischen Tophets. Auf dem Areal dieser heiligen Brandopferstelle sollen, wie man lange annahm, Kinder geopfert worden sein. Unzählige Urnen und Stelen wurden hier gefunden. Wahrscheinlich handelte es sich dabei aber eher um Totgeburten und um Tieropfer.

◀ Collina su murru manu

Von der großen Votivstele, die als Kultidol diente, sind heute nur noch einige Stufenpodeste zu sehen. Einige Steine des Tophets wurden zum Bau des Demeter-Tempels verwendet, der sich ebenfalls hier befindet. In unmittelbarer Nähe sieht man auch Reste einer nuraghischen Siedlung, von den Puniern überbaut wurde. Von ihnen stammt auch die Verteidigungsmauer, deren Reste man noch erkennen kann (Öffnungszeiten: tgl. 9.00 – 17.00, im Sommer bis 20.00 Uhr).

🕐

Capo San Marco Nur wenig ist noch auf dem 1,5 km langen Weg zur Südspitze der Halbinsel, zum Capo San Marco, zu sehen. Zunächst passiert man eine punische Nekropole (Felskammergrab), später kommt man an der Nuraghe Baboe Cabitza vorbei. Rechts nahe der Küste liegen die Reste eines phönizischen Tempels. An der Südspitze des Kaps sendet der Leuchtturm seine Signale aus (militärisches Sperrgebiet).

Auf der Strecke zwischen Oristano und Tharros

Route Von Oristano fährt man westwärts in Richtung des kleinen Badeortes Torre Grande. Über eine schmale Landverbindung erreicht man die Sinis-Halbinsel, auf der nahe einer Kreuzung die Kirche San Salvatore mit einem Hypogäum, einem unterirdischen Kultraum, liegt. Hier wendet man sich nach Süden und gelangt an der Kirche San Giovanni di Sinis vorbei zum Ausgrabungsgelände von Tharros.

Marina di Torre Grande Der als Seebad von Oristano entstandene, kleine Badeort Marina di Torre Grande liegt an der Küste des weiten Golfs, etwa 8 km westlich der Stadt an der Straße nach Tharros. Am schönen, lang gezogenen Sandstrand hat man Palmen und Pinien gepflanzt, parallel dazu verläuft eine **breite Strandpromenade**. Neben dem Badestrand besitzt Torre Grande einen Jachthafen. Am Ortseingang ragt die Torre Grande auf, einer der größten auf Sardinien errichteten Sarazenentürme aus dem 16. Jahrhundert.

Dieses Tor in Cabras gehört scheinbar zu keinem Gebäude, trotzdem ist der Zutritt offensichtlich nicht erwünscht.

Das wenig attraktive Fischerdorf Cabras liegt 8 km nordwestlich von Oristano, am Nordostufer des Stagno di Cabras. Die mittelalterliche Ortschaft Crabiliis (oder Capriles) wurde mit einer Burg (Villa d'Arborea) befestigt.

Cabras

Der Stagno di Cabras nimmt eine Fläche von über 2000 ha ein und ist nicht nur eines der größten Feuchtgebiete Sardiniens, sondern vor allem eines der **fischreichsten Gewässer der Insel**. Großkopf-Meeräschen, Aale, Karpfen und Schleien werden bisweilen noch mit traditionellen Booten aus Rohr (fassoni) gefangen.

◀ Stagno di Cabras

Die unscheinbare Kirche San Salvatore, an einer Straßenkreuzung Richtung Tharros gelegen (14 km westlich von Oristano), ist von kleinen Häusern umgeben, die nur zu den kirchlichen Festen bewohnt werden. An diesem verlassen wirkenden Ort befindet sich eine Besonderheit: Unter der Kirche ist ein Hypogäum, das schon zu vorchristlichen Zeiten als Kultraum genutzt wurde. Diese unterirdische Kirche entstand um einen noch vorhandenen heiligen Brunnen aus der Nuraghenzeit und wird heute als Wallfahrtskirche genutzt. Das Hypogäum besteht aus einem zentralen Raum mit einem Scheingewölbe, um den herum Kammern mit Tonnengewölbe angeordnet sind. Bemerkenswert sind **Reste von Malereien**, die auf einen Brunnenkult verweisen. Am ersten Sonntag im September wird hier das Fest zu Ehren Christi gefeiert. Während der Feiern tragen junge Männer, die barfuß und in weiße Gewänder gehüllt sind, ein Bildnis Jesu 12 km über die Sinis-Halbinsel

★
Hypogäum von San Salvatore

> ! **Baedeker TIPP**
>
> **Weingenuss**
>
> Der Vernaccia di Oristano findet in der Flussebene des Tirso optimale Wachstumsbedingungen vor. Die Rebe, die wohl aus Spanien gegen Ende des 14. Jh.s eingeführt wurde, ist jedoch nicht mit anderen Reben gleichen Namens zu verwechseln. Nach dreijähriger Lagerung erhält der Wein das Prädikat »superiore«, nach vier Jahren kommt er als »riserva« auf den Markt. Besonders gut harmoniert er mit »Bottarga«, dem sardischen »Kaviar«. Die Cantina Sociale della Vernaccia produziert jährlich über 46 000 hl (Loc. Rimedio, Via Oristano 149, Tel. 0 78 33 31 55, Degustation und Verkauf tgl. 8.00 – 13.00 u. 15.00 – 18.00 Uhr).

von Cabras nach San Salvatore. »Corsa degli Scalzi« (»Rennen der Barfüßigen«) wird dieser Teil des Festes genannt (Öffnungszeiten: tgl. 10.00 – 13.00 Uhr).

Hinter dem Stagno di Mistras (2500 ha), am Beginn der Landzunge Capo San Marco, erhebt sich direkt an der Straße die Kirche San Giovanni di Sinis, **das wohl älteste christliche Baudenkmal der Insel**. Das Äußere der Kirche wirkt durch die neue Restaurierung mit viel Beton etwas verunstaltet. Das dreischiffige Gotteshaus besteht aus einem älteren, auf das 5. Jh. zurückgehenden Teil, einem byzantinischen Zentralbau mit Kuppel und einem späteren Bauabschnitt des 9./10. Jh.s, in dem die drei Lang- und Querschiffe in ihrer heutigen Form entstanden.

San Giovanni di Sinis

Orosei

Provinz: Nuoro **Höhe:** 19 m ü. d. M.
Einwohnerzahl: 5800

**Orosei war ehemals der Hauptort der Baronia di Orosei, wovon die
diversen historischen Bauten in der verwinkelten Altstadt Zeugnis
ablegen. Orosei liegt 2 km von der Ostküste Sardiniens entfernt in
grüner Umgebung am Hang des Monte Tuttavista (806 m).**

Geschichte   Das Gebiet war bereits in prähistorischer Zeit besiedelt, wie das
nuraghische Dorf Sa Linnarta (wenige Kilometer nördlich des Ortes)
erkennen lässt. In der Nähe befand sich das römische Fanum Carisi.
Im Mittelalter wurde die kleine Stadt mit einer Burg befestigt. Ab
dem 16. Jh. begann eine lange Zeit des Niedergangs, die u. a. durch
ständige Piratenüberfälle bedingt war. In der malariaverseuchten, immer wieder vom Fluss Cedrino überfluteten Ebene wurden in der
ersten Hälfte des 20. Jh.s Maßnahmen zur Entwässerung und
Urbarmachung des Gebietes durchgeführt.

*Ein paar Bäume spenden Schatten am wunderschönen, kilometerlangen Strand von
Orosei südlich der Mündung des Cedrino.*

⊙ OROSEI ERLEBEN

AUSKUNFT

Pro Loco Orosei
Via Nazionale
I-08028 Orosei
Tel. 07 84 99 83 67

FESTE

Am letzten Sonntag im Mai gibt es eine schöne Bootsprozession auf dem Cedrino zu Ehren von Nostra Signora del Mare.

ESSEN

▶ **Erschwinglich**
Su Barchile
Via Mannu 3
Tel. 0 78 49 88 79
Die Basis der Karte bildet der frische Fisch.

ÜBERNACHTEN

▶ **Komfortabel**
Maria Rosaria
Via G. Deledda 13

Tel. 0 78 49 86 57
Fax 0 78 49 85 96
64 Z., TV, Tel., Bar, Restaurant, Pool
Das in seiner erzwungenen Modernität etwas steril wirkende Hotel liegt am südlichen Ortsausgang. Hübsch ist seine Terrasse, das Essen im Restaurant dagegen zu teuer.

▶ **Günstig**
Su Barchile
Via Mannu 5
Tel. 0 78 49 88 79
Fax 07 84 99 81 13
E-Mail: subarchile@tiscalinet.it
www.web.tiscali.it/subarchile
10 Z., TV, Tel., Bar, Restaurant
Die zehn großen, freundlichen Zimmer des zentral gelegenen Hotels Su Barchile sind empfehlenswert. Allerdings ist auch hier die Küche keine Offenbarung, wenngleich doch günstiger.

Sehenswertes in Orosei

Ein ausgeschilderter »Itinerario storico« (historischer Rundgang) durch die Altstadt von Orosei führt an den schönsten mittelalterlichen und barocken Bauwerken vorbei. Die Route beginnt an der zentralen Piazza del Popolo, einem weiten, von Palmen und Laubbäumen gesäumten Platz. Eine breite Treppe führt zur Kirche San Giacomo (18. Jh.). Der Rundweg führt rechts an der Chiesa del Rosario vorbei zu den Resten der Kirche San Sebastiano. Hinter der Kirche rechts liegt die Casa Rurale, links erreicht man bald die Casa Rettorale, die sich hinter einer Steinmauer befindet. Nach wenigen Schritten kommt man auf den Kirchplatz mit Sant'Antonio Abate. **Historischer Rundgang**

Die Kirche Sant'Antonio Abate liegt unmittelbar am Ortseingang. Sie wurde im 14./15. Jh. an der Stelle eines älteren Baus errichtet und später mehrmals umgestaltet; von der ursprünglichen Anlage ist nur noch das Mauerwerk erhalten. Sant'Antonio Abate hat die typische Gestalt der sardischen Landkirchen mit einem Säulengang an der linken Seite. Auf dem Hochaltar befindet sich eine auf das 15. Jh. zu **◄ Sant'Antonio Abate** datierende Holzplastik des Heiligen. In der die Kirche umgebenden Einfriedung liegen zahlreiche »cumbessias« (Pilgerhütten). Auf dem Kirchplatz befindet sich außerdem ein Brunnen und die Torre di Sant'Antonio, die der pisanischen Epoche zugeordnet wird.

Nun wendet man sich auf dem Rundweg wieder in die Richtung, aus der man gekommen ist, biegt aber vor der Casa Rettorale nach rechts ein und stößt auf eine weiße Kapelle mit einem Dach aus Schilf. An dieser vorbei kommt man zum mittelalterlichen Schloss (Castello), das auch schon als Gefängnis diente. Überquert man nun den Platz hinter dem Castello, gelangt man an der Kirche Sant'Ignacio und der Chiesa del Rosario vorbei wieder zur zentralen Piazza del Popolo.

Umgebung von Orosei

Marina di Orosei Ein herrlicher, kilometerlanger Sandstrand zieht sich südlich der Mündung des Cedrino an der Küste entlang. Das glasklare Wasser macht das Baden zu einem Vergnügen. Man erreicht Marina di Orosei über die Via del Mare, die von der Hauptstraße von Orosei geradewegs zu einer kleinen Bar direkt am Strand führt.

Ozieri

F 9 / 10

Provinz: Sassari   **Höhe:** 390 m ü. d. M.
Einwohnerzahl: 11 300

Die Stadt ist terrassenartig in der Art eines Amphitheaters eng an den steilen Hang gebaut. Von einigen Stellen aus hat man einen herrlichen Blick über die Dächer der Stadt auf die weite Ebene von Chilivani, durch die sich der Riu Mannu seinen Weg bahnt.

Patrizierhäuser und Mandelgebäck Ozieri, die wichtigste Ortschaft des Logudoro liegt in einem Talkessel. Das Bild der z. T. recht steil ansteigenden Altstadt ist von hohen Palazzi gekennzeichnet, die zum großen Teil aus dem 19. und 20. Jh. stammen, aber auch schöne Beispiele der aragonischen Gotik umfassen. Eine Besonderheit im Stadtbild sind die auf zahlreichen

Altane ▶ Patrizierhäusern gebauten, klassizistischen Altane, kleine Dachloggien, die mit dorischen Säulen abgestützt sind und die **nur auf**

»sospiri« ▶ **Sardinien zu finden** sind. Bekannt ist Ozieri auch für sein leckeres Mandelgebäck »suspirus« (ital. sospiri = Seufzer).

Wirtschaft Im 19. Jh. erlebte Ozieri, das 1807 – 1860 Provinzhauptstadt war und seit 1836 Stadtrechte hat, eine Zeit des Wohlstandes. Auch heute noch ist die kleine Stadt Zentrum für Viehzucht. Die »prinzipales« mit ihren großen Ländereien im Talgrund und in der fruchtbaren Ebene leben heute wie früher in eleganten, neoklassizistischen Patrizierhäusern.

OZIERI ERLEBEN

AUSKUNFT

Ozieri
Consorzio Cuore di Sardegna
Piazza Carlo Alberto
I-07014 Ozieri
Tel./Fax 0 79 78 80 79
www.cuoredisardegna.com

EINKAUFEN

Die leckeren »sospiri« und selbstge-
machte Schokolade findet man im
Officina del Cioccolata in der Via
Stazione 3. Noch mehr dolci gibt es
bei Dolce Sardegna, Via Badde Aini 1.

ESSEN

► **Erschwinglich**
Il Siparo
Piazza Garibaldi
Tel. 78 75 97
Traditionelle Küche, die Spezialitäten
wie »maccarrones de unigas« und die
traditionellen »sospiri« bereithält.
Unbedingt probieren!

Sehenswertes in Ozieri

Zu den Sehenswürdigkeiten von Ozieri gehört die Fontana Grixoni aus zweifarbigem Marmor, die 1882 von einem Patrizier der Stadt gestiftet wurde. Zur klassizistischen Kathedrale (im Wesentlichen 19. Jh.) muss man von der großen, zentralen Bushaltestelle etliche Treppen und Gassen in die Oberstadt hinaufgehen. In der Sakristei wird das Retabel der Madonna di Loreto aufbewahrt; es ist das Werk eines unbekannten Malers des 16. Jh.s, der als Meister von Ozieri bezeichnet wird. **Fontana Grixoni**

Im Kloster San Francesco (17. Jh.) an der gleichnamigen Piazza gibt es ein archäologisches Museum, das Funde aus der Vergangenheit der Stadt und ihrer Umgebung von der prähistorischen Zeit bis zum Mittelalter beherbergt (Öffnungszeiten: Di.–Sa. 9.00–13.00, 16.00 bis 19.00, So. 9.00–12.30 Uhr). **Museo Civico Archeologico**

In der Nähe des Sportplatzes (Stadion, ausgeschildert) liegt die Grotta di San Michele (Besichtigung nur mit Führung, aber kaum lohnend, Tel. 0 79 77 00 65). Für den Besuch der verwinkelten Höhle braucht man gutes Schuhwerk, da es z. T. über nasse, steile Pfade geht. Ihre Bekanntheit erlangte sie durch **herausragende Funde, die über die Vorgeschichte Sardiniens** interessante Informationen lieferten. Die Erforschung der Tropfsteinhöhle seit 1914 brachte Zeugnisse zu Tage, die auf eine besondere Lebensweise hindeuten, die sich im späten Neolithikum (3300–2400 v. Chr.) auf der ganzen Insel verbreitete. Diese jungsteinzeitliche Kulturepoche wird nach dem Namen der Höhle als »Kultur von Ozieri« oder »Kultur von San Michele« bezeichnet. Die für diese Zeit typischen hochwertigen Keramiken, Kultgefäße und weiblichen Idole sind in den verschiedenen **Grotta di San Michele** archäologischen Museen Sardiniens zu sehen. Eine kleine Ausstellung neben der Höhle informiert über die wichtigsten prähistorischen Fundstätten Sardiniens.

Umgebung von Ozieri

Sant'Antioco di Bisarcio

Etwa 18 km nordwestlich der Stadt erhebt sich nördlich der SS 597 in herrlicher Lage die alte Kathedrale der Diözese Bisarcio. Die Basilika wurde in drei unterschiedlichen Bauphasen im 11./12. Jh. aus rotem Trachytstein errichtet und ist ein **schönes Beispiel für die Blütezeit der Romanik** auf Sardinien. Die Fassade zeigt eine starke Asymmetrie, die durch den Einsturz des linken Teils zustande kam; dieser wurde in aragonischer Zeit wiederhergestellt. Die Vorhalle entstand 1170–1190 und verdeckt die alte pisanische Fassade vollständig. Vom offenen Erdgeschoss führt eine Treppe ins Obergeschoss. Ungewöhnlich ist der Kamin im ersten Raum, dessen Rauchfang die Form einer Bischofsmütze hat. Im Mittelraum befindet sich ein Altar; durch das Zwillingsfenster der ehemaligen Fassade fällt der Blick auf den Hauptaltar. Der einst durch einen Blitzschlag zerstörte Glocken-

Ob die sich wohl verlaufen haben? Ganz bestimmt nicht, von Schafen wird man in Sardinien auf Schritt und Tritt begleitet.

turm ist restauriert und wieder begehbar (Öffnungszeiten: tgl. 9.00 🕐 bis 13.00, Mai – Sept. zus. 15.00 – 19.00 Uhr).

Die etwa 5 km von dem Städtchen Oschiri entfernte Kirche (23 km nordöstlich von Ozieri) geht auf die zweite Hälfte des 12. Jh.s zurück. Es handelt sich um einen romanischen Bau, der lombardische Einflüsse erkennen lässt. Eindrucksvoll ist die schöne Fassade aus rotem Trachyt, die ein Glockenturm bereichert. Sie erhebt sich oberhalb des Lago del Coghinas.

Nostra Signora di Castro

Der Stausee am Flusslauf des Coghinas nordwestlich von Oschiri wurde 1927 angelegt. Mit seinem hellgrünen Wasser fügt er sich gut in die ländliche Schönheit der von Korkeichenwäldern und Granitfelsen bedeckten Umgebung.

Lago del Coghinas

Ittireddu liegt landschaftlich reizvoll eingebettet in eine bergige Umgebung vulkanischen Ursprungs, 13 km südwestlich von Ozieri. Man erreicht das Bauerndorf auf einer kurzen Abzweigung von der SS 128. Einige Baudenkmäler im Ort, darunter die ursprünglich byzantinische Kirche Santa Croce (7. Jh.) und die Pfarrkirche Nostra Signora di Intermontes wurden restauriert. Eine Besichtigung lohnen auch die zahlreichen, gut ausgeschilderten Zeugnisse aus prähistorischer Zeit bis hin zu den Resten aus der römischen Epoche. Zu sehen sind verschiedene Felskammergräber, darunter die Domus de janas Monte Ruiu und Su Furrighesu, Nuraghen, ein nuraghischer Brunnen und – aus römischer Zeit – die Zisternen Sas Conzas und die Brücke Pont'Ezzu. Das neben dem Rathaus befindliche Museum (**Museo Civico Archeologico ed Etnografico**) spiegelt neuere Bestrebungen wider, archäologische Fundstücke vor Ort auszustellen und nicht – losgelöst aus ihrer ursprünglichen Umgebung – fernab in Cagliari oder anderen großen Museen. Die volkskundliche Abteilung zeigt traditionelle Gerätschaften der Bauern und Hirten sowie weitere Gegenstände der sardischen Kultur (Via San Giacomo, Öffnungszeiten: tgl. 10.00 bis 13.00, 🕐 15.00 – 18.00, Mai – Sept. 16.30 – 19.30 Uhr).

Ittireddu

> ❗ *Baedeker* TIPP
>
> **Museo del Vino**
> Im Weinmuseum von Oschiri, 18 km nordöstlich von Ozieri an der SS 199, erfährt man alles über den sardischen Weinbau. Oschiri ist ein Produktionszentrum für den berühmten Vermentino di Gallura. Museo del Vino Enoteca regionale, Berchidda, Tel. 0 79 70 45 87, www.museodel-vino.net, tgl. 9.00 – 13.00 u. 15.00 – 19.00 Uhr im Winter bzw. 16.00 – 22.00 Uhr im Sommer).

Die Nekropole liegt nördlich von Ittireddu nahe der Straße zum Ort. Die prähistorischen Felskammergräber, die der Kultur von Ozieri (etwa 3300 – 2480 v. Chr.) angehören, wurden in einer Felswand über dem Tal des Riu Butule angelegt. Die Gräber haben erhöhte Eingänge und bestehen aus einer oder mehreren Kammern. Viele sind mit

Nekropole Su Furrighesu

Felsgravierungen, Reliefs und Malereien dekoriert. Architektonische und dekorative Details wie die Decke, plastisch hervortretende Sockel, Bänder und Säulen sowie Totenbetten und Feuerstellen lassen die Absicht erkennen, die Häuser der Lebenden nachzuahmen.

Ala dei Sardi

Der kleine Ort Ala dei Sardi liegt nördlich von Ozieri (ca. 30 km entfernt) an der SS 389 an einem Hang. Der kleine Ort ist ein Zentrum für Landwirtschaft. Seine Häuser sind aus dem hellen Granit der Umgebung erbaut. Am 4. Oktober wird hier ein großes Fest zu Ehren des Franz von Assisi gefeiert, wobei auch vorbeikommende Fremde zu einem großen **Festschmaus** geladen werden.

Megarontempel von Sos Onorcolos ▶

Südöstlich von Ala, in der Nähe von Sos Onorcolos, liegt ein kleines Heiligtum aus nuraghischer Zeit – einer von sechs ähnlichen, auf Sardinien vorkommenden Megarontempeln – mit rechteckigem Grundriss und ovaler Umfassungsmauer.

Perfugas

D / E 9

Provinz: Sassari
Einwohnerzahl: 2500

Höhe: 510 m ü. d. M.

Der Besuch des landwirtschaftlich geprägten Städtchens im Herzen der Anglona lohnt wegen seiner archäologischen Funde.

Historische Ortschaft

Das Bauerndorf liegt auf einer kleinen Anhöhe, 30 km südöstlich von Castelsardo an der alten SS 127 Sassari – Tempio. Vor Ort gefundene Steinmaterialien aus dem Paläolithikum (Steinzeit) deuten darauf hin, dass die Umgebung von Perfugas wohl die ältesten Spuren menschlicher Siedlungen auf Sardinien aufweist. Die Funde werden heute im örtlichen Museum aufbewahrt. In der römischen Epoche soll sich an der Stelle der heutigen Ortschaft das Dorf Erucium befunden haben.

 PERFUGAS ERLEBEN

AUSKUNFT

Perfugas Pro Loco
Via Mazzini 63
I-07034 Perfugas
Tel. 34 86 03 39 60, Fax 07 95 63 90 10

ÜBERNACHTEN

▶ **Günstig**
Pensione Angola
Via G. Leopardi 12

Tel./Fax 079 56 42 42
In schöner und ruhiger Lage vermietet Familie Pani vier Doppelzimmer und zwei Dreibettzimmer. Dies bedeutet, dass man unbedingt vorbestellen sollte. Das kleine angeschlossene Restaurant ist familiär und überzeugt durch seine authentische sardische Küche.

Perfugas liegt inmitten einer fruchtbaren Schwemmlandebene.

Sehenswertes in Perfugas

In der Pfarrkirche Madonna degli Angeli ist das schön restaurierte Retabel di San Giorgio (1361) sehenswert, ein Werk, das der Schule der Brüder Jaime und Pedro Serra zugeschrieben wird.

Retablo di San Giorgio

Das 1923 entdeckte Brunnenheiligtum nahe der zentralen Pfarrkirche stellt den Mittelpunkt der archäologischen Zone von Perfugas dar. Der sich hinter einer Umzäunung befindliche Brunnentempel ist in ausgezeichnetem Zustand erhalten und strahlt eine seltene **architektonische Schönheit und Harmonie** aus. Das nuraghische Bauwerk geht auf die frühe Eisenzeit zurück, ist von rechteckiger Form und weist Sitze, eine Treppe mit acht Stufen, den Brunnen sowie einen Altar für Opfergaben auf.

Brunnen- heiligtum

Das Museo Archeologico e Paleobotanico wurde in den Räumen des ehemaligen Viehmarktes eingerichtet. Hier sind Funde jüngster Ausgrabungen ausgestellt, die im Gebiet von Perfugas und der inneren Anglona durchgeführt wurden. Der Museumsbestand ist chronologisch angeordnet und anschaulich gegliedert. Neben Funden aus nuraghischer, punischer und römischer Zeit sowie **Fossilien vom versteinerten Wald** bei Martis, im Hof und im ersten Saal zu sehen, sind vor allem die steinzeitlichen Zeugnisse beachtenswert. Die Werkzeuge dieser Epoche wurden vor etwa 150 000 Jahren hergestellt, womit bewiesen ist, dass Sardinien schon damals besiedelt war (Via Nazario Sauro, Öffnungszeiten: tgl. 9.00 – 13.00, Mi. – So. 16.00 – 20.00 bzw. 15.00 – 19.00 im Winter).

★
Museo Archeologico e Paleobotanico

⏱

Umgebung von Perfugas

San Pietro di Simbranos

Etwa 7 km westlich von Perfugas, in einem malerischen, kleinen Tal rechts der Staatsstraße nach Bulzi, steht die schöne romanische Kirche San Pietro di Simbranos (auch San Pietro delle Immagini genannt). Sie wurde in der ersten Hälfte des 11. Jh.s errichtet und im 13. Jh. umgestaltet. Die schöne, zweifarbige Fassade, in der Bänder aus dunklem Trachyt und weißem Kalkstein abwechseln, ist mit wirkungsvollen Halbsäulen und Blendbögen dekoriert. Der Bau gehörte zu einem Benediktinerkloster, von dem heute nur Reste vorhanden sind. Der Grundriss der mit Balken gedeckten Kirche entspricht einem lateinischen Kreuz. Die Lünette des Portals zeigt ein archaisches Basrelief, das menschliche Figuren darstellt; nach ihnen ist die Kirche benannt. Der Hochaltar weist eine merkwürdige Besonderheit auf, denn sein Sockel besteht aus einem **versteinerten Baumstamm** aus dem nahen fossilen Wald von Martis, ebenso der Fuß des Taufbeckens (Besichtigung nach telefonischer Anmeldung. Comune di Bulzi: Tel. 0 79 58 88 45, 9.00 – 13.00 Uhr, Parrocchia di San Sebastiano-Bulzi: Tel. 0 79 58 70 06).

Die romanische Abteikirche San Pietro di Sambranos mit ihrer schönen zweifarbigen Fassade ist in eine reizvolle Landschaft eingebettet.

In der Pfarrkirche San Sebastiano in Bulzi finden sich viele Kultgegenstände aus der Kirche San Pietro di Simbranos, darunter eine
Gruppe von Holzstatuen eines unbekannten Meisters florentinischer
Provenienz aus der Zeit um 1200, die im Holzaltar San Pietro aus
dem Jahr 1700 stehen.

◀ San Sebastiano

Folgt man der SS 134 weiter nach Norden (12 km nordwestlich von
Perfugas), stößt man wenige Kilometer westlich von Bulzi inmitten
der grünen Landschaft des Tals des Riu Silanis auf die Reste der
Kirche San Nicola in Solio. Dieser Sakralbau, der zu den erlesensten
Zeugnissen der Romanik auf Sardinien gehört, wurde zu Beginn des
12. Jh.s errichtet und war Teil einer Benediktinerabtei. Bereits im
15. Jh. verfiel er. Heute sind nur noch wenige Reste des Bauwerks zu
sehen: ein Teil der Fassade, das rechte Kirchenschiff, die Apsis und
der untere Abschnitt des Glockenturms.

**San Nicola
in Solio**

Die Ortschaft liegt in etwa 13 km Entfernung von Perfugas Richtung
Castelsardo. Am südlichen Ortsende an der Hauptstraße kann man
einige der originellsten Felsengräber Sardiniens, als Domus de janas
angelegt, bewundern. Sie wurden in einen mächtigen Kalkblock
geschlagen und in einzelne Grabkammern unterteilt, die vom frühen
Mittelalter bis zur Mitte des 19. Jh.s als Wohnungen und Gefängnis-
zellen benutzt wurden. Die Gräber verteilen sich auf mehrere,
miteinander verbundene Stockwerke.

Sedini

Der lang gezogene Lago di Casteldoria ist einer der für die Wasserversorgung wichtigen Stauseen Innersardiniens.

**Lago di
Casteldoria**

Die Ruine der Burg der Familie Doria (Casteldoria), deren Turm
noch zwischen den roten Felsen der umliegenden Landschaft
hervorlugt, erhebt sich über dem fruchtbaren Tal des Coghinas, das
im 12. Jh. an die mächtige genuesische Familie Doria fiel. Die Burg
wurde im selben Jahrhundert erbaut und 1354 von König Peter von
Aragonien erneuert. Man sieht sie von der Straße von Perfugas nach
Santa Maria Coghinas rechter Hand auf einem Fels thronen.

**Burg der
Familie Doria**

Die Heilquellen von Casteldoria in der Nähe des Dorfs Viddalba
(13 km nördlich von Perfugas) waren schon in der Antike bekannt.
Das **salz-, brom- und jodhaltige Wasser** tritt fast auf Flusshöhe, nahe
eines Porphyrfelsens, aus dem sandigen Gelände heraus. Es hat eine
Temperatur von 70 °C: Hierauf verweist der sardische Name
Coghinas, der von »cucina« (= Küche) abgeleitet ist. Im Kurhaus, das
seit einigen Jahren leer steht, wurde das Wasser der Thermalquelle
für Fangokuren verwendet.

**Terme di
Casteldoria**

Martis ist ein kleines Bauern- und Hirtendorf mit ca. 700 Einwohnern in der Landschaft Anglona, 14 km südwestlich von Perfugas
an der alten Staatsstraße SS 127. Im alten Ortskern sind einige

Martis

! **Baedeker** TIPP

Im versteinerten Wald

Am östlichen Ortsende von Martis folgt man einer beschilderten Rechtsabzweigung zur Foresta pietrificata Carrucana. Nach 1 km erblickt man links einen Wiesenhang, auf dem versteinerte Wacholder-Baumstämme aus dem Miozän (vor rund 20 Millionen Jahren) verstreut herumliegen. Unten am schilfbestandenen Bachlauf liegt ein eingezäunter, kleiner Rastplatz, der sich für ein Picknick anbietet.

Gebäude aus dem 19. Jh. erhalten, darunter ein kleiner Palazzo mit schönen Balkonen und ein sehenswerter Brunnen, die Fontana Nuova. Nahe des südöstlichen Dorfeingangs stößt man auf die mächtigen Reste der Kirche San Pantaleo, die Anfang des 14. Jh.s von ligurischen Baumeistern errichtet wurde und einen hohen Glockenturm besaß, dessen oberer Teil heute fehlt. Das schöne Portal mit einer kunstvoll gestalteten Fensterrose befindet sich in gutem Zustand.

Chiaramonti Auf dem Hügel oberhalb des Dorfs Chiaramonti (6 km südöstlich von Martis entfernt) erhebt sich die mächtige Ruine einer Burg, die ebenfalls auf die genuesische Familie Doria im 13. Jh. zurückgeht. Sie hatte politische und militärische Funktion; im 17. Jh. wandelte man sie in eine Kirche um. Von ihrer Höhe aus überblickt man eine weite Landschaft, die vom Tal des Flusses Coghinas bis zu den Bergen der Gallura reicht.

Porto Torres

D 6

Provinz: Sassari   **Höhe:** 17 m ü. d. M.
Einwohnerzahl: 21 000

Porto Torres ist eine industriell geprägte Stadt im westlichen Teil der Nordküste Sardiniens, 19 km nordwestlich von Sassari.

Industrie-standort Der Ort besitzt einen wichtigen Hafen und weithin sichtbare, große Raffinerieanlagen. Aus diesem Grund hält sich auch der Tourismus stark in Grenzen. Abgesehen vom Zentrum mit dem Corso Vittorio Emanuele II, der Lebensader der Stadt, vermittelt Porto Torres insgesamt den Eindruck einer schnell gewachsenen Stadt.

Geschichte Porto Torres wurde im 1. Jh. v. Chr. von römischen Siedlern gegründet und entwickelte sich als Kolonie mit römischem Bürgerrecht rasch zu einem bedeutenden Handelsplatz, von dessen Hafen eine Schiffsverbindung nach Ostia (Rom) bestand. Unter den flavischen Kaisern wurde das damalige Turris Libyssonis zum Municipium (Stadt) ernannt und zeigte sich als **bedeutende Römerstadt** mit Patrizierhäusern, Basiliken, Thermen und Aquädukten. Nach dem Zusammenbruch des Römischen Imperiums und den Einfällen der Vandalen verfiel Turris Libyssonis ebenso wie die

▶ PORTO TORRES ERLEBEN

AUSKUNFT

Porto Torres Pro Loco
Piazza 20 Settembre 4
I-07046 Porto Torres
Tel. 0 79 51 50 00

BADESTRÄNDE

In der Nähe der kleinen Kirche San Gavino a Mare im Osten der Stadt liegt der schöne Sandstrand Balai vor einer Felsküste.

BOOTSTOUREN

Die Nationalparkinsel Asinara kann nur von Stintino und Porto Torres aus besucht werden. Hierfür müssen in Porto Torres Tickets bei Servici Turistici, Via Ettore Sacchi, Tel. 50 13 38 vorbestellt werden.

ESSEN

▶ **Erschwinglich**
② *La Tana*
Via Cavour 25

Gute Pizzen, Fisch und Fleisch bekommt man im La Tana, das in einer Seitengasse des Corso Vittorio Emanuele liegt.

① *Scoglio Lungo*
Lungomare Scogliolungo
Das Restaurant besitzt eine schöne, große Terrasse mit Meerblick.

ÜBERNACHTEN

▶ **Komfortabel**
① *Torres*
Via Sassari 75
Tel. 0 79 50 16 04
Fax 0 79 50 16 05
E-Mail: info@albergotorres.com
www.albergotorres.com
70 Z., TV, Bar, Restaurant
Das große Hotel ist von außen zwar ein hässlicher Klotz, es liegt aber relativ zentral und ist solide ausgestattet. Der Weinkeller seines Restaurants ist umfangreich.

übrigen Küstenstädte. Im 8. und 9. Jh. verließ die Bevölkerung die Stadt, um weiter im Inneren der Insel die Orte Sassari und Sorso zu gründen. Im 11. Jh. lebte Porto Torres wieder auf, da die Seerepubliken Pisa und Genua, unter deren Einfluss die Stadt lange Zeit stehen sollte, den Handel förderten. Porto Torres wurde Hauptstadt des Judikats Torres, erhielt eine Burg und eine Befestigungsmauer und erlebte eine lange Zeit des Wohlstandes. In dieser Epoche (12. Jh.) kamen Mönchsorden nach Sardinien, erneuerten die Landwirtschaft und bauten beachtliche romanische Kathedralen. Am Ende des Judikats (dessen Hauptstadt zum Schutz vor den Überfällen der Sarazenen nach Ardara verlegt worden war) fiel Porto Torres an die genuesische Familie Doria, die die Stadt befestigte. In der folgenden Zeit bestimmten die Kriege gegen Aragonien und die Bedrohung durch die Sarazenen den Niedergang von Porto Torres. Heute ist Porto Torres als wichtiger Raffineriestandort und Hafenstadt bekannt. Die riesigen und nicht besonders schönen petrochemischen Industrieanlagen erstrecken sich nordwärts entlang der Küste.

Sehenswertes in Porto Torres

Corso Vittorio Emanuele

Der Corso Vittorio Emanuele ist zwar die laute, viel befahrene Hauptverkehrsstraße, dennoch tummeln sich hier vor allem abends die Ausgehlustigen in den Cafés, Bars, Restaurants und Geschäften.

★

Basilica di San Gavino

San Gavino ist eines der bedeutendsten romanischen Baudenkmäler der Insel und **eine der äußerst seltenen italienischen Kirchen**, die zwei einander gegenüberliegende Apsiden besitzen. Die Basilika wurde in der zweiten Hälfte des 11. Jh.s errichtet und ist vom pisanischen Stil beeinflusst. Ursprünglich hatte der dreischiffige Bau nur eine Apsis. In den ersten Jahren des 12. Jh.s verlängerte man die Frontseite, indem man die Fassade abriss und an ihrer Stelle eine weitere, von lombardischen Gestaltungsmustern inspirierte Apsis erbaute. An einer Seitenwand öffnet sich ein großes Doppelportal im katalanischen Stil (15. Jh.). Das Gotteshaus beherbergt eine Kalksteintafel mit byzantinischer Inschrift aus dem 7./8. Jahrhundert. Im Raum vor der Ostapsis befindet sich ein hölzerner Katafalk, d. h. ein Gerüst zur feierlichen Leichenaufbahrung, mit den Statuen der drei Märtyrer von Porto Torres, Gavinus, Protus und Januarius (17. Jh.), die der Überlieferung nach Opfer der Christenverfolgung unter Kaiser Diokletian wurden. Dieser Katafalk wird alljährlich am 3. Mai in einer Prozession zur kleinen Kirche San Gavino a Mare getragen, die als erste Begräbnisstätte der drei Heiligen gilt. Durch einen Vorraum mit römischen Sarkophagen gelangt man in die Krypta, in der sich drei römische Gräber des 3./4. Jh.s befinden.

Porto Torres Orientierung

Porto Torres ist neben Cagliari und Olbia der wichtigste Hafen der Insel. Allerdings spielt traditioneller Fischfang eine weitaus geringere wirtschaftliche Rolle als die großen petrochemischen Anlagen.

Hafen

Der Hafen von Porto Torres ist der größte Fährhafen Nordsardiniens und verbindet die Insel mit dem norditalienischen Festland. In der Römerzeit lag er westlich des aragonischen Turms mit Konsolen (14. Jh.), den man am Anfang der Kais sieht. Im Laufe des 19. Jh.s wurde der Hafen erweitert und ausgebaut. Er besteht aus drei Kaianlagen: Am mittleren legen die Linienschiffe, die Sardinien mit Genua verbinden, und die Fähren an. Die beiden anderen Piers dienen dem Handelsverkehr. Im Westen, wo sich das Industriegebiet befindet, wurde eine Anlegestelle für Tanker geschaffen. Ein Dock im Osten und ein kleiner Bootshafen werden für Fischer- und Sportboote genutzt.

Zona archeologica

Die römischen Ursprünge der Stadt liegen heute zwischen Bahnhof und Hafen. Anhand der monumentalen Reste des Palazzo del Re Barbaro wird das Stadtbild rekonstruiert. Weiterhin sind die Reste einer **großen Thermenanlage** und des dazugehörigen Aquädukts sowie eine Römerbrücke zu besichtigen. Die archäologische ◄ Antiquarium Sammlung der Casa Paglietti liegt am Eingang des Grabungsgeländes. In den Räumen sind die Funde der in den Thermen und Nekropolen von Porto Torres durchgeführten Ausgrabungen ausgestellt. Sehr interessant ist die Sammlung von mehreren hundert Keramiken aus der Zeit der Römischen Republik und des Kaiserreichs (in der Collezione Comunale).

Umgebung von Porto Torres

Von Porto Torres nach Castelsardo

Der gesamte Küstenstreifen von Porto Torres bis Castelsardo ist touristisch erschlossen. Entlang der parallel zum Strand verlaufenden SS 200 bieten Stichstraßen Zugänge zum kilometerlangen Strand.

Sorso und Marina di Sorso

Das Gemeindegebiet von Sorso umfasst einen langen Küstenstrich am Golfo dell'Asinara, den Badestrand Marina di Sorso (12 km östlich von Porto Torres).

Nekropole Su Crucifissu Mannu

Etwas außerhalb von Porto Torres liegt in südöstlicher Richtung die Nekropole Su Crucifissu Mannu. Sie besteht aus etwa 20 Felskammergräbern, in denen man Reste von Grabbeigaben aus der Periode vom späten Neolithikum bis zur Bronzezeit entdeckte.

✷ ✷
Monte d'Accodi

Fährt man auf der SS 131 von Porto Torres in südöstlicher Richtung nach Sassari, führt nach etwa 6 km rechter Hand eine kleine Abzweigung zum Monte d'Accodi. Inmitten der flachen Landschaft erhebt sich dieser Altarberg, der nach mehreren Ausgrabungen immer noch **Rätsel** aufgibt. Reste von Rechteckhütten um den künstlichen Berg herum weisen darauf hin, dass es sich hier um einen prähistorischen Wallfahrtsort gehandelt hat, an dem wahrscheinlich die Erdgöttin verehrt wurde. Der als Terrassenbau angelegte, heute noch ca. 10 m hohe Berg mit einer Basis von 75 x 37 m wurde vor 4000 bis 5000 Jahren mit großen, polygonalen Kalkbrocken errichtet. Eine Rampe ermöglicht den Zugang zur oberen Plattform. Zur Linken der Rampe befindet sich ein wieder aufgestellter Menhir (Steinmal), auf der rechten Seite stehen zwei große Steintische, die vermutlich als Opfertische genutzt wurden. Zeitlich rechnet man die Funde der Ozieri-Kultur (3000 – 2000 v. Chr.) zu, doch wurde der Berg in späteren Epochen weiter genutzt und durch Aufbauten verändert. Sein Gestalt ist das Ergebnis der jüngsten Ausgrabungen, bei denen man versucht hat, die verschiedenen Bauphasen zu rekonstruieren. Auch im Inneren wurden Entdeckungen gemacht, hier befand sich wohl eine Grabstätte. Die zhlreichen Funde sind im archäologischen Museum von ▶Sassari zu besichtigen (Führungen: tgl. 9.00 – 18.00 Uhr).

Pula

`P 9/10`

Provinz: Cagliari   **Höhe:** 15 m ü. d. M.
Einwohnerzahl: 6500

Der kleine Ort liegt nahe der Südküste Sardiniens, 30 km südwestlich von Cagliari. Die heutige Ortschaft wurde in der Nähe des antiken Nora gegründet.

Als Pforte zu dieser bekannten Ausgrabungsstätte hat Pula in touristischer Hinsicht an Bedeutung gewonnen, ansonsten aber selbst keine wirklich sehenswürdigen Denkmäler.

Berühmte Ausgrabungsstätte

Das kleine Archäologische Museum mitten in Pula (Corso Vittorio Emanuele 67) bietet die ideale inhaltliche Ergänzung zur Ausgrabungsstätte von Nora. In einem freundlich eingerichteten Raum sind die verschiedenen Fundstücke gut erläutert ausgestellt. Neben Keramik, Stelen und Votivgaben der punischen Nekropole werden Grabbeigaben aus der römischen Epoche gezeigt. Beeindruckend sind die großen Amphoren, die aus dem Wasser geborgen wurden. Ein weiterer Teil der Ausgrabungen – darunter die Inschrift der so genannten Norastele – ist im Archäologischen Museum in ▶ Cagliari zu besichtigen (Öffnungszeiten: Sommer tgl. 9.00 – 20.00, Winter tgl. 9.00 – 18.00 Uhr).

◀ Museo Archeologico Comunale

⏱

PULA ERLEBEN

AUSKUNFT

Pula Pro Loco
Centro Culturale Casa Frau
Piazza del Popolo
I-09010 Pula
Tel./Fax 07 09 24 52 50
www.prolocopula.it

ESSEN

▶ Erschwinglich
Urru
an der SS 195, km 35,300
Zwischen dichtem Grün sitzt es sich angenehm auf der Terrasse des Urru, das Gutes aus dem Meer zubereitet.

ÜBERNACHTEN

▶ Luxus
In Nora: Baia di Nora
Loc. Su Guventeddu
Tel. 07 09 24 55 51
Fax 07 09 24 56 00
www.hotelbaiadinora.com
121 Z., Tel., TV, Bar, Restaurant, Wassersportmöglichkeiten, Pool
Das Hotel bietet alle erdenklichen Aktivitäten. Die Zimmer sind geschmackvoll gestaltet, hinzu kommt ein wunderbarer Blick auf das Meer.

▶ Günstig
Sandalyon
Via Cagliari 30
Tel. 07 09 20 91 51
9 Z., Tel., Bar, Restaurant
Hotel und Restaurant sind gut geführt, die Zimmer sauber.

Su Guventeddu
Loc. Guventeddu
Tel./Fax 07 09 20 90 92
9 Z., TV, Bar, Restaurant
Das in seiner Architektur einem Kloster ähnliche Hotel verfügt über neun schlichte, aber saubere Zimmer, die oft ausgebucht sind.

Agriturismo:
Rifugio S'Atra Sardigna
Enzo Coria
Loc. Pixinamanna
Tel. 07 09 24 11 50
Fax 07 02 24 30
E-Mail: rifugio@eurorganic.it
Halbpension 36 – 46 € pro Person
Das Gut befindet sich im Sulcis inmitten von Wacholder und Steineichenwäldern und 15 km vom lebhaften S. Margherita di Pula entfernt.

✷✷ Nora

Antike Grabungsstätte Die Ruinen der antiken Stadt Nora, **wahrscheinlich die älteste Stadtgründung Sardiniens**, befinden sich in schöner Lage südlich bei Pula (ausgeschildert), an der Spitze des Capo di Pula. Besichtigt werden können Zeugnisse aus verschiedenen Epochen (phönizisch, punisch, römisch), doch gehört der größte Teil der noch sichtbaren Spuren der römischen Kaiserzeit (2./3. Jh. n. Chr.) an, denn damals wurde die phönizisch-punische Stadt fast gänzlich überbaut.

Geschichte von Nora Die Küstenstadt wurde vermutlich im 9./8. Jh. v. Chr. durch phönizische Seefahrer als Handels- und Hafenstandort gegründet. Zu den spärlichen Zeugnissen dieser archaischen Phase gehört **die berühmte Norastele**, in deren Inschrift zum ersten Mal der Name Sardinien erscheint. Auch über die punische Stadt wissen wir nicht viel, doch lassen Funde von Grabbeigaben darauf schließen, dass Nora in punischer Zeit ein reiches, lebhaftes und überaus aktives Handelszentrum war, das bereits im 5. Jh. v. Chr. seine Blütezeit hatte.

Während der ersten Jahre der römischen Herrschaft, ab 238 v. Chr., war Nora dann höchstwahrscheinlich Sitz des römischen Statthalters. In der Römerzeit wurde der Ort zum Municipium (Stadt) und erlangte Ende des 2./Anfang des 3. Jh. n. Chr. großen Wohlstand, was auch an den Mosaiken aus dieser Zeit erkennbar ist. Das Eindringen der Vandalen, die Sardinien von 456 bis 466 n. Chr. besetzten, und anhaltende Piratenüberfälle lösten den Niedergang Noras aus. Die drei Häfen rund um die Siedlung versanken im Laufe der Zeit im Meer, das sie bis heute verborgen hält (Öffnungszeiten: Sommer tgl. 9.00 – 19.00, Führungen 9.30 – 12.30, 14.00 – 18.00 Uhr; Winter tgl. 9.00 – 17.00, Führungen 10.30 – 12.30, 15.00 – 16.00 Uhr).

Thermen Die Zahl der Thermen in Nora ist beträchtlich. Unmittelbar am Eingang der Anlage erkennt man links die Ruinen eines Thermenkomplexes, der zum Teil vom Meer überflutet ist und Mosaiken mit Rosetten und Sternen in den für Nora typischen Farben Weiß, Ockergelb und Schwarz aufweist. Weitere Thermen sind die Zentralthermen, die Kleinen Thermen, die wahrscheinlich zu einem privaten Wohnhaus gehörten, und die Thermen am Meer, ein weitläufiges, einst reich dekoriertes Gebäude, von dem man noch das mächtige Mauerwerk und die riesigen Gewölbefragmente bewundern kann.

»Tanittempel« Auf einem Hügel schräg rechts vom Eingang liegt der so genannte Tanittempel. Die Mauerzüge begrenzen einige kleine Räume von unklarer Anordnung. Als man hier Anfang des 20. Jh.s ein Abbild der punischen **Fruchtbarkeitsgöttin Tanit** fand, ordnete man das Bauwerk als einen ihr geweihten Tempel ein. Angesichts des Grundrisses handelt es sich aber sicherlich nicht um ein Heiligtum, obwohl an so exponierter Stelle zweifellos ein bedeutendes Bauwerk (vielleicht mit militärischer Funktion) gestanden haben muss. An der südlichen Ecke liegt ein tief in den Fels gegrabener Schacht, der eventuell als Zisterne diente.

An der Rückseite des Theaters vorbei gelangt man nach rechts zum Peristyl, einem Säulengang mit hufeisenförmigem Grundriss, dessen Pfeilersockel und Mosaiken noch erhalten sind. Am Hang des Tanithügels liegt ein altes, eng bebautes Wohnviertel mit wannenförmigen Zisternen. Die Häuser sind in punischer Rahmenbauweise (opus africanum) errichtet: Zwischen regelmäßigen Steinpfeilern aus

Punisches Wohnviertel

Nora Orientierung

Punta 'e su Coloru

50 m

©Baedeker

großen, behauenen Blöcken befinden sich kleinere, unregelmäßige Steine. Diese Mauertechnik ist punischen Ursprungs, war aber auf Sardinien bis in das 3. Jh. n. Chr. gebräuchlich.

Marktviertel

Man erreicht eine große Straßenkreuzung, dessen Andesitpflaster gut erhalten ist. Links führt eine breite, gepflasterte Straße in Richtung Äskulaptempel, doch geht man zunächst geradeaus weiter. Rechts liegt das Marktviertel; mit breiten Türschwellen (Warentransport) öffneten sich die Läden zur Straße hin. Links kommen die imposanten, auf der Westseite völlig von Sturmfluten zerstörten Thermen am Meer. Die Nord- und die Ostseite sind noch von einem Bogengang umgeben. Am südlichen Ende der Ostseite liegt ein unscheinbarer nuraghischer Brunnen, der zusammen mit anderen archäologischen Indizien (z. B. zapfenförmigen Werksteinen) aufzeigt, dass Nora schon in der Nuraghenzeit besiedelt war. Hierauf verweist auch der Name Nora selbst, der sich von der nuraghischen Ursilbe »nur« herleitet, die im Wort Nuraghe ebenso wie in vielen Orts- und Landschaftsnamen auftaucht.

Nuraghischer Brunnen ▶

Haus des viersäuligen Atriums

Weiter nach Süden kommt man zu einem gut erhaltenen Beispiel eines römischen Patrizierhauses. Vier rekonstruierte Säulen umgeben einen kleinen Innenhof (Atrium), um den herum sich die verschiedenen Räume des Hauses gruppieren. Unmittelbar südlich davon liegt das Cubiculum (Privatgemach) mit dem abgetrennten Alkoven, der Bettnische. Der schöne Mosaikboden zeigt im nachträglich eingefügten Zentralfeld (Emblema) **die einzige figürliche Darstellung Noras**: Venus auf einem Delfin reitend.

Eine Säulenhalle, die den Hof eines Wohnhauses umgibt, konnte sich nicht jeder leisten. Die Reste eines Peristyls in Nora zeugen von den glanzvollen Zeiten der Stadt.

An der äußersten Südspitze der Halbinsel namens Punta 'e su Coloru **Äskulap-Tempel**
(»Schlangenkapp«) erheben sich am Rand der Steilklippen die Reste
eines römischen Tempelbezirks, der dem Äskulap, dem griechischen
Gott der Heilkunst, gewidmet war. Der große Innenhof ist mit einem
teilweise erhaltenen Mosaikboden geschmückt, der ein Schachbrett-
muster aus schwarzen und ockergelben Quadraten zeigt. Das
Emblema in der Mitte ist verloren gegangen. Um den Hof sind verschiedene Räume gruppiert, vermutlich Behandlungsräume für
Kranke, die sich von den Priestern Heilung versprachen. Von dem
Hof führt eine breite Freitreppe zu
einem Vorraum, an den sich der
große Hauptraum des Tempels
anschließt. Als Allerheiligstes bildet

? WUSSTEN SIE SCHON …?

die von einer Trennmauer in zwei
Bereiche geteilte Apsis den
Abschluss: ein Raum für die Opfer,
der andere für die Statue der

■ Dem Schlaf kam beim Äskulap-Kult besondere
Bedeutung zu, denn im Traum wurden den
Kranken Wege zur Genesung aufgezeigt.

Gottheit. Diese Zweiteilung ist ein typisches Merkmal des punischen
Tempelbaus, so dass von manchen Archäologen ein punischer
Vorgängerbau vermutet wird. Man fand bei den Ausgrabungen in
den 1950er-Jahren u. a. eine **Tonfigur**, die einen schlafenden Jüngling
darstellt, der von einer Schlange umschlungen wird. Aufgrund dieses
Fundes nahm man an, dass das Heiligtum dem Äskulap geweiht war
– denn das Attribut des Gottes und bis heute das Sinnbild für den
Heilberuf ist der Äskulap-Stab, ein von einer Schlange um-
schlungener Stab.

Vom Äskulap-Tempel begibt man sich, vorbei an den Zentral- **Römisches**
thermen und einem Wohnviertel in punischer Rahmenbauweise, **Theater**
zum römischen Theater. Das kleine Gebäude mit seinen zehn Sitz-
reihen wurde in der ersten Hälfte des 2. Jh. n. Chr. im Zentrum der
römischen Stadt unweit des Forums erbaut. Die Orchestra, den halbkreisförmigen Platz zwischen Zuschauerrängen und Bühnengebäude,
betrat man durch zwei gewölbte Eingänge. Das mehrstöckige
Bühnengebäude, das einstmals den Hintergrund der szenischen
Darbietungen bildete, ist nicht erhalten. Die Einschnitte für die
Holzbalken, die den eigentlichen Bühnenboden trugen, sind im
Mauerwerk noch sichtbar, ebenso die steinernen Stützpfeiler. Unter
der Bühne sind noch die großen Amphoren zu sehen, die wohl als
Resonanzkörper und Lautsprecher (wörtlich »Megaphone«) dienten.

In dem Tempel, der östlich neben dem Theater steht, sind noch **Römischer**
Mosaikfußböden zu sehen. Geht man weiter um das Theater herum, **Tempel**
stößt man auf das ehemalige römische Forum (Marktplatz). **und Forum**

Die Torre di Coltellazzo (16. Jh.), ein Sarazenenturm aus der **Befestigungs-**
spanischen Zeit, erhebt sich 12 m hoch über der bis heute nicht aus- **türme**
gegrabenen Akropolis des antiken Nora. Die Torre di San Maccario,

gleichfalls ein alter Sarazenenturm, steht auf der gleichnamigen kleinen Insel gegenüber von Nora. Nach Auffassung der Historiker existierte auf dem Eiland ein byzantinisches Kloster.

Weitere Sehenswürdigkeiten bei Pula

Sant'Efisio Auf dem Wege zum Ausgrabungsgebiet von Nora kommt man an der Kirche Sant'Efisio vorbei. Sie wurde an der Stelle errichtet, wo der Überlieferung nach der Schutzpatron von Cagliari das Martyrium erlitt. Die Kirche bietet äußerlich den für viele Landkirchen typischen Anblick mit einem Säulengang vor der Fassade, während im Inneren das romanische Gepräge unverändert erhalten blieb. Viktorinermönche ließen den Bau Ende des 11. Jh.s im Stil der französisch-provenzalischen Architektur errichten. Ein tiefer gelegener Vorgängerbau aus byzantinischer Zeit mit kreuzförmigem Grundriss ist in der heutigen Krypta erhalten, vor allem der südliche Arm des Kreuzes. Alljährlich, während der Sagra di Sant'Efisio, endet hier der von ► Cagliari kommende **Prozessionszug** zu Ehren des hl. Efisius. Hier befindet sich außerdem ein schöner Sandstrand in einer Bucht.

Santa Margherita Südlich von Pula gibt es eine Reihe von Hotels und Anlagen mit Ferienwohnungen längs der von Pinienhainen gesäumten Küste von Santa Margherita (4 km südlich) mit ihren langen Stränden.

Weitere Strände Fährt man von Pula an Santa Margherita vorbei und biegt kurz darauf nach links Richtung Chia ab, so lässt man rasch die Ferienanlagen hinter sich und findet an der Costa del Sud, einem unter Naturschutz stehenden Küstenabschnitt mit Baustopp, herrliche Strände (ausgeschildert), die jedoch an schönen Wochenenden und im Sommer stark von den Cagliaritanern frequentiert werden.

Nuraghe Domu'e s'Orcu Die Nuraghe Domu 'e s'Orcu (Haus des Riesen) aus der Anfangsphase der Nuraghenkultur liegt 8 km nördlich von Pula auf einem Hügel. Den ursprünglichen Turm, der nur einen Innenraum besitzt, ergänzte man später durch einen zweiten.

Sanluri

M 9

Provinz: Medio Campidano
Einwohnerzahl: 8500

Höhe: 135 m ü. d. M.

Sanluri liegt am Ostrand der Ebene des Campidano nahe der SS 131 auf halber Strecke zwischen Cagliari und Oristano. Ein Stopp lohnt sich vor allem für eine Besichtigung der alten Burg Castello di Eleonora d'Arborea mit ihrem Museum.

Das große Bauerndorf, das in einem seit prähistorischer Zeit besiedelten Gebiet liegt, befand sich im Mittelalter an der Grenze zwischen den Judikaten Arborea und Cagliari. Im Jahre 1409 war es Schauplatz der Schlacht von Sanluri, in der Arborea endgültig den Spaniern unter der Führung von Martin II. von Aragonien unterlag. Eine bekannte Sage erzählt, dass sich daraufhin eine junge Frau aus Sanluri (die »Bella di Sanluri«) an den Spaniern rächte, indem sie Martin II. ins Bett lockte und ihn dort zu Tode liebte.

Geschichtlicher Schauplatz

Sehenswertes in Sanluri

Die Burg an der zentralen Via Carlo Felice ist die einzige gut erhaltene Festung der Insel. Sie wurde von den Richtern von Cagliari im 13. Jh. als Vorposten gegen die Angriffe des Judikats Arborea erbaut. Die von einem Garten umgebene Burg hat einen quadratischen Grundriss mit vier zinnengekrönten Ecktürmen, die ein Wehrgang für die Wachen verbindet. Im Inneren befinden sich 15 etwas düstere, aber gut restaurierte Räume, die die **Privatsammlung des Risorgimento**, der Epoche der Bestrebungen um die politische Einigung Italiens, aufnehmen. Neben Möbeln, Porzellan und zahlreichen Gemälden sind Erinnerungsstücke aus den Kriegen des italienischen Risorgimento und des 20. Jh.s ausgestellt (Waffen, Fahnen, Briefe, Gemälde, Fotos usw.). Bemerkenswert ist die im Obergeschoss untergebrachte, rund 400 Stücke umfassende Sammlung von Florentiner Wachsskulpturen. Darunter befinden sich auch etwas makaber wirkende Darstellungen, z. B. eine Pestszene (Scena della peste) von G. Zumbo aus dem 17. Jahrhundert (Öffnungszeiten: Juli – Sept., So. – Do. 16.30 – 21.00, Sept. – Juni So. 9.45 – 13.00, 15.30 – 20.00 Uhr).

★ Castello di Eleonora d'Arborea mit Museo di Risorgimento

Im Kapuzinerkonvent auf dem Hügel gegenüber dem Kastell (via Cappuccini 6) ist das Museo Storico Etnografico untergebracht, das die 400-vierhundertjährige Geschichte des Ordens auf Sardinien mit zahlreichen Schriftstücken, Reliquiaren usw. dokumentiert (Öffnungszeiten: 9.00 – 12.00 und 16.00 – 18.00 Uhr und nach vorheriger Anmeldung, Tel. 07 09 30 71 07).

Museo Storico Etnografico

▶ SANLURI ERLEBEN

Umgebung von Sanluri

Samassi In Samassi (10 km südlich von Sanluri) ist die schöne Kirche San Gemiliano besuchenswert, die in der zweiten Hälfte des 13. Jh.s erbaut wurde. Die architektonische Gestaltung des romanischen Gebäudes mischt traditionelle sardische Formen mit **fantasievollen Dekorationen in arabischem oder pisanisch-gotischem Stil**. Der mit Balken gedeckte einschiffige Sakralbau endet in einer tiefen, halbkreisförmigen Apsis.

Sardara Sardara ist über die SS 131 von Cagliari nach Oristano zu erreichen, denn der Ort liegt direkt neben der Schnellstraße (43 km nordwestlich von Cagliari, 35 km südöstlich von Oristano). Im oberen Ortsteil ist die ehemalige Pfarrkirche San Gregorio sehenswert. Sie wurde im 14. Jh. erbaut und stellt ein Beispiel für den Übergang von der Romanik zur Gotik dar. Die hohe Fassade aus hellen und rötlichen Quadern zeigt ein Spitzbogenportal. Auf der rechten Seite der Kirche ragt der Turm mit offenem Glockenstuhl auf.

Ebenfalls im oberen Teil von Sardara befindet sich unter der kleinen Kirche Sant'Anastasia ein **nuraghisches Brunnenheiligtum** aus dem 10. Jh. v. Chr. Es besteht aus einem unterirdischen Brunnenraum, der von einer in der Mitte geöffneten Kuppel überwölbt ist. Von einem Vorraum führt eine Treppe in diesen Raum hinab, in den sich vermutlich das Wasser der nahen Heilquellen ergoss. Man nimmt an, dass sich in der Nähe ein Opferaltar befand. Die Votivgaben, die man hier fand (vor allem Keramiken), werden heute im Museo Archeologico von ▶Cagliari aufbewahrt.

Therme ▶ Die Heilquelle von Sardara (Terme di Sardara) liegt 2 km westlich des Ortes jenseits der Schnellstraße. Die therapeutischen Eigenschaften des Quellwassers waren schon seit der nuraghischen Epoche bekannt, was Keramikfunde bezeugen. Die Römer richteten hier ein Thermalbad ein, dessen Ruinen noch zu sehen sind. Der Name der Kirche Santa Maria de Is Acquas weist ebenfalls auf die Bedeutung des Heilwassers hin. Das Natriumhydrogencarbonatwasser der Quelle, die mit einer Temperatur von über 50 °C entspringt, wird hier während des Sommers in einer modernen Kuranstalt gegen verschiedene Krankheiten angewandt.

Castello di Monreale Die südlich der Thermen gelegene Burgruine erreicht man, indem man ein kurzes Stück der Straße nach San Gavino folgt und dann in etwa einer Stunde Fußmarsch den 268 m hohen Hügel besteigt. Die Richter von Arborea errichteten das Kastell, um die Verbindungsstraßen zwischen Cagliari und Oristano überwachen zu können. Große Bedeutung fiel der Burg als Bollwerk gegen das Vordringen der Aragonier zu. Die Festung wurde nach dem endgültigen Sieg der Aragonier verlassen und verfiel; heute bestehen nur noch spärliche Reste, von denen man jedoch einen herrlichen, weiten Blick auf das Campidano und die umliegenden Höhenzüge genießt.

San Pietro (Isola di San Pietro)

O/P 5

Provinz: Cagliari
Einwohnerzahl: 6700

Fläche: 50 km²

San Pietro ist die zweitgrößte Insel des Archipels von Sulcis, wenige Meilen vor der Südwestküste Sardiniens. Die Insel ist vulkanischen Ursprungs und bietet schöne Landschaftseindrücke und außergewöhnlich viele Aussichtspunkte.

Hohe, faszinierende Felsenklippen prägen die Küste; die kleinen Strände sind nur sehr spärlich gesät, das Hinterland ist hügelig. Die über die Insel führenden Straßen verlaufen inmitten einer dichten Vegetation aus duftender mediterraner Macchia, die bisweilen dem Grün der Bäume weicht, die von den ansässigen Fischern und Bauern gepflanzt wurden.

Vulkaninsel mit Aussicht

✳ Carloforte

Nach Carloforte, dem sehenswerten Hauptort an der Ostküste der Isola di San Pietro, gelangt man mit der Fähre von Calasetta auf der Isola di Sant'Antioco (30 Min.) oder von Portovesme an der

Geschichte

SAN PIETRO ERLEBEN

AUSKUNFT

Carloforte Pro Loco
Corso Tagliafico 2
I-09014 Carloforte
Tel./Fax 07 81 85 40 09
www.carloforte.it

ESSEN

► **Erschwinglich**
In Carloforte: Al Tonno di Corsa
Via Marconi 47
Tel. 07 81 85 51 06
Die Küche des kleinen, intimen Restaurants ist von ligurischen und arabischen Einflüssen geprägt. (Mo. und So. abends geschlossen).

In Carloforte: Da Nicolo
Corso Cavour 32
Tel. 07 81 85 40 48

Gutes, für Carloforte typisches Essen mit arabischem Einschlag (u. a. die »cascà« genannte Couscous-Art) bekommt man auch hier in der Nähe des Hafens in netter Umgebung (Nebensaison Mo. geschlossen).

ÜBERNACHTEN

► **Günstig**
in Carloforte: Hieracon
Corso Cavour 62
Tel. 07 81 85 40 28
Fax 07 81 85 48 93
17 Z., Tel., TV, Bar, Restaurant
Schöner, renovierter Jugendstilpalazzo mit sehr stilvollen Zimmer, die trotzdem preisgünstig sind. Alte Möbel, Stuckdecken und rosa gekachelte Bäder machen das Wohnen zum Vergnügen.

sardischen Küste (45 Min.). Bereits die Phönizier und die Karthager besuchten die Isola di San Pietro um das Jahr 600 v. Chr. und gründeten vermutlich auch Siedlungen. Durch die Römer wurde die Insel als »Sperberinsel« (Accipitrum Insula) bekannt. Doch das Städtchen Carloforte wurde erst 1738 von genuesischen Flüchtlingen aus Tabarka gegründet, einer kleinen Insel vor der tunesischen Küste, die sie wegen der ständigen Überfälle von Nordafrikanern verlassen mussten. Die neue Siedlung, die um eine noch heute vorhandene Festung herum erbaut wurde, erhielt zu Ehren des Königs Karl Emanuel II. von Savoyen, der die Übersiedelung begünstigt hatte, den Namen Carloforte. 1798 überfiel eine nordafrikanische Flotte den Ort und entführte mehr als 830 Einwohner, denen erst nach fünf Jahren der Sklaverei in Tunis die Rückkehr gelang. Aus dem Exil brachten sie ein Marienbildnis mit, das heute als »Madonna dello Schiavo« verehrt wird. Im 19. Jh. erlebte Carloforte einen wirtschaftlichen Aufschwung, der durch die Salzproduktion in den Salinen, den Tunfischfang und die Arbeit der Fährleute bedingt war. Sie transportierten die Rohstoffe aus den nahen Bergwerken des Sulcis zu den Schiffen, die im Hafen von Carloforte vor Anker lagen. Die Einwohner von Carloforte – Fischer, Bauern und Seeleute – bewahren in der Architektur der Stadt, im Dialekt und im Brauchtum die Erinnerung an ihren fernen genuesischen Ursprung, während die Küche auf afrikanische Einflüsse hinweist.

> **!** ## Baedeker TIPP
>
> ### Sagra del Tonno
>
> Im Frühjahr ziehen große Thunfischschwärme an der Westküste Sardiniens entlang. Die Fische werden nach der »Mattanza« gefangen, einer jahrhundertealten Tradition, die jedoch zu Recht umstritten ist. Die Fische werden in Netzen gefangen, in immer kleinere Kammern gedrängt und schließlich erschlagen. Trotz der recht grausamen Fangtechnik, bei der sich das Meer blutrot färbt, ist die alljährlich Ende Mai stattfindende Sagra del Tonno, bei der zur Thunfischjagd jede Menge folkloristische Darbietungen stattfinden und der frisch verarbeitete Thunfisch in den verschiedensten Varianten serviert wird, ein Ereignis.

Ortsbild Das kleine Fischerstädtchen erstreckt sich leicht ansteigend hinauf zum Castello, der Festung. Die in freundlichen Pastelltönen gehaltenen Häuser, die lebendige Fußgängerzone zur Piazza della Repubblica und die palmenbestandene Uferpromenade geben dem Ort eine angenehme Atmosphäre.

Befestigungs- anlagen und Türme In Carloforte existieren oben auf einem Hügel noch die Reste der Festung (»il castello«), die man bei der Gründung der Siedlung zu Verteidigungszwecken errichtet hatte. Die Insel besitzt auch Türme und kleine Forts aus späterer Zeit. Die Torre di San Vittore dient heute als Sternwarte.

Farbenprächtig zeigt sich der Capo Sandalo im Frühjahr. →

Weitere Sehenswürdigkeiten von San Pietro

La Punta La Punta bildet den nördlichsten Zipfel der Insel und ist über eine Stichstraße von Carloforte zu erreichen. Unterhalb der zum Baden nicht besonders geeigneten Felsküste sieht man noch heute eine aufgegebene Anlage für die Verarbeitung von Tunfisch. Wenige Meter weiter westlich bietet sich ein **herrliches Panorama** auf die Küstenlandschaft.

★

Punta delle Colonne Am südlichen Küstenstrich, zwischen dem Gebiet um den Stagno di Vivagna und der Cala Mezzaluna, ragt die markante Landzunge Punta delle Colonne ins Meer hinaus; sie ist nach den steilen, an Säulen erinnernden Felsnadeln aus Trachyt benannt, die sich über dem Wasserspiegel erheben. Die Punta delle Colonne ist über kleine Pfade zu Fuß von der Straße aus (direkt ab Bushaltestelle FMS) zu erreichen. Man geht bis zu einem Tor bei einem Bauernhof, biegt dort links zum schönen Strand Bobba ab und wendet sich an der Küste wieder nach rechts.

Santa Maria Navarrese

K 14

Provinz: Nuoro   **Höhe:** 13 m ü. d. M.
Einwohnerzahl: 8600

An der sardischen Ostküste liegt im Norden der Tortoli-Ebene der beliebte Badeort Santa Maria Navarrese.

Badeort mit schönen Buchten Das Meer an diesem Streifen ist kristallklar; die Klippen entlang der Küste sind von herrlichen Buchten mit Sand- und Kiesstränden unterbrochen, darunter Cala Sisine und Cala di Luna, die vom Meer aus zugänglich sind (▶ Dorgali). Malerisch ziehen sich die Häuser des Ortes vom Hauptplatz (direkt oberhalb des Strandes) einen Hügel hinauf.

Sehenswertes in Santa Maria Navarrese

Hauptplatz Um den weiten, begrünten Hauptplatz und in den ihn umgebenden Gassen liegen die wenigen Hotels, Bars und Restaurants des Ortes. Hier steht auch die kleine Kirche Santa Maria Navarrese, um die sich das kleine Dorf entwickelte und die ihm den Namen gab. Sie soll von einer Tochter des Königs von Navarra im 11. Jh. errichtet worden sein, um ein bei einem Schiffbruch abgelegtes Gelübde zu erfüllen. Der Bau weist drei Kirchenschiffe mit hölzerner Dachstuhlkonstruktion und eine einfache Fassade auf. Neben der Kirche erhebt sich ein **tausendjähriger wilder Ölbaum** von außergewöhnlicher Größe.

Santa Maria Navarrese ▶

SANTA MARIA NAVARRESE ERLEBEN

AUSKUNFT

Santa Maria Navarrese
Viale Plammas 9
I-08040 Santa Maria Navarrese
Tel./Fax 0 78 26 61 55 22

BADESTRÄNDE

Unterhalb des Hauptplatzes erstreckt sich ein schöner Sandstrand. Beidseits des spanischen Turmes laden mehrere Sand- und Kiesbuchten zum Baden ein. Von Santa Maria Navarrese aus startet im Sommer ein Ausflugsboot zu den weiter nördlich gelegenen Buchten wie Cala Sisine.

ESSEN

► Preiswert

Tancau
am Strand
Tel. 07 82 61 53 58
Auf der großen Terrasse des Fischrestaurants Tancau direkt am Strand bekommt man neben Fisch auch Pizza, Pasta und Fleisch.

In Lotzorai: L'Isolotto
Via Dante

Ein sehr gutes Lokal für Fisch und Pasta liegt an der Straße zum Strand. Auch das große Vorspeisenbüfett wird oft gelobt (Mo. geschlossen).

ÜBERNACHTEN

► Günstig

Agugliastra
Via Lungomare
Tel./Fax 07 82 61 50 05
19 Z., Tel., TV, Bar, Restaurant
Am Hauptplatz nahe dem Strand wohnt man im Agugliastra, einem sauberen, gut ausgestatteten Haus.

Santa Maria
Via Plammas 30
Tel. 07 82 61 53 15
Fax 07 82 61 53 96
E-Mail: albergosantamaria@ tiscalinet.it
32 Z.,TV, Tel., Bar, Restaurant, Wassersportmöglichkeiten
Eine gute Adresse ist auch diese Herberge oberhalb vom Hauptplatz inmitten von zahlreichen Pflanzen. Die Zimmer sind hell und neu möbliert.

Umgebung von Santa Maria Navarrese

Lotzorai

Die kleine, nur 3 km südwestlich von Santa Maria Navarrese gelegene Ortschaft erlebte in den letzten Jahren durch die touristische Erschließung der Küste einen Aufschwung. Am äußersten südlichen Rand des Dorfes erhebt sich auf einem isolierten Hügel die Burgruine Castello della Medusa (13. Jh.).

Baunei

Etwa 8 km von Santa Maria Navarrese entfernt liegt Baunei auf 480 m Höhe malerisch an der Südflanke des Supramonte mit herrlichem Ausblick über die Ogliastra. Das ehemalige Hirtendorf hat einen **intakten historischen Ortskern**; alte Traditionen leben hier fort. Die im 17. Jh. errichtete, kürzlich umgestaltete Pfarrkirche San

Nicola di Bari hat ein sehenswertes Gewölbe; im Inneren wird das Gemälde »Beschneidung Jesu« (um 1600) des sardischen Manieristen Andrea Lusso aufbewahrt.

✱
Hochebene Su Golgo

Etwa 10 km nördlich von Baunei befindet sich die landschaftlich reizvolle Hochebene Su Golgo, die über eine Straße vom nördlichen Ortsende von Baunei aus (gegenüber der Kirche) zu erreichen ist. Auf der wilden, von Karsterscheinungen geprägten Hochebene ist ein tiefer Karstschlund (Voragine di Baunei, 295 m) zu sehen, den die Einheimischen »s'Isterru« (Abgrund) nennen. Nicht weit davon liegen malerische, kleine Tümpel zwischen rotbraunen Basaltbrocken (As Piscinas). Von hier aus kann man in 1,5 Stunden zum herrlichen Strand an der einsamen Cala Goloritze wandern (Wanderführer empfehlenswert).

Etwas weiter am Ende der Straße befindet sich die im 18. Jh. erbaute ländliche Wallfahrtskirche San Pietro. Sie ist von charakteristischen Pilgerhütten (cumbessias)

! **Baedeker** TIPP

Auf den Supramonte

Gute Ausgangspunkte für Erkundungen des einsamen Berglandes sind die Bauern- und Hirtendörfer an den Gebirgsrändern Oliena, Dorgali, Baunei und Urzulei. Wanderungen im Supramonte gehören zu den schönsten der Insel, doch kann man sich in der weitläufigen, wilden Landschaft leicht verirren und sollte daher unbedingt einen Wanderführer und eine gute Karte mitnehmen. Da es in dem verkarsteten Gebirge kaum Quellen gibt, muss auch ausreichender Wasservorrat mitgeführt werden.

umgeben. Alljährlich findet hier am 29. Juni ein Fest zu Ehren des Apostels Petrus statt. Vor der Kirche steht ein kleiner Menhir (Steinmal) mit erkennbar menschlichen Gesichtszügen, der auf eine ältere, vorchristliche Kultstätte verweist.

✱ Sant' Antioco (Isola di Sant' Antioco)

P / Q 6

Provinz: Carbonia Iglesias
Einwohnerzahl von Sant'Antioco (Stadt): 11 700

Fläche: 109 km².

Die Isola di Sant'Antioco bildet zusammen mit der Isola di San Pietro den Archipel von Sulcis vor der sardischen Südwestküste. Es gibt zwar einige kleine Sandstrände auf Sant'Antioco, Touristen zieht es jedoch meist nur für einen Abstecher auf die Insel, um die Ausgrabungen bei der Stadt Sant'Antioco und das kleine Städtchen Calasetta zu besuchen.

Antike Hafenstadt

Die Landschaftsformen der Insel sind vielfältig: Das hügelige Inselinnere wechselt mit kleinen Ebenen, die mit Weinstöcken bebaut sind. Die Küste ist im Norden sandig, im Süden steil und zerklüftet.

Eine künstliche, etwa 3 km lange Landenge (Isthmus) verbindet Sant'Antioco mit Sardinien. Der Damm soll von den Karthagern angelegt und später von den Römern mit einer Brücke vervollständigt worden sein. Vor einigen Jahren wurde er durch eine etwa 60 m breite Öffnung unterbrochen, doch ist die Insel noch über eine Hochstraße mit Sardinien verbunden.

Die geografische Lage der Isola di Sant'Antioco bot in der Antike **Geschichte** einen günstigen Ausgangspunkt für das Vordringen der Phönizier und später der Punier nach Sardinien. Dass vor und während der nuraghischen Epoche verschiedene Stämme auf Sant'Antioco lebten, beweisen die Felskammergräber (Domus de janas) und etwa 20 noch erhaltene Nuraghen. Die Insel wurde von Ptolemäus »Insula Plumbaria« (Bleiinsel) genannt, weil hier **Blei und Silber** des Sulcis und aus dem Iglesiente verschifft wurden. Der heutige Hauptort trägt den Namen der Insel und entstand auf den Ruinen des antiken, um das 8. Jh. v. Chr. als Handelskolonie von den Phöniziern gegründeten Sulci. Nachdem Sulci unter die Herrschaft der Karthager gelangt war, erreichte es eine größere Ausdehnung als die heutige Stadt. Als wirtschaftliches und militärisches Zentrum gewann Sant'Antioco nach der Eroberung durch die Römer (238 v. Chr.) an Bedeutung. In dieser Zeit wurde auch der Hafen ausgebaut. Seit dem 13. Jh. nahm die Bevölkerung von Sant'Antioco, das immer wieder von Sarazenenüberfällen heimgesucht wurde, stetig ab.
Der heutige Hafen von Sant'Antioco entstand zwischen 1933 und diente im Zusammenhang mit der Ausweitung der Bergwerksindustrie im Sulcis und Iglesiente der Verladung der abgebauten Bodenschätze. Heute wird er in erster Linie als Sporthafen benutzt, in dem jedoch auch die Fischerboote und Fährschiffe anlegen.

Auf Sant'Antioco spielt der Fischfang eine bedeutende Rolle. Er ist noch heute eine wichtige Möglichkeit des Broterwerbs.

▶ SANT'ANTIOCO ERLEBEN

AUSKUNFT

Sant'Antioco Pro Loco
Piazza Republica 31a
I-09017 Sant'Antioco
Tel. 0 78 18 20 31
www.sulci.net
www.vaisantantioco.it

ESSEN

▶ Preiswert

(Stadt): Da Nicola
Lungomare Amerigo Vespucci
Fisch und Pasta bekommt man hier im
schlicht-sachlich eingerichteten Lokal
(Außerhalb der Saison Di.
geschlossen).

In Calasetta: Da Pasqualino
Via Regina Margherita 85
Tel. 0 78 18 84 73
In familiärem Ambiente kann man die
einfache, gute Küche mit Schwerpunkt
auf Regionalem, Fisch und Gerichten
wie Couscous probieren.

FJBY
Via Solferino 83
Tel. 0 78 18 84 44
Sorgfältig zubereitete sardische Ge-
richte bekommt man im Restaurant des
gleichnamigen Hotels.

ÜBERNACHTEN

▶ Günstig

Moderno
Via Nazionale 82
Tel. 0 78 18 31 05
Fax 07 81 84 02 52
10 Z., Tel., TV, Bar, Restaurant
Das schlichte, ordentliche Moderno
befindet sich vor dem Ortseingang.

In Calasetta: FJBY
Via Solferino 83
Tel. 0 78 18 84 44
Fax 07 81 88 70 89
E-Mail: htl.fjby@tiscalinet.it
19 Z., Bar, Restaurant, Wassersport
Das kleine Familienhotel, das einzige
direkt im Ort, ist sehr preisgünstig und
ordentlich, das Restaurant gut.

In Capo Sperone: Capo Sperone
Via Capo Sperone
Tel. 07 81 80 90 00
Fax 07 81 80 90 15
36 Z., Tel., TV, Bar, Restaurant, Pool,
Wassersportmöglichkeiten, Strand
Am südlichsten Ende der Insel kann
man zu vernünftigen Preisen im
idyllisch gelegenen Hoteldorf die Ruhe
genießen, ohne auf einen gehobenen
Standard verzichten zu müssen.

Sehenswertes in der Stadt Sant' Antioco

Via Vittorio Emanuele Entlang der von Bäumen gesäumten Hauptstraße Via Vittorio
Emanuele liegen einige Cafés und Bars. Die Straße führt auf die
dreieckige Piazza Umberto.

Pfarrkirche Die Pfarrkirche Sant'Antioco (ursprünglich von 1102) im centro
storico an der Piazza Gasperi wurde über einem älteren, frühchristlichen Bau von den Viktorinern aus Marseille errichtet. Aus
dem Inneren der Kirche steigt man in die Katakomben hinab – sie
sind in ihrer Art auf Sardinien einmalig –, wo der Legende nach der

afrikanische Märtyrer Antiochos (125 n. Chr.), der Schutzpatron und Namensgeber der Stadt, Zuflucht fand. Der Heilige soll hier auch bestattet worden sein. Die Katakomben entstanden im Wesentlichen durch die Verbindung mehrerer punischer Kammergräber.

Die Zeugnisse der antiken Hafenstadt Sulci sind die Haupt-attraktionen der Stadt. Dazu zählen eine punische Nekropole, ein Tophet (Brandopferstätte), ein archäologisches und ein kleines ethnologisches Museum. Die Sehenswürdigkeiten befinden sich nicht weit voneinander entfernt außerhalb vom Zentrum auf zwei Hügeln (nahe der Straße nach Calasetta) und können alle mit einer einzigen Eintrittskarte besucht werden (Via Necropoli 6, Öffnungszeiten: tgl. 9.00 – 13.00, 15.30 – 19.00, Okt. bis März bis 18.00 Uhr).

Tophet, Museen

Das Archäologische Museum liegt neben der Festung, die zu Beginn des 18. Jh.s zum Schutz vor den Überfällen der Sarazenen errichtet wurde. Die Exponate stammen fast alle aus der gegenüberliegenden punisch-römischen Nekropole: Keramiken, Goldschmiedearbeiten, **Skarabäen aus Jaspis** und anderen Halbedelsteinen, Öllampen, Amphoren und lateinische Grabinschriften. Weiterhin sind Urnen und Stelen des Tophets, ein **faszinierendes Mosaik** mit zwei Panthern und zwei große Löwen ausgestellt, die erst 1983 in der Nekropole gefunden wurden und vermutlich als Tierwache am Nordtor der punischen Stadtbefestigung gestanden haben.

Archäologisches Museum

Das Tophet (Brandopferstätte), das auf einem Hügel in etwa 500 m Entfernung vom Archäologischen Museum liegt, war ein Heiligtum, in dem man den phönizischen Gottheiten Baal und Tanit Opfer brachte, um sie gnädig zu stimmen und ihren Schutz zu erbitten. Man fand hier insgesamt etwa 3000 Urnen mit der Asche von Menschen und Tieren und 1500 Stelen (freistehende Grabmäler). Ein Großteil der interessanten Stelen ist heute im Archäologischen Museum von ▶ Cagliari ausgestellt. Die Urnen, die man heute im Tophet sieht, sind Nachbildungen, was jedoch die Atmosphäre der Stätte nicht beeinträchtigt. Lange Zeit nahm man an, dass hier die erstgeborenen Kinder der vornehmsten Familien geopfert wurden. Heute neigt man eher zu der Auffassung, es handle sich um einen **Friedhof für Kinder**, die eines natürlichen Todes starben und deren Urnen innerhalb des Tempelbezirks aufgestellt wurden.

Tophet

Weitere Sehenswürdigkeiten auf der Insel

Das kleine, nette Fischerdorf, das sich heute dem Tourismus ver-schrieben hat, liegt an der Nordwestküste der Isola di Sant'Antioco, genau gegenüber von Carloforte (auf San Pietro). Im Hafen von Calasetta laufen die Fähren aus, die zur Isola di ▶San Pietro überset-zen. Die Genossenschaftskellerei von Calasetta erzeugt **bekannte Weine**, unter denen der Carignano del Sulcis der erlesenste ist. Die

Calasetta

Ortschaft wurde 1770 im Zusammenhang eines Besiedlungsprojekts gegründet, das 40 Jahre vorher schon Carloforte hatte entstehen lassen. Die piemontesische Regierung siedelte auch hier einige Dutzend Fischerfamilien ligurischer Herkunft an, die Tabarka, eine Insel vor der tunesischen Küste, verlassen wollten, weil dort das Leben durch Piratenüberfälle zu gefährlich geworden war. Ebenso wie im nahen Carloforte erinnern auch hier Dialekt, Brauchtum und Küche an die ligurische Herkunft der Einwohner.

Das kleine, von einem Piemonteser entworfene Dorf hatte einen typischen schachbrettartigen Grundriss, den es zum Teil noch heute aufweist, obwohl die touristische Erschließung den Ort vergrößert und verändert hat. Vor allem abends beleben sich die Piazza Municipio und die Via Roma, auf der man auf- und abflaniert. Über den Dächern ragt mit Blick auf den Golfo di Palmas ein ursprünglich abseits des Ortes errichteter spanischer Wachturm (Torre di Cannai, 17. Jh.) auf; heute ist er von Häusern umgeben. Auf der anderen Seite des Hügels, auf dem sich der Turm erhebt, liegt wenig entfernt ein viel besuchter Sandstrand.

Capo Sperone

Capo Sperone ist die Südspitze der Isola di Sant'Antioco. Die überwältigende Schönheit der Landzunge beruht vor allem auf den steil zum Meer abstürzenden Felsen.

Der Sandstrand von Calasetta unterhalb der Torre di Cannal ist einer der schönsten auf der kleinen Insel.

Santa Teresa di Gallura

B 11

Provinz: Olbia Tempio   **Höhe:** 40 m ü. d. M.
Einwohnerzahl: 4300

Das ehemals beschauliche Fischerdorf hat sich in den letzten Jahrzehnten in ein lebendiges Küstenstädtchen verwandelt, das der sommerliche Fremdenverkehr allerdings zeitweilig chaotisch erscheinen lässt.

Der beliebte Ferienort liegt an der nördlichsten Spitze von Sardinien gegenüber dem Südzipfel der Insel Korsika, wohin täglich Fähren von Santa Teresa di Gallura aus verkehren. Im Ort fällt die gleichmäßige Anlage seines Zentrums auf, das hoch oben auf einem Felsplateau über dem Meer thront: Der schachbrettartige Grundriss der ältesten Straßen erinnert an die piemontesische Gründung im Jahre 1808. Vittorio Emanuele I., der König von Sardinien, entwarf selbst den Plan für die neue Ortschaft und benannte sie nach seiner Gemahlin Maria Teresa. Die schnurgerade Straßen, die rechtwinkelig aufeinander zulaufen sind ein typisches Beispiel für die rationale Stadtplanung des 19. Jahrhunderts. Trotzdem bieten die pastellfarbigen Häuschen mit ihren roten Dächern ein hübsches Bild. Östlich neben dem Ort fällt der Fels steil zu einem natürlichen Hafen ab, in dem die Schiffe anlegen. Die Attraktivität von Santa Teresa di Gallura beruht vor allem auf der herrlichen Küstenlandschaft mit großartigen Felsformationen, die von Stränden durchbrochen sind.

Beeindruckende Felsformationen

Sehenswertes in Santa Teresa di Gallura

Die weite, ordentlich herausgeputzte Piazza Vittorio Emanuele ist das **Zentrum des Ortes**, was besonders abends deutlich wird, wenn sich hier Alt und Jung trifft. Am Platz und in den umgebenden Gassen sind zahlreiche Cafés, Restaurants und Bars versammelt. Geht man von hier durch die Via Cavour nach Westen, trifft man auf die Piazza San Vittorio; an dem verkehrsberuhigten Platz befinden sich einige Geschäfte.

Piazza Vittorio Emanuele

Santa Teresa ist auch wegen seines Hafens bedeutend, der östlich neben der Ortschaft an einer tief eingeschnittenen, schon in der Antike und im Mittelalter besuchten Bucht liegt. Heute besitzt er neben dem Kai für die Fischerboote auch eine Reihe von Piers für Sportboote und Anlegestellen für die Fähren, die Santa Teresa di Gallura mit Bonifacio und anderen korsischen Orten (täglich mehrere Überfahrten) sowie mit ▶La Maddalena (45 Min.) verbinden. Die Küste ringsum ist sehr malerisch. Mit ihrer Mischung aus kleinen Stränden und großen Granitblöcken erstreckt sie sich im Westen bis Capo Testa, im Osten bis zur Punta Marmorata und Porto Pozzo.

Hafen

▶ SANTA TERESA DI GALLURA ERLEBEN

AUSKUNFT

Santa Teresa di Gallura
A.A.S.T.
Piazza Vittorio Emanuele I 24
I-07028 Santa Teresa di Gallura
Tel. 07 89 75 41 27
Fax 07 89 75 41 85
E-Mail: aaststg@tiscalinet.it
www.regione.sardegna.it/aaststg

BADESTRÄNDE

Der Stadtrand Rena Bianca liegt in einer malerischen Bucht unterhalb der Stadt, ist aber im Sommer stes überfüllt. Reizvoller ist daher der etwas abgelegene Cala Sambucca, der allerdings nur über eine 7 km lange Schotterpiste zu erreichen ist. Einer der schönsten Strände auf Sardinien ist wohl Rena Maiore. Er liegt 8 km südlich der Stadt zwischen Dünen, Macchia, Pinien und bizzaren Felsen. Bretterbar vorhanden.

KINO

In der Arena Odeon, dem Stadtkino von Santa Teresa gibt es in der Saison tägliche Vorstellungen um 21.00 und 23.00 Uhr (Via Capo Testa 6).

ESSEN

▶ Erschwinglich

Riva
Via del Porto 29
Tel. 0 78 92 94 81 96
Zahlreiche Spezialitäten des Meeres in unterschiedlichster Zubereitungsart werden ifreundlich m Riva serviert (nur in der Nebensaison Mi. geschlossen).

In Baja Santa Reparata: S'Andira
Loc. Santa Reparata,
Nähe Leuchtturm am Strand
Leckere Pasta mit Meeresfrüchten und diverse Fischgerichte, auch vom Rost, gibt es im S'Andira, das aber nur in der Hochsaison zwischen Mai und September geöffnet ist.

▶ Preiswert

Pape Satan
Via la Marmora 20
Günstige, gute Pizza kann man abends auch im schönen Innenhof des meist recht vollen Lokals zu sich nehmen. Mittags wird hier jedoch nur Pasta gekocht.

ÜBERNACHTEN

▶ Luxus

Corallaro
Rena Bianca
Tel. 07 89 75 54 75
Fax 07 89 75 54 31
E-Mail: info@hotelcorallaro.it
www.hotelcorallaro.it
82 Z., TV, Tel., Bar, Restaurant, Pool, Fitness-Raum
Die Zimmer mit Veranda und mit Blick zum 200 m entfernten Strand sind sehr schön, während man in denen nach hinten hinaus auf eine Betonwand blickt. Das große Haus steht am Ortsrand.

In Baja Santa Reparata:
Shardana
Loc. Santa Reparata
Tel. 07 89 75 40 31
Fax 07 89 75 41 29
E-Mail: hotelshardana@interfree.it
51 Z., TV, Tel., Bar, Restaurant, Pool, Wassersportmöglichkeiten, Disko
Die 51 hübschen Bungalows der Anlage ziehen sich einen Hang nahe dem Meer hinauf, das Restaurant und andere Einrichtungen sind im Haupthaus untergebracht. Vom aber Hotel wird aber leider eine Mindest-Aufenthaltsdauer von einer Woche vorausgesetzt.

Umgebung von Santa Teresa di Gallura

Die herrliche, bizarre Felslandschaft des Capo Testa (knapp 5 km westlich von Santa Teresa) ist durch einen befahrbaren Damm mit Sardinien verbunden. Heute ist die Halbinsel, deren Faszination von den strahlend weißen, ausgewaschenen, wild über- und untereinander liegenden Granitfelsen ausgeht, **ein von Badeurlaubern viel besuchter Küstenabschnitt**. Schöne, aber auch überlaufene Sandstrände erstrecken sich schon links und rechts der Landverbindung von Sardinien zur Halbinsel – vor allem der südliche, längere ist sehr beliebt. In der Nähe des Damms entstanden Hotels und Restaurants. Weitere Strände gibt es hinter der Brücke an der Südseite des Capo Testa. Folgt man der Straße bis zum Parkplatz, kann man einen herrlichen Spaziergang bis zu einem Aussichtstürmchen aus Holz machen. An der Spitze des Kaps ist der schönste Aussichtspunkt auf einem kleinen, freien Platz vor dem Leuchtturm.

✷ ✷
Capo Testa

Hier blickt man auf die Cala Spinosa, eine von hohen Granitblöcken begrenzte kleine Bucht mit grünblauem Wasser. Wind und Wasser formten aus den Felsen **natürliche Skulpturen** von unvergleichlicher Schönheit, die an die Werke von Henry Moore erinnern.

◀ Cala Spinosa

Eine höchst eindrucksvolle Landschaft hat die Natur aus den gewaltigen weißen Granitfelsen am Capo Testa modelliert.

Valle della Luna ▶ Valle della Luna heißt ein malerisches, zum Meer hin geöffnetes Tal am Nordwestende des Kaps. Hohe Granitwände und die Farbe des Wassers, die zwischen grünen und hellblauen Schattierungen wechselt, verleihen diesem kleinen Fleck Erde **eine einmalige Atmosphäre**. Ein kleiner Pfad führt durch das Tal hindurch zu einem Strand. Im nordwestlichen Teil des seit der Antike bekannten Kaps ist noch ein verlassener Granitsteinbruch zu erkennen. Er geht auf die Römerzeit zurück (vermutlich stammen einige Säulen des Pantheons in Rom vom Capo Testa) und wurde auch von den Pisanern genutzt, die aus dem Granit des Kaps einen Teil der Säulengalerien des Doms von Pisa schufen.

Santu Lussurgiu

17

Provinz: Oristano   **Höhe:** 503 m ü. d. M.
Einwohnerzahl: 2700

Die kleine Ortschaft Santu Lussurgiu erstreckt sich halbkreisförmig ansteigend an der Ostflanke des dicht bewaldeten Monte Ferru.

Pferdezucht-   Dem Bauern- und Hirtendorf gelang es, eine Reihe interessanter
zentrum   handwerklicher Traditionen fortbestehen zu lassen. Hier werden Teppiche, Vorhänge und Decken, vorwiegend in der »a pibiones« (Körnermuster) genannten Technik gewebt; außerdem sind Leder-verarbeitung, Herstellung von Pferdegeschirr, Holzschnitzerei, Schmiedekunst und die Anfertigung der sardischen Taschenmesser von Bedeutung. Als **Zentrum der Pferdezucht** hat sich der Ort eben-falls einen Namen gemacht. Sehenswert sind die Kirche Santa Maria degli Angeli (15. Jh.) mit Altar und Statuen aus Holz (16. Jh.), die Kirche Santa Croce und die klassizistische Pfarrkirche San Pietro.

▶ SANTU LUSSURGIU ERLEBEN

AUSKUNFT
Pro Loco Santu Lussurgiu
Via Santa Maria 40
I-09075 Santu Lussurgiu
Tel./Fax 07 83 55 10 34
E-Mail: prolocosl@tiscalinet.it

FESTE
Sa carrela'e Nanti ist das traditions-reiche Reiterspektakel an den letzten drei Karnevalstagen.

ESSEN
▶ **Erschwinglich**
Desogos
Vico Cuglia 6
(im gleichnamigen Hotel)
Tel. 0 78 53 96 60
Oberhalb der Durchgangsstraße in einer schmalen Gasse gelegen ist das Desogos. In dem gemütlichen, guten Restaurant mit Kamin speisen auch viele Sarden.

Santu Lussurgiu und Umgebung

Das Museum befindet sich in der Ortsmitte, in einem alten Herrenhaus. In acht Sälen ist eine große Zahl mit Sorgfalt angeordneter Arbeitsgeräte der Bauern, Hirten und Handwerker wie etwa Vorrichtungen für die Käseerzeugung und die Verarbeitung von Leinen zu sehen. Zu den Exponaten gehören Geräte zur Destillation von Branntwein und zum Walken von Wolle; Letzteres wurde früher am Lauf eines Bachs in kleinen Werkstätten durchgeführt (Besichtigung nach Vereinbarung, Tel. 07 83 55 06 17).

★
Museo della tecnologia contadina

⏱

Etwa 6 km nördlich von Santu Lussurgiu an der Straße nach Macomer liegt der **traditionelle Ausflugsort** San Leonardo. Die kleine Siedlung ist von einem schönen Eichen- und Ulmenwald mit Picknickplätzen umgeben; in der Nähe entspringen die »sieben Quellen«, deren Wasser zu Heilzwecken und zur Limonadenherstellung genutzt wird. Die Kirche San Leonardo wurde im 12. Jh., als sich hier ein Dorf befand, im Stil der pisanischen Romanik aus dunklem Trachyt erbaut und später in romanisch-gotischen Formen umgestaltet. Sie liegt direkt neben dem Picknickplatz.

★
San Leonardo de Siete Fuentes

In San Leonardo de Siete Fuentes findet jedes Jahr am 1. Sonntag im Juni Sardiniens bekanntester Pferdemarkt statt. Neben den stattlichen Pferden bieten die Händler auch Zubehör wie Sättel, Geschirr oder Glocken feil.

> **!** *Baedeker* TIPP
>
> ### Auf den »Ätna der Sarden«
>
> Die Provinzstraße von Cuglieri nach Santu Lussurgiu führt über das Vulkanmassiv des Monte Ferru. 3 km nach Cuglieri steigt rechts ein Fußweg zur Ruine des Castello di Monte Ferru an; 50 m vor einem Brückchen kann man am Straßenrand parken. Von der malerischen Burgruine bietet sich ein hinreißender Ausblick. Nach weiteren 6,5 km zweigt rechts bei einem Schild »RAI Badde Urbara« eine Stichstraße ab, die nach 1 km zur Sendeanlage führt. Von hier aus lässt sich die Gipfelregion mit ihren kargen Felskuppen und Vulkanschloten erwandern.

Auf der Strecke von Santu Lussurgiu nach Süden (Richtung Bonarcado) überquert man den Riu sos Molinos. Hier zweigt ein ausgeschilderter Fußweg ab zu einem schönen, versteckt liegenden Wasserfall (Cascata) **mit einem natürlichen Becken zum Baden**. Badesachen nicht vergessen!

Cascata sos Molinos

Die Kirche liegt am Rande der Ortschaft Bonarcado (8 km südlich von S. Lussurgiu). Es handelt sich um einen byzantinischen Zentralbau von bescheidener Größe, der vermutlich auf das 7. Jh. zurückgeht und im 13. Jh. erweitert wurde. Der Grundriss hat die Form eines griechischen Kreuzes. Die Fassade aus unverputzten Quadern beleben Blendbögen, über denen **schillernde Majolikamedaillons** ins Mauerwerk eingefügt sind. Im Inneren wird eine bemalte Terrakottafigur der Maria mit dem Kinde aufbewahrt.

★
Santuario di Nostra Signora di Bonacattu

Cuglieri Cuglieri erstreckt sich am Nordhang des Monte Ferru im mittleren Westen Sardiniens, südlich von ▶Bosa und ▶Macomer. Umgeben ist dieses Bergdorf von intensiv bewirtschafteten Flächen mit Wein, Olivenbäumen und Schafzucht. Trotz seiner typisch sardischen Anlage mit verwinkelten Gässchen und alten Palazzi ist es für Touristen nur eine Durchgangsstation. Das einzige Museum Sardiniens, das dem Olivenöl gewidmet ist, findet sich in der Azienda Agricola Giorgio Zampa, Via Vescovo Canu 18. Es wurde stilvoll in einem alten Haus eingerichtet. Hier erfährt man alles über den Olivenanbau und die Herstellung des wertvollen Speiseöls (Besuch nach Voranmeldung; Tel. 07 85 3 98 20).

✱ Sassari

E 7

Provinz: Sassari   **Höhe:** 225 m ü. d. M.
Einwohnerzahl: 120 800

Sassari, im Nordwesten der Insel gelegen, ist Hauptstadt der gleichnamigen Provinz. Die zweitgrößte Stadt Sardiniens erscheint mit ihren breiten, geraden Straßen, den prachtvollen Palazzi verschiedener Epochen, den Plätzen und Kirchen zugleich als moderne und historisch geprägte Stadt.

Zentrum im Norden Die Stadt besitzt eine Universität und hat wichtige Funktionen als Verwaltungs- und Handelszentrum. Der Reiz von Sassari liegt in seiner Altstadt mit den verwinkelten Gassen rund um den breiten Corso Vittorio Emanuele. Einen Besuch lohnt das große Museum Sanna mit seiner bedeutenden archäologischen Sammlung. Die die Altstadt umgebenden Viertel sind weniger sehenswert.

Geschichte Im Vergleich zur Inselhauptstadt Cagliari ist Sassari eine recht junge Stadt; das genaue Gründungsdatum ist nicht bekannt. Erstmals nennt ein Register eines alten Klosters im Jahre 1131 einen gewissen Jordi de Sassaro. Anfang des 13. Jh.s begann sich die Ortschaft unter den Richtern von Torres schnell zu entwickeln. Um 1250 umschließt eine Mauer mit 37 Türmen und vier Toren bereits die gesamte heutige Altstadt. Sassari wurde zum Handelszentrum zwischen Genua und dem italienischen Festland. Ende des 13. Jh.s erhielt Sassari unter den Genuesen Stadtrecht, proklamierte sich zur Freien Stadtrepublik und erhielt mit den Statuti Sassaresi eine eigene Rechtsordnung. Das Wachstum der Stadt dauerte auch in den ersten Jahrzehnten der Herrschaft Aragoniens an. Im Spanischen Erbfolgekrieg (1700 – 1714) fiel Sassari unter österreichische Herrschaft. Im Jahre 1714 kam es zu einem Volksaufstand gegen das Staatsmonopol des Tabakanbaus (einer der wichtigen Wirtschaftszweige der Stadt), das die Österreicher eingeführt hatten. 1720 ging Sassari an Savoyen über, und 1795 wurde sie vom Heer der »ville« des Logudoro besetzt, deren Bewohner sich gegen die Lehensherren erhoben. Ein Jahr später marschierte Giovanni Maria Angioy, der Held der »sardischen Revolution«, in die Stadt ein (▶ Berühmte Persönlichkeiten). Nach 1850 beschleunigten die intensiven Handelsbeziehungen den Aufschwung von Sassari. 1877 beschloss der Stadtrat, das alte aragonische Kastell abzureißen, weil es für die Bewohner als Symbol der Unterdrückung galt. Heute befindet sich an der Stelle, wo sich einst die Burg erhob, die Piazza Castello. Auch im 20. Jh. baut Sassari seine Stellung als Handelszentrum und Provinzhauptstadt weiter aus; wobei sich die Stadt mehr und mehr zum modernen Dienstleistungszentrum gewandelt hat. Bis heute steigt die Einwohnerzahl ständig weiter an.

Die 1950 als touristische Veranstaltung gegründete Cavalcata hat sich im Laufe der Jahre zum größten Fest von Sassari entwickelt. Tausende von Kindern und Erwachsenen tragen bei dieser Gelegenheit die **bunten Trachten** der verschiedenen Ortschaften der Insel. Hunderte von Reitern beleben mit Wettspielen und mit einem großen abschließenden Galopp den reizvollen Umzug, der am vorletzten Maisonntag stattfindet.

✳
Stadtfest
La Cavalcata
Sarda

Reiter bei der traditionellen Cavalcata Sarda, die mit einem großen Galopp das Fest am vorletzten Maisonntag beenden.

Highlights *Sassari*

La Cavalcata Sarda
Beliebtes und größtes Stadtfest von Sassari, das sowohl Reiterspiele als auch Trachtenumzüge bietet.
▶ Seite 295

I Candelieri
Zunftumzug bei Kerzenschein.
▶ Seite 296

Altstadt
Die verwinkelten Gassen und prächtigen Plätze rund um den Corso Vittorio Emanuele machen den Reiz der mittelalterlichen Stadt aus.
▶ Seite 296

Museo Archeologico Giovanni Antonio Sanna
Das bereits 1866 gegründete Museum bietet neben der Pinakothek eine spannende archäologische Sammlung. Ein interessantes Stück ist der prähistorische Altar von Monte d'Accodi.
▶ Seite 302

Santissima Trinità di Saccargia
Eine der bedeutendsten Pisanerkirchen auf Sardinien mit klassisch schwarz-weiß gestreifter Fassade und seltenen romanischen Fresken.
▶ Seite 304

Stadtfest I Candelieri

Am 14. August feiert man in Sassari wie auch in einigen anderen Orten (Ploaghe, Nulvi) das Fest »I Candelieri«. Die in typische spanische Trachten gekleideten Mitglieder der »Gremi«, der im 16. Jh. gegründeten Zünfte, tragen neun große, bemalte und dekorierte Holzkerzen in einer Prozession vom Palazzo di Città nach Santa Maria di Betlem. **Jede Kerze steht für eine Zunft**. Das Fest, das schon seit dem Jahre 1580 (oder 1652) begangen wird, soll eine Danksagung an die Madonna Assunta für das Ende einer großen Pestepidemie darstellen (▶Hintergrund, Feste und Folklore).

Altstadt

Piazza Italia

Der Hauptplatz von Sassari wurde 1872 auf einer Fläche von genau 1 ha angelegt. Seinen Mittelpunkt bildet das Denkmal von König Vittorio Emanuele II. (1899). Im Hintergrund erhebt sich der zwischen 1873 und 1880 erbaute Palazzo della Provincia mit seiner imposanten klassizistischen Fassade. Im Inneren ist der große Sitzungssaal der Provinzverwaltung mit seinen **drei prunkvollen Fresken** beeindruckend. Gegenüber dem Palazzo della Provincia sieht man die neugotische Fassade des Palazzo Giordano (1878), heute Sitz der Banca di Napoli.

Piazza Castello

Durch die Arkaden Bargone und Crispo gelangt man von der Piazza d'Italia auf die Piazza Castello, welche die Altstadt mit dem im 19. Jh. erbauten Teil von Sassari verbindet. Dieser entwickelte sich im Süden, an der Via Roma entlang, an der einige interessante Jugendstilfassaden auffallen. Die Piazza Castello ist nach der 1330 errichteten und 1887 abgetragenen Burg der Aragonier benannt, an deren Stelle sich heute die Kaserne La Marmora (1878) erhebt. Im Hof des Gebäudes werden noch die Wappen aufbewahrt, die einst die Mauern des Kastells schmückten. An der Nordwestseite des Platzes duckt sich ein winziger Palmengarten im Schatten der umgebenden Hochhäuser.

Von der Piazza Castello zweigen die bergab führenden Straßen Via Luzzatti und Largo Cavallotti ab, die beide in die 1853 angelegte Piazza Azuni münden. Weiter bergab setzt sich der Corso Vittorio Emanuele II fort. **Piazza Azuni**

Biegt man vor dem Beginn des Corso rechts in die Via C. Battisti ab, so kommt man auf die Piazza Tola. Im Volksmund heißt sie »carra **Piazza Tola**

Sassari *Orientierung*

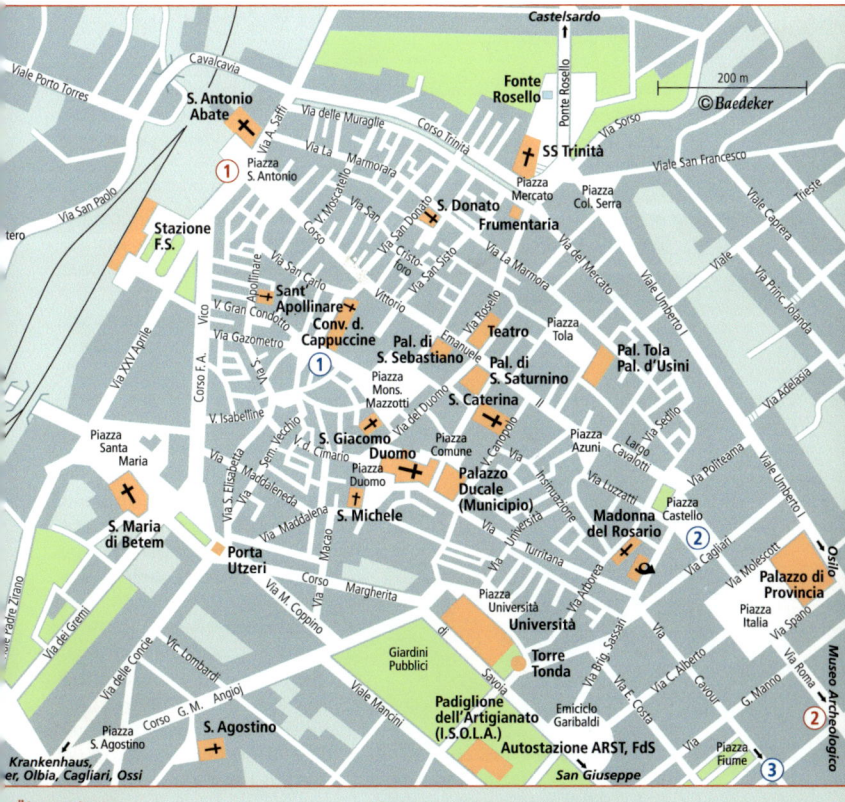

manna«, weil hier einst **das offizielle Steinmaß** für einen »großen Scheffel« stand. Hier steht der Palazzo d'Usini (1577), wohl der schönste Renaissancebau in Sassari.

Corso Vittorio Emanuele II

Der Corso Vittorio Emanuele II ist mit seinen vielen Läden die Promeniermeile der Altstadt, die er von Südosten nach Nordwesten durchquert. Er existierte bereits im 13. Jh. und wird in historischen Urkunden als Platha de cotinas (»gepflasterte Straße«) bezeichnet; die Einheimischen nennen ihn schlicht La Piazza. Am Anfang stößt man auf die Casa Farris mit Biforien im Stil der katalanischen Gotik (15. Jh.). Das Gebäude ähnelt mit seiner aragonischen Anlage der nahen Casa di re Enzo (15. Jh.), die ein Strebebogen mit dem Nachbarhaus verbindet.

Teatro Civico

Ungefähr in der Mitte des mit Granitplatten gepflasterten Corso steht das Teatro Civico, das elegante klassizistische Formen und einen hufeisenförmigen Grundriss zeigt. Im Jahre 1829 entwarf Giuseppe Cominotti das an das Teatro Carignano in Turin erinnernde Gebäude.

Piazza Monsignor Mazzotti

Biegt man kurz vor dem letzten Abschnitt des Corso links ab, so gelangt man auf die Piazza Monsignor Mazzotti. Sie ist bei den Bürgern von Sassari als Piazza delle Demolizioni bekannt, denn sie entstand durch radikale Gebäudeabrisse im Jahr 1940.

Dom San Nicola

Von hier aus erreicht man die Piazza Duomo, die von der Fassade der Kathedrale beherrscht wird, die dem hl. Nikolaus von Bari geweiht ist. Der Dom geht auf einen romanischen Vorgängerbau aus dem 13. Jh. zurück, von dem sich jedoch nur der 1776 zur Wahrung der Proportionen aufgestockte Glockenturm und Teile der Seitenwände erhalten haben. Durch den Portikus gelangt man in das Innere, das ab 1480 **im Stil der katalanischen Gotik** entstand, jedoch im 17. Jh. zahlreiche Veränderungen erfuhr. Das Hauptschiff ist von zwei hohen Kreuzrippengewölben überspannt und von Seitenkapellen gesäumt. Byzantinisch mutet die Vierungskuppel mit ihren Zwillingsfenstern an. In der Capilla Mayor beachtenswert ist das barocke Chorgestühl und das Bild »Madonna del Bosco« (um 1400) auf dem Haupt-

Domfassade im Zuckerbäckerstil

altar, ein Tempergemälde auf Goldgrund. Die Fassade wurde um 1700, kurz vor dem Ende der spanischen Herrschaft, im Stil des Barock gestaltet und erinnert an die Kolonialarchitektur in Amerika. Das Kalksteinmauerwerk wurde wie ein **Zuckerbäckerwerk** üppig mit verschnörkelten Friesen, Ranken, Blüten, Putten und Nischen dekoriert, in denen die Statuen des hl. Nikolaus und der drei Märtyrer und Schutzpatrone der Stadt, Gavinus, Protus und Januarius, stehen. Über allem thront Gottvater auf dem Giebel, der die Fassade wie ein Napoleonshut abschließt. Das angeschloßene Museum enthält Gemälde, Silberarbeiten, Statuen und Paramente.

Hinter dem Dom kommt man auf die Piazza del Comune, deren ganze Langseite die Fassade des Rathauses (Palazzo Ducale) einnimmt. Sein Name erinnert daran, dass dieses Gebäude an der Rückseite des Doms 1775–1805 für den wegen seiner Willkürherrschaft berüchtigten Herzog von Asinara errichtet wurde. Im Palazzo Ducale sind seit 1900 das Rathaus (Municipio) und die Stadtbibliothek untergebracht. Gegenüber befindet sich das Gebäude für die Pferde und Kutschen des Herzogs.

Palazzo Ducale (Municipio)

Entweder geht man nun wieder zum Corso oder durch die Via del Duomo und die Via Margherita die Castelvi zur Piazza Mazzotti zurück und begibt sich über den Largo Monache Cappuccine und die Via Gran Condotto zur Kirche Sant'Apollinare. Ihre Fassade stammt von 1646; den achteckigen Glockenturm krönt eine kleine Kuppel.

Sant'Apollinare

Auf den Corso zurückgekehrt, folgt man ihm bis zum Ende an der Piazza Sant'Antonio. Hier lag das gleichnamige Nordtor der Stadt, an dem sich jeden Morgen die Tagelöhner, die »zappatori«, versammelten, um den Grundbesitzern ihre Arbeitskraft anzubieten. In der Mitte des Platzes steht die Colonna di Sant'Antonio (1954). Am Anfang der Via Aurelio Saffi, die von der Piazza S. Antonio abgeht, stößt man sogleich auf die Kirche Sant'Antonio Abate (14. Jh.) mit ihrer großzügigen Barockfassade. Sie besitzt im Innern eine große Altarwand aus der Zeit der spanischen Herrschaft.

Piazza und Kirche Sant'Antonio

Nach dem Abbruch der Porta Sant'Antonio (1866) sind nur noch wenige Reste des mittelalterlichen Mauerrings erhalten geblieben. Auf der südlichen Seite der Piazza Sant'Antonio, am Anfang des Corso F. Vico, der zum Bahnhof (1883) führt, steht noch ein Turm mit Zinnen.

 Baedeker TIPP

Fenster mit Vorhang

Beim Flanieren durch die engen Altstadtgassen sollte man nicht nur die interessanten Schaufensterauslagen betrachten, sondern auch einen Blick auf die Fassaden der zumeist schlichten Bürgerhäuser werfen. Bei genauerem Hinsehen erkennt man an manchen Gebäuden mittelalterliche Fenster, die auf das hohe Alter der Häuser verweisen. Es sind gotische Vorhangfenster, deren oberes Drittel durch kunstvoll verzierte, aus Stein gehauene Vorhangimitate gebildet werden.

▶ SASSARI ERLEBEN

AUSKUNFT

Sassari E.P.T.
Viale Caprera 36
I-07100 Sassari
Tel. 0 79 29 95 44/46/79, 0 79 29 64 28
Fax 0 79 29 94 15

A.A.S.T.
Viale Umberto 72
I-07100 Sassari
Tel. 0 79 23 35 34
Fax 0 79 23 75 85

PARKEN

Am besten nicht in der Altstadt,
sondern am Bahnhof (Stazione FS).

KINO

Sassari besitzt zwei Kinos: das
Moderno in der Viale Umberto I und
das Quattro Colonne, Corso Vittorio
Emanuelle II.

EINKAUFEN

Frischen Fisch kann man täglich in Les
Halles (Via del Mercato) und um die
Ecke in der Largo Peschiera erstehen.
Weiterhin zu haben sind Obst,
Gemüse, Kräuter etc.

MÄRKTE

Auf der Piazza Tola findet Mo.bis Fr.
ein Markt mit Kleidern, Haushaltswaren, Obst und Gemüse statt.

FESTE

Eine abendliche Lichterprozession
findet am 14. August statt. I Candelieri
zieht sich von der Piazza Castello über
den Corso Vittorio Emanuelle II bis
zur Kirche Santa Maria di Betlem.

ESSEN

▶ **Erschwinglich**
② *Il Castello*
Piazza Castello 6

Tel. 0 79 23 20 41
Weil es zentral gelegen ist und sich
durch eine gute Küche (Fisch, Fleisch)
auszeichnet, ist das Ristorante nicht
nur bei Touristen, sondern auch bei
den Einheimischen beliebt.

③ *Il Senato*
Via Alghero 36
Tel. 0 79 27 77 88
Die nicht sehr umfangreiche Speise-
karte des kleinen Restaurants bietet
dafür sardische Spezialitäten wie Pferd,
Lamm, Muscheln, Schnecken usw. (So.
geschlossen).

▶ **Preiswert**
① *L'Assassino*
Vicolo Ospizio Cappuccini
Tel. 0 79 23 50 41
»Die« Adresse in der Altstadt: Allseits
wird das preisgünstige Essen gelobt,
das im alten Gewölbe aufgetischt wird
(So. geschlossen).

ÜBERNACHTEN

▶ **Komfortabel**
② *Leonardo da Vinci*
Via Roma 79
Tel. 0 79 28 07 44
Fax 0 7 92 85 72 33
www.leonardodavincihotel.it
119 Z., TV, Tel., Bar, Restaurant
Sehr schick und elegant sind nicht nur
die Lobby und das Restaurant, sondern auch die Zimmer.

▶ **Günstig**
① *Giusy*
Piazza Sant'Antonio 21
Tel. 0 79 23 33 27
Fax 0 79 23 94 90
24 Z., TV, Tel., Bar
Preisgünstig und zentral beim Bahn-
hof ist dieses Hotel, das allerdings dem
Verkehrslärm ausgesetzt ist.

An der Kreuzung der Via Saffi mit dem Corso Trinità (nördlich der Piazza S. Antonio) befinden sich weitere Reste der mittelalterlichen Stadtmauer, deren Bau im 13. Jh. von den Pisanern begonnen und im 14. Jh. von Genua fortgesetzt wurde.

Weitere Reste der Stadtmauer

Am Ende des Corso Trinità, der in die belebte Piazza del Mercato (Piazza Col Serra) mündet, erhebt sich links die Chiesa della Trinità (1640) mit Dekorationen im spanischen Barock an der Fassade. Im Inneren befindet sich eine dem Meister von Ozieri zugeschriebene Kreuzigungsdarstellung (18. Jh.).

Chiesa della Trinità

Steigt man rechts der Chiesa della Trinità über die Treppe der Via Cordilana ins Tal unter dem Ponte Rosello hinab, so erreicht man die Fontana di Rosello, **den berühmtesten Brunnen Sardiniens**, der früher die Trinkwasserversorgung von Sassari gewährleisten musste. Er wurde um 1605 im Stil der Spätrenaissance von genuesischen Künstlern in weißem Marmor errichtet. Das Brunnenwasser ist heute nicht mehr trinkbar. Auch die ehemals schöne Lage des Brunnens in einem grünen Tal ist nicht mehr zu erkennen.

Fontana di Rosello

Von der Piazza Mercato gelangt man durch die enge Via Rosello zum gedrungenen und massiven Gebäude des alten Kornspeichers (Frumentaria) aus dem späten 16. Jahrhundert. Hier sind noch die eingemeißelten Wappen von Sassari und Aragonien zu sehen. Heute finden in dem restaurierten Kornspeicher verschiedene kulturelle Veranstaltungen statt.

Frumentaria

Von der Piazza Mercato gelangt man durch die Altstadt zum Corso Vittorio Emanuele zurück und kreuzt dabei auch die Via La Marmora. In dieser alten, parallel zum Corso verlaufenden carrera longa (lange Straße) lebte früher die Aristokratie der Stadt. Über den Corso kommt man wieder zurück zur Piazza Azuni und der Piazza Castello, die den Beginn der Altstadt markiert.

Via La Marmora

Zentrum nahe der Altstadt

Das Universitätsgebäude, das Staatsarchiv und die Kirche Santa Maria di Betlem liegen am südwestlichen Rand der Altstadt. Man geht von der Piazza Castello durch die Via Brigata Sassari und die Via Torre Tonda. Hier hat man die Torre Tonda (Turondola) mit Resten mittelalterlicher Mauern in ein modernes Gebäude eingegliedert.

Università

Durch die Via Arborea gelangt man zur Piazza Università. Das Gebäude der Universität wurde zwischen 1559 und 1566 von den Jesuiten errichtet und im 17. Jh. erweitert. Seinen Mittelpunkt bildet ein **von doppelten Laubengängen umgebener Kreuzgang**, in dem ein hübscher Garten angelegt wurde. Im oberen Stockwerk befindet sich die Universitätsbibliothek, die über 200 000 Bände besitzt.

Giardini Pubblici, Padiglione dell'Artigianato

Südlich der Universität erstreckt sich der Schatten spendende Stadtpark. In einem Pavillon (Padiglione dell'Artigianato) wird sehenswertes sardisches Kunsthandwerk in einer ständigen Ausstellung gezeigt. Die Ausstellung wird vom I.S.O.L.A. (►Praktische Informationen, Shopping) betrieben.

Diese 1957 von der Region Sardinien gegründete **Institution zur Förderung des Handwerks** veranstaltet hier alle zwei Jahre (in den Jahren mit ungerader Zahl) eine interessante Schau sardischen Kunsthandwerks (Öffnungszeiten: Mo.–Fr. 9.00–13.00 und 16.30 bis 20.00, Sa. 9.00–13.00 Uhr).

Santa Maria di Betlem

Vom Corso Margherita di Savoia gelangt man durch den Largo Utzeri zur Piazza Santa Maria, in deren Mitte sich die »extra muros« (außerhalb der ehemaligen Stadtmauer) gelegene Kirche Santa Maria di Betlem befindet. Der Richter Costantino gründete sie 1106 gemeinsam mit dem gleichnamigen Kloster und vertraute sie den Benediktinern an; im frühen 13. Jh. erfolgte eine Übernahme durch die Franziskaner. Der untere Teil der Fassade mit dem romanischen Portal entstand 1236–1238 und zeigt arabische Einflüsse. Auf einer Reihe von halbkreisförmigen kleinen Blendbögen baut der 1465 rekonstruierte Teil auf. Der Innenraum wurde von dem Franziskaner Antonio Cano 1829–1834 um eine hohe Kuppel erweitert und fast vollständig im Stil des Barock und Klassizismus umgestaltet. In den Seitenkapellen stehen **prächtige barocke Schnitzaltäre**, die jeweils zu einer der alten Zünfte (Gremi) von Sassari gehören. Hier wird das Jahr über auch ein großer Teil der reich verzierten Holzkerzen (Candelieri) aufbewahrt.

★★ Museo Archeologico Giovanni Antonio Sanna

Um das historische Stadtzentrum liegen die modernen Viertel, die sich seit dem 19. Jh. südlich der Piazza Italia und um die Via Roma, die dem Verlauf der alten »königlichen Straße« nach Cagliari folgt, entwickelt haben. Geht man die Via Roma in südöstliche Richtung hinauf und lässt den in den 1930er-Jahren im klassizistischen Stil aus rosa Trachyt erbauten Palazzo di Giustizia rechter Hand liegen, so stößt man links auf das Museo Archeologico Giovanni Antonio Sanna (Via Roma 64). Es ist nach seinem Mäzen und Begründer benannt. Das in 18 Säle gegliederte Museum umfasst eine **Pinakothek**, in der wechselnde Ausstellungen gezeigt werden, sowie eine **archäologische Sammlung**.

Sammlung ►

Die archäologische Abteilung dokumentiert die verschiedenen Perioden der sardischen Kultur vom Neolithikum bis zur Neuzeit. Saal 5 ist u. a. den versteinerten Wäldern der Anglona gewidmet, die auf die Zeit vor 15 Millionen Jahren zurückgehen. In Saal 6 sind die Materialien zu sehen, die man bei Ausgrabungen um den prähistorischen Altar von Monte d'Accodi, zwischen Sassari und ►Porto Torres, freilegte. In den folgenden Räumen (Nr. 7 und 8) befinden sich Fundstücke aus den Domus de janas der Kupferzeit und der frühen Bronzezeit. Saal 8 zeigt Funde verschiedener Megalithgräber.

Museo Archeologico G. A. Sanna *Orientierung*

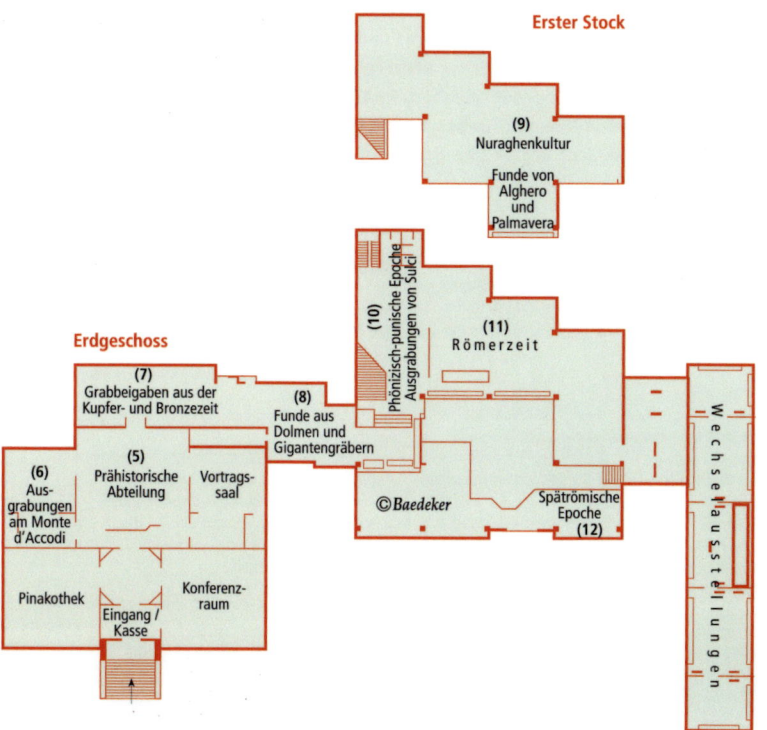

Hier führt eine Treppe ins Obergeschoss (Saal 9), wo die nuraghische Epoche anhand von Rekonstruktionen der beiden wichtigsten Nuraghentypen dargestellt ist, der so genannten Kuppelnuraghe und der Korridornuraghe.

Ausführliche Erläuterungen zur Nuraghenzeit und eine große Anzahl an Votivgaben (Keramiken, Bronzestatuetten u. a.) vermitteln ein anschauliches Bild dieser Epoche. Geht man die Treppe nun wieder hinab ins Erdgeschoss, illustrieren reichhaltige Materialien in Raum 10 die phönizisch-punische Epoche. Zu den Funden aus der Römerzeit gehören u.a. Öllampen, Geschirr, geblasenes Glas und Goldschmiedearbeiten.

Der etwas tiefer liegende Saal 12 enthält Exponate aus der spätrömischen Periode, wie Sarkophage, Skulpturen und Mosaike, die vor allem aus Turris Libyssonis stammen, dem heutigen Porto Torres, und eine Sammlung von Amphoren. In den Sälen 11 bis 13 befinden sich sardische Münzen von der punischen bis zur

SANTISSIMA TRINITÀ DI SACCARGIA

✱ ✱ Einsam in einer weiten Talmulde des Logudoro erhebt sich imposant Sardiniens berühmteste Kirche. Schlicht und doch beeindruckend ist ihr zebrahaftes hell-dunkel gestreiftes Mauerwerk, das toskanische Einflüsse verrät. Will man der Legende glauben, so kniete an der Stelle wo die Kirche gebaut wurde eine Kuh zum Gebet nieder. Daher leitet sich womöglich auch ihr Name ab, »sa acca argia« (die gefleckte Kuh).

🕐 Öffnungszeiten:
täglich durchgehend

1 Glockenturm
Der Turm, dessen Höhe noch durch die Lisenen (senkrechte, schwach hervortretende Mauerstreifen) optisch verstärkt wurde, ist 41 m hoch und 8 x 8 m breit.

2 Portikus
Die Vorhalle zeigt auf ihren Kapitellen und Bogenfriesen neben Pflanzen auch Tiere und monsterhafte Wesen. Die friedlich ruhenden Kühe am linken Eckpfeiler ähneln den Tierdarstellungen über der Gründungsinschrift (1174) am Schiefen Turm von Pisa und nehmen eventuell Bezug auf den Namen der Kirche: Saccargia leitet sich vielleicht von »sa acca argia« (die gefleckte Kuh) oder »sa accargia« (die Kuhhirtin) ab. Dieser Portikus ist der einzige an einer Kirche auf Sardinien.

3 Fassade
Die Fassade ist mit zwei Reihen von Bögen geschmückt. Darin befinden sich Rosetten und bunte Diamanten. Im mittleren Bogen gibt es eine kreuzförmige Öffnung.

4 Innenraum
Der mit einem Holzbalkendach versehene Innenraum der einschiffigen Kirche ist von strenger Schlichtheit. Er wurde nach der Apsis von 1116 erbaut.

5 Fresken
Auf Sardinien einzigartig sind die byzantinisch beeinflussten Fresken in der Mittelapsis (13. Jh.), die wahrscheinlich von einem pisanischen Künstler geschaffen wurden und zu den wenigen überdauerten Werken der romanischen Freskenmalerei Italiens gehören.

Ins einsame Tal des Riu Murroni kommt man eigentlich nur wegen der Pisanerkirche.

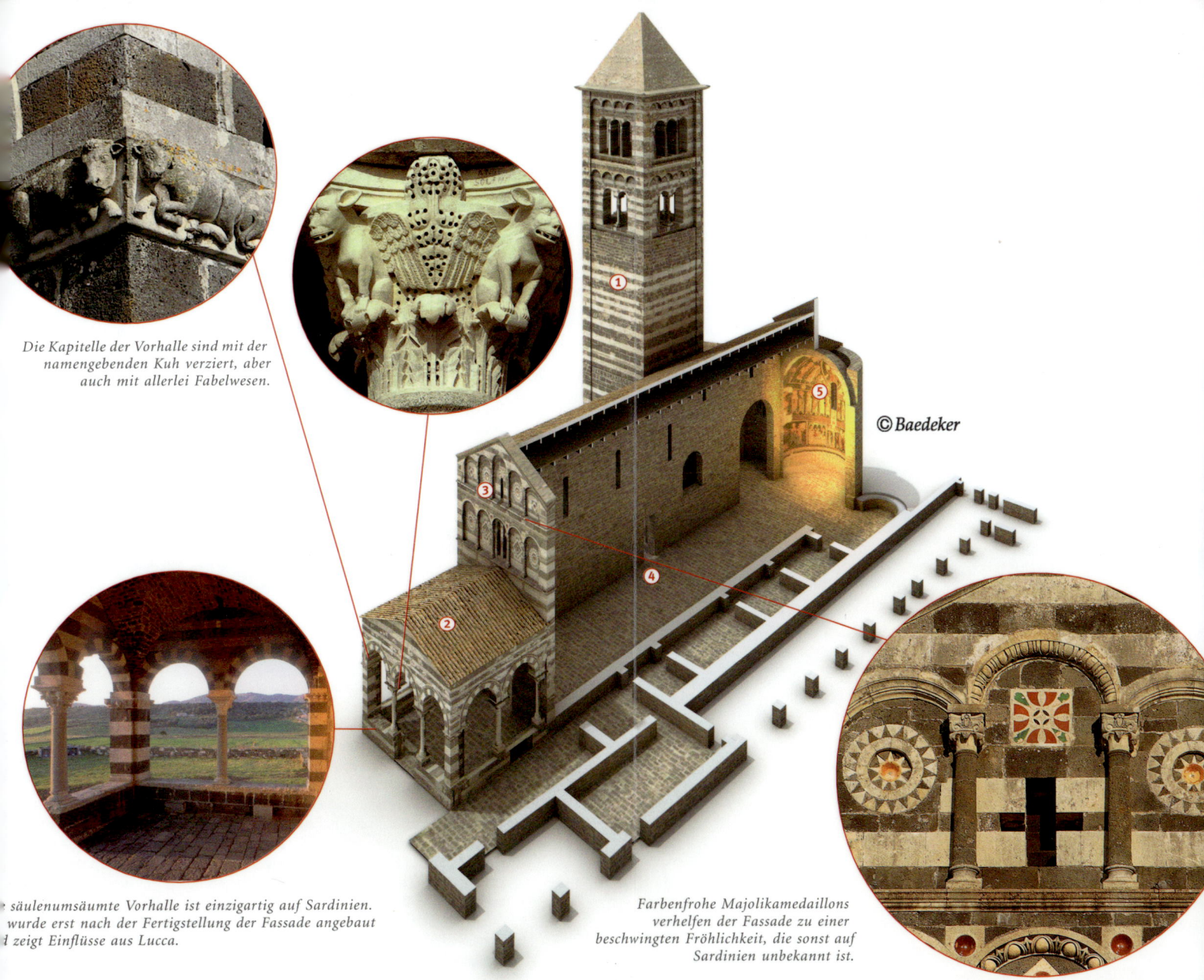

Die Kapitelle der Vorhalle sind mit der namengebenden Kuh verziert, aber auch mit allerlei Fabelwesen.

© Baedeker

...säulenumsäumte Vorhalle ist einzigartig auf Sardinien. ...wurde erst nach der Fertigstellung der Fassade angebaut ...zeigt Einflüsse aus Lucca.

Farbenfrohe Majolikamedaillons verhelfen der Fassade zu einer beschwingten Fröhlichkeit, die sonst auf Sardinien unbekannt ist.

savoyischen Periode. In Saal 13, dem Mittelalter gewidmet, sind an den Wänden Inschriften, architektonische Fragmente, Keramik, Waffen und Schmuck verschiedener Herkunft angeordnet (Öffnungszeiten: Di. – Sa. 9.00 – 19.00, So. 9.00 – 13.00 Uhr).

Umgebung von Sassari

Osilo

Das 14 km östlich von Sassari, herrlich auf einer Anhöhe gelegene Dorf Osilo lebt von Weidewirtschaft, Ackerbau und der handwerklichen **Produktion von Teppichen, Gobelins und Decken**. Der hübsche Ort mit typisch sardischen Häusern in Granitstein zieht sich am Hang eines Hügels hinauf.

Castello dei Malaspina ►

Hoch über dem Ort erscheint die eindrucksvolle Silhouette der Burgruine des ehemaligen Castello dei Malaspina (13. Jh.). Ein Weg führt durch die verwinkelten Gassen Osilos hinauf. Man erkennt einen quadratischen Turm aus hellen Kalksteinquadern und einen zylindrischen Bergfried aus grob zugehauenen Basaltblöcken. Die Burg gehörte ursprünglich der Familie Doria, fiel dann an Aragonien, später an die Richter von Arborea und kam im 15. Jh. wieder in den Besitz von Aragonien.

Ossi, Domus de janas von Noeddale

Das 8 km südlich von Sassari gelegene Dorf ist einerseits wegen des am Ortsrand gelegenen nuraghischen Dorfes Sa Mandra 'e sa Ginia, andererseits wegen der Nekropole von Noeddale berühmt, die 200 m südlich der Ortschaft an der Straße nach Banari und Ittiri liegt. Man entdeckte fünf Gräber, die in eine Kalkrippe geschlagen wurden, unter der ein Weg verläuft. Das bekannteste von allen ist Grab I, das auf die Kultur von San Michele zurückgeht (3. – 2. Jh. v. Chr.); der Grundriss des aus mehreren Kammern bestehenden Grabes ist vielfältig und ungewöhnlich. Die Gestaltung des oberen Teils ahmt ein Satteldach nach; an den Wänden sind Säulen und Bäume angedeutet. Interessant ist auch das Grab II mit T-förmigem Grundriss; an den Wänden sind eingemeißelte Hörnerpaare und Spiralmotive zu erkennen.

★★ Santissima Trinità di Saccargia

Etwa 18 km südöstlich von Sassari, an der Straße Richtung Oschiri (SS 597), erhebt sich einsam in einer breiten Talmulde die Kirche Santissima Trinità di Saccargia (Heiligste Dreifaltigkeit von Saccargia) mit der Ruine der bereits 1384 verlassenen Kamaldulenserabtei. Mit ihrem **schwarz-weiß gestreiften Mauerwerk** aus dunklem Basalt und hellem Kalkstein, der wunderschön gegliederten Fassade mit ihrem Portikus und den eindrucksvollen Fresken in der Hauptapsis gilt sie als eine der bedeutendsten der so genannten Pisanerkirchen, die den reichen Widerhall der toskanischen Romanik auf Sardinien bezeugen.

Die Kamaldulenser, ein beschaulicher Eremitenorden nach den Regeln des hl. Benedikt, erhielten 1112 das fruchtbare Tal zum Geschenk. Bis 1116 erhöhten sie die ursprüngliche Kirche, fügten die von zwei Nebenapsiden flankierte Mittelapsis hinzu und errichteten den schlanken Glockenturm. Pisanische Künstler vollendeten den Bau zwischen 1180 und 1200, stellten den Glockenturm mit den Doppelbogenfenstern fertig, schufen die Fassade mit ihren Blendarkaden, die inkrustierte Scheiben (Rosetten) und Rauten umschließen, und setzten kurz danach den Portikus etwas unorganisch davor. Nachdem die Kamaldulenser 1384 die Abtei Saccargia verließen, verfiel das Kloster. Bei der Restaurierung der Kirche 1894 erfolgten schwere Eingriffe. So wurde die Fassade abgetragen und neu aufgebaut; der Portikus wurde um etwa einen Meter erniedrigt und sein Dach abgeflacht, damit die Fassade besser zur Geltung kommt. Fast alle Kapitelle und Friese wurden dabei erneuert.

Die Kirche liegt 2,5 km weiter östlich von Saccargia, ebenfalls direkt an der SS 597, am Abzweig der SS 672 nach Ploaghe. Die Vallombrosaner, ein Benediktinerorden, erbauten sie in den Jahren 1110 bis 1130 aus zweifarbigen Quadern. Ihr Name erinnert an das verschwundene Dorf Salvenero oder Salvenor. In der Zeit von 1200 bis 1225 wurde der Bau umgestaltet. Die Fassade lässt neben allgemeinen Stilelementen der Romanik deutlich **pisanische Einflüsse** erkennen. Die Blendarkaden an der Fassade, die bei der Restaurierung wiederhergestellt wurden, setzen sich an den Seiten des Kirchenschiffs und an den drei Apsiden fort. Der Innenraum ist meist verschlossen. In der Nähe befindet sich die Ruine der von dem Richter Marianus I. von Torres erbauten Vallombrosanerabtei.

✱ San Michele di Salvenero

Senorbi

Provinz: Cagliari
Einwohnerzahl: 4400

Höhe: 204 m ü. d. M.

Das kleine Städtchen 45 km nördlich von Cagliari ist der größte Ort der fruchtbaren Landschaft Trexenta. Senorbi zieht allerdings wenig Tourismus an; die Sehenswürdigkeiten, mehrere prähistorische Zeugnisse, liegen nicht im, sondern um den Ort herum.

Senorbi und Umgebung

Am Ortsrand steht die Kirche San Nicolo oder Santa Maria di Segolai, im Volksmund Santa Mariedda genannt. Blendbögen und ein hübscher Dachreiter schmücken die Fassade. Die Kirche wurde im 14. Jh. im Stil der pisanischen Romanik erbaut; eine Erweiterung in Formen der katalanischen Gotik erfolgte im 17. Jahrhundert.

◀ Santa Mariedda

Das Archäologische Museum Sa domu nostra (»Unser Haus«) ist in einem **typischen Herrenhaus** des Campidano untergebracht und

Museo Archeologico

zeigt Fundstücke der Landschaft Trexenta. Den Schwerpunkt der Sammlungen bilden die reichen Grabbeigaben aus der punischen Nekropole von Monte Luna unweit der Ortschaft. (Öffnungszeiten: Di. – So. 9.00 – 13.00, 16.00 – 19.00 Uhr, eine Voranmeldung ist empfehlenswert, Tel. 07 09 80 90 71)

Nekropole von Pranu Mutteddu ✶✶

Ca. 20 km nordöstlich von Senorbi befindet sich kurz vor der Ortschaft Goni linker Hand die große megalithische Nekropole Pranu Mutteddu in der Nachbarschaft eines jungsteinzeitlichen Dorfs. Die zahlreichen Gräber entsprechen verschiedenen Typen. So sind unterirdische Felskammergräber neben Kisten- und **nur hier vorkommenden Kreisgräbern** vertreten.

Das interessanteste Grab wurde aus zwei großen Findlingsblöcken herausgehauen und ist von zwei Steinkreisen umgeben. Aufgrund von Grabbeigaben datiert man diese Stätte in die Ozieri-Kultur, doch wurde sie in späteren Epochen weiterhin benutzt. Im Umkreis der Nekropole wurden vermutlich Riten des Totenkultes und religiöse Feiern praktiziert. Heute erinnern etwa 60 wieder aufgestellte Menhire (Steinmale) verschiedener Größe an diesen mystischen Ort. Sie sind zum Teil sehr sorgfältig bearbeitet und wurden in Paaren, Gruppen oder Reihen angeordnet.

Dieses Steinkistengrab ist nur einer der verschiedenen Gräbertypen, die man bei der Kultstätte von Pranu Mutteddu findet.

SENORBI ERLEBEN

Die Nuraghe Piscu steht etwa 7 km nördlich von Senorbi links der
Staatsstraße SS 128 nach Mandras. Das Monument zeigt eine
komplizierte Anlage; eine Umfassungsmauer mit vier Türmen an
den Ecken umgibt den Mittelturm. Seit einigen Jahren werden
Grabungen durchgeführt. **Nuraghe Piscu**

Seui

K / L 11

Provinz: Ogliastra
Einwohnerzahl: 1900

Höhe: 820 m ü. d. M.

**Seui liegt inmitten der Barbagia di Seulo, in einer malerischen, teil-
weise bewaldeten Gebirgsgegend, die von dichten Steineichen-
und Kastanienwäldern bedeckt ist. Das Dorf besitzt einen historischen Kern.**

Seui und Umgebung

Das kleine, aber originelle Museo della civiltà contadina, pastorale,
artigianale, della mineraria e dell'emigrante (Museum der Kultur der
Bauern, Hirten, Handwerker, Bergleute und Emigranten) ist in zwei
verschiedenen Gebäuden untergebracht, die sich ein wenig voneinander entfernt im Ortszentrum befinden: in einer hübschen
Jugendstilvilla an der Via Roma und in einem massiven Gebäude,
das im 17. Jh. als Kerker und bis 1975 als Bezirksgefängnis diente.
Die Sammlungen umfassen über 3000 Exponate, die die Geschichte
und Traditionen dieses Gebirgsdorfes sehr gut dokumentieren
(Öffnungszeiten nach Vereinbarung, Tel. 07 82 53 90 02). **Museo**

Etwa 4 km nordwestlich von Seui befindet sich ein Bergwerk, in dem
bis zum Ende des 19. Jh.s Anthrazit abgebaut wurde. Heute stellt es
ein interessantes Dokument der Industriegeschichte dar. **Bergwerk von
San Sebastiano**

▶ SEUI ERLEBEN

AUSKUNFT
Seui
Via Roma 131
I-08037 Seui
Tel. 07 82 55 46 11

ESSEN
▶ **Günstig**
Deidda
Via Roma 72
Tel. 0 78 25 46 21
Freundliche und familiäre Trattoria, in der traditionelle sardische Speisen auf den Tisch kommen.

Naturpark Montarbu
Das nordöstlich von Seui gelegene Waldgebiet Montarbu, das sich auf der Kalksteintafel des Monte Tonneri erstreckt, ist über die Straße zu erreichen, die an der Cantoniera Arcueri von der SS 198 abzweigt. Nach 7 km nimmt man die rechts abzweigende Schotterpiste und fährt noch 10,5 km bis zur Forststation (Caserma Montarbu). Es handelt sich um **eines der artenreichsten Waldgebiete Sardiniens**, das von der Forstbehörde als Staatsforst (Foresta Demaniale) liebevoll gepflegt wird. An der Forststation liegt ein Picknickplatz (Trinkbrunnen); von hier aus lassen sich schöne Wanderungen unternehmen und die höchste Erhebung, Pizzu Margiani Pobusa (1324 m), besteigen (Wanderführer ratsam).

Sadali
Das 10 km südwestlich von Seui gelegene Bauern- und Hirtendorf besitzt einen nur wenig veränderten historischen Ortskern. Ein kleiner **Wasserfall**, der zwischen den alten Häusern rauscht, trägt zum Reiz der Ortschaft bei.

Grotta de Is Janas
Die Tropfsteinhöhle liegt westlich von Sadali und ist über eine Straße zu erreichen, die von der Provinzstraße nach Seulo abzweigt. Nach 12,5 km biegt man in eine ausgeschilderte Nebenstraße ein, der man bis zu einem Steineichenwald mit einem Ausflugslokal folgt, wo sich der Eingang der Höhle öffnet. (Führungen: Tel. 0 78 25 90 01)

Siniscola

F 14

Provinz: Nuoro
Einwohnerzahl: 10 900
Höhe: 51 m ü. d. M.

Das Provinzzentrum Siniscola liegt nahe der Ostküste. Im Hintergrund ragen die nördlichen Ausläufer des mächtigen Kalksteinmassivs des Monte Albo auf.

In den letzten Jahren erlebte der Tourismus in den nahen Badeorten Santa Lucia – ein altes Fischerdorf mit einem Turm aus dem 17. Jh. – und La Caletta einen Aufschwung; davon profitiert auch Siniscola, in dem es einige Bars, Restaurants und Geschäfte gibt. Siniscola war am Beginn der Neuzeit eine der bedeutendsten »ville« des Judikats Gallura. Die häufigen Überfälle der Sarazenen, unter denen die Angriffe der Jahre 1514 bis 1581 traurige Berühmtheit erlangten, führten im 16. Jh. zum Niedergang des Ortes.

Provinzstädtchen in Gebirgslage

Umgebung von Siniscola

Von dem kleinen Ferienort Santa Lucia zieht sich ein herrlicher weißer Sandstrand nach Norden kilometerweit an La Caletta vorbei bis San Giovanni.

Santa Lucia

Schon von weitem sieht man die Burgruine des hübschen Örtchens Posada auf einer Felsspitze, die weite Küstenlandschaft und die Fluss-

✷
Posada

ebene des Riu Posada zu Füßen. Einen Bummel durch die **malerischen Gassen** mit kleinen Plätzen, Treppen und Torbögen wird man nicht bereuen. Der Ort entstand über den Ruinen der römischen Feronia, das durch die Überfälle der Sarazenen zerstört wurde. Im 12. Jh. erbauten die Richter von Gallura das mächtige Castello della Fava, dem in den Kriegen zwischen den Richtern von Arborea und Aragonien eine bedeutende Rolle zukam. Die Ebene um Posada war einst sumpfig und malariaverseucht; sie wurde urbar gemacht und mit Bewässerungsanlagen versehen, die den Anbau von Obst

Die Altstadt von Posada breitet sich zu Füßen des Kastells von Fava aus.

und Gemüse förderten. Interessant ist die Besichtigung des Kastells, von dem nur noch ein großer quadratischer Turm und die Ruine des Bergfrieds erhalten sind; aber dafür hat man eine herrliche Aussicht auf die Umgebung.

Der Santuario dell'Annunziata liegt 23 km westlich von Siniscola an der Straße nach Budduso, 7 km von Lode entfernt. Der Kirchenbau, dessen Anlage der einer typischen innersardischen Wallfahrtskirche entspricht, geht auf das 18. Jh. zurück. Er ist von »cumbessias« umgeben, kleinen Unterkünften für die Gläubigen, die, vor allem aus Bitti, in großer Zahl zum Fest in der dritten Maiwoche kommen. In der auch unter dem Namen S'Annossata bekannten Kirche werden zahlreiche Votivgaben aufbewahrt.

Santuario dell'Annunziata

✳
Monte Albo

Man erreicht das herrliche Bergmassiv des Monte Albo, indem man ein Stück weit der Provinzstraße von Siniscola nach Lode und dann der Straße Richtung Lula folgt. Der Berg liegt inmitten einer Landschaft von Felsen und Wäldern, deren Schönheit großartig ist. Der lange, zerklüftete Kamm (20 km) verdankt seinen Namen der weißen Farbe des Kalkgesteins. Die **Wanderung** in diesem Gebirge, dessen höchste Punkte die Gipfel Monte Turuddo (1127 m) und Monte Catirina (1127 m) sind, ist landschaftlich und naturkundlich höchst reizvoll.

Hier gibt es Steineichenwälder und **riesige, uralte Ahornbäume**. Viele selten gewordene Tierarten, u. a. Mufflons, Wildkatzen, Marder und Siebenschläfer, leben hier, ebenso seltene Vögel. Im Gebiet des Monte Albo sind viele Zeugnisse von Megalithbauten aus der prähistorischen Epoche erhalten.

Stintino

D 5

Provinz: Sassari
Einwohnerzahl: 1100

Höhe: 9 m ü. d. M.

Stintino ist ein Fischerdorf und Ferienort am äußersten nordwestlichen Zipfel Sardiniens. Die kleine Ortschaft liegt auf einer schmalen Landzunge zwischen zwei Fjorden: einem Fischereihafen, der zu einer Reede ausgebaut ist, und einer schmalen Bucht mit einem windgeschützten Sporthafen.

Fischereiort

Stintino wurde 1885 gegründet, um dort die Fischer von der nahen Isola dell'Asinara anzusiedeln, die vom italienischen Staat als Quarantänestation und Strafkolonie beschlagnahmt wurde. Seit sich der Ort zu einem Tourismuszentrum entwickelt hat, wurde auch die Umgebung von Stintino – vor allem in den letzten Jahrzehnten – stark erschlossen; zahlreiche Feriensiedlungen entstanden. Berühmt sind die langen Sandstrände nahe der Ortschaft.

Stintino und Umgebung

Museo della tonnara

Das Museum dokumentiert in sechs Räumen die Geschichte des Tunfischfangs auf Sardinien im Allgemeinen und in Stintino im Besonderen, die verschiedenen Fang- und Konservierungsmethoden, die sich im Laufe der Jahrhunderte verändert haben, die Verbreitung des Tunfischs im Mittelmeer usw. Ein Film zeigt in beeindruckender Weise, wie der Fischfang einst ablief (Porto Stintino Mannu, Öffnungszeiten: unregelmäßig, offiziell tgl. 19.00 – 24.00 Uhr).

Die Torre della Finanza auf der Stintino vorgelagerten Isola Piana →
schütze die Stadt früher vor Piraten.

▶ STINTINO ERLEBEN

AUSKUNFT

Stintino Pro Loco
Via Sassari 77
I-07040 Stintino
Tel. 0 79 52 32 82

ESSEN

▶ Erschwinglich

Silvestrino
Via Sassari 12
Tel. 0 79 52 30 07
Das sehr gute, nette Restaurant mit
Tischen auch draußen gehört zum
gleichnamigen Hotel. Hier gibt es vor
allem eine empfehlenswerte Meeresküche (außerhalb der Saison Do.
geschlossen).

In Capo Falcone: Capo Falcone

Am Capo Falcone

Am Kap mit schönem Blick aufs Meer
liegt dieses schicke Restaurant.

ÜBERNACHTEN

▶ Komfortabel

In: Capo Falcone: Ancora Residence
Loc. Ancora
Tel. 0 79 52 70 85
Fax 0 79 52 70 87
E-Mail: capolino@ssnet.it
38 Z., TV, Tel., Bar, Restaurant, Pool,
eigener Strand, Wassersportmöglich-
keiten, Tennis
Hier am Capo Falcone wohnt man mit
allem Luxus behaglich in einem der
bungalowähnlichen Häuser. Allerdings
ist meist Vollpension und ein
Mindestaufenthalt von sieben Tagen
Voraussetzung.

▶ Günstig

Lina
Via Lepanto 30
Tel. 0 79 52 30 71
Fax 0 79 52 31 92
10 Z., Bar, Restaurant
Klein und schörkellos präsentiert sich
dieses Hotel, das am Hafen Stintinos
mit Blick auf die Jachten liegt.

Hafen von Stintino

Strände Sehr beliebt sind die langen Strände mit feinstem weißen Sand, **Le
Saline** im Süden Stintinos und **La Pelosa** nördlich der Ortschaft, wo
es flach ins kristallklare Wasser geht. Der Name Le Saline verweist
auf die Salzlagerstätten, die einst den Mönchen von Santa Maria di
Tergu gehörten und bereits seit dem 13. Jh. genutzt wurden. In der
Nähe liegen an der Küste die verlassenen Gebäude der alten
Tunfischfangstelle Tonnara delle Saline und eine Feriensiedlung. An
beiden Stränden erheben sich Sarazenentürme, die im 16. Jh. erbaut
wurden, um die Meerenge von Fornelli zu kontrollieren.

 **Capo del
Falcone** Lohnend ist ein Besuch der Landzunge Capo del Falcone mit den
Aussichtspunkten Punta Negra und Capo del Falcone, auf dem der
gleichnamige Turm aus dem 16. Jh. aufragt. Der Blick schweift nach

Norden über die Meerenge von Fornelli und in den Westen über das so genannte Mare di Fuori mit seiner zerklüfteten Steilküste.

Im Hinterland Stintinos erstreckt sich der Stagno di Casaraccio mit einer Fläche von etwa 100 ha. Niedrige, mit Mastixstrauch-, Oleander- und Zwergpalmenmacchia bedeckte Anhöhen umgeben den Strandsee, der Lebensraum einer vielfältigen Vogelwelt ist: **Flamingos, Seidenreiher, Graureiher und Kormorane** kann man hier mit etwas Glück beobachten.

Stagno di Casaraccio

Die nördlich vorgelagerte, große Insel Asinara ist 17,4 km lang und in vier Hügelgruppen gegliedert; die Küsten sind stark zerklüftet. Geologisch stellt sie die Fortsetzung der Landschaft der Nurra dar, von der sie nur eine schmale Meerenge trennt. Eine 23 km lange Straße führt quer über die Insel. 1884 beschlagnahmte der Staat Italien die Insel, um darauf eine internationale Quarantänestation einzurichten. Seit 1896 ist die Isola dell'Asinara Sitz einer Strafkolonie. In jüngerer Zeit befand sich hier auch ein Hochsicherheitsgefängnis, weshalb es streng verboten war, auf der Insel zu landen. Seit 1997 steht die Insel, auf der zahlreiche seltene Tierarten und **rund 80 Exemplare der berühmten weißen Esel** leben, als Nationalpark unter Naturschutz.

★
Isola dell'Asinara

◀ Parco Nazionale dell'Asinara

Die ehemalige Bergbausiedlung Argentiera liegt 30 km südlich von Stintino an der Küste. Diese schon den Römern bekannte »Silberstadt«, in der später Blei und Zink abgebaut wurden, zieht allmählich den Tourismus an. So manchem verlassenen Gebäude wurde bereits wieder neues Leben eingehaucht, indem man es zur Ferienwohnung umbaute. Alte Stollen oberhalb der Siedlung und die ehemaligen Bergwerksgebäude, die den Eindruck einer Geisterstadt vermitteln, sind die letzten Zeugnisse des Bergbaus.

Argentiera

Tempio Pausania

D 10

Provinz: Olia Tempio
Einwohnerzahl: 13 900

Höhe: 566 m ü. d. M.

Tempio Pausania ist die Hauptstadt der Gallura, der Landschaft im Nordosten Sardiniens. Die traditionelle Sommerfrische, 570 m hoch gelegen, ist wegen ihrer Quellen und schönen Alleen beliebt.

Tempio liegt auf einem niedrigen Mittelgebirgsmassiv in einer schönen, vom Grün der Weinberge, der Eichen- und Kastanienwälder geprägten Landschaft zu Füßen des Monte Limbara, dessen schlanke Granitspitzen (Punta Sa Berritta, 1362 m) im Hintergrund in den Himmel ragen. Heute genießt das Städtchen dank der

Zentrum der Korkverarbeitung

In der Gallura ist die Produktion und Verarbeitung der Korkeichenrinden, die hier zum Trock
lagern, ein wichtiger Wirtschaftsfaktor.

Korkverarbeitung (in der es gemeinsam mit dem nahen Calangianus innerhalb Italiens führend ist) und des Granitabbaus einen gewissen Wohlstand. Auch die Produktion von Weinen, vor allem des Vermentino, floriert.

Geschichte   Tempio geht auf die Römerzeit zurück und entstand vermutlich durch die Vereinigung von zwei kleinen Ortschaften, die laut den literarischen Quellen des klassischen Altertums Gemellae und Templum hießen und an der alten Straße von Olbia nach Tibula lagen. Der Name Tempio erscheint zum ersten Mal in einer Urkunde von 1173. Im Jahr 1665 kamen die Piaristen, **ein katholischer Schulorden**, nach Tempio und gründeten hier die ersten Schulen.

Sehenswertes in Tempio Pausania

Piazza Gallura, Piazza San Pietro   Im Inneren des Städtchens beeindruckt die Schlichtheit der profanen und sakralen Architektur. Fast alle Gebäude bestehen aus unverputztem Granit. Interessant sind die Piazza Gallura, die Kathedrale an der Piazza San Pietro und das mittelalterliche Oratorio del Rosario gegenüber.

Viale Fonte Nuova   Viale Fonte Nuova heißt eine lange Allee, die wie ein großer Aussichtsbalkon über einem Tal liegt, das im Norden von der Granitkette der Monti di Aggius begrenzt wird. Im Sommer ist hier das Flanieren eine beliebte Beschäftigung. Aus diesem Grund haben die Bewohner von Tempio Pausania ihrer Allee den Namen »la passizata« (die

► TEMPIO PAUSANIA ERLEBEN

AUSKUNFT

Tempio Pausania Pro Loco
Piazza Gallura 2
I-07029 Tempio Pausania
Tel. 0 79 63 12 73

EINKAUFEN

In seiner Fabbrica Artigianato
Sughero (Via Puchoz 12) fertigt
Mario Satta Kunsthandwerk und
Gebrauchsgegenstände aus Kork. U. a.
gibt es Bucheinbände und Tapeten
aber auch Aschenbecher oder Vasen.
Originelles Mitbringsel!

*Kork liefert die Grundlage für die
Mitbringsel von Mario Satta.*

ESSEN

► Erschwinglich

Il Giardino
Via Cavour 1
Tel. 0 79 67 12 47
Zentral nahe der Piazza Gallura gele-
gen speist man Fleisch- und
Nudelgerichte im gediegenen
Ristorante Giardino Conconi (außer-
halb der Saison Mi. geschlossen).

ÜBERNACHTEN

► Komfortabel

Petit Hotel
Largo A. de Gaspari 9/11
Tel. 0 79 63 11 34
Fax 0 79 63 17 60
E-Mail: petithotel@tiscalinet.it
40 Z., TV, Tel., Bar, Restaurant
Am Rande der Altstadt steht dieses
recht geräumige und moderne Hotel
ohne besonderes Flair.

Promenade) gegeben. Sie ist nach einer **ganzjährig sprudelnden Quelle** in einem Pinienwald benannt, zu der sie führt. Von dieser Quelle aus sind es nur ca. 15 Gehminuten zur Fonti di Rinaggiu.

Die schon den Römern bekannte Rinaggiuquelle liegt etwa 1 km von der Stadtmitte entfernt in einem grünen Hain. Man erreicht sie durch die Allee Viale San Lorenzo. Am Wochenende wird hier gerne gepicknickt. **Fonti di Rinaggiu**

Umgebung von Tempio Pausania

Das mineralogische Museum von Bortigiadas (9 km westlich von Tempio) am Eingang des Dorfs in der Viale Trieste enthält über 2000 Gesteins- und Bodenproben aus der privaten Sammlung eines einheimischen Geologen. Die seltenen Materialien dokumentieren die Bodenbeschaffenheit Sardiniens, aber auch vieler anderer Länder und Erdteile. **Bortigiadas**

Aggius

Aggius liegt ca. 6 kurvige Kilometer nordwestlich von Tempio und fällt durch seine bezaubernde landschaftliche Lage auf. An den Hang einer Granitserra gebettet, ragen die zerklüfteten Granitnadeln und Felstürme der Berge hinter dem Dorf auf. Die Ortschaft hat mit ihren Häusern aus unverputzten Granitblöcken ein für die Gallura charakteristisches Aussehen erhalten. Oberhalb des Ortes verläuft eine ausgeschilderte Panoramastraße (strada panoramica) durch die grandiose Granitwildnis mit ihren schroff aufragenden Gebirgszacken, die bis zu 800 m hoch sind. In Aggius weiterhin von Bedeutung ist die Handweberei, die sich heute auf die **Herstellung von Teppichen nach traditionellen Motiven** konzentriert. Von Juli bis September findet im Gebäude des ehemaligen Amtsgerichts im historischen Ortskern eine Ausstellung (Mostra del Tappet Aggese) von in Aggius hergestellten Teppichen statt. Die Wirtschaft beruht im Übrigen auf dem Abbau von Granit und der Gewinnung und Verarbeitung von Kork. Die Weinberge der Umgebung bringen einen ausgezeichneten Sekt hervor.

★
Valle della Luna

Die Valle della Luna, das »Tal des Mondes«, liegt 8 km nördlich von Aggius an der Straße nach Trinità d'Agultu. Das weite Tal wird auch als Piana dei Grandi Sassi (**Ebene der großen Steine**) bezeichnet und verdankt seinen Namen der bizarren Felsformationen. Das karge Granitplateau ist von runden, glatten oder Höhlungen aufweisenden Felsblöcken übersät, die im Gelände verstreut sind oder große Haufen bilden. Eindrucksvoll ist die Gegend natürlich auch in einer klaren Mondnacht.

Calangianus

Calangianus (10 km östlich von Tempio) ist ein bedeutendes Zentrum der Korkverarbeitung; die Betriebe im Industriegebiet entlang der SS 127 zwischen den beiden Orten erzeugen einen Großteil der italienischen Korkproduktion. Hier kann man auch direkt beim Hersteller preisgünstige Korkprodukte erstehen. Die Stämme der vielen Korkeichen, die das typische Landschaftsbild der Gallura ausmachen, werden etwa alle zehn Jahre in Handarbeit geschält und die Korkrinde zum Trocknen aufgeschichtet.

★
Monte Limbara

Der Monte Limbara ist 16 km von Tempio (südöstlich) entfernt und über die von uralten Pininen gesäumte Straße nach Oschiri (SS 392) erreichbar. Man biegt in ein beschildertes Serpentinensträßchen ein, das in vielen Kehren im Wald ansteigt und zunächst zur Forststation Vallicciola (1000 m; Picknickplatz mit Trinkbrunnen) und weiter bergauf zum Gipfel des Monte Limbara führt, der in der Punta Sa Berritta (1362 m) kulminiert. Auf dem Berg stehen zwar zahlreiche Sendeanlangen von Militär, Radio und Fernsehen, aber der Blick schweift weit über einen großen Teil der Gallura bis zum Meer. Das Gebirge ist **ein herrliches Wandergebiet** mit schönen Wegen, die von der Forstbehörde unterhalten werden (Wanderführer und festes Schuhwerk sind ratsam).

Villanovaforru

M 9

Provinz: Medio Campidano   **Höhe:** 324 m ü. d. M.
Einwohnerzahl: 700

Villanovaforru liegt inmitten der ersten Hügel der Marmilla. Wegen ihrer bedeutenden archäologischen Zeugnisse aus dem nahen Nuraghendorf Genna Maria wird der kleinen Ortschaft große Aufmerksamkeit gezollt. Bedeutende Funde sind im Museum im Dorf ausgestellt. Sehenswert sind auch einige in traditioneller Bauweise errichtete Häuser mit Mauern aus Mergel oder Sandstein in verschiedenen Farbtönen.

Sehenswertes in Villanovaforru

Das Museo Archeologico Genna Maria am Hauptplatz von Villanovaforru ist ein modern gestaltetes Museum mit didaktischem Aufbau sowie englisch- und deutschsprachigen Erläuterungstafeln. Dazu gehört der Park mit Ausgrabungsstätte, eine Restaurierungswerkstatt, ein Saal für wechselnde Ausstellungen und die eigentlichen Museumsräume.

★
**Museo
Archeologico
Genna Maria**

Die Anlage vermittelt so einen lebendigen Einblick in den Alltag der Nuraghier sowie in die Vor- und Frühgeschichte der Marmilla. Im Erdgeschoss sind die Funde aus dem Nuraghendorf Genna Maria ausgestellt. Die ausgegrabenen Gerätschaften hat man entsprechend ihren Funktionen auf mehrere Räume verteilt (Küche, Lager usw.); diese Aufteilung entspricht auch der in den verschiedenen Räumen der nuraghischen Wohnkomplexe. Der große Saal des oberen Stockwerks erläutert die Ge-

> **!** **_Baedeker_ TIPP**
>
> ### Dreidimensional
> Nördlich von Villanovaforru ist unter der Führung des Konsortiums Sa Corona Arrùbia ein recht ungewöhnliches Museum entstanden. Das »Museo naturalistico del territorio« stellt anhand von Dioramen den Lebensraum der Marmilla für Pflanzen und Tiere dar. Aber auch die veränderten Lebensbedingungen in der durch den Menschen kultivierten Natur werden auf diese Weise veranschaulicht (Tel. 07 09 34 10 09, www.sacoronarrubia.it, Mo. – Fr. 9.00 – 13.00 und 15.00 – 20.00, Sa., So. 9.00 – 20.00 Uhr).

schichte der Gegend nach der nuraghischen Epoche. Die Exponate illustrieren die Geschichte der punischen und römischen Marmilla von dem Zeitpunkt an, als die nuraghischen Gemeinschaften Kontakt mit Karthagern, Griechen und Etruskern aufnahmen (7. bis 6. Jh. v. Chr.), bis in die späte Römerzeit (5. Jh.). Der letzte Saal schließt den Rundgang mit einer interessanten Dokumentation der ältesten Siedlungen und Grabstätten der vor- und frühgeschichtlichen Marmilla ab (Piazza Costituzione 1, Öffnungszeiten: Di. – So. April – Sept. 9.30 – 13.00, 15.30 – 19.00, Okt. – März bis 18.00 Uhr). ⊙

VILLANOVAFORRU ERLEBEN

★★
**Nuraghen-
dorf Genna
Maria**

Bis 1969 war der Hügel Genna Maria (1 km westlich von Villanovaforru an der Straße nach Collinas) nur eine der vielen mit Weizen bebauten Anhöhen der Marmilla. Heute, nach über dreißigjährigen Grabungsarbeiten, erscheint **der bedeutende archäologische Komplex** den bekannten Ausgrabungen von ▶ Barumini ebenbürtig. Weniger wegen seiner hochwertigen architektonischen Konstruktion als der zahlreichen wertvollen Fundstücke im umliegenden Dorf. Die Anlage thront auf der höchsten Erhebung der Region (408 m) – so hat man einen schönen Rundblick über die fruchtbare Landschaft bis zum Golf von Cagliari im Süden und den Bergspitzen des Iglesiente im Westen. Die Nuraghe besteht aus einem einfachen Mittelturm, der um die Mitte des 2. Jh.s v. Chr. erbaut wurde, und einer dreieckigen Umfassungsmauer mit drei Türmen an den Ecken, die schießschartenartige Öffnungen aufweisen. Die Anlage besaß einen Innenhof mit einem in den Fels geschlagenen und oben durch ein Gewölbe abgeschlossenen Brunnen. Eine mächtige Verstärkungsmauer umgab den Hof und die Türme der Bastion mit Ausnahme der Ost- und Nordostseite. Das vor dem 9. Jh. v. Chr. errichtete Vorwerk mit Türmen an den Ecken bildete eine weitere Verteidigungslinie. Aus einer späteren Zeit stammt die Gruppe von Gebäuden aus kleinen Mergelplatten, die z. T. auf den Resten des Vorwerks errichtet wurde. Das Dorf zeichnet sich dadurch aus, dass die Hütten in Wohnkomplexe mit jeweils einem Hof angeordnet sind. In der Siedlung, die spätestens im 8. Jh. v. Chr. verlassen und teilweise durch einen Brand zerstört wurde, hat man über 250 000 Bodenfunde bergen können, darunter zahlreiche Gerätschaften und Haushaltswaren, die zum täglichen Leben der Einwohner gehörten, bis sie unter ungeklärten Umständen plötzlich die Flucht ergriffen und nie mehr zurückkehrten. Deshalb wird Genna Maria auch gerne als »Pompei der Nuraghenkultur« bezeichnet. Die Konservierung durch Schutt und Staub ermöglicht es uns deshalb heute diese Epoche der frühen Eisenzeit ausführlich zu studieren (Öffnungszeiten: Di. – So. April – Sept. 9.30 – 13.00, 15.30 bis 19.00, Okt. – März bis 18.00 Uhr).

Villasimius

P 13

Provinz: Cagliari   **Höhe:** 44 m ü. d. M.
Einwohnerzahl: 2900

Der Ferienort Villasimius liegt an der Küste im äußersten Südosten Sardiniens in der Landschaft Sarrabus. In den letzten Jahrzehnten wurde die touristische Erschließung des Ortes und des malerischen Küstenstrichs, dessen Südostspitze das Capo Carbonara darstellt, rasch vorangetrieben.

Umfangreiche Baumaßnahmen veränderten zum Teil nachhaltig die Landschaft, deren Schönheit vor allem die Strände, die unberührte mediterrane Macchia und die zerklüfteten Felsen ausmachten. Auch entlang der Küstenstraße Richtung Cagliari sind zahlreiche Feriensiedlungen entstanden. Besonders fortgeschritten ist die Entwicklung von touristischen Siedlungen entlang der Costa Rei im äußersten Südosten der sardischen Küste.

Rasch wachsender Touristenort

Villasimius ist bekannt für seine schönen Strände. Das Capo Carbonia bildet die Südostspitze der Spiaggia del Simius.

▶ VILLASIMIUS ERLEBEN

AUSKUNFT

Villasimius Serpentara Viaggi e
Turismo s.n.c.
Via G. Marconi 12
I-09049 Villasimius
Tel. 0 70 79 15 46
Fax 0 70 79 15 52
www.serpentara.com

BOOTSTOUREN

Tagesausflüge mit einem alten 50-Fuß-
Segelboot zwischen den unbewohnten
und unter Naturschutz stehenden Inseln Cavoli und Serpentara (Mathilda,
Marina Villasimius, Tel. 80 56 51).

ESSEN

▶ Erschwinglich

Stella d'Oro
Via Vittorio Emanuele 23
Tel. 0 70 79 12 55
Fisch und Pasta werden zwar zu hohen
Preisen angeboten, aber das Publikum
findet trotzdem meist zahlreich
hierher, da eine familiäre Atmosphäre
herrscht und man hervorragend im
schönen Hof mit Springbrunnen sitzt.

Giulietta

Via Umberto 16 (gegenüber der
Kirche)
Nicht nur im Speiseraum, auch auf der
Terrasse und im lang gezogenen
Garten werden Pizza, Pasta, Fleisch
und Fisch serviert.

ÜBERNACHTEN

▶ Komfortabel

Altura
Viale Matteotti
Tel. 0 70 79 20 01
Fax 0 70 79 02 03
43 Z., TV, Tel., Bar, Restaurant, Pool,
Tennisplatz, Disko
Das Altura ist ein typisches
Bungalowhotel mit vielen Extras und
Pflicht mindestens zur Halbpension.

▶ Günstig

Stella D'Oro
Via Vittorio Emanuele 25
Tel. 0 70 79 12 55
Fax 0 70 79 26 32
17 Z., Bar, Restaurant
Recht billig und doch gut kann man in
diesem kleinen Hotel wohnen, das
einen hübschen Innenhof mit Springbrunnen besitzt und seit vielen Jahren
Stammkundschaft hat. Geschätzt wird
hier vor allem die familiäre Atmosphäre und die gute Küche.

Geschichte Die Ortschaft wurde 1812 in der Nähe des alten, wegen der ständig
drohenden Angriffe der Sarazenen aufgegebenen Carbonara gegründet. Sie hieß bis 1862 auch Carbonara. In der Umgebung
befinden sich zahlreiche Reste von Türmen und Befestigungsanlagen,
die Bestandteile des Verteidigungssystems entlang der Küste waren,
wie etwa der kegelförmige Turm von Capo Boi und die Fortezza
Vecchia aus dem 17. Jahrhundert.

Umgebung von Villasimius

Die schmale Landzunge südlich von Villasimius, der Capo Carbonara, ist militärisches Sperrgebiet, zur Südspitze mit dem Leuchtturm kann man daher nicht vordringen.

Capo Carbonara

Etwa 20 km nördlich von Villasimius erstreckt sich der schöne, fast 10 km lange Strand der Costa Rei, der vor allem wegen seines weißen Sandes berühmt ist. Große Areale dieses traumhaften Küstenabschnittes sind mit Ferienhaussiedlungen und Apartmenthäusern bebaut. Doch trotz der Zersiedelung der Landschaft ist der Strand relativ natürlich erhalten und mit kleinen Felsvorsprüngen durchsetzt, und **außerhalb der Saison ist es hier nach wie vor sehr ruhig**.

★
Costa Rei

Die beiden Orte Muravera und Villaputzu liegen im Mündungsgebiet des Flusses Flumendosa im Süden Sardiniens an der Ostküste. Über die SS 125 sind sie direkt mit dem südwestlich gelegenen Cagliari verbunden (67 km). Muravera wird häufiger von Touristen besucht und besitzt eine größere Anzahl an Lokalen und Geschäften. Beide Orte sind schlicht, aber sie sind günstige Ausgangspunkte für Badeausflüge an die südliche Küste (z. B. die Costa Rei). Im ehemals malariaverseuchten Mündungsgebiet des Flusses wurde durch die Trockenlegung ausgedehnter Flächen die Landwirtschaft intensiviert.

Muravera
Villaputzu

REGISTER

BILDNACHWEIS

VERZEICHNIS DER KARTEN
& GRAFISCHEN DARSTELLUNGEN

IMPRESSUM

Ausstattung:
168 Abbildungen, 24 Karten und grafische Darstellungen, eine große Inselkarte

Text:
Auf der Basis von »Sardegna« aus der Reihe »Guide De Agostini« (Istituto Geografico De Agostini). Mit Beiträgen von Barbara Branscheid, Jutta Buness, Claudia Smettan, Klaus Smettan, Andreas Stieglitz, Reinhard Strüber, Andrea Wurth

Bearbeitung:
Baedeker Redaktion
(Gabriele Gaßmann)

Kartografie:
Christoph Gallus, Hohberg; Franz Huber, München; Falk Verlag, Ostfildern (Inselkarte)

3D-Illustrationen:
jangled nerves, Stuttgart

Gestalterisches Konzept:
independent Medien-Design, München
(Kathrin Schemel)

Sprachführer in Zusammenarbeit mit Ernst Klett Sprachen GmbH, Stuttgart, Redaktion PONS Wörterbücher

Chefredaktion:
Rainer Eisenschmid,
Baedeker Ostfildern
7. Auflage 2005
Völlig überarbeitet und neu gestaltet

Urheberschaft:
Karl Baedeker Verlag, Ostfildern

Nutzungsrecht:
MAIR DUMONT GmbH & Co KG; Ostfildern

Printed in Germany
ISBN 3-8297-1084-4
Gedruckt auf 100% chlorfrei gebleichtem Papier

BAEDEKER VERLAGSPROGRAMM

- ▶ Ägypten
- ▶ Algarve
- ▶ Amsterdam
- ▶ Andalusien
- ▶ Athen
- ▶ Australien
- ▶ Bali
- ▶ Baltikum
- ▶ Barcelona
- ▶ Belgien
- ▶ Berlin
- ▶ Bodensee • Oberschwaben
- ▶ Brasilien
- ▶ Bretagne
- ▶ Brüssel
- ▶ Budapest
- ▶ Bulgarien
- ▶ Burgund
- ▶ Chicago • Gr. Seen
- ▶ China
- ▶ Costa Blanca
- ▶ Costa Brava
- ▶ Dänemark
- ▶ Deutsche Nordseeküste
- ▶ Deutschland
- ▶ Djerba • Südtunesien
- ▶ Dominikanische Republik
- ▶ Dresden
- ▶ Elba
- ▶ Elsass • Vogesen
- ▶ Finnland
- ▶ Florenz
- ▶ Florida
- ▶ Franken
- ▶ Frankfurt am Main
- ▶ Frankreich
- ▶ Französische Atlantikküste
- ▶ Fuerteventura
- ▶ Gardasee
- ▶ Germany (engl.)
- ▶ Gomera
- ▶ Gran Canaria
- ▶ Griechenland
- ▶ Griechische Inseln
- ▶ Großbritannien
- ▶ Hamburg
- ▶ Harz
- ▶ Hongkong
- ▶ Formentera
- ▶ Indien
- ▶ Irland
- ▶ Island
- ▶ Israel
- ▶ Istanbul
- ▶ Italien
- ▶ Italien • Norden
- ▶ Italien • Süden
- ▶ Italienische Adria
- ▶ Italienische Riviera
- ▶ Japan
- ▶ Jordanien
- ▶ Kalifornien
- ▶ Kanada
- ▶ Kanada • Osten
- ▶ Kanada • Westen
- ▶ Kanalinseln
- ▶ Kenia
- ▶ Köln
- ▶ Kopenhagen
- ▶ Korfu
- ▶ Ionische Inseln
- ▶ Korsika
- ▶ Kos
- ▶ Kreta
- ▶ Kroatische Adriaküste • Dalmatien
- ▶ Kuba
- ▶ Kykladen
- ▶ La Palma
- ▶ Lanzarote
- ▶ Lissabon
- ▶ Loire
- ▶ Lombardei • Mailand • Oberit. Seen
- ▶ London

LIEBE LESERINNEN, LIEBE LESER,

ein herzliches Dankeschön, dass Sie sich für einen Baedeker Allianz Reiseführer entschieden haben. Er wird Sie zuverlässig auf Ihrer Reise begleiten und Sie nicht im Stich lassen.
Natürlich beschreibt er die wichtigen Sehenswürdigkeiten, aber er empfiehlt auch die besten Surfstrände, dazu Hotels für den großen und kleinen Geldbeutel, gibt Tipps für Restaurants, Shopping und für vieles mehr, was eine Reise zum Erlebnis macht. Dafür haben die Autoren Sorge getragen. Sie sind für Sie regelmäßig nach Sardinien gereist und haben all ihre Erkenntnisse in diesen Reiseführer gepackt.

Trotzdem: Die Erfahrung zeigt, dass Fehler und Änderungen nach Drucklegung, für die der Verlag keine Haftung übernehmen kann, nicht ausgeschlossen werden können. Für Kritik, Berichtigungen und Verbesserungsvorschläge sind wir Ihnen außerordentlich dankbar. Schreiben Sie uns, mailen Sie uns oder rufen Sie an:

▶ **Verlag Karl Baedeker GmbH**
Redaktion
Postfach 3162
D-73751 Ostfildern
Tel. (0711) 4502-262, Fax -343
E-Mail: info@baedeker.com

Besuchen Sie uns auch im Internet unter www. baedeker.com. Hier finden Sie jeden Monat den aktuellen Reisetipp der Redaktion und das gesamte Verlagsprogramm. Hier können Sie auch lesen, wer Karl Baedeker war und wie er seinen ersten Reiseführer geschrieben hat. Mit seinen über 175 Jahren ist der Karl Baedeker Verlag der älteste Reiseführer-Verlag der Welt.

www.baedeker.com

⊙ ZU GEWINNEN: STADTREISE NACH LONDON

Unter allen Einsendungen verlost der Verlag am Jahresende – unter Ausschluss des Rechtswegs – eine Städtekurzreise für zwei Personen nach London.
Freuen Sie sich auf ein spannendes Wochenende in London. Natürlich ist ein Baedeker Allianz Reiseführer London auch dabei!